BERNARD WASSERSTEIN

EUROPA OHNE JUDEN

Bernard Wasserstein

EUROPA OHNE JUDEN

*Das europäische Judentum
seit 1945*

*Aus dem Englischen
von Bernd Rullkötter*

Kiepenheuer & Witsch

1. Auflage 1999

Titel der Originalausgabe: *Vanishing Diaspora*
Copyright © Bernard Wasserstein, 1996
Zuerst veröffentlicht bei Hamish Hamilton Ltd., London 1996
Aus dem Englischen von Bernd Rullkötter
© 1999 by Verlag Kiepenheuer & Witsch, Köln
Die deutsche Ausgabe wurde vom Autor überarbeitet und aktualisiert.
Umschlaggestaltung: Rudolf Linn, Köln
Umschlagfoto: Roman Vishniac
Gesetzt aus der Stempel Garamond (Berthold)
bei Kalle Giese Grafik, Overath
Druck und Bindearbeiten: Graphischer Großbetrieb Pößneck, Pößneck
ISBN 3-462-02846-4

Inhalt

Tabellenverzeichnis

Vorwort

Die Juden in Europa schwinden dahin – und nicht nur wegen Hitler.
1939 gab es fast 10 Millionen Juden in Europa; während des Krieges
wurde mehr als die Hälfte ermordet. Bis 1994 hatte sich die jüdische
Bevölkerung Europas durch Emigration und Geburtenrückgang um
wiederum mehr als die Hälfte verringert: auf unter 2 Millionen.
Demographische Hochrechnungen für die nächsten zwei oder drei
Jahrzehnte variieren sehr stark, denn sie sind von Faktoren wie der
Emigrationsrate aus der früheren Sowjetunion abhängig. Aber der
Spielraum der Möglichkeiten erstreckt sich nur nach unten – bestenfalls sehen sich die Juden in Europa einer langsamen Abnahme ihrer
Zahl, schlimmstenfalls dem faktischen Untergang gegenüber. Hier
und dort werden vereinzelte Gruppen ultraorthodoxer Juden, die
sich an die Grundsätze des Glaubens klammern, zweifellos überleben – als malerische Überreste wie die Amish von Pennsylvania. Vielleicht werden auch einige Europäer des einundzwanzigsten Jahrhunderts stolz auf Elemente einer jüdischen Abstammung verweisen, so
wie sich manche weiße Amerikaner heute einer teils amerindia-
nischen Herkunft rühmen. Seit dem Anbrechen der Neuzeit haben
die Juden – als von einer umfassenden geistigen und kulturellen Tradition geprägte Individuen und als von einem einheitlichen historischen Schicksal geformte Gemeinschaften – eine bedeutende politische, wirtschaftliche und intellektuelle Rolle in allen wichtigen europäischen Gesellschaften gespielt. Es ist nun eine realistische Voraus-
sage, daß sie innerhalb weniger Generationen im Leben des Kontinents kein wesentlicher Faktor mehr sein werden.

Doch obwohl die Zahl der Juden zurückgeht, ist die Judenfrage nicht aus der Welt geschafft. Mehr noch, sie ist seit dem Krieg in

Tabelle 1: Jüdische Populationen in Europa

	1937	1946	1967	1999
Belgien	65 000	45 000	40 500	31 800
Bulgarien	49 000	44 200	5 000	1 700
Dänemark	8 500	5 500	6 000	6 400
Deutschland *	500 000	153 000	30 000	70 000
Estland †	4 600			2 500
Finnland	2 000	2 000	1 750	1 300
Frankreich	300 000	225 000	535 000	520 000
Griechenland	77 000	10 000	6 500	4 800
Großbritannien	330 000	370 000	400 000	286 000
Irland (Rep.)	5 000	3 900	2 900	1 000
Italien *	48 000	53 000	35 000	31 000
Jugoslawien △	71 000	12 000	7 000	3 000
Lettland †	95 000			12 000
Litauen †	155 000			5 000
Luxemburg	3 500	500	500	600
Niederlande	140 000	28 000	30 000	25 000
Norwegen	2 000	750	1 000	1 000
Österreich *	191 000	31 000	12 500	12 500
Polen	3 250 000	215 000	21 000	5 000
Portugal		4 000	1 000	300
Rumänien	850 000	420 000	100 000	9 000
Schweden	7 500	15 500	13 000	16 500
Schweiz	18 000	35 000	20 000	19 000
Spanien		6 000	6 000	12 000
Tschechoslow. ¥	357 000	55 000	15 000	7 500
Türkei ¶	50 000	48 000	35 000	18 000
UdSSR/GUS † ¶	2 669 000	1 971 000	1 715 000	470 000
Ungarn	400 000	145 000	80 000	55 000
GESAMT	9 648 100	3 898 350	3 119 650	1 627 900

Anm.: Diese Zahlen, die aus etlichen Quellen stammen, sind von unterschiedlicher Verläßlichkeit und in manchen Fällen hohen Schwankungen und einem breiten Interpretationsspielraum unterworfen. Das gilt insbesondere für die Zahlen von 1946, einem Jahr, in dem erhebliche jüdische Bevölkerungsbewegungen stattfanden. Außerdem muß berücksichtigt werden, daß sich die Grenzen vieler europäischer Länder zwischen 1937 und 1946 verschoben.

* Schließt für Spalte 1946 »Displaced Persons« ein
† Baltische Staaten zwischen 1941 und 1991 in UdSSR einbezogen

△ Zahl für 1999 schließt alle früheren jugoslawischen Republiken ein
¥ Zahl für 1999 umfaßt Tschechische und Slowakische Republik
¶ Unter Ausschluß asiatischer Gebiete

unterschiedlicher Form in der Politik der meisten europäischen Länder wiederaufgetaucht. Sogar in Ländern wie Polen und Österreich, wo kaum noch Juden übriggeblieben sind, bildet sie seit 1945 in kritischen Momenten ein maßgebliches Thema des öffentlichen Diskurses. In der Sowjetunion, der Heimat der größten jüdischen Gemeinde, die Hitler überlebte, erwies sich die bolschewistische Behauptung, die Judenfrage überwunden zu haben, als falsch; damit nicht genug, das sowjetische Versäumnis, das Problem zu lösen, war einer der Faktoren, welche die Opposition gegenüber dem Regime in seinen letzten beiden Jahrzehnten stärkten. In den osteuropäischen Ländern, die zwischen 1945 und 1989 vom Sowjetimperialismus beherrscht wurden, sind die großen jüdischen Gemeinden der Vorkriegszeit nahezu verschwunden, doch der Antisemitismus blieb und bleibt eine lebendige Kraft. In Westeuropa schien die Emanzipation der Juden, die zuerst in Frankreich unter der Revolution erreicht wurde, ihnen innerhalb der liberalen Demokratien eine sichere Stellung zu verschaffen. Aber während des Zweiten Weltkriegs enthüllten die Tatsache, daß die Regierungen der besetzten Länder die Deportation von Juden in die Todeslager stillschweigend akzeptierten, die Gleichgültigkeit der meisten deutschsprachigen und vieler (wenn auch nicht aller) okkupierten Bevölkerungen gegenüber dem Schicksal ihrer jüdischen Nachbarn sowie die Passivität Großbritanniens und anderer alliierter Staaten angesichts des nationalsozialistischen Massenmordes die mangelnde Wirksamkeit des liberalen Schutzschirms für die Juden. Mit der Gründung des Staates Israel im Jahre 1948 wurden ein neuer ideologischer Anziehungspol und ein neues, vordergründig erfolgreiches Rezept für die Lösung des Judenproblems geschaffen. In erheblichem Maße lieferte Israel tatsächlich eine derartige Lösung: sowohl für seine eigenen jüdischen Bürger als auch für die von Verfolgung bedrohten Juden der Diaspora. Aber die Gründung des jüdischen Staates löste nicht nur ein Gefühl des kollektiven Stolzes und des Selbstbewußtseins aus, sondern gab in den fünfziger und sechziger Jahren auch Anlaß zu neuen Vorwürfen der doppelten Loyalität oder der Treulosigkeit, und in den siebziger und achtziger Jahren kam es zu blutigen Terroristenangriffen auf Juden in der Diaspora.

　Warum läßt sich die Judenfrage nicht lösen? Warum haben weder Hitlers »Endlösung« noch die kommunistischen, liberalen oder zionistischen Rezepte zur Überwindung des Problems vermocht, es von der politischen und sozialen Tagesordnung verschwinden zu lassen? Warum ist es noch heute ein beunruhigendes Element in der Politik vieler europäischer Länder? Der Hauptzweck des vorliegenden Buches besteht darin, diesen Fragenkomplex zu untersuchen und einige neue Antworten zu liefern.

Das Verstreichen eines halben Jahrhunderts seit Kriegsende, der Zusammenbruch der kommunistischen Herrschaft in Osteuropa und die Schritte zu einer umfassenden arabisch-israelischen Friedensregelung schaffen einen günstigen Ausgangspunkt dafür, diese Fragen abermals zu überdenken und zu beurteilen, wie die Geschichte sie in der Nachkriegszeit bewältigt hat.

Zunächst einige Definitionsprobleme.

Wer ist *Jude*? Nach jüdischem religiösen Gesetz gilt als Jude, wer von einer jüdischen Mutter geboren wurde. Doch diese Definition ist zu begrenzt, um den heutigen gesellschaftlichen Realitäten gerecht zu werden. Eine andere Definition lieferte Jean-Paul Sartre in seinen *Betrachtungen zur Judenfrage* (1946): Ein Jude sei einfach jemand, den andere für einen Juden hielten. Mit »anderen« meinte Sartre vor allem Antisemiten, denn: »Wenn es keinen Juden gäbe, der Antisemit würde ihn erfinden.«[1] Während diese Definition den Vorzug hat, fast allumfassend zu sein, kann sie dem Wunsch der meisten Juden, ihre eigene kollektive Identität zu bestimmen, offensichtlich nicht befriedigen – ganz zu schweigen von dem Wunsch einiger, ihre Identität vor anderen oder sich selbst zu verbergen oder sich vom Kollektiv zu lösen. In den meisten westeuropäischen Ländern läßt sich die Frage für die Mehrheit auf einer rein freiwilligen Basis beantworten: Innerhalb gewisser Grenzen kann man entscheiden, ob man Jude sein will oder nicht. Ein Mensch jüdischer Abstammung mag die Entscheidung treffen, völlig mit der größeren Gesellschaft zu verschmelzen; im neunzehnten Jahrhundert setzte der Prozeß gewöhnlich den Übertritt zum Christentum voraus, doch in den säkularen Gesellschaften Nachkriegseuropas ist ein solcher Durchgangsritus nicht mehr erforderlich. Viele assimilieren sich stillschweigend, manche ausdrücklich. Zum Beispiel gab der liberale Parlamentsabgeordnete für Ely, Clement Freud, der Träger eines der berühmtesten jüdischen Namen des Jahrhunderts, vor ein paar Jahren bekannt, er wolle nicht in die Liste der jüdischen Abgeordneten aufgenommen werden, die der *Jewish Chronicle* nach jeder Wahl in Großbritannien veröffentlicht. In liberalen Gesellschaften ziehen solche Aktionen, die als Privatangelegenheiten betrachtet werden, gemeinhin keinen besonderen Vorteil noch irgendeinen nennenswerten Makel nach sich. Was den Übertritt zum Judentum betrifft, so wird davon öffentlich kaum Notiz genommen. Der angehende Konvertit muß die notwendigen Voraussetzungen erfüllen (die beim Eintritt in die orthodoxe Gemeinde sehr strikt, im Fall liberaler und reformierter Gemeinden jedoch viel lockerer sind), aber der Staat schenkt dem Vorgang kein Interesse. Anderswo, insbesondere weiter östlich, herrschen allerdings davon stark abweichende Verhältnisse. In den Ländern der früheren UdSSR zum Beispiel sind Juden stets als Mitglieder sowohl einer nationalen wie einer religiösen Gruppierung betrachtet und als solche in ihren Personalausweisen gekennzeichnet worden. Ein einmal registrierter ethnischer Status ist nicht leicht zu ändern. Im Fall der sowjetischen Juden lieferten die öffentliche Erfassung und die nicht zu übersehende offizielle Identifizierung in den meisten Nachkriegsjahren eine Grundlage für kaum verschleierte Diskriminierungsmaßnahmen, etwa bei der Zulassung in den Hochschulbereich. Andererseits bildete die offizielle Anerkennung als Jude in den siebziger Jahren eine mögliche Basis für die Emigration – das Ziel vieler, nicht nur jüdischer, Sowjetbürger –, so daß sich der Nachteil in einen Vorteil verwandeln konnte. Das Definitionsproblem hat mithin nicht nur linguistische Bedeutung. Dieses Buch widmet sich im weitesten Sinne all jenen, die sich selbst als Juden betrachteten oder von anderen dafür gehalten wurden.

Was ist die *jüdische Gemeinde* – jenes verschwommene, kaum erkennbare Gebilde, dessen Existenz von einigen Autoren rundweg geleugnet wird? Das Wort »Gemeinde« deutet auf ein kollektives Leben hin, das der gesellschaftlichen Realität nahekommen mag oder auch nicht. In manchen Ländern gibt es eine juristische Definition für die jüdische Gemeinde. In der Bundesrepublik Deutschland zum Beispiel können sich Mitglieder als solche beim Standesamt eintragen lassen, so daß ihre Steuern der Gemeinde zugute kommen. In anderen Ländern, beispielsweise in Großbritannien, ist die Gemeinde eine rein freiwillige Körperschaft, die jedoch gesetzlich für bestimmte

Zwecke, etwa für Eheschließungen, anerkannt wird. Noch andere
Länder nehmen eine mittlere Position ein: Frankreich zum Beispiel,
obwohl in mancher Hinsicht ein militant weltlicher Staat, akzeptiert
gleichwohl den juristischen Status des Consistoire, der vorrangigen
Synagogenbehörde des Landes. Aber in sämtlichen säkularen Gesellschaften (das heißt in *allen* Gesellschaften) des zeitgenössischen
Europa gibt es große Zahlen von Personen, die eine Randstellung ein-
nehmen. In einer Untersuchung des niederländischen Judentums um
1960 wurde geschätzt, daß ungefähr ein Drittel der Juden des Landes
»nicht wünschen, als Angehörige einer jüdischen Religionsgemeinschaft zu gelten«.[2] Obgleich solche Menschen keine formellen Mitglieder irgendeiner jüdischen Institution sind, halten sie sich in mancher Hinsicht vielleicht trotzdem für Juden – möglicherweise in
einem ethnischen oder kulturellen Sinne oder auch für einen überlie-
ferten religiösen Zweck wie den der Beerdigung. Manche Soziologen
und Demographen unterscheiden zwischen einer jüdischen »Kernge-
meinde«, deren Mitglieder sich aktiv als Juden identifizieren, und
einer »größeren Ansammlung heutiger und ehemaliger Juden, anderer Personen von jüngerer jüdischer Abstammung und aller sonstigen
verwandten, nichtjüdischen Personen, die Haushaltsbande mit Juden
teilen«.[3] Auch in diesem Bereich verwendet der Autor dieses Buches
zumeist eine pauschale statt einer engen Definition, aber der Leser
sollte nie aus dem Gedächtnis verlieren, daß »Gemeinde« in der
überwiegenden Zahl der Fälle keine präzise Beschreibung der gesellschaftlichen Realität, sondern ein handliches Kürzel ist. Die meisten
jüdischen Populationen Europas haben sich in jüngerer Vergangenheit – durch politische Ideologie, Geographie, Gesellschaftsschicht,
wirtschaftliche Stellung oder religiöses Engagement – in getrennte,
einander zuweilen feindselig gesonnene Elemente geteilt. Gemeinde
sollte für die Zwecke dieses Buches nicht mit Einigkeit gleichgesetzt
werden. Wie ein französischjüdischer Schriftsteller im Sommer 1945
bemerkte: »Das Judentum der Diaspora ist ein Gebilde, das ständig
auseinandergerissen wird. Es kann keine einheitliche Richtung finden.«[4]

Was ist *Antisemitismus,* und wer ist *Antisemit?* Im Rahmen dieses
Buches wird der Antisemitismus sowohl als eine ideologische Doktrin wie als eine Reihe von Vorurteilen verstanden. In der Doktrin ver-

binden sich unterschiedliche Aspekte aus vielen Quellen: traditionelle christliche Lehre und nationalistisches Neoheidentum, integraler Nationalismus und populistische Demagogie (»der Sozialismus der Narren«), Feindschaft gegenüber Juden als Kapitalisten und Juden als Kommunisten. Als eine Reihe von Vorurteilen erfüllt der Antisemitismus eine Vielzahl psychologischer – kollektiver und individueller – Bedürfnisse gemeinhin psychopathischen Charakters. Folglich kann der Antisemit ein weltgewandter Intellektueller oder eine ungehobelte Person, ein militanter Atheist oder ein christlicher Streiter, ein Kommunist oder ein Reaktionär sein. All diese Typen treten im weiteren auf. Dies ist jedoch keine Untersuchung der Antisemiten – wiewohl sie sich leider wiederholt in den Vordergrund drängen –, sondern der Juden. Und trotz allem ist es insgesamt keine Geschichte der Juden als Opfer des Hasses, sondern vielmehr als Opfer der Güte ihrer Nachbarn – nämlich der Integrations- und Assimilationsprozesse, die zumindest in Westeuropa so erfolgreich gewesen sind, daß sie das kollektive Überleben der Juden auf dem Kontinent bedrohen.

Was ist *Assimilation* im Kontext einer Erörterung der Judenfrage im modernen Europa? Der verstorbene Maurice Freedman, einer der Pioniere der zeitgenössischen jüdischen Soziologie, verwies darauf, daß der Begriff zahlreiche Bedeutungen haben kann. Er schrieb zum Beispiel:

> Engländer und Jude sein zu wollen, was vermutlich das Ziel eines sehr großen Anteils der in England geborenen Juden ist, läßt den Judaismus auf das Niveau eines Glaubens unter vielen in einer vorwiegend säkularen Gesellschaft hinabsinken. Hier meint Assimilation den Zustand, in dem Jude, Protestant und Katholik eine ähnliche Beziehung zu dem sozialen Gebilde, das sie alle umfaßt, unterhalten. Es ist zweifelhaft, ob die Juden tatsächlich diese Position erreicht haben ...[5]

Diese Worte wurden 1955 zu Papier gebracht. Seitdem haben sich die Juden, wenigstens in England, einer solchen Position viel stärker angenähert – was nützlich oder schädlich sein mag. Viele Juden, besonders die orthodox-religiösen und die Zionisten, würden für letzteres plädieren. Mehr noch, solche Juden verwenden den Begriff »Assimilation« häufig fast als Schimpfwort, etwa wie in: »Er ist völlig

assimiliert« (was bedeutet: »Er hat seine jüdische Identität verloren«.). Aus diesem Grund möchte ich betonen, daß meine Benutzung des Wortes nicht abwertend gemeint ist.

Man könnte noch weitergehen und versuchen, Begriffe wie »Diaspora«, »Zionismus«, »Holocaust« etc. zu definieren. Aber in diesen
Fällen müssen, wie bei den bereits erwähnten Begriffen, sofort wesentliche Probleme untersucht werden, wenn man die Definitions-
frage auch nur anschneidet. Deshalb scheint es vernünftiger, diese
Themen an geeigneten Punkten der Darstellung zu behandeln. Als
Hilfsmittel zum Verständnis einiger anderer derartiger Begriffe habe
ich jedoch eine kurze Worterklärung geliefert.

Die Hauptthemen dieses Buches sind gesellschaftlicher und politischer Art: die sich entwickelnde Gestalt des Judenproblems in verschiedenen nationalen oder ideologischen Zusammenhängen, der
Einfluß kollektiver Erinnerungen an den Zweiten Weltkrieg auf die
Haltungen den Juden gegenüber, die von Grund auf neuen kollektiven Einschätzungen des Juden, die sich aus der Schaffung und dem
Wachstum des Staates Israel ergeben, der sich rasch wandelnde gesellschaftliche Charakter der wichtigsten jüdischen Gemeinden, der Einfluß der neuen christlichen Betrachtungsweise der Juden und des
Judaismus sowie die Reaktionen der europäischen Juden selbst auf all
diese Entwicklungen. Ich möchte auch festhalten, was dieses Buch
nicht ist: Es geht nicht auf die jüdischen »Beiträge« zu den europäischen Kulturen oder Ökonomien ein; ich widme mich der internen
Gemeindegeschichte des europäischen Judentums nur in begrenztem
Maße und beschäftige mich kaum mit seinen inneren spirituellen und
geistigen Strömungen – oder nur insofern, als solche Erörterungen für
meine zentrale Beweisführung nötig sind.

Meines Wissens ist dies der erste Versuch, eine Geschichte des
europäischen Judentums in der Nachkriegszeit zu schreiben. Da ich
mich mit der sehr jungen Vergangenheit befasse, muß ich in einem
hohen Grade auf veröffentlichte Quellen, in erster Linie auf die jüdische Presse, zurückgreifen. Die große Zeit des jiddischen Journalismus in Europa endete 1939, aber überall auf dem Kontinent erscheinen noch immer Dutzende interessanter jüdischer Zeitungen, unter
denen der Londoner *Jewish Chronicle*, die älteste jüdische Zeitung
der Welt (1841 gegründet), fast den Status einer offiziellen Publikation

hat. Außerdem benutze ich Archivmaterialien für den ersten Teil der Periode, und ich habe Zugang zu wertvollen unveröffentlichten analytischen Berichten und Memoranden verschiedener Forschungsorganisationen (die sämtlich in den Anmerkungen und in der Bibliographie aufgeführt sind) gehabt. Aber meine vielleicht wichtigste Quelle ist meine persönliche Wahrnehmung im Laufe der letzten drei Jahrzehnte.

Ein großer Teil dessen, was bisher über verschiedene Aspekten des Themas veröffentlicht worden ist, hat zwangsläufig eine gewisse polemische Stoßrichtung, die sich aus den Emotionen der Nachkriegszeit, der Heftigkeit des arabischisraelischen Konflikts und dem beherrschenden Kontext des Kalten Krieges ergibt. Während die Generation des Zweiten Weltkriegs ausstirbt, während sich der Nahostkonflikt abschwächt und der Kalte Krieg ins schwarze Loch der Erinnerung zurückweicht, wird es vielleicht zum erstenmal möglich, über dieses Thema *sine ira ac studio* zu schreiben (eine kurzfristige Abweichung von diesem unmöglichen Ideal ist die Fußnote auf Seite 91). Vieles in diesem Buch handelt von Konflikten: zwischen Antisemiten und Juden, Zionisten und Antizionisten, Assimilationisten und jenen, die dem kollektiven jüdischen Überleben einen gewissen Wert beimessen etc. In keiner dieser Auseinandersetzungen schütze ich Neutralität vor. Gleichwohl habe ich versucht, wenn auch zweifellos mit begrenztem Erfolg, die Vorurteile und Spitzfindigkeiten fallenzulassen, die für einen erheblichen Teil der früher zu diesem Thema geschriebenen Arbeiten charakteristisch sind. Dieses Buch ist weder im Geiste Hiobs noch Kassandras entstanden. Vielmehr wird es von dem Beispiel der ersten Generation jüdischer Soziologen, Demographen und Zeitgeschichtler wie Arthur Ruppin, Jacob Lestchinsky und Emmanuel Ringelblum inspiriert. Die Welt, die sie darstellten, war 1945 gestorben. Die Erben jener Welt bilden das Thema dieses Buches.

Jerusalem
November 1994

Danksagung

Ich möchte mich für die Hilfe sämtlicher Archive und Bibliotheken bedanken, in denen ich während der Vorbereitungen zu diesem Buch gearbeitet habe. Mein besonderer Dank gilt dem Centre de Documentation Juive Contemporaine in Paris, dem Institute of Jewish Affairs in London, der Jüdischen Gemeinde in Berlin sowie dem Institute of Contemporary Jewry der Hebrew University in Jerusalem. Außerdem bin ich Jonathan Frankel, Gregory Freeze, Avraham Greenbaum, Antony Polonsky und Geoffrey Wigoder für ihre Lektüre von Teilen des Buches und ihre Kommentare verpflichtet. Ari Paltiel vom Israelischen Statistischen Zentralamt stellte freundlicherweise die Daten für Tabelle 2 zusammen; Michael Brenner, Michael Marrus und Siegbert Prawer lieferten nützliche Korrekturen zur ersten Fassung. Tiefen Dank schulde ich meinem unerschöpflichen Agenten Bruce Hunter und meinem tatkräftigen Verleger Andrew Franklin. Für besondere Hilfe bei der deutschen Ausgabe möchte ich Elisabeth Albanis danken. Den größten Dank verdienen mein inzwischen verstorbener Vater, meine Mutter und mein Bruder für ihre intensive Lektüre des Buches.

Abkürzungen

AJDC	American Jewish Joint Distribution Committee (»Joint«)
AJYB	*American Jewish Year Book*
CBF	Central British Fund for World Jewish Relief Records
CRIF	Conseil Représentatif des Israélites de France (später bekannt als Conseil Représentatif des Institutions Juives de France): die wichtigste französischjüdische Vertretung
DP	»Displaced Person«, Flüchtling
FSJU	Fonds Social Juif Unifié: die wichtigste französisch-jüdische Wohlfahrtsorganisation
HIAS	Hebrew Immigrant Aid Society: amerikanischjüdische Wohlfahrtsorganisation
IJARR	Institute of Jewish Affairs Research Report
IRO	International Refugee Organization (Internationale Flüchtlingsorganisation)
JC	*Jewish Chronicle*
JJS	*Jewish Journal of Sociology*
JTADNB	Jewish Telegraphic Agency Daily News Bulletin
NYT	*New York Times*
PRO	Public Record Office, Kew
SJA	*Soviet Jewish Affairs*
UNRRA	United Nations Relief and Rehabilitation Administration
USNA	United States National Archives, Washington, DC

Worterklärungen

Agudas Jisroel (Agudat Jisrael): antizionistische, 1897 in Kattowitz gegründete politische Partei der orthodoxen Juden; daher Aggudah, Aggudist etc.

Aschkenasim: Juden deutscher Herkunft; allgemeiner gesprochen, sämtliche Juden mittel- oder osteuropäischer Abstammung (mit Ausnahme derjenigen des Balkans)

Bund: 1897 in Wilna gegründete jüdische sozialistisch-autonomistische Arbeiterpartei; am einflußreichsten in Polen zwischen 1918 und 1939, doch während des Zweiten Weltkriegs nahezu vernichtet

Diaspora: Zerstreuung der Juden außerhalb Israels

Chassidim: Anhänger der im achtzehnten Jahrhundert gegründeten chassidischen Erweckungsbewegung, die gewöhnlich einer spezifischen rabbinischen Dynastie (Belzer, Lubawitscher, Satmarer etc.) folgen. Chassidim halten sich streng an die jüdischen Religionsgesetze. Die meisten leben heute in den USA oder Israel, doch einige sind auch in London (Stamford Hill und Golders Green), Paris, Antwerpen und ein paar anderen europäischen Städten zu finden. Männliche Chassidim rasieren sich nicht, bedecken stets den Kopf und tragen eine sehr charakteristische Kleidung: vornehmlich breitkrempige schwarze Hüte und lange schwarze Mäntel

»Joint«: American Jewish Joint Distribution Committee; wichtigste Wohltätigkeitsorganisation zur Unterstützung europäischer Juden

Knesset: das israelische Parlament

Ladino: auch bekannt als Judeo-Espagnol; Sprache der Sefardim (q. v.) in der Türkei und auf dem Balkan. Im wesentlichen der kastilische Dialekt des fünfzehnten Jahrhunderts, der mit hebräischen (in der heutigen Türkei mit lateinischen) Buchstaben geschrieben wird.

Mizrachi: 1902 in Wilna gegründete religiöse, zionistische politische Partei.

Revisionisten: 1923 von Vladimir Jabotinsky gegründete radikale zionistische Partei

Sefardim: Juden spanischer oder portugiesischer Herkunft; Nachkommen der 1492 bzw. 1497 aus Spanien und Portugal vertriebenen Juden. Die sefardischen Hauptniederlassungen befanden sich in der Türkei und auf dem Balkan (besonders in Saloniki). Alte sefardische Familien lebten auch in Amsterdam, London und Hamburg. Der Begriff wird häufig auf sämtliche Juden nichteuropäischer Herkunft, besonders aus dem Nahen Osten und Nordafrika, ausgeweitet.

Jeschiwa: Schule zum Studium des Talmud

Jiddisch: Sprache der Aschkenasim (q. v.); im wesentlichen Mittelhochdeutsch, geschrieben mit hebräischen Buchstaben und mit einem aus hebräischen, slawischen und anderen Quellen ergänzten Wortschatz. Es wurde bis zum Zweiten Weltkrieg weithin in Rußland, Polen, Litauen und großen Teilen des östlichen Mitteleuropa gesprochen; heute beschränkt sich sein Gebrauch mehr oder weniger auf streng orthodoxe Gemeinden.

Jom Kippur: Versöhnungstag, der höchste Feiertag des jüdischen Jahres, an dem streng gefastet wird; markiert auch den Ausbruch des arabisch-israelischen Krieges von 1973

1. KAPITEL

»Displaced Persons«

Am 27. Januar 1945 besetzten russische Streitkräfte, die in Oberschlesien operierten, das nationalsozialistische Gefangenenlager und Massenmordzentrum bei Auschwitz. Der Ort hatte bereits einen gespenstischen Ruf, denn dort waren mehr als 1,1 Millionen Menschen, darunter mindestens 960 000 Juden, umgebracht worden. Die Rote Armee fand nur etwa 3 000 Überlebende vor. Ein polnischer Offizier meldete, daß sie nicht »wie Menschen aussehen; sie sind bloße Schatten«.[1] Ein paar Tage zuvor waren die meisten der übrigen Gefangenen, die noch gehen konnten, von ihren Häschern ins deutsche Hinterland gebracht worden, wo die Nazis ihr letztes Gefecht lieferten. Im April und Anfang Mai 1945 rückten die amerikanischen und britischen Truppen von Westen her vor und befreiten ein Konzentrationslager nach dem anderen. Dabei handelte es sich eher um Gefängnisse als um Todeslager wie Auschwitz, Majdanek, Treblinka, Sobibor und ähnliche Einrichtungen im Osten. Trotzdem waren sie Stätten des Grauens. Hunderttausende von Häftlingen waren in Dachau, Bergen-Belsen, Buchenwald und den anderen Lagern im Westen ermordet worden. Viele wurden in den letzten Tagen vor der Ankunft der Alliierten erschossen. Obwohl die Russen nach der Befreiung von Majdanek im Juli 1944 ausführliche Einzelheiten über die dortigen Zustände veröffentlicht hatten, waren die westlichen Alliierten völlig unvorbereitet auf das, was sie in den Lagern im Westen vorfanden.

Die schockierende erste Begegnung mit den menschlichen Beweisen für das Wirken der nationalsozialistischen Völkermordmaschinerie brachte eine Mischung aus Mitleid und Abscheu hervor. »Ich hatte versucht, mir das Innere eines Konzentrationslagers zu

vergegenwärtigen, aber so hatte ich es mir nicht vorgestellt«, schrieb
der erste britische Offizier, der Bergen-Belsen betrat. »Auch hatte ich
nicht mit der seltsamen affenartigen Menge gerechnet, die sich an
dem Stacheldrahtzaun um das Gelände drängte – mit geschorenen
Köpfen und obszönen Häftlingsuniformen, die so entmenschlichend
waren.«[2] In einem amerikanischen Armeebericht vom 25. April 1945
wurde das sogenannte kleine Lager beschrieben, eine von Stacheldraht umgebene Anlage im Zentrum von Buchenwald, wo man auf
die schlimmsten Greuel stieß:

> Auch jetzt noch gleicht ein Gang durch das kleine Lager einem Alp-
> traum. Beim Anblick einer amerikanischen Uniform scheint eine
> Horde von Gnomen und Trollen wie durch Zauberei aus den Türen
> zu strömen, als wäre sie aus einer Kanone abgeschossen worden.
> Manche hinken auf Krücken. Manche humpeln auf Fußstümpfen.
> Manche schweben wie orientalische Flaschengeister dahin. Fast alle
> tragen gestreifte Häftlingsanzüge, besetzt mit Flicken, oder grau-
> schwarze Überreste östlicher Kleidungsstücke. Die allgemeine Kopf-
> bedeckung ist ein schwarzes Käppchen. Dieses zücken sie feierlich
> vor den Besuchern. Einige weinen, andere brüllen vor Freude.[3]

Solche Reaktionen waren typisch. In ihnen stand herkömmliches
und zweifellos aufrichtiges Mitgefühl neben einem verstörten Ekel
vor etwas so Häßlichem, das außerhalb der normalen menschlichen
Erfahrung lag. Es waren natürliche Reaktionen, denn nicht nur die
physische, sondern auch die geistige Welt der Überlebenden und der
Befreier unterschieden sich grundlegend voneinander. Richard
Crossman, ein ehemaliger Oxford-Dozent und damals ein britischer
Armeeoffizier, besuchte Dachau Anfang Mai 1945 und schilderte die
Szene in seinem Tagebuch:

> Als wir das Lager betraten, wandten wir uns nach links, um uns das
> Krematorium anzusehen. Wir kamen an einer langen Reihe von Och-
> senkarren vorbei, neben denen mürrische Bauern standen. Die Kar-
> ren waren mit Leichen aus dem Krematorium beladen ...
>   Wie ich zuvor geahnt hatte, sind Leichen an sich nicht besonders
> entsetzlich, nicht einmal halbverhungerte Leichen. Nach dem ersten
> Schock reagiert man nicht mehr auf das, was so offensichtlich nicht
> lebendig und so eindeutig nicht menschlich ist. Direkt neben dem
> Krematorium saßen ein halbes Dutzend Lagerinsassen im Schatten

einer Kiefer und beobachteten gleichgültig, wie die Leichen mit Mist-gabeln auf den Karren zurechtgerückt wurden. Anscheinend waren sie völlig immun gegen jedes Entsetzen bei diesem Anblick, und sogar ihr Geruchssinn war offenbar betäubt worden ...

Die Kluft, welche die Außenwelt vom Konzentrationslager trennt, wirkt sich gleichermaßen auf beide Seiten aus. Sogar die sensibelsten und intelligentesten Menschen, denen wir in Dachau begegneten, schienen es als die einzige Realität zu akzeptieren und die Außenwelt für ein Trugbild zu halten. Auf ähnliche Weise fanden sich die einmar-schierenden Soldaten nach dem ersten Ansturm der Empörung anscheinend damit ab, Dachau nicht als einen Ort mit 32 000 Mitmen-schen wie sie selbst zu akzeptieren, sondern als eine seltsame Unge-heuerlichkeit, für die eigene Maßstäbe galten. Wie sonst läßt sich erklären, daß zehn Tage nach der Befreiung niemand Anstoß daran nimmt, daß es keine Lastwagen gibt, welche die Sterbenden ins Kran-kenhaus transportieren, und daß das Krankenhaus keine angemes-sene Ernährung zu bieten hat? Wenn eine Stadt mit 32 000 Menschen von einem Wirbelsturm heimgesucht worden wäre, hätte man sofort einen gewaltigen Rettungsapparat in Bewegung gesetzt. Aber diese 32 000 Geächteten sind so weit von jeder uns bekannten Zivilisation entfernt, daß wir uns damit begnügen, sie in ihrem vorherigen Zustand zu lassen und ihre Lebensbedingungen nur ein wenig zu ver-bessern.[4]

Die Situation in Dachau wiederholte sich auch anderswo.

Da man keine leicht verfügbare Alternative hatte, wurden viele der früheren Insassen weiterhin in den einstigen Konzentrations-lagern, manchmal in ehemaligen SS-Kasernen, untergebracht. Man ernährte und bekleidete sie und gestattete ihnen, sich frei zu bewe-gen, doch Tausende waren in einem so schlechten Zustand, daß sie innerhalb von Tagen oder Wochen nach der Befreiung starben. In Bergen-Belsen, das am 12. April von britischen Truppen besetzt wurde, befanden sich 40 000 hungernde Insassen am Rande des Todes. Fünf Tage vergingen, bevor die ersten Sanitätseinheiten erschienen. Die Unterernährung war so fortgeschritten, daß man beschloß, »Individuen anhand ihrer Genesungschancen auszu-wählen«. Das Ergebnis war, wie es in einem Armeebericht hieß, daß sogar nach der Befreiung »jene Personen, die dem Tod so offen-sichtlich nahe sind, keine Pflege erhalten werden«.[5] Ein ähnli-cher Mangel an vorbereitenden Maßnahmen führte dazu, daß Tau-sende in Mauthausen, das von den Amerikanern befreit, und in

Theresienstadt, das von den Russen befreit wurde, nach der Befreiung starben.[6]

Die meisten der nationalsozialistischen Opfer (allerdings nur eine Minderheit der Überlebenden) waren Juden, die meisten der Befreier waren Nichtjuden; aber die zwiespältige Reaktion beschränkte sich nicht auf Nichtjuden allein. Unter Juden herrschte ein verbreiteter, wenn auch selten explizit geäußerter Argwohn, daß sich diejenigen, die gegen jegliche Wahrscheinlichkeit überlebt hatten, schändlicher oder unlauterer Mittel bedient haben mußten. Diese Denkweise war besonders ausgeprägt unter Zionisten, deren Ideologie sie zwang, eine fast instinktive Verachtung für die Juden der Diaspora zu empfinden. David Ben Gurion, der Führer der palästinensischen Arbeiter-Zionisten, brachte eine weithin herrschende Ansicht zum Ausdruck: »Unter den Überlebenden der deutschen Lager waren Menschen, die nicht am Leben hätten bleiben können, wenn sie nicht roh, gemein und egoistisch gewesen wären, und was sie durchgemacht haben, hat jede verbliebene gute Eigenschaft in ihnen ausgelöscht.«[7]

Die Überlebenden waren ein kleiner Überrest der großen jüdischen Gemeinden im Ost- und Mitteleuropa der Vorkriegszeit. In Polen, 1939 Heimat von etwa 3,2 Millionen Juden, hatten die Nazis und ihre örtlichen Kollaborateure während der deutschen Besatzung fast neunzig Prozent ermordet. In den früheren baltischen Staaten, in Weißrußland und der Ukraine war ein ähnlicher Prozentsatz der jüdischen Vorkriegspopulationen zwischen 1941 und 1944 umgebracht worden. In Ungarn, Rumänien und Bulgarien, die sich unter der Naziherrschaft eine schattenhafte Pseudo-Unabhängigkeit bewahrt hatten, war ein höherer Prozentsatz am Leben geblieben. Gleichwohl hatte man Hunderttausende in Todeslager deportiert, ebenso wie drei Viertel der Juden in der Tschechoslowakei und die große Mehrheit in Österreich und Jugoslawien. In Westeuropa blieben nur die 370 000 Juden in Großbritannien, die kleinen jüdischen Gemeinden in den neutralen Staaten Irland, der Schweiz und Schweden sowie die 8 500 dänischen Juden (von denen die meisten über Nacht vom dänischen Widerstand nach Schweden in Sicherheit gebracht worden waren) praktisch unversehrt. Die 300 000 Juden Frankreichs waren 1940 von ihrer eigenen Regierung diskriminierenden Gesetzen unterworfen worden; zwei Jahre später trieb die französische Polizei Tausende zusammen und lieferte sie den Deutschen zur Deportation nach Auschwitz aus, wo ungefähr 75 000 starben. Drei Viertel der niederländischen und zwei Drittel der belgischen Juden wurden ermordet. Das faschistische Italien hatte seine eigenen Juden sowie die Angehörigen einiger anderer Nationalitäten geschützt, doch nach dem Sturz Mussolinis im Juli 1943 und der Besetzung fast des ganzen Landes durch die Deutschen wurden Tausende italienischer Juden in den Tod geschickt. Was die 500 000 Juden betrifft, die 1933 in Deutschland selbst gelebt hatten, so gelang es etwa der Hälfte, noch vor Kriegsausbruch auszureisen. Aber allseitige Einwanderungsbeschränkungen verringerten die Möglichkeiten, das Land zu verlassen. Nur eine kleine Gruppe derjenigen, die sich im September 1939 noch in Deutschland aufhielten, überlebte den Krieg in Lagern oder Verstecken. Insgesamt war weniger als eine Million Juden im früheren nationalsozialistisch besetzten Europa außerhalb der UdSSR 1945 noch am Leben.

Außer den Millionen individueller Leben war auch ein kollektives Gebilde ausgelöscht worden, das sich eine charakteristische, wenn auch überaus bunte Wesensart erhalten hatte. In Westeuropa, wo die Juden seit mehreren Generationen emanzipiert gewesen waren, hatte sich die jüdische soziale und kulturelle Eigenheit oft abgeschwächt oder existierte in manchen Fällen fast gar nicht mehr. Auch in Mitteleuropa, wo die Juden bei der Gestaltung der modernistischen Kultur von Städten wie Prag, Wien und Budapest eine wesentliche Rolle gespielt hatten, schienen sie sich in einer fruchtbaren Symbiose rasch assimiliert zu haben. Aber die große Masse der europäischen Juden lebte 1939 immer noch in den Gebieten, die seit Jahrhunderten das jüdische Kernland gewesen waren: in Osteuropa, besonders in Polen und den westlichen Provinzen Rußlands. In dieser Region hatte man die Juden nach dem Ersten Weltkrieg offiziell emanzipiert, doch die fremdartigen Ideen des liberalen Individualismus hatten nicht Wurzel gefaßt, und die Juden wurden weiterhin überwiegend als eine nationale – ebensosehr wie als eine religiöse – Minderheit eingestuft.

In einem erheblichen Grade handelte es sich dabei lediglich um eine Anerkennung der Realität. Die Juden im Europa der Zwischen-

kriegszeit lebten hauptsächlich in den städtischen Ballungsgebieten
vorwiegend bäuerlicher Gesellschaften. Manche blieben der religiösen Orthodoxie streng verhaftet und hoben sich nicht nur durch ihre
Gebete, sondern auch durch ihre Tracht und ihre Eßgewohnheiten
auffällig von ihren nichtjüdischen Nachbarn ab. Unter ihnen verfügte
die traditionelle religiöse Führerschaft, gestützt auf die Jeschiwas (Tal-
mud-Hochschulen), noch immer über einen Einfluß, der auf die
ganze jüdische Welt ausstrahlte. Aber auch die Juden, die sich der
modernen Zeit stärker angepaßt hatten, unterschieden sich im allgemeinen von den meisten ihrer Nachbarn, was ihren Bildungsgrad,
ihre wirtschaftlichen Funktionen und häufig auch ihre politische Einstellung betraf. In einigen Ländern, etwa in Polen, besaßen die Juden –
wie andere Minoritäten – eigene politische Parteien. Einige hatten
ihre spezifisch jüdische Identität in dem Bestreben hinter sich gelassen, in einem sozialistischen Internationalismus, der sich nicht auf
den Nationalitäts-, sondern auf den Klassenbegriff stützte, aufzu-
gehen. Doch so viele Juden wurden von der revolutionären Linken
angezogen, daß sie ihre Identität nicht verloren; vielmehr mußten sie
zu ihrem Verdruß feststellen, daß sie ihre Eigenarten der Bewegung
als Ganzem aufprägten, deren Feinde ihr häufig vorwarfen, von den
Juden kontrolliert zu werden. In erster Linie waren die Juden jedoch
weder Kommunisten noch Sozialisten, sondern Menschen mit bürgerlichen Werten und Ambitionen. Die meisten Juden Osteuropas –
ob atheistisch oder ultraorthodox, sozialistisch oder zionistisch, ob
Polen, Russen oder Rumänen – sprachen dieselbe Sprache: Jiddisch,
in den dreißiger Jahren noch immer die Lingua franca der überwälti-
genden jüdischen Mehrheit in der Region. Mit dieser ausdrucksvol-
len, demotischen Sprache, die manchmal sogar von ihren eigenen
Sprechern verächtlich als »Jargon« bezeichnet wurde, schufen sie in
den zwei oder drei Generationen vor ihrer Auslöschung eine einzigartige Kultur, die sentimentale Bühnen- und Filmdramen, betörende
Volkslieder und eine dynamische Zeitungspresse hervorbrachte, aus
der eine der großen Weltliteraturen erwuchs. All das endete ebenfalls
in Auschwitz.

Auf Befehl General Eisenhowers, des Oberbefehlshabers der alliierten Truppen in Europa, wurden die Beweise für die Untaten der
Nazis weithin publik gemacht. Delegationen hoher Amtsträger stell-

ten sich ein, um die Lager zu besichtigen. Eine britische Parlamentsdelegation besuchte Buchenwald kurz nach der Befreiung und berichtete:»Lager wie diese markieren den Tiefpunkt der Entwürdigung, zu der die Menschheit jemals herabgesunken ist. Die unauslöschliche Erinnerung an das, was wir in Buchenwald gesehen und gehört haben, wird uns viele Jahre lang verfolgen.«[8] Die britische Presse beschäftigte sich recht eingehend mit diesen und ähnlichen Berichten, doch der Mangel an Zeitungspapier und der Wirrwarr anderer Nachrichten verhinderten die Veröffentlichung vieler Einzelheiten. Ohnehin hielt man die Details in manchen Redaktionen für zu schockierend, um sie den Lesern zuzumuten. Der Londoner *Daily Express* brachte einen Artikel über die Befreiung des Buchenwalder Nebenlagers Ohrdruf, in dem die Leichen von 3000 kurz zuvor ermordeten Insassen entdeckt wurden, durch General Pattons 4. Armeedivision, doch die Zeitung konnte unter den vielen dort gemachten Aufnahmen nur ein »einziges zum Druck geeignetes Foto« finden.[9] Wochenschaugesellschaften in Großbritannien wurde zusätzliches Filmmaterial überlassen, damit sie in ihren Meldungen gründlich auf die Lager eingehen konnten. Die Bilder aufgehäufter Leichen, ausgemergelter Häftlinge und deutscher Zivilisten, die an den Beweisen für die in ihrem Namen begangenen Verbrechen vorbeimarschieren mußten, nisteten sich im Bewußtsein der Öffentlichkeit ein. Allerdings ging die Erinnerung an die Bilder nicht immer mit einem Verständnis für ihre Tragweite einher: In Großbritannien wurde »Belsen« eine Generation lang zu einem Beiwort, das Schuljungen frohgemut für ungewöhnlich magere oder unterernährt wirkende Kameraden benutzten.

Nach der Befreiung konnten die überlebenden Lagerinsassen heimkehren, falls sie physisch dazu in der Lage waren und sobald militärische Gesichtspunkte es zuließen. Chaotische Verkehrsbedingungen, besonders im Osten, erschwerten sämtliche Reisen, aber etliche ehemalige Gefangenen – vor allem jene aus Westeuropa – kehrten fast sofort heim. Ihnen wurde ein überraschend kühler Empfang bereitet. Die achtzehnjährige Simone Jacob (später, als Simone Veil, französische Ministerin und Präsidentin des Europäischen Parlaments) traf nach einem Jahr in Auschwitz, wo sie die meisten ihrer Familienangehörigen verloren hatte, Ende Mai 1945 in Paris ein. Sie stellte fest, daß man nichts von ihren Erlebnissen hören wollte. In ihrer Umgebung sprach man lieber mit ihrer Schwester, die in der Résistance gekämpft hatte: »Die Leute wollten Geschichten über den Ruhm und das Heldentum der Résistance hören. Auschwitz interessierte sie nicht.«[10] Jean-Marie Lustiger (später Erzbischof von Paris), ein anderer junger Jude, der zur selben Zeit aus Auschwitz zurückkehrte, entsann sich: »Unglaublicherweise handelte es sich um ein Tabuthema, über das niemand sprach oder sprechen wollte.«[11]

Niederländische Überlebende stießen ebenfalls auf Unverständnis oder Skepsis, so daß sie mit Schweigen reagierten. Eine Frau versuchte, einer Bekannten zu erklären, was mit ihrer Familie geschehen war: »Ich erzählte ihr meine Geschichte. Sie schaute mich an, als hätte ich sie belogen, und sagte, sie glaube mir nicht. Dann verabschiedete ich mich von ihr und ging weiter. Jahrelang erzählte ich niemandem von meinen Erlebnissen während des Krieges. Meine Lippen waren versiegelt. Die Leute haben kein Verständnis, oder sie glauben einem nicht.«[12] Rund 5000 Juden kehrten zwischen April und Juli 1945 in die Niederlande zurück; die größten Gruppen kamen aus Auschwitz, Bergen-Belsen und Theresienstadt. Die niederländische Regierung ließ sich Zeit mit der Organisation ihrer Rückkehr und leistete den Juden prinzipiell keine zusätzliche Hilfe. Bürokratische Formalitäten – nicht Mitgefühl – waren an der Tagesordnung. Einige Juden wurden aufgefordert, Mieten oder Versicherungsprämien für die Zeit ihrer Deportation nachzubezahlen. Die frühere Widerstandszeitschrift *De Patriot* ermahnte jüdische Rückkehrer, »ihre Dankbarkeit zu demonstrieren, indem sie die Verantwortung für den Schadenersatz an diejenigen übernehmen, die durch ihre Unterstützung von Juden selbst zu Opfern wurden«.[13]

In vielen Fällen stellten ehemalige Deportierte fest, daß ihre Wohnungen von anderen, die nicht ausziehen wollten, mit Beschlag belegt worden waren. Einige fanden an ihren Wohnorten der Vorkriegszeit nur schwarze Löcher vor, da Städte und Dörfer von den Bomben der Alliierten oder deutschen Flammenwerfern zerstört worden waren. Osteuropäische Juden fürchteten sich häufig vor der Heimreise und dem Empfang durch die örtliche Bevölkerung. In Polen, der Ukraine, der Slowakei und anderswo trafen zurückkehrende Juden oft auf Feindseligkeit oder Gewalt. In Krasnik bei Lublin wurden die 300 jüdischen Überlebenden (aus einer Vorkriegsgemeinde von 5 000), die nach der Befreiung heimgekehrt waren, innerhalb von vierundzwanzig Stunden vom Bürgermeister ausgewiesen. In Polaniec bei Kielce, in Bolkow bei Lodz und in vielen anderen polnischen Kleinstädten fielen jüdische Rückkehrer Mordtaten zum Opfer.[14]

Die Rote Armee verhielt sich in den von ihr besetzten osteuropäischen Gebieten häufig räuberisch und brutal. Dies hatte zur Folge, daß sich jüdische Überlebende aus dem Osten der Massenflucht von Millionen Menschen anschlossen, die versuchten, in die Sicherheit der von den Westmächten verwalteten Besatzungszonen des früheren Dritten Reiches zu gelangen. Wenn die Juden dort eintrafen, fanden sie sich erneut in Lagern wieder, diesmal nicht als Gefangene, sondern als Flüchtlinge, die nicht von deutschen Kerkermeistern eingesperrt, sondern von britischen und amerikanischen Soldaten beschützt wurden. Bei ihnen handelte es sich um die »Displaced Persons«, die den Besatzungsmächten in Deutschland und im Österreich der Nachkriegszeit erhebliches Kopfzerbrechen bereiteten.

»Displaced Persons« wurden von der 1947 gegründeten Internationalen Flüchtlingsorganisation (International Refugee Organization: IRO) offiziell definiert als »Opfer ... der nationalsozialistischen oder faschistischen ... oder ... Quisling-Regime ... [oder als] Personen, die vor dem Ausbruch des Zweiten Weltkriegs aus Gründen ihrer Rasse, Religion, Nationalität oder politischen Meinung als Flüchtlinge galten [und] ... die aus dem Land [ihrer] Nationalität oder aus ihrem früheren ständigen Wohnort deportiert worden [sind] oder genötigt wurden, diese zu verlassen«.[15] Wie so oft in der Geschichte war die Erfindung eines häßlichen neuen Begriffs ein enthüllendes Merkmal der politischen Frustration. Die britische und die amerikanische Regierung, die sich dem Problem hauptsächlich widmen mußten, zögerten, das Wort »Flüchtling« zu benutzen, weil damit das Eingeständnis verbunden zu sein schien, daß die betreffende Person nicht in ihr Heimatland zurückkehren konnte. Außerdem verzichteten sie soweit wie möglich auf die Verwendung des Wortes »Jude«, da es auf die boshafte Heraushebung einer einzigen Rassengruppe unter vielen hinzudeuten schien. So kam es zu dem Begriff »Displaced Persons«, der nicht nur ethnisch neutral war, sondern auch andeutete, daß diese Menschen in so etwas wie einen demographischen

Verkehrsstau verwickelt waren, der sich leicht beheben lassen würde, wenn sie nur den Signalen der Polizisten folgten und nach Hause zurückkehrten. Als die Zahl der »Displaced Persons« mit dem Eintreffen neuer Flüchtlinge aus dem Osten zunahm, schuf das britische Kabinettsbüro die neue Kategorie der »Infiltrierten«, doch in der Realität wurden die letzteren zwangsläufig in das allgemeine Flüchtlingsproblem einbezogen.

Anfänglich ein Gegenstand des Mitleids, dann ein Propagandainstrument, wurden die »Displaced Persons« bald zu einer Belastung für die alliierten Behörden. Die meisten hatten kein Ziel, das sie ansteuern konnten, und die für ihre Wohlfahrt Verantwortlichen wußten nicht, wohin sie geschickt werden sollten. Die jüdischen »Displaced Persons« oder »DPs« – wie man sie in einer eilig dahinschreitenden Welt bald nannte – bildeten 1945 keine Mehrheit der europäischen Juden. Sie zählten anfangs nicht mehr als etwa 100 000 der 4 Millionen Juden in Europa. Aber sie waren ein lebendiges Symbol der Qual, die sämtliche Juden im besetzten Europa durchgemacht hatten, und eine zunächst beunruhigende, dann entmutigende und letztlich zutiefst irritierende Erinnerung an das Verbrechen gegen die Menschlichkeit, welche das europäische Gewissen noch lange nach dem Krieg belasten sollte.

Die Juden hatten unbestreitbar stärker gelitten als jede andere Gruppe unter den heterogenen Mengen von Flüchtlingen, die im Sommer 1945 Aufmerksamkeit verlangten. Aber sie waren weder die zahlreichste noch die populärste Gruppe. Von Beginn an machten sich die Besatzungsmächte Sorgen über die politischen Konsequenzen einer Sonderbehandlung für die Juden. Als eine jüdische Organisation Anfang Mai 1945 bei den Amtsträgern in London um die Erlaubnis nachsuchte, die Sendung von Lebensmittelvorräten aus Schweden an die Juden im befreiten Europa zu arrangieren, äußerte das Ministerium für Wirtschaftskriegführung Bedenken, denn: »Die für die Ernährung von Zivilisten und Flüchtlingen in der Westzone Verantwortlichen könnten zusätzliche Vorräte begrüßen oder andererseits die Meinung vertreten, daß zusätzliche Vorräte für eine spezielle Flüchtlingsgruppe lediglich eine peinliche Situation hervorrufen.«[16] Ein paar Wochen später machte Professor Selig Brodetsky, der Vorsitzende des Board of Deputies of British Jews (der wichtigsten anglojüdischen Vertretung), den Vorschlag, ein Beratungsgremium jüdischer Organisationen zu gründen, das den britischen Besatzungsbehörden in Deutschland bei der Lösung der jüdischen Probleme helfen solle. Das Foreign Office setzte der Idee einen Dämpfer auf. Ein Beamter protokollierte:

> Ich glaube, wir sollten die Schwierigkeiten nicht unterschätzen, welche die Anerkennung eines jüdischen Gremiums als Berater für jüdische Interessen in Deutschland ... auslösen würde.
> Durch die Vernichtung der Juden in Deutschland soll sich ihre Zahl von 660 000 auf ungefähr 50 000 verringert haben. Da das Judenproblem folglich nicht mehr *lokaler* Art ist, würden die jüdischen Vertreter keine Hilfe bei der Lösung praktischer Fragen leisten, sondern zweifellos ihre Stellung dazu benutzen, sich in allgemeine politische Maßnahmen einzumischen. Unter Ausnutzung ihres seltsamen Privilegs, britische Staatsbürger sein zu können, wenn es ihnen paßt, und Mitglieder einer extraterritorialen Gemeinschaft, wenn es ihnen noch besser paßt, würden sie eine Pressure-group bilden, und da sie in Deutschland über Repräsentanten verfügen, könnten sie zu Recht Kenntnisse beanspruchen, die denen der offiziellen Militärregierung gleichkommen. Die Befürchtung, daß der Einfluß der Pressure-group vorwiegend zur Unterstützung der Kritiker unserer Zonenpolitik dienen würde, die ihn für ihre eigenen Zwecke ins Feld führen könnten, ist berechtigt.[17]

Die Reaktion auf das Angebot mochte kleinlich formuliert sein, aber sie war nicht untypisch. Innerhalb von acht Wochen nach dem Sieg hatten sich die Juden nach Ansicht ihrer Befreier mithin aus den Opfern feindlicher Greueltaten in eine lästige »Pressure-group« verwandelt.

Die offizielle Auffassung traf in einem wesentlichen Sinne zu, und die Sorgen waren berechtigt. Denn im Gegensatz zu Millionen Deutschen, die aus den alten deutschen Besiedlungsgebieten im Osten geflohen waren, hatten die Juden einflußreiche Freunde. Die Juden der Vereinigten Staaten – mehr als 5 Millionen an Zahl und ein mächtiger Faktor in Präsident Trumans Demokratischer Partei – waren nun plötzlich zur größten und bedeutendsten jüdischen Gemeinde der Welt geworden. Die meisten waren Einwanderer oder Kinder von Einwanderern aus Ost- oder Mitteleuropa. Viele hatten durch das nationalsozialistische Gemetzel Verwandte verloren. Während des

Krieges war ihnen von den alliierten Regierungen und der Mehrzahl ihrer eigenen Führer versichert worden, daß man den Juden in Europa keine oder fast keine Hilfe leisten könne, es sei denn durch einen baldigen Sieg. Nun war der Krieg beendet, und es hatte den Anschein, daß immer noch keine oder fast keine Hilfe geleistet werden konnte. Die Juden der Vereinigten Staaten waren in Vereinigungen wie dem American Jewish Committee und dem Jüdischen Weltkongreß gut (vielleicht allzu gut) organisiert. Zudem besaßen sie erfahrene und effektive Wohlfahrtsverbände, vornehmlich das American Jewish Joint Distribution Committee (ADJC), kurz als »Joint« bekannt, dem sehr hohe Summen gespendet wurden. Nach Jahren, in denen sie den Massenmord an den Juden Europas ohnmächtig hatten mitansehen müssen, brannten diese Verbände darauf, endlich ihre Existenz zu rechtfertigen und den Überlebenden Beistand zu leisten. Aber auf ihrem Weg waren endlose Hindernisse aufgebaut.

Das »Joint« war die größte und vermögendste jüdische wohltätige Stiftung der USA und besaß ein kundiges Verwaltungspersonal. Es vermied politische Publizität oder politisches Engagement. Insgesamt gab es zwischen 1945 und 1948 229 Millionen Dollar aus, hauptsächlich für die Flüchtlingshilfe und überwiegend in Europa. Aber seine anfänglichen Versuche, in den befreiten Gebieten unter amerikanischer und britischer Kontrolle tätig zu werden, wurden von den militärischen Besatzungsbehörden gehemmt, die Einwände gegen das unabhängige Wirken einer sogenannten Sektierergruppe erhoben. Deshalb konnte das »Joint« seine Aktionen in Buchenwald erst am 13. Juli 1945 – zwei Monate nach der Befreiung der Lagerinsassen – einleiten.

In verblüffendem Kontrast zur Obstruktion der britischen (und in geringerem Maße der amerikanischen) militärischen Besatzungsbehörden gegenüber den Bitten der jüdischen Hilfsorganisationen zeigte sich die Sowjetunion kooperationsbereit, wenigstens was den Transport von Hilfsmitteln zu den Juden in den befreiten Ländern Polen und Tschechoslowakei anging. Das »Joint« nahm bereits Ende 1944 Lieferungen nach Polen – über Teheran – in Angriff. In der Tschechoslowakei begannen »Joint«-Vertreter ihre Arbeit im April 1945 in Bratislava und ein paar Tage nach der Befreiung der Hauptstadt Anfang Mai auch in Prag. Die UdSSR hatte ein tieferes politisches

Motiv: Sie sah eine Möglichkeit, die Legitimität des von ihr geförderten, vornehmlich aus Kommunisten bestehenden Lubliner Komitees (das von den Westmächten nicht als polnische Regierung anerkannt wurde) zu erhöhen, und bestand darauf, daß das Komitee als Anlaufstelle für sämtliche Hilfsleistungen diente.[18]

Die Not der jüdischen Überlebenden und die träge Reaktion der westlichen Alliierten führten rasch zu Protesten. Im Juli 1945, als sich Churchill, Truman und Stalin in Potsdam trafen, behauptete der Jüdische Weltkongreß in einem öffentlichen Aufruf, daß viele Naziopfer fast drei Monate nach der Befreiung von den militärischen Kontrollbehörden der Alliierten noch immer geradezu wie Gefangene »unter Bedingungen des äußersten Elends« festgehalten und »mit einer gefühllosen und schändlichen Nachlässigkeit und Gleichgültigkeit behandelt« würden.[19] Auf dem Postamt in London weigerte man sich, die Botschaft telegraphisch nach Potsdam zu übermitteln, und sie wurde schließlich mit der Diplomatenpost dorthin geschickt, obwohl das Foreign Office sie für »tendenziös« hielt.[20]

Die britische Regierung war nicht besonders aufgeschlossen für solche Interventionen zugunsten der jüdischen Überlebenden. Im September 1945 schrieb Premierminister Clement Attlee, »Juden seien nicht als eine ›Sonderkategorie an der Spitze der Warteliste‹ zu behandeln«, sondern genauso wie alle anderen auch.[21] Die britische Politik in dieser Frage wurde von der sich verschlechternden Situation in Palästina beeinflußt, das die Briten seit dem Ende des Ersten Weltkriegs mit Hilfe eines Völkerbundmandats regiert hatten. Schon Ende der dreißiger Jahre war die Mandatssituation zu einem politischen Sumpf geworden. Seit 1939 hatte Großbritannien die Zahl jüdischer Einwanderer in der Hoffnung eingeschränkt, die arabische Feindseligkeit im gesamten Nahen Osten zu mildern. Deshalb organisierten die Zionisten noch vor Kriegsende illegale Einwanderungsaktionen aus Südosteuropa, und jüdische Terroristengruppen griffen britische Ziele an. Großbritannien war während des Krieges zunehmend vom nahöstlichen Öl abhängig geworden und nicht mehr fähig, in der Region große Streitkräfte zur Kontrolle der örtlichen Bevölkerungen – ob Araber oder Juden – zu unterhalten. Die Labour Party, die im Juli 1945 an die Regierung gelangte, hatte den Zionismus früher ausdrücklich unterstützt, vertrat nun jedoch die Meinung, daß die britischen Interessen eine andere Politik diktierten. Deshalb wurden die Einwanderungsbeschränkungen für Palästina mit einer Höchstgrenze von 1500 Personen pro Monat beibehalten. In Wirklichkeit belief sich die durchschnittliche Monatszahl der jüdischen Neuankömmlinge zwischen Januar 1946 und Mai 1948 infolge der illegalen Einwanderung jedoch auf 1870. Mehr als 50 000 Juden, einschließlich der illegalen Emigranten, trafen zwischen dem Kriegsende und dem 14. Mai 1948 aus Europa in Palästina ein. Damit konnte der wachsende Druck von Flüchtlingen, die aus Ost- und Mitteleuropa ausreisen wollten, allerdings nicht gemindert werden. Infolgedessen brauchte man für die Displaced Persons irgendeinen anderen Bestimmungsort, doch keiner schien sich anzubieten.

Die schwierigen wirtschaftlichen und gesellschaftlichen Verhältnisse im Großbritannien der Nachkriegszeit sprachen gegen die Aufnahme einer großen Zahl von Juden durch das Land. Es beherbergte bereits mehr als 50 000 jüdische Flüchtlinge aus Deutschland und Österreich, die zwischen 1933 und 1939 eingetroffen waren. Sofort nach dem Tag des Sieges wurden Forderungen nach der Repatriierung dieser Flüchtlinge laut. Am 15. Mai 1945 stellte der Abgeordnete Austin Hopkinson dem Premierminister im Unterhaus die Frage, »ob angesichts der Vernichtung des Nationalsozialismus Vorkehrungen für die sofortige Repatriierung aller jüdischen Flüchtlinge, die in ihren Herkunftsländern Opfer der Verfolgung gewesen sind, getroffen werden können«. Churchill, vom Foreign Office instruiert, verneinte und verwies auf die »sehr erheblichen praktischen Schwierigkeiten«. Hopkinson hakte nach und erinnerte den Premierminister an die Versicherungen mehrerer Innenminister, »daß diese Männer zum frühestmöglichen Zeitpunkt repatriiert werden sollten«. Churchill erwiderte, dies sei »weiterhin erwünscht, aber Europa befindet sich gegenwärtig in einem furchtbaren Chaos«.[22] Die Feindseligkeit gegenüber den jüdischen Flüchtlingen, die sich bereits im Land aufhielten, machte es der britischen Regierung unmöglich, die Schleusen für einen neuen Zustrom zu öffnen. Die hastige Untersuchung verschiedener weit hergeholter Vorschläge zur Ansiedlung von Juden in fernen Winkeln des Empire oder des Globus enthüllten ungezählte Hindernisse – wie bereits ähnliche Ermittlungen vor dem Krieg. Mangels einer Alternative wandten sich die Briten dem Gedanken zu, daß die jüdischen Flüchtlinge der letzten Welle in ihre Herkunftsländer zurückkehren und ihr Leben dort – genau wie die übrige Bevölkerung Europas – wiederaufbauen sollten. Es war eine Politik, die grundlegenden liberalen Prinzipien und scheinbar dem gesunden Menschenverstand entsprach. Aber sie funktionierte nicht.

Auch die Regierung der Vereinigten Staaten hatte keine Lösung. Die höchst restriktiven und von rassischen Gesichtspunkten geprägten Einwanderungsgesetze des Landes verhinderten den Zuzug einer großen Menge osteuropäischer Juden. Der Kongreß lehnte – nach, wie vor dem Krieg – neue Einwanderungsgesetze ab. Aber Präsident Truman wurde von jüdischen Organisationen heftig bedrängt, etwas zu unternehmen. Er ordnete eine Ermittlung am Ort des Geschehens an. Earl G. Harrison, ein früherer US-Einwanderungsbeauftragter und mittlerweile Dekan der juristischen Fakultät der University of Pennsylvania, wurde am 22. Juni 1945 mit der Ermittlung betraut. Er besuchte die DP-Lager und legte Truman mit außerordentlicher Schnelligkeit bereits am 1. August seinen Bericht vor. Es handelte sich um eine erdrückende Anklage der Bedingungen, unter denen die DPs leben mußten, und der für ihr Wohlergehen verantwortlichen alliierten Behörden:

> Drei Monate nach dem Tag des Sieges … leben viele jüdische Displaced Persons … unter Bewachung hinter Stacheldrahtzäunen …, unter beengten, häufig unhygienischen und insgesamt grausigen Bedingungen, in völliger Untätigkeit, ohne jegliche Gelegenheit, es sei denn heimlich, mit der Außenwelt Verbindung aufzunehmen; sie warten und hoffen auf ein Wort der Ermutigung und auf Maßnahmen zu ihrer Unterstützung …
>
> Viele der jüdischen Displaced Persons besaßen Ende Juli keine andere Kleidung als ihre Konzentrationslagertracht – die aussieht wie ein sehr häßlicher, gestreifter Pyjama –, während andere zu ihrem Verdruß gezwungen waren, deutsche SS-Uniformen zu tragen.
>
> Über das Wissen hinaus, daß sie nicht mehr der Gefahr der Gaskammern, der Folter und anderen Formen eines gewaltsamen Todes ausgesetzt sind, sehen sie – und das zu Recht – kaum einen Wandel …
>
> Das erste und eindeutige Bedürfnis dieser Menschen ist eine Anerkennung ihres tatsächlichen Status, und damit meine ich ihren Status als Juden … Bisher besteht die allgemeine Praxis darin, sich nur an Nationalitätszugehörigkeiten zu halten … Man geht auf eine offenkundig unrealistische Weise an das Problem heran. Die Weigerung, die Juden als solche anzuerkennen, führt in dieser Situation dazu, daß

man die Augen vor ihrer früheren und barbarischeren Verfolgung, die
sie bereits zu einer separaten Gruppe mit größeren Bedürfnissen
gemacht hat, verschließt.

Nach Lage der Dinge scheinen wir die Juden genauso zu behandeln, wie die Nazis sie behandelt haben, abgesehen davon, daß wir sie
nicht ausrotten. Sie befinden sich in großer Zahl in Konzentrations-
lagern, wo sie statt von SS-Soldaten von unseren eigenen Militärpo-
sten bewacht werden. Man muß sich die Frage stellen, ob die Deutschen, die das beobachten, vielleicht den Schluß ziehen, daß wir die
nationalsozialistische Politik fortsetzen oder zumindest billigen.

Harrison schlug eine Reihe von Verwaltungsreformen vor, durch welche die Lebensbedingungen in den Lagern unverzüglich verbessert
werden sollten. Auf längere Sicht riet er Truman, Druck auf die britische Regierung auszuüben, damit sie 100 000 Menschen aus den
Lagern in Palästina einreisen ließ.[23]

Ein britischer Beobachter kommentierte recht herablassend, Harrisons Bericht sei »voll von irreführenden Andeutungen und aus dem
Kontext gerissenen Wahrheiten. Der schockierte Zivilist, der gerade
den ungestörten Komfort einer modernen Lebensweise hinter sich
gelassen hat, dürfte auf einem vom Krieg zerrissenen Kontinent einiges an Fassung verlieren, und man sollte großzügigerweise annehmen,
men, daß diese Tatsache, nicht eine bewußt falsche Berichterstattung,
die Konfusion ausgelöst hat.«[24] Das von Harrison gemalte finstere
Bild war vielleicht überzogen, aber es enthielt etliche Körnchen Wahrheit. In einem Punkt, nämlich was die Einstellung mancher Besat-
zungskommandeure anging, hatte Harrison vielleicht sogar ein Blatt
vor den Mund genommen. Zum Beispiel schrieb General Patton, dessen Kommandogebiet in Süddeutschland die größte Zahl von DPs in
der amerikanischen Besatzungszone enthielt, am 15. September in
sein Tagebuch: »Harrison und seinesgleichen glauben, der DP sei ein
Mensch, was nicht zutrifft, und das gilt besonders für die Juden, die
noch unter den Tieren stehen.«[25] Ende 1946 versuchte das amerikanische Kriegsministerium mit einer Broschüre, die unteren Ränge zu
mehr Mitgefühl den DPs gegenüber zu bewegen, doch dabei verriet es
einiges von der vorherrschenden Feindseligkeit. In der Broschüre
wurde eingeräumt, daß es dem durchschnittlichen GI bei der ersten
Begegnung mit DPs

schwerfiel, Verständnis und Sympathie für Menschen zu zeigen, die drängelnd und schreiend Nahrungsmittel an sich rissen, die schlecht rochen, die Anordnungen nicht gehorchen konnten und wollten, die in einem Keller oder einer Konzentrationslagerbaracke oder einer primitiven Höhle mit stumpfen Gesichtern und leer starrenden Augen dasaßen und sich weigerten, auf Befehl herauszukommen ... Wenn Menschen auf ein tierisches Niveau herabgewürdigt werden, bewegt sich ihre Reaktion auf Vorschläge und Situationen auf demselben Niveau.

Nachdem die harschen Bedingungen, unter denen die meisten DPs gelebt hatten, in der Broschüre umrissen worden waren, hieß es weiter, es sei »kaum ein Wunder, daß sich das Ergebnis dieser systematischen Aushungerung und Zwangsarbeit als ein Bild der Apathie, der chronischen Schwäche, des Koordinationsmangels und eines verzerrten Geistes darstellt«.[26]

Truman und Eisenhower setzten die Hauptempfehlungen in Harrisons Bericht sofort in die Tat um. Die US-Zonenbehörden richteten zwölf Lager ausschließlich für Juden ein, ließen den Stacheldraht und die Wachtürme niederreißen, erkannten die Juden als eine separate, bevorzugte Kategorie an und erhöhten deren Lebensmittelration auf 2 300, später auf 2 500 Kalorien pro Tag. Die letztliche Verantwortung für die Lager verblieb zwar bei den Besatzungsarmeen, doch die Direktverwaltung wurde im Oktober 1945 von der United Nations Relief and Rehabilitation Administration (UNRRA) übernommen. Man ernannte jüdische Ratgeber für die US-Militärregierung, und das »Joint« erhielt die relative Freiheit, seiner Wohltätigkeitsarbeit in den Lagern nachzugehen. Den Briten mißfiel der Gedanke, die jüdischen DPs abzusondern, aber ihnen blieb nichts anderes übrig, als dem amerikanischen Beispiel zu folgen. Ähnliche Maßnahmen wurden in der französischen Zone und in allen drei westlichen Besatzungszonen in Österreich eingeleitet.

Ein Grund für den Ärger der alliierten Regierungen über den Nachdruck des jüdischen Protests bestand darin, daß es ein Mißverhältnis zwischen ihm und dem gesamten Flüchtlingsproblem in Europa zu geben schien. Die Juden machten nur einen kleinen Teil der Millionen Flüchtlinge aus, die versuchten, aus Ost- nach Westeuropa überzuwechseln. Im September 1945 war in einer britischen

Schätzung von insgesamt 1888 000 Displaced Persons, unter Ausschluß der Volksdeutschen, die Rede. Nur bei 53 000 davon sollte es
sich um Juden handeln, die in Lagern in Deutschland, Österreich und
Italien untergebracht waren. Die Juden wetteiferten um Aufmerksamkeit mit Deutschen, die vor der russischen Besetzung Ostpreu-
ßens und der polnischen Annexion Schlesiens geflohen waren; mit
Volksdeutschen, die seit langem in der Tschechoslowakei, in Rumänien, Ungarn und Jugoslawien gelebt hatten und nun von diesen Staaten vertrieben worden waren; mit baltischen, ukrainischen und anderen ehemaligen Kollaborateuren, die sich vor der sowjetischen Rache
fürchteten; mit Kosaken und russischen Überläufern, die als Freiwillige in Militäreinheiten des nationalsozialistischen Deutschland
gedient hatten; und mit Antikommunisten aller Nationalitäten, die
von den gerade installierten sowjetischen Marionettenregierungen als
Klassenfeinde gebrandmarkt wurden. Das Gewicht, das besonders in
der amerikanischen Presse auf den jüdischen Aspekt des DP-Problems gelegt wurde, irritierte die britischen Besatzungsbehörden
zutiefst, denn sie argwöhnten, daß sich hier der geheime Einfluß der
amerikanischen Juden auf die Medien bemerkbar machte.

In der zweiten Hälfte des Jahres 1945 stieg die Zahl der jüdischen
DPs jedoch an, während viele Nichtjuden von Deutschland und
Österreich aufgenommen wurden. Die Flucht von Juden aus Ost-
europa, vor allem aus Polen, wurde durch wiederholte Ausbrüche
antijüdischer Gewalt verstärkt. Man schätzt, daß zwischen Mai und
Dezember 1945 insgesamt 353 Juden von Polen ermordet wurden.
Wüste antisemitische Propaganda, ausgestreut von rechtsextremen
Gruppen, tauchte in vielen polnischen Städten auf. Im Juli kam es in
Rzeszów und im August in Krakau zu Pogromen.

Mossad le-Alijah Bet, eine Geheimorganisation palästinensischer
Zionisten mit Hauptquartier in Paris, trug entscheidend dazu bei,
Juden aus Osteuropa nach Palästina zu befördern. Bereits im Juli 1945
hatten Angehörige – hauptsächlich Palästinenser – der in Italien sta-
tionierten Jewish Brigade der Britischen Armee begonnen, illegale
jüdische Einwanderer mit Schiffen nach Palästina zu bringen. Jan
Masaryk, der bekanntermaßen projüdische Außenminister der
Tschechoslowakei, ließ neun Züge bereitstellen, mit denen Juden von
der polnischen Grenze durch sein Land in die amerikanische Besat-

zungszone Deutschlands weitergeleitet wurden. Im Sommer und Herbst 1945 zogen Zehntausende jüdischer Überlebender aus Osteuropa in Richtung der westlichen Besatzungszonen Deutschlands und Österreichs, wodurch sich das DP-Problem vergrößerte. Die Umsiedlung mancher war von den Zionisten organisiert worden, während sich andere aus eigenem Antrieb in Marsch setzten. Die DP-Lager in Italien waren bald überfüllt, und der Druck auf die Lager in Deutschland und Österreich erhöhte sich ständig. In dem jüdischen Lager Feldafing in Bayern, das 2 500 Personen faßte, waren 6 000 untergebracht. In Landsberg herrschten so beengte Verhältnisse, daß sich manche Insassen ein Bett teilen mußten. Im August schlossen die britischen Besatzungsbehörden, die natürlich wußten, daß die Umsiedler letztlich nach Palästina strebten, die italienisch-österreichische Grenze für alle Flüchtlinge. Im Dezember verboten sie jegliche Bewegung von Juden über Berlin in oder durch ihre Besatzungszone. Dessenungeachtet setzte sich der Flüchtlingsstrom fort.

Die Briten reagierten verdutzt und wütend. General Sir Frederick Morgan, Leiter der UNRRA-Operationen in Deutschland, beschwerte sich am 2. Januar 1946 auf einer Pressekonferenz in Frankfurt über einen »gutorganisierten Plan, [die Juden] aus Europa hinauszubefördern«. Er äußerte Skepsis, was die »monotone Geschichte über Pogrome« anging, und behauptete, die aus Polen eintreffenden Juden seien »gutgekleidet und wohlgenährt, rotwangig. Sie haben viel Geld und wirken durchaus nicht wie verfolgte Menschen.«[27] Diese (später halb in Abrede gestellten) Bemerkungen lösten bei den Juden, besonders in Amerika, Empörung aus. Wenn Morgans Statements einen gewissen Mangel an Fingerspitzengefühl verrieten, so hatte er doch zumindest in einem Punkt recht gehabt: Der Exodus war geplant und organisiert. Morgans Irrtum bestand darin, daß er sich einbildete, der Exodus könne gestoppt werden. Indessen meldete die britische Botschaft in Warschau, die den Realitäten näher war, es sei »Unsinn«, mit einer Wiederbelebung des jüdischen Lebens in Polen zu rechnen; die dort noch verbliebenen Juden würden *en masse* ausreisen, »gleichgültig, was die Regierung Seiner Majestät oder sonstwer sagt«.[28]

Doch man hörte nicht auf die Botschaft in Warschau. Die meisten britischen Beamten und Politiker, die mit der Frage zu tun hatten, nahmen bei einer Verschwörungstheorie Zuflucht, um den Exodus

zu erklären – eine sich anbietende, doch weitgehend durch Selbsttäu-
schung gekennzeichnete Interpretation. Sie verdächtigten ihre Mit-
besatzer – Russen, Franzosen und Amerikaner gleichermaßen – der
Komplizenschaft in der jüdischen Flüchtlingsbewegung. Der Verdacht ließ sich untermauern. Alle drei Mächte schienen Gründe zu
haben, die Briten im Nahen Osten in Verlegenheit zu setzen. Die Russen hielten Palästina für den Schwachpunkt der britischen Rüstung in
jener Region und hofften, die Schwäche ausnutzen und die Briten aus
der Gegend vertreiben zu können. Deshalb gestatteten sie polnisch-
jüdischen Flüchtlingen in Rußland, die UdSSR zu verlassen. Im Juli
1945 schlossen die russische und die polnische Regierung ein Abkommen, das Polen und Juden aus den ehemaligen ostpolnischen, von der
Sowjetunion übernommenen Grenzgebieten erlaubte, ihre während
des Krieges erworbene sowjetische Staatsbürgerschaft aufzugeben
und nach Polen zurückzukehren. Die Repatriierten trafen seit
Februar 1946 in Polen ein, und im folgenden Juli war ihre Zahl auf
geschätzte 157000 angewachsen. Die meisten hatten wenig Interesse
daran, in Polen zu bleiben, und suchten sofort nach Möglichkeiten
(die sie mit Hilfe zionistischer Agenten auch fanden), nach Westen
weiterzuziehen. Außerdem scheint die UdSSR osteuropäische Regierungen ermutigt (oder ihnen wenigstens gestattet) zu haben, der fortgesetzten Bewegung von jüdischen Flüchtlingen nach Westen in
Richtung der britischen und amerikanischen Besatzungszonen
Deutschlands und Österreichs sowie nach Süden in Richtung Palästina keinen Stein in den Weg zu legen.

Die amerikanische Regierung reagierte sensibel nicht nur auf den
Druck der jüdischen Wählerschaft, sondern auch auf den Vorwurf,
daß die amerikanische Demokratie nun als Bollwerk für den britischen Imperialismus benutzt werde. Deshalb drängte man die Briten,
jüdische Flüchtlinge in Palästina aufzunehmen, war jedoch nicht
bereit, amerikanische Streitkräfte zur Festigung der britischen Herrschaft dorthin zu entsenden. Unterdessen arbeiteten einige jüdische
US-Militärs sowie jüdische Angestellte von Hilfsorganisationen mit
den Zionisten zusammen, um den Flüchtlingsstrom nach Palästina
zu lenken.

In Wirklichkeit waren die russischen und amerikanischen Motive
viel komplexer, als die britischen Verschwörungstheoretiker vermute-

ten. Während die Sowjetregierung die Schwierigkeiten der Briten im Nahen Osten zweifellos vergrößern wollte, indem sie den Zuzug von Flüchtlingen förderte, hatte sie keinesfalls den Wunsch, die nationalistische Tätigkeit der Juden in ihrem eigenen Herrschaftsbereich zu legitimieren. Zudem waren viele Juden unter den kommunistischen Protegés der UdSSR in Osteuropa heftige Gegner der Zionisten und kooperierten nur sehr widerwillig mit ihnen. Die Amerikaner hingegen wollten die Lasten der Okkupation auf keinen Fall vergrößern und zeigten sich daher manchmal zu dem Versuch bereit, gemeinsam mit den Briten den Exodus aus dem Osten einzugrenzen.

Was die Franzosen betraf, so waren sie erbittert über die britische Forderung, Syrien und dem Libanon, wie sie während des Krieges versprochen hatten, Unabhängigkeit zu gewähren. Folglich machten sie kein Hehl aus ihrer Schadenfreude über die Probleme Großbritanniens in Palästina. Die öffentliche Meinung in Frankreich war aufgeschlossen für die Not der jüdischen DPs, so daß französische Grenz- und Hafenbeamte bei der Durchreise von Flüchtlingen häufig ein Auge zudrückten. In ganz Europa begünstigten also russische, amerikanische und französische Offiziere, Bürokraten und Agenten – manchmal aus Gründen persönlicher Sympathie, häufig aus politischen Motiven – die jüdische Flüchtlingsbewegung, die dadurch immer stärker anschwoll und zu einem immer größeren Ärgernis für die Briten wurde.

Da es keine Möglichkeit zu geben schien, die DP-Lager aufzulösen, entwickelten sie sich zu halbpermanenten Siedlungen. Allmählich kehrte ein Anschein von Normalität zurück, während sich die Insassen, nicht mehr mit gestreifter Lagerkleidung angetan, dank der medizinischen Versorgung und der hinreichenden Lebensmittelrationen der UNRRA wenigstens äußerlich erholten. Das Alltagsleben in den Lagern erhielt eine gewisse Struktur, denn die Insassen widmeten sich nun ihrer Ausbildung, Sportarten wie Fußball und Boxen, Musik, Theater und anderen Freizeitbeschäftigungen. Auch politische Organisationen wurden wiederhergestellt, im allgemeinen nach dem Vorbild der jüdischen Parteien im Osteuropa der Vorkriegszeit: orthodox, bundistisch und zionistisch. Die Sehnsucht, Gefühlen und Meinungen Ausdruck zu verleihen, wurde durch eine Reihe zumeist jiddischer Zeitungen gestillt; da man kein hebräisches Letternmetall besaß, wurden die Zeitungen jedoch anfangs mit lateinischen Buchstaben gedruckt. Auch ihr Inhalt enthüllt eine allmähliche Rückkehr zum Alltag, zum Beispiel in einer steigenden Zahl von Heiratsanzeigen. Aber in langen Spalten, die »vermißten Verwandten« gewidmet waren, wurde an die noch nicht lange zurückliegenden Greuel erinnert. Während sich 1945 seinem Ende näherte und in 1946 überging, legten diese Zeitungen ein beredtes und manchmal zorniges Zeugnis über die Frustration der Lagerbewohner ab. Die Zeitungen waren im allgemeinen zionistisch orientiert, und während sich der Palästina-Konflikt zuspitzte, bezogen sie – vornehmlich in der amerikanischen Besatzungszone – immer aggressiver gegen Großbritannien Stellung.[29]

Die Briten vermuteten, daß die Zionisten unzulässigen Einfluß geltend machten oder sogar zu Gewaltmethoden griffen, damit die DPs Palästina als den einzigen von ihnen gewünschten Zielort bezeichneten. Hier und dort gab es Hinweise auf die Richtigkeit dieser Vermutung. Aber insgesamt überwogen in den Lagern eindeutig zionistische Gefühle – um so mehr, als die Monate in den Lagern zu Jahren wurden, als die Aussicht einer Rückkehr nach Osteuropa immer weniger attraktiv wirkte und als die USA, Kanada und Großbritannien die Einreise jüdischer Flüchtlinge verweigerten. Sogar zionistische Abgesandte waren beeindruckt von der Leidenschaft, auf die sie in den Lagern stießen. Bei einem Besuch Ende 1945 stellte David Ben Gurion fest, daß »die Menschen trotz allem gesund sind, im körperlichen wie im geistigen Sinne. Die Mehrheit wird von kostbaren Juden gebildet, von kostbaren Zionisten mit tiefsitzenden zionistischen Instinkten, die bereit sind, wiederum alle Lasten auf sich zu nehmen, wenn der Zionismus es verlangt – sie dürsten nach der Einheit und dem Überleben des jüdischen Volkes.«[30] Gewiß enthielten diese Worte ein Element des Wunschdenkens. Wenn es ihm zweckmäßig erschien, stellte Ben Gurion das zionistische Potential der Überlebenden eher in einem negativen Licht dar. In Wirklichkeit waren die Displaced Persons ein unbeschriebenes Blatt, dem jeder seine Werte, Hoffnungen und fixen Ideen einprägen konnte.

Aber die Lagerbewohner verfügten auch über eigene Stimmen. In jedem Lager entstanden Komitees, und man gründete die Dachorganisation She'erit ha-Pletah (Der überlebende Rest). Diese Gremien waren von ständigen Fehden, politischen Differenzen und einer Nei-

gung zur Hysterie zerrissen, die von den Erinnerungen an die Leiden
der Vergangenheit und von zunehmender Verzweiflung über eine
umwölkte Zukunft ausgelöst wurden. Ihre Beschwerden und Forderungen gingen bei den Besatzungsmächten, der UNRRA, dem
»Joint«, der Presse und der Jewish Agency ein – überhaupt bei allen,
die zuhören wollten, und auch bei vielen, die es nicht wollten. Ein
amerikanischer Jude, der für eine der Hilfsorganisationen arbeitete,
schrieb:

> ... der durchschnittliche Führer dieser verschiedenen jüdischen
> Kasernen oder Lager ist ein junger, trotziger, militanter Jude ... Ich
> legte einmal zufällig meine Hände auf die Schultern eines schwächlich
> wirkenden Juden von ungefähr 35 oder 38 Jahren. Er drehte sich um
> und sagte: »Nemt arunter di hent fun mir!« Wichtiger als seine Aus-
> drucksweise war der herausfordernde Blick seiner Augen.[31]

Der politische Hauptnutznießer dieser Stimmung war der Zionismus. Der Lagerkommandant hielt in seinem Tagebuch die Wirkung
von Ben Gurions Besuch in Landsberg im Oktober 1945 fest:

> Für die Menschen ist er Gott. Er scheint all ihre Hoffnungen darauf,
> daß sie nach Palästina gelangen werden, zu verkörpern ... Ich erfuhr
> von seiner Ankunft, als die Menschen hervorströmten, um die Straße
> aus München zu umsäumen. Sie hatten Blumen und hastig impro-
> visierte Fahnen und Schilder bei sich ... Ich glaube nicht, daß ein
> Besuch von Präsident Truman soviel Aufregung verursachen wür-
> de.[32]

Laut einer Umfrage wollten neunzig Prozent der jüdischen DPs nach
Palästina emigrieren. Eine Anfang 1946 in einem bayrischen DP-Lager angestellte Untersuchung ergab, daß von 22 000 Menschen dreizehn in Europa bleiben wollten und daß 596 hofften, sich in den USA,
dem britischen Commonwealth oder Lateinamerika ansässig zu
machen, während fast alle anderen erklärten, daß Palästina ihr Ziel
sei.[33] Im Mai 1946 führte die UNRRA in Deutschland eine Umfrage
unter DPs in Sammelzentren durch; sie gelangte zu dem Schluß, daß
die Juden »einen einmütigen Wunsch [zur Emigration] ausdrückten,
wobei die meisten entweder Palästina oder die USA als Ziel nannten«.
In dem UNRRA-Bericht hieß es weiter:

Die bei weitem größte Zahl polnischer und ukrainischer Juden äußert
den Wunsch, nach Palästina auszureisen … Viele würden vielleicht
irgendein westliches Land vorziehen, aber die Einwanderungsquoten
für diese Staaten werden so niedrig sein, daß man nur kleine Grüpp-
chen aufnehmen kann. Palästina scheint die einzige Lösung für das
Problem zu bieten. Auf Hunderten von Stimmzetteln stand nur ein
einziges Wort als Erklärung dafür, daß der Betreffende nicht heimkehren wollte: »Palästina.«

Einige typische Kommentare auf den Stimmzetteln jüdischer DPs lauteten:

Palästina ist mein Vaterland.
   Polen ist von jüdischem Blut bedeckt; noch heute werden Juden
von den Polen verfolgt. Wir können die Friedhöfe besuchen, aber wir
können dort nicht leben. Deshalb möchte ich in die USA einwandern
und mich meinen Verwandten in der besten Demokratie der Welt
anschließen.
   Ich habe zu Hause niemanden mehr.
   Mein Mann ist von den Deutschen ermordet worden. Ich habe drei
Jahre im KZ verbracht. Meine Verwandten sind im Ausland. Sie werden sich um mich kümmern.
   All meine Verwandten sind in Auschwitz umgebracht worden. Ich
kann nicht unter den Mördern meiner Eltern leben.[34]

Im Laufe der Zeit hatte sich die zionistische Tendenz in den Lagern
verstärkt, was sich in den Wahlen der Repräsentativkomitees widerspiegelte. Wie sich zeigte, fanden Zionisten sämtlicher Nuancen, auch
die militanten Revisionisten, eine starke Anhängerschaft. Die Stimmung der Zeit wurde in vielen Lagern von taktischen Bündnissen cha-
rakterisiert: Zum Beispiel boten die Revisionisten und die ultraorthodoxe Aggudas Jisrael gemeinsame Wählerlisten an. Die letztere lehnte
den Zionismus theoretisch ab, doch die meisten ihrer Anhänger in den
Lagern wollten anscheinend nach Palästina emigrieren.
   In der Hoffnung, die Amerikaner zu einer konstruktiven Mithilfe
bei der Suche nach einer Lösung zu veranlassen, überredeten die Briten Washington im Oktober 1945, der Gründung eines anglo-amerikanischen Untersuchungsausschusses zuzustimmen. Die Ermittlung
sollte sich nicht nur auf Palästina, sondern auch auf die jüdischen
Flüchtlinge in Europa beziehen. Zu den amerikanischen Ausschuß-
mitgliedern gehörten Joseph C. Hutcheson, ein texanischer Richter,

Bartley C. Crum, ein kalifornischer Anwalt, und James G. McDonald, ein ehemaliger, für Flüchtlinge zuständiger Völkerbund-Hochkommissar. Unter den Briten war Richard Crossman, ein ehrgeiziger und geistig reger junger Labour-Abgeordneter, der stark mit der jüdischen Sache sympathisierte; er schrieb eine anschauliche Darstellung der Ermittlungen des Ausschusses sowohl in Europa als auch in Palästina.[35] Die russischen Besatzungsbehörden gestatteten dem Ausschuß nicht, Ungarn oder Rumänien zu besuchen, doch einige seiner Mitglieder reisten nach Polen, und andere inspizierten DP-Lager in Österreich und Deutschland. In Polen wurden die Ermittlungen laut einem Ausschußmitglied in einer Atmosphäre geführt, die »von Verschwörung, Gesetzlosigkeit, Gewalt, Räubereien, ausländischer Einwirkung, Spionage und einer von den meisten gehaßten und von vielen verabscheuten Regierung« geprägt war.[36] Der österreichische Innenminister teilte dem Ausschuß mit, daß die Zuteilung von speziellen Unterkünften und Rationen an DPs Groll und Antisemitismus hervorrufe: »Sie haben all die besten Hotels in unserem schönsten Kurort, Bad Gastein, für diese armen Umsiedler aus Polen beschlagnahmt. Das mag ein Jahr lang zu ertragen sein. Aber nicht länger ...«[37]

Der Bericht des angloamerikanischen Ausschusses im April 1946 gefiel fast niemandem. Er verärgerte die Briten und Araber, da er die sofortige Aufnahme von 100 000 jüdischen Flüchtlingen aus Europa in Palästina befürwortete. Zugleich erboste er die Zionisten, da er ihre Forderung nach einem jüdischen Staat zurückwies und die Auflösung der jüdischen Untergrundstreitkräfte in Palästina empfahl. Die Regierung Truman brachte die Briten gegen sich auf, denn sie konzentrierte sich auf den Vorschlag, 100 000 Flüchtlinge in Palästina aufzunehmen – was Harrison bereits im Sommer zuvor empfohlen hatte –, und forderte die unverzügliche Realisierung dieses Planes. Die Briten gaben daraufhin bekannt, daß eine solche Maßnahme ohne die vorherige Entwaffnung der jüdischen Untergrundstreitkräfte nicht in Frage komme. Diese Entscheidung wurde in den Vereinigten Staaten heftig kritisiert, doch Ernest Bevin, der britische Außenminister, gab mit undiplomatischer Direktheit zu bedenken: »Die Aufregung in den Vereinigten Staaten, besonders in New York, ... gründete sich darauf, daß man nicht zu viele von ihnen [den jüdischen DPs] in New York haben wollte.«[38] Diese Bemerkung erhöhte Bevins Popularität bei den Juden nicht, genausowenig wie sie den britischen diplomatischen Bemühungen in Washington nutzte.

Das Ergebnis waren ein Patt und ein zusätzlicher langer Zeitraum der Ungewißheit für die Lagerinsassen. Im April und Mai 1946 hielt der Wirtschafts- und Sozialrat der Vereinten Nationen eine Konferenz in London zum Problem der Flüchtlinge und DPs ab, doch man fand keine praktische Lösung. Unterdessen verschlechterte sich die Situation der Juden in Osteuropa.

In Kielce, südlich von Warschau, wurden die 200 jüdischen Überlebenden einer Vorkriegsgemeinde, die 18 000 Menschen umfaßt hatte, am 4. Juli 1946 von einer wütenden Menge angegriffen. Man bezichtigte die Juden, einen christlichen Jungen entführt zu haben, um ihn aus rituellen Gründen zu töten. Soldaten und Polizisten schlossen sich dem Überfall auf ein Haus an, in dem jüdische *halutzim* (zionistische Pioniere) wohnten. Der Vorsitzende der jüdischen Gemeinde, der versuchte, die Stadtverwaltung anzurufen und um Hilfe zu bitten, wurde von einem Soldaten durch einen Schuß in den Hinterkopf getötet. Man ermordete 41 Juden und verletzte 50 – einige wurden erschossen, andere mit Äxten getötet oder gesteinigt. In Einzelfällen gab es in der Stadt und ihrer Umgebung weitere Tote und Verletzte. Einer der Überlebenden erinnerte sich später:

> Als ich zu mir kam, lag ich nackt zwischen Leichen. Kurz vorher hatte ich vage gespürt, wie mir ein Soldat meine Armbanduhr abnahm und mir meine Schuhe auszog. Es war der Posten, der die jüdischen Leichen bewachte. Dr. Balanowski, der bemerkt hatte, daß ich den Arm bewegte, rettete mich davor, lebendig begraben zu werden. Ich wurde schwerverletzt in ein Krankenhaus in Lodz gebracht, wo ich zwei Monate lang das Bett hüten mußte.[39]

100 Personen wurden wegen Teilnahme an dem Massaker verhaftet und 9 zum Tode verurteilt. Den Friedhof, auf dem die Opfer beigesetzt waren, machte man später zu einem Fußballplatz. Gegen Mitte 1947 war die Zahl jüdischer Todesopfer bei ähnlichen Vorfällen in Polen seit Kriegsende auf über 1500 gestiegen.

Die Reaktion der polnischen Regierung und der katholischen Kirche auf diese Ereignisse wurde stark beeinflußt durch den nahezu bürgerkriegsähnlichen Zustand, der weiterhin zwischen den Kommunisten und ihren Feinden im Land herrschte. Kardinal Hlond, der katholische Primas, verurteilte die Morde in Kielce, fügte jedoch hinzu, daß »sie nicht auf Rassismus zurückgeführt werden können. Sie beruhen auf einer völlig anderen, schmerzlichen und tragischen Grundlage.« Seine weiteren Ausführungen machten deutlich, daß er den Juden selbst einen großen Teil der Verantwortung aufbürdete:

> Während der Zeit der tödlichen deutschen Besatzung halfen, versteckten und retteten die Polen – ungeachtet der Tatsache, daß ihr Volk selbst vernichtet wurde – viele Juden und setzten dadurch ihr eigenes Leben aufs Spiel. Mancher Jude im Land verdankt sein Leben den Polen und der polnischen Geistlichkeit. Die Schuld dafür, daß sich dieses gute Verhältnis verschlechtert, liegt in hohem Maße bei den Juden, die aufgrund einer Vorzugsstellung in Regierungsangelegenheiten in Polen bleiben und geneigt sind, Organisationsformen durchzusetzen, welche die enorme Mehrheit des Volkes ablehnt. Das ist ein schädliches Spiel, denn dadurch entstehen gefährliche Spannungen. Bei unheilvollen bewaffneten Zusammenstößen auf dem politischen Schlachtfeld in Polen kommen bedauerlicherweise einige Juden, aber weit mehr Polen um.[40]

Durch dieses Statement schloß sich die polnische Kirche eindeutig den Feinden der »Żydo-Kommuna« (Jüdisch-Kommunistisches Bollwerk) an, wie die jüdischen Kommunisten mittlerweile genannt wurden. Es demonstrierte übrigens auch, daß »Juden« und »Polen« für Hlond wie für die meisten Polen unterschiedliche Kategorien blieben. Mit anderen Worten, Juden – ob Kommunisten oder nicht, ob assimiliert oder nicht, ob jiddisch- oder polnischsprachig – konnten nach Hlonds Ansicht niemals Polen im umfassenden Sinne des Wortes sein. In diesem Punkt gab Hlond die Einstellung der großen Mehrheit seiner Herde getreu wieder.

Eine andere (allerdings für viele Juden nicht weniger beunruhigende) Meinung äußerte Professor Olgierd Górka, ein Vertreter des polnischen Außenministeriums, der sich speziell jüdischen Fragen zu widmen hatte. In einem Gespräch mit einem amerikanischen Diplomaten ein paar Tage nach den Ereignissen in Kielce erläuterte Górka den Standpunkt der Regierung. Er räumte ein, daß Soldaten und Miliz in den Aufruhr verwickelt gewesen seien und daß die Behörden in Kielce keine effektiven Maßnahmen ergriffen hätten. Zwar machte er den Antisemitismus für die Ausschreitungen verantwortlich, aber er näherte sich Hlonds Stellungnahme mit dem Hinweis auf »den Groll, den manche Menschen wegen der Juden in der Regierung empfanden«. Górka erwähnte insbesondere das Versäumnis der katholischen Geistlichkeit, den Widerstand gegen den Rassismus zu unterstützen.[41] Die ausführliche offizielle Version, die später unter kommunistischer Herrschaft formuliert wurde, beschrieb den Pogrom als eine »großangelegte antijüdische Provokation« durch »eine organisierte reaktionäre Gruppe«.[42]

Der Pogrom in Kielce und ähnliche, wenn auch kleinere Tumulte in anderen Gegenden bewogen weitere große Mengen von Juden, Osteuropa, besonders Polen, zu verlassen. Die polnische Regierung gelangte zu einer inoffiziellen Einigung mit palästinensisch-zionistischen Agenten, daß sie die Ausreisen nicht behindern würde. Ein UNRRA-Bericht deutete Ende Juli 1946 an, daß sich die illegalen Übertritte von Juden aus Polen über die »grüne Grenze« mit der Tschechoslowakei von ungefähr 70 pro Woche auf 700 pro Tag erhöht hätten. In einer amerikanischen diplomatischen Depesche hieß es:

> Die Bewegung von Juden wird an der gesamten Strecke von allen betroffenen örtlichen Behörden – wenn auch illegal – erleichtert. Polnische Grenzposten gestatten Juden, die polnische Grenze zu überqueren. Die tschechischen Behörden transportieren sie durch die Tschechoslowakei. Die Sowjets helfen ihnen, durch die Sowjetzone in Österreich bis nach Wien zu reisen. Von dort begeben sie sich in die amerikanische Zone, wo die US-Militärbehörden, die sich ihrer nicht annehmen können, ihnen erlauben, die Grenze in die amerikanische Zone Deutschlands zu überqueren.[43]

Zwischen Juli und September 1946 verließen Schätzungen zufolge 100 000 Juden Polen; die meisten machten sich durch die Tschechoslowakei zu den DP-Lagern in Deutschland auf.

Es handelte sich um eine spontane und zudem gründlich organisierte Emigration. Man schätzt, daß von ungefähr einer Viertelmillion jüdischer Flüchtlinge, die Osteuropa zwischen 1945 und 1948 verließen, vielleicht achtzig Prozent mit zionistischer Hilfe herausbefördert wurden. Viele von ihnen reisten danach mit Schiffen, die in einer Reihe von Mittelmeerhäfen, zum Beispiel in Bulgarien und Frankreich, ausliefen, weiter nach Palästina. Insgesamt stachen fünfundsechzig Schiffe in See, doch die meisten wurden von den Briten abgefangen, welche die Passagiere zuerst in einem Lager in Palästina und dann – ab August 1946 – in Zypern internierten. Schließlich wurden mehr als 50 000 jüdische Flüchtlinge, darunter wenigstens 6 000 Kinder, in Zypern festgehalten. Man richtete vom »Joint« verwaltete Lager in Caraolos bei Famagusta und in Xylotymbou bei Dhekelia ein. Die Flüchtlinge kamen so rasch hintereinander an, daß viele in Zelten untergebracht werden oder auf dem Boden schlafen mußten. Die Fotos dieser Gefangenen, unter ihnen viele Kinder, wiederum hinter Stacheldraht, lösten weltweite Empörung aus, und nicht nur bei Juden. Aber britische Repräsentanten wiesen diese Vorwürfe zurück, die ihrer Meinung nach auf extrem überzogener zionistischer Propaganda beruhten.

Die Briten nahmen jedoch zu Unrecht an, daß die Juden infolge irreführender »Propagandatätigkeit« der Zionisten die Flucht ergriffen hätten. Natürlich gab es eine derartige Propaganda, aber in Wirklichkeit bedurften die jüdischen Bevölkerungsgruppen in Polen und anderswo in Osteuropa kaum der Überredung, um auszureisen. Ende 1946 befanden sie sich in einem Zustand, der an Massenhysterie grenzte. Angesichts der zunehmenden Feindseligkeit der sie umgebenden nichtjüdischen Bevölkerungsschichten erinnerten sie sich daran, daß sie in der jüngsten Vergangenheit den Fehler gemacht hatten, im Land zu bleiben, bis es zu spät war. Die meisten wollten diesen Fehler auf keinen Fall wiederholen. Die britische Regierung fürchtete, daß die Aussiedler versuchen würden, in Palästina einzureisen, und forderte die tschechoslowakische Regierung auf, die Flüchtlinge an der Überquerung ihres Territoriums zu hindern. Prag gab dem britischen Ersuchen offiziell statt. Aber wie ein amerikanischer Diplomat in Prag im Oktober 1946 anmerkte, setzte sich die Bewegung von jüdischen Flüchtlingen fort, wenn auch »in geringerem Maßstab«. Als Grund für das Versäumnis, die Grenze völlig zu schließen, galt »die wohlwollende Haltung des tschechoslowakischen Innenministers und General [Joseph] McNarneys [des Nachfolgers von Eisenhower als amerikanischer Oberbefehlshaber in Europa]«.[44]

Das erhöhte Tempo der jüdischen Emigration aus Osteuropa
änderte die Maßstäbe des jüdischen DP-Problems und ließ eine
Lösung noch dringlicher werden. Die Zahl der jüdischen DPs, die in
Deutschland UNRRA-Hilfe erhielten, stieg von 18 361 im Dezember
1945 auf 97 333 im Juni 1946 und auf 167 531 ein Jahr später. Unterdessen waren fast eine Viertelmillion jüdischer Flüchtlinge in Deutschland, Österreich und Italien für ihr Überleben auf die UNRRA angewiesen.

Im September 1946 warnte das UNRRA-Hauptquartier der amerikanischen Besatzungszone in Deutschland in einem vertraulichen
Bericht vor der Gefahr, eine »Kasernenrasse« hervorzubringen –
»eine demoralisierte, hoffnungslose Menge gestrandeter Menschen«.
In demselben Bericht stand, daß die DPs »von den Deutschen zutiefst
verachtet« und auch von vielen amerikanischen Besatzungssoldaten
geringgeschätzt würden. »Die DPs werden im allgemeinen vom Militärpersonal als ›lausige Polen‹ und ›gottverdammte DPs‹ bezeichnet,
die an ihren Herkunftsort zurückgeschickt werden sollten, ob es
ihnen gefällt oder nicht.« Der Bericht fährt fort:

> Was die frühere und die gegenwärtige DP-Situation betrifft, so
> können wir entschieden feststellen, daß die amerikanische Militärord-
> nung völlig zusammengebrochen ist. Die Anweisungen von General
> Eisenhower sind vor Ort nicht in gebührender Form umgesetzt wor-
> den, und das ist weiterhin der Fall. Die meisten offiziellen Vertreter
> sind erbärmlich schlecht über das Problem unterrichtet, und die weni-
> gen noch verbliebenen Offiziere, die ihm kenntnisreich und mitfüh-
> lend gegenüberstehen, sind nicht in der Lage, ihren Einfluß auf der
> Ebene der gemeinen Soldaten geltend zu machen.
> Die Tatsache, daß die Geringschätzung des DP und die Mißach-
> tung seines eigentlichen Status auch in die höheren Ränge vorgedrun-
> gen sind, wird durch kürzliche Maßnahmen belegt, [etwa durch] die
> Bevollmächtigung, deutsche Polizei für Razzien und Durchsuchun-
> gen in DP-Anlagen einzusetzen ...
> Diese Maßnahme hat mehrere ernstzunehmende Situationen aus-
> gelöst und ihren Höhepunkt in dem Vorfall in Stuttgart gefunden, wo
> über zweihundert bewaffnete deutsche Polizisten – unter Aufsicht
> von ein paar Militärpolizisten *ohne* Offizier – mit etlichen angeleinten
> Hunden ein Lager für ungefähr 1500 polnischjüdische Displaced Per-
> sons umzingelten und durchsuchen wollten. Die Folge war, daß ein
> polnischer Jude (Überlebender eines Konzentrationslagers und erst
> vor kurzem wieder mit seiner Frau und seinen beiden Kindern ver-

einigt) von der deutschen Polizei erschossen und drei andere DPs durch Kugeln verletzt wurden.[45]

Ein relativ objektiver britischer Beobachter legt beredtes Zeugnis über die sich verschlechternden Beziehungen zwischen den britischen Behörden und den Juden in den Lagern der britischen Zone ab:

> Die meisten Juden ... waren verständlicherweise in einem unausgeglichenen emotionalen Zustand. Aber obwohl ein rationales Verhalten kaum erwartet werden konnte, war ihr Geisteszustand häufig so abnormal und anstößig, daß sich sogar die wohlwollendsten Nichtjuden große Mühe geben mußten, um sich nicht zu diskriminierenden Taten verleiten zu lassen. Juden beschwerten sich über ihre getrennte Unterbringung, weil dies an das Ghetto und an Nazimethoden erinnere. Aber wenn sie nicht getrennt untergebracht waren, beanstandeten sie, daß sie von ihresgleichen ferngehalten würden. Sie beklagten sich über die Überfüllung der Lager; dabei war es die unerwartete und illegale Infiltration durch Tausende von Juden, welche die Überfüllung verursacht hatte. Sie beschwerten sich über den Mangel an Lebensmitteln und anderen Vorräten; dabei waren ihre Rationen größer als die anderer Displaced Persons der Vereinten Nationen, und ihre Vorräte reichten aus, um vielen eine umfassende Schwarzmarkttätigkeit zu ermöglichen ... Sie hielten Sitz- und Hungerstreiks ab, weil sie die Behörden zwingen wollten, häufig nur in ihrer Phantasie bestehende Mängel zu beheben. Und sie überschütteten die Lagerleitung mit Spott und Hohn. Es ist den westlichen Militärs und ihren jüdischen Beratern als Verdienst anzurechnen, daß sie die vielen Zwischenfälle so taktvoll behandelten, die Spannung abbauten und in dieser emotional aufgeladenen Atmosphäre praktische Lösungen fanden.[46]

Jede dieser kritischen Bemerkungen enthielt ein Körnchen Wahrheit, aber die tiefe Frustration, die auf beiden Seiten für das gestörte Verhältnis verantwortlich war, hatte mit einer Realität zu tun, die den beiden in erster Linie zuständigen Mächten keineswegs »als Verdienst« anzurechnen war: mit ihrem völligen Unvermögen, einen Ausweg aus dem Dilemma zu finden, das stetig an Größe und an internationaler Tragweite zunahm.

Je länger das Problem der Displaced Persons verschleppt wurde, desto beharrlicher verlangten die Briten, daß den Juden keine Sonder- oder separate Behandlung gewährt werden dürfe: »Jegliche Diskriminierung zugunsten von Juden widerspricht dem Grundprinzip der britischen Außenpolitik.«[47] Palästina war nur einer der Gründe dafür. Die britische Haltung stützte sich auch auf das umfassendere Urteil, daß sich die Bemühungen nach dem Ersten Weltkrieg, Juden und andere Minderheiten in Osteuropa durch »Minoritätenverträge« zu schützen, als Fehlschlag erwiesen hätten. Auf der Pariser Friedenskonferenz von 1919 hatten die Repräsentanten einer Reihe jüdischer Organisationen eine wichtige Rolle beim Abschluß solcher Verträge gespielt. Gegen Ende des Zweiten Weltkriegs bildeten der Jüdische Weltkongreß und andere jüdische Organisationen einen gemeinsamen Ausschuß, der die Sieger veranlassen sollte, jüdische Interessen beim Abschluß der Friedensverträge, die den Verlierern auferlegt wurden, zu berücksichtigen. Der Ausschuß forderte ein Verbot faschistischer Bewegungen, die Bestrafung von Kriegsverbrechern, die Anerkennung des Rechtes von Juden, »ihre gemeinsame ethnische, religiöse, sprachliche und kulturelle Identität und ihre Institutionen« aufrechtzuerhalten, sowie die Rückgabe beschlagnahmten jüdischen Eigentums und jüdische Emigrationsfreiheit. Aber die Vertreter der jüdischen Organisationen, die diese Forderungen auf der Pariser Friedenskonferenz von 1946 vorlegten, stießen auf weniger Gehör als ihre Vorgänger im Jahre 1919. Damals war das »Weltjudentum« als ein Machtfaktor hofiert worden, und man hatte den Zionistenführer Chaim Weizmann wie einen bedeutenden Staatsmann empfangen. Nun dagegen wurden die jüdischen Organisationen nur von wenigen Bittstellern repräsentiert, denen man kaum Aufmerksamkeit schenkte. Einer von ihnen, Israel Cohen, hob den »deprimierenden Kontrast« zu 1919 hervor. Seine Kollegen und er würden mit »überschwenglicher Sympathie« empfangen, doch ihre Vorschläge blieben großenteils ungehört: »Die Vertreter Rumäniens, Ungarns und Bulgariens gaben separate Statements heraus, um der Konferenz zu beweisen, daß die jüdischen Ergänzungsanträge [zu den Entwürfen der Friedensverträge] ungerechtfertigt seien und, falls sie angenommen würden, Antisemitismus in ihren Ländern ›hervorbringen‹ könnten.«[48] In Bulgarien wurden sogar die Juden selbst von der Regierung veranlaßt, Proteste gegen die vorgeschlagenen Schutzklauseln zu organisieren. Die Briten standen der Frage unschlüssig gegenüber. Während sie die Idee spezifisch jüdischer Interessen ablehnten, wollten sie die Rückführung von jüdischen DPs in deren Herkunftsländer fördern – wozu man jedoch Bedingungen schaffen mußte, welche die Juden zur Rückkehr bewegen konnten. Deshalb schlugen die Briten im September 1946 vor, den rumänischen Friedensvertrag durch einen Zusatz zu ergänzen, der jegliche diskriminierende Gesetzgebung ausschalten würde. Der Antrag wurde gegen die Einwände der rumänischen Regierung angenommen; sie protestierte, daß der Zusatz – wie ähnliche Klauseln in den Verträgen mit Ungarn und Bulgarien – erniedrigend und ohnehin überflüssig sei. Als die Verträge mit Ungarn und Rumänien schließlich vorgelegt wurden, enthielten sie immerhin Bestimmungen für die Rückgabe des Eigentums von Opfern rassischer oder religiöser Verfolgung.

Doch im Hinblick auf Palästina widersetzte sich das britische Foreign Office weiterhin jedem Vorschlag, mit dem die Existenz einer jüdischen Nation anerkannt werden konnte. Als das Foreign Office 1947 den Entwurf eines Friedensvertrags mit Österreich ins Auge faßte, wiesen seine Vertreter deshalb sofort die Empfehlungen jüdischer Organisationen zurück, daß der Vertrag spezifische Bestimmungen gegen »antijüdische Aktivitäten« sowie Schutzklauseln für jüdische Displaced Persons enthalten solle. »Schutz und Immunität allein für die Juden dürften jegliche ihnen gegenüber bereits existierende Feindschaft verstärken«, protokollierte ein Beamter des Foreign Office. Und ein anderer schrieb: »Die Flüchtlingsabteilung lehnt alle Vorschläge ab, die geeignet wären, jüdischen Displaced Persons und Flüchtlingen Privilegien einzuräumen, die anderen Personen in der gleichen unglücklichen Lage verwehrt sind.«[49] Die britischen Besatzungsbehörden in Deutschland waren so beunruhigt über den Massenzustrom von Juden aus dem Osten, daß sie ihren amerikanischen Partnern bei einer Gelegenheit sogar nahelegten, die Rationen für jüdische DPs in beiden Zonen auf die deutsche Norm zu verringern; außerdem sollten die Juden der deutschen Gerichtsbarkeit unterstellt und gezwungen werden, in der deutschen Wirtschaft zu arbeiten. Die Opposition der UNRRA und der US-Behörden verhinderte die Realisierung dieser Vorschläge.[50]

Die britische Weigerung, die Juden als eine separate Kategorie zu behandeln, führte zu einer Massenbewegung jüdischer DPs aus der britischen in die amerikanische Besatzungszone Deutschlands. Bald konzentrierte sich dort die überwältigende Mehrheit der jüdischen

DPs. Zwischen August 1945 und April 1947 gaben die amerikanischen Behörden wiederholt bekannt, daß sie keine neuen jüdischen Flüchtlinge in die DP-Lager in ihrer Zone aufnehmen würden, doch der Flüchtlingsdruck aus Polen und Rumänien nötigte sie immer wieder, die Frist zu verlängern.

Die melodramatische Geschichte des Schiffes *Exodus 1947*, das im Sommer 1947 mit 4515 Flüchtlingen an Bord nach Palästina auslief, kennzeichnete den Höhepunkt des britisch-zionistischen Einwanderungskampfes. Das Schiff wurde an der palästinensischen Küste geentert, und drei Menschen starben in der Auseinandersetzung mit britischen Soldaten. Man verweigerte den Flüchtlingen die Einreise nach Palästina und schickte sie zurück nach Frankreich. Die französische Regierung ließ sie jedoch nicht an Land gehen. Bevin hatte einen katastrophalen Wutanfall und beschloß, ein Exempel zu statuieren: Er befahl, sie nach Deutschland zurückzubefördern, wo man sie mit Gewalt von Bord holte und wiederum in militärisch bewachten Lagern unterbrachte. Für den sich anschließenden Tumult machten britische Regierungsvertreter die »zionistische Propaganda« verantwortlich. Aber zionistische Fürsprecher benötigten kein großes Reklamegeschick, um diese Episode in einen bedeutenden moralischen Sieg für ihre Sache zu verwandeln. Oberflächliche Gespräche in London und Washington setzten sich fort, aber erst nach der Entscheidung der Vereinten Nationen im November 1947, Palästina in einen jüdischen und einen arabischen Staat zu teilen, zeichnete sich endlich eine Lösung der miteinander verknüpften Probleme Palästinas und der DPs am Horizont ab.

Durch den britischen Rückzug aus Palästina am 14. Mai 1948 und die Ausrufung des unabhängigen Staates Israel am selben Tag wurden die zionistisch kontrollierten Gebiete des Landes für jüdische Einwanderer freigegeben. Am ersten Tag der Existenz des Staates trafen 1700 Juden ein. Bis Dezember waren mehr als 100 000 eingereist, und bis Ende 1951 hatte die Gesamtzahl der Einwanderer seit der Unabhängigkeit 687 000 erreicht. Davon kamen mehr als 300 000 aus Europa, vornehmlich aus Polen (118 940) und Rumänien (103 732). Die Flüchtlinge in Zypern wurden allmählich von den Briten freigelassen, doch wehrdienstfähige Männer und ihre Angehörigen durften erst im Januar 1949 nach Israel reisen.

Gleichzeitig öffneten auch die Vereinigten Staaten ihre Tore – allerdings langsam und mit vielen Vorbehalten. Truman zeigte tiefe persönliche Anteilnahme am Schicksal der DPs, aber er konnte durch seine Amtsgewalt wenig dazu beitragen, die äußerst restriktive Einwanderungspolitik des Landes zu ändern. Im Mai 1946 brachten zwei Schiffe die erste Gruppe von 1 215 jüdischen DPs nach Amerika. Vierzigtausend Menschen wurden zwischen 1946 und 1948 im Einklang mit der »Truman-Direktive« als »Noteinwanderer« aufgenommen. Unter ihnen waren 12 849 Juden. Gesetzesvorlagen blieben in erbitterten Debatten stecken, und erst im Juli 1948 wurden die amerikanischen Tore durch den Displaced Persons Act wirklich für die Flüchtlinge geöffnet. Das Gesetz gestattete die Aufnahme von fast 250 000 DPs pro Jahr – ein Maximum, das 1950 auf 415 000 erhöht wurde. Aber der 22. Dezember 1945 war als Stichtag festgesetzt: Juden, die nach jenem Datum in Deutschland oder Österreich eingetroffen waren, kamen für die Einwanderung nach Amerika nicht in Frage. Die entsprechende Klausel wurde erst im Juni 1950 abgeändert. Das Gesetz diente in erster Linie dazu, die Aufnahme nicht von Juden, sondern von antikommunistischen Balten und Deutschen zu erleichtern; gleichwohl sorgte der Druck durch jüdische Organisationen dafür, daß rund 63 000 Juden mit Hilfe des Gesetzes einreisen konnten. Insgesamt wanderten zwischen 1945 und 1952 Schätzungen zufolge 137 450 Juden, von denen etwa fünfzig Prozent als DPs klassifiziert wurden, in die Vereinigten Staaten ein.[*] Doch unter ihnen gab es viele jüdische Flüchtlinge aus Europa, die während des Krieges in fernen Winkeln der Erde – von Havanna bis nach Shanghai – Schutz gefunden hatten.

Die übrigen DPs verteilten sich auf andere Länder. Zwischen 1946 und 1953 ließen sich wenigstens 20 000 Juden aus Europa in Kanada nieder. Lateinamerikanische Staaten nahmen etwa 15 000 und Australien 11 000 Menschen auf. Auch einige europäische Staaten boten jüdischen Flüchtlingen eine Heimat: Frankreich, Belgien, Schweden und die Niederlande ließen jeweils 5 000 einreisen.

---

[*] In der offiziellen Statistik nach 1943 wurde keine exakte Zählung der jüdischen Einwanderer in die USA vorgenommen; deshalb können die Zahlen nur geschätzt werden.

Der britische Beitrag war weniger eindrucksvoll. Während Großbritannien zwischen 1945 und 1950 mehr als 200 000 osteuropäische
Flüchtlinge – darunter Balten, Ukrainer und Jugoslawen, von denen
manche während des Krieges in der SS und in anderen deutschen
Einheiten gedient hatten – aufnahm, wird die Zahl der jüdischen
Einwanderer auf weniger als 3 000 geschätzt. Juden wurde, was die
Unterbringung in Großbritannien anging, eine geringe Priorität eingeräumt, anscheinend, weil man fürchtete, sie könnten nach Palästina
weiterziehen. Aber es gab noch andere Gründe. Generalmajor Win-
terton, stellvertretender Befehlshaber der britischen Militärverwaltung in Österreich, schrieb im April 1949 an Lord Pakenham:

> Es scheint uns jedoch viel einfacher und effektiver zu sein, Personen
> ohne Berücksichtigung der Nationalität aus der Gesamtheit der DPs
> aufzunehmen; wir sollten lediglich Juden und Polen wegen des
> Widerstandes durch die öffentliche Meinung in der Heimat ausschlie-
> ßen, dazu Personen, die wir als Sowjetbürger identifizieren können,
> weil es feststeht, daß wir Schwierigkeiten mit den Sowjets bekommen
> werden, wenn wir solche Menschen heranziehen.[51]

Das letzte Stadium des jüdischen DP-Problems in Europa war eine
traurige, zuweilen schändliche Angelegenheit. Im Dezember 1950
hielten sich noch 39 000 jüdische DPs in Lagern in Deutschland,
Österreich und Italien auf, aber danach verringerte sich die Zahl
rasch. Als die Internationale Flüchtlingsorganisation (IRO) ihre Tätigkeit im Januar 1952 einstellte, befanden sich nur noch 12 000 jüdische
DPs in Deutschland. Im Herbst 1955 waren noch 322 in Lagern in
Österreich und 999 in Föhrenwald, dem letzten jüdischen DP-Lager
in Deutschland. Sie galten als »harter Kern« der DPs, denn viele hatten sich so sehr an das Lagerleben gewöhnt, daß sie es nicht aufgeben
wollten. Einige litten an Tuberkulose und waren nicht bereit, nach
Israel auszureisen, obwohl kein anderes Land sie aufnehmen würde.
Manche waren geisteskrank, und noch andere betrachteten das Lager
als eine »goldene Brücke«, um bessere Entschädigungen durch die
deutsche Regierung auszuhandeln. Die Lagerbevölkerung enthielt
auch ein paar »illegale« Insassen, die aus Israel in die Lager zurückgekehrt waren. Die israelische Regierung hatte versucht, solche Schritte
zu verhindern, indem sie die Unterlagen der abreisenden Bürger mit

dem Stempel »Nicht zur Benutzung für die Einreise nach Deutschland« versehen ließ. Aber die Rückkehrer warfen ihre Pässe einfach fort und machten sich dadurch wieder zu Staatenlosen.[52] Damals wurde die *jerida* (Emigration aus Israel) von der zionistischen Ideologie auf Charakterschwäche oder sogar auf Unredlichkeit zurückgeführt. Es war eine zu einfache Schlußfolgerung, denn die Emigranten hatten im allgemeinen gemischte Motive: Manche empfanden die Wirtschaftsbedingungen im jüdischen Staat als zu kompliziert, andere vermißten die Sicherheit des Lagerlebens. Und einige waren tatsächlich »Treibgut, Taugenichtse, verantwortungslose Personen und nicht selten Gangstertypen« (die Beschreibung stammt aus einem vertraulichen »Joint«-Bericht im August 1953[53]). Insgesamt waren bis 1953 ungefähr 3 500 ehemalige DPs nach Deutschland zurückgekehrt. Die Frage, was man mit ihnen anfangen solle, spitzte sich durch die Weigerung der USA, Kanadas und der meisten anderen Einwanderungsländer zu, sie als Flüchtlinge zu betrachten, da sie Israel freiwillig verlassen hatten.

Die Sozialarbeiter des »Joint« waren verzweifelt über die Verstocktheit der gewählten Führer der verbliebenen jüdischen DPs. Charles Jordan, Leiter des Pariser Büros der Organisation, nannte das Föhrenwald-Komitee »einen Fluch für die Lagerbevölkerung«.[54] Ein anderer »Joint«-Vertreter bezeichnete den Lagerchef als »einen von Gangstern umgebenen Verbrecher«.[55] Es kam ständig zu heftigen Streitigkeiten zwischen den Lagerinsassen und den deutschen Behörden. Im Mai 1952 führten bewaffnete und von Hunden begleitete deutsche Polizisten eine Razzia im Lager durch, um angebliche illegale Aktivitäten einzuschränken. Das »Joint« sah letztlich keine andere Möglichkeit mehr, als zu Techniken der psychologischen Kriegführung zu greifen, das heißt zu »Schocktherapie«[56], um die Bewohner zum freiwilligen Verlassen des Lagers zu bewegen. Wie ein »Joint«-Repräsentant im Oktober 1956 erklärte: »Das Lagerleben ist eine Art Scheintod, in dem die Zeit stillsteht und in dem man die Bewältigung widersprüchlicher Gefühle und schwieriger Entscheidungen, die über die eigene Zukunft getroffen werden müssen, endlos hinausschieben kann.« Er betonte die beunruhigenden Folgen, welche die bevorstehende Schließung des Lagers für geisteskranke Insassen haben würde: »Während vertraute Gesichter und Orientierungspunkte verschwinden, scheinen diese tragischen und einsamen Gestalten die unsichere Herrschaft über ihre Realitätsfetzen zu verlieren – Neurosen werden unerträglich, paranoide Tendenzen treten deutlicher hervor, der Rückzug in die Schatten wird erschwert.«[57] Im Februar 1957 wurde das Lager Föhrenwald endlich geschlossen – gegen den Protest der letzten Insassen. Sie wurden auf mehrere deutsche Städte verteilt, wo man ihnen Unterkünfte zur Verfügung stellte.

Mit diesem erbärmlichen Epilog schien das jüdische Flüchtlingsproblem in Europa beigelegt zu sein. Aber die letzten jüdischen Kriegsopfer waren kaum verschwunden, als plötzlich neue Flüchtlingsbewegungen einsetzten, welche die Gestalt des europäischen Judentums verändern sollten.

2. KAPITEL

Stalins letzte Opfer, 1945–53

In ganz Osteuropa existierten die überlebenden Juden bei Kriegsende unter Bedingungen erbärmlicher Armut, von Krankheit, Furcht und Elend. Ein Beobachter in Lodz schrieb kurz nach dessen Befreiung: »Juden belagerten das Jüdische Komitee; sie weinten, brüllten, klagten und bettelten um einen Anzug, eine Brotkruste oder einen Platz zum Schlafen.«[1] Im früheren Budapester Ghetto verhungerten in einem einzigen Wohnhaus 35 Kinder während der ersten beiden Monate nach der Befreiung. In der gesamten Region hatte sich das jüdische Bevölkerungsgleichgewicht abnorm verschoben. In Ungarn zum Beispiel kamen nach Schätzungen 1500 weibliche auf jeweils 1000 männliche Überlebende. Es gab nur 7712 jüdische Kinder unter vierzehn Jahren, hingegen 27256 Erwachsene über Sechzig. Auch in Polen waren bei Kriegsende nur noch wenige jüdische Kinder am Leben, doch das gleiche galt für die alten Menschen.

Der allerdringendste Bedarf an Lebensmitteln und Medikamenten wurde vom »Joint« gedeckt, das umfassende Hilfsaktionen für die jüdischen Überlebenden einleitete. In den ersten Nachkriegsmonaten waren mehr als 85 Prozent der Budapester Juden von der Nahrung abhängig, welche die Garküchen der Organisation aushändigten. Sie beschäftigte in der Stadt mehr als 3000 Menschen und gab in Ungarn während des ersten Nachkriegsjahres mehr als 10 Millionen Dollar aus. Ihr Budget für weltweite Operationen betrug 1946 mehr als 53 Millionen Dollar, von denen 86 Prozent für Europa, besonders für die DP-Lager, aufgewandt wurden. Über 180000 Menschen in Deutschland, mehr als 200000 in Rumänien, 120000 in Ungarn, 65000 in Polen sowie 42000 in Österreich wurden unterstützt. Zwischen 1945 und 1950 leitete das »Joint« Finanzhilfe und Lieferungen in

Höhe von 20 Millionen Dollar allein nach Polen. In Rumänien versorgte es 1946 fast die Hälfte der jüdischen Bevölkerung.

Die Sowjetbehörden gestatteten zwar westlichen jüdischen Hilfsorganisationen wie dem »Joint«, in Osteuropa tätig zu werden, doch sie verhielten sich weitaus mißtrauischer gegenüber Vereinigungen, die den geringsten politischen Anstrich hatten. Am Ende des Krieges bemühte sich das Board of Deputies of British Jews, Kontakt zur jüdischen Gemeinde in Bulgarien herzustellen. Der bulgarische König und das Parlament hatten die Versuche der Nationalsozialisten abgeblockt, die Juden des Landes zu deportieren (mit Ausnahme derjenigen im bulgarisch besetzten Thrakien). Obwohl die meisten bulgarischen Juden den Krieg überlebten, hatten viele ihren Lebensunterhalt und ihr Obdach verloren. Ein britischer Konsul, der das jüdische Viertel von Sofia im Mai 1945 besuchte, beschrieb das Erscheinungsbild der Juden in seinem Bericht als

> ausgesprochen kläglich: Viele Frauen tragen Teile der alten Uniformen bulgarischer Soldaten, und manche sind mit allen möglichen geflickten und zerfetzten Stoffen bekleidet … Ein Mann baute sich ein Bett aus Ziegelsteinen und Pappkisten … Man gewöhnte sich bald daran, Löcher und Flicken in ihrer Kleidung zu sehen. Ich erinnere mich besonders an einen Mann, der ein riesiges Loch in seinem Hosensitz hatte, durch das ein Stück schwarzer Unterwäsche wie ein Puterschwanz herausragte … Sämtliche Gebäude riechen nach zerlumpten Menschen (nicht nach Abflußrohren); viele der Bewohner waren in Konzentrationslagern gewesen. Unzweifelhaft zeigte man mir das Schlimmste, aber es war wirklich übel.[2]

Die Gemeinde war in einem so erbärmlichen Zustand, daß einige ihrer Mitglieder in Privatgesprächen versicherten, die faschistischen Regime der Kriegszeit seien ihnen lieber gewesen als die nun herrschende, von den Kommunisten geführte Regierung.

Die britische Regierung war jedoch nicht geneigt, ihre ohnehin heiklen Beziehungen zu den Russen in Südosteuropa durch die Judenfrage noch weiter komplizieren zu lassen. Ihr politischer Vertreter in Sofia erklärte »nachdrücklich, daß es angesichts der sowjetischen Ablehnung sehr unangebracht für das Board wäre …, einen Versuch zur Unterstützung der Juden in Bulgarien zu unternehmen, jedenfalls solange sich Bulgarien unter dem von der Sowjetregierung verwalteten Waffenstillstandsregime befindet«.[3] Er fuhr fort: »Was immer das Board ... auch für die Juden in Bulgarien ausrichten könnte, eine solche Hilfe würde, wenn sie gegen sowjetischen Widerstand vonstatten ginge, niemals den Schaden für die allgemeinen und örtlichen anglo-sowjetischen Beziehungen rechtfertigen.«[4]

Bei einer anderen Gelegenheit beschwerte sich eine orthodox-jüdische Vereinigung beim Foreign Office über die Hindernisse, die Juden beim Wiederaufbau des Gemeindelebens in Ungarn in den Weg gelegt würden. In der Antwort hieß es, der politische Vertreter Großbritanniens in Budapest habe die Frage geprüft und sie mit einem verläßlichen lokalen Gewährsmann erörtert; dem letzteren zufolge sei »diese Behauptung völlig unbegründet«. Als Beweis (den das Foreign Office akzeptierte) nannte der Mann die Tatsache, daß Mátyás Rákosi, der Chef der Kommunistischen Partei, und Verkehrsminister Ernö Gerö sowie andere prominente Kommunisten Juden seien.[5]

Da die ausländischen Regierungen im allgemeinen nicht bereit und die jüdischen Organisationen häufig unfähig waren, sich für die Juden in Osteuropa einzusetzen, konnten auch die zerstückelten Überreste der Gemeinden kaum einen unabhängigen Einfluß geltend machen. Damit verfügten sie in einer Zeit, in der sie weiterhin manchmal angegriffen wurden, über fast keinen Schutz. Das traf sogar auf die Tschechoslowakei zu, wo die Kommunisten erst 1948 die ausschließliche Kontrolle übernahmen und wo der Antisemitismus viel weniger ausgeprägt war als in den meisten anderen Ländern der Region.

Vor dem Krieg hatten sich die Juden in der Tschechoslowakei in der Regel mit der Sprache und Kultur der alten dominierenden Nationalitäten – der Deutschen in den tschechischen, der Ungarn in den slowakischen Gebieten – identifiziert. Etliche Rückkehrer aus den Lagern mußten feststellen, daß die Befreiung ihre Schwierigkeiten nicht ausgeräumt hatte. Man hielt ihnen vor, sie hätten sich vor dem Krieg bei Volkszählungen als Deutsche oder Ungarn registrieren lassen, und warf sie nun mit den Millionen nichtjüdischer Angehörigen dieser Minoritäten in einen Topf. Die tschechoslowakische Regierung verfolgte ihre nichtslawischen Bürger unbarmherzig, da viele mit den Nationalsozialisten kollaboriert hatten, und deportierte fast alle Deutschen. Zuerst wurde keine Unterscheidung zwischen Juden und Nichtjuden getroffen. »Deutsche« Juden mußten ihren gelben

Stern gegen eine weiße Armbinde mit dem Buchstaben »N« (für *Němec* = Deutscher) eintauschen; sie erhielten deutsche Lebensmittelrationen, das heißt, genauso karge Mengen wie die, welche die Nazis den Juden während der Besatzungszeit zugestanden hatten.

Diese Politik hatte teils tragische Konsequenzen. Einen solchen Fall beschreibt Peter Meyer in seiner Untersuchung des damaligen tschechoslowakischen Judentums:

> Dr. M. Ungerová, eine Ärztin, entkam während des Krieges nach England. Sie diente freiwillig in einem Krankenhaus für tschechoslowakische Soldaten. Unmittelbar nach dem Krieg meldete sie sich freiwillig für die Arbeit im Konzentrationslager Terezín [Theresienstadt], um die dortige Typhusepidemie zu bekämpfen. Später beantragte sie die tschechoslowakische Staatsbürgerschaft. Der Ausschuß für Innere Sicherheit des Nationalkomitees in Prag beschloß einstimmig, ihren Antrag aus folgenden Gründen *nicht* zu unterstützen: Ungerová und ihre Eltern seien Deutsche, wenn auch jüdischen Glaubens. Sie habe Medizin an der Deutschen Universität in Prag studiert und betrachte Deutsch als ihre Muttersprache … Sie habe keine »positiven Beziehungen« zur tschechischen Nation und sei nur deshalb Besitzerin eines tschechoslowakischen Passes geworden, um nach England fliehen zu können. Nach dieser Entscheidung beging Dr. Ungerová Selbstmord. Die zitierten Gründe stammen aus einer nach ihrem Tod veröffentlichten offiziellen Erklärung. Der Ausschuß wies jegliche antisemitische Voreingenommenheit energisch zurück, erklärte jedoch, daß »man Umstände, die von der wohlwollenden Einstellung vieler Juden zur Germanisierung verursacht worden sind, nicht außer acht lassen kann«.[6]

Man kann nur mutmaßen, welches Schicksal den größten Schriftsteller der Tschechoslowakei, einen Juden mit deutscher kultureller Orientierung, unter solchen Umständen ereilt hätte, wenn er nicht 1924 in jungen Jahren gestorben wäre. Kafka hätte die grausame Ironie dieser Maßnahmen gewiß zu schätzen gewußt. Nach jüdischen Protesten machte die Regierung im September 1946 einige Zugeständnisse, aber erst im Oktober 1947 erhielten die 2 000 betroffenen Juden ihre tschechoslowakische Staatsbürgerschaft zurück.

Unterdessen war eine andere Gruppe der jüdischen Bürger des Landes auf Schwierigkeiten gestoßen. Es handelte sich um Bewohner der einstmals östlichsten Provinz der Tschechoslowakei, Transkarpatiens, das von der Sowjetunion als Preis für die Befreiung des Landes

annektiert wurde. Nach einer zwischen der UdSSR und der Tschechoslowakei im Juni 1945 geschlossenen Vereinbarung konnten sich Personen in dem abgetretenen Gebiet, die ihre ethnische Zugehörigkeit
vor dem Krieg als tschechisch oder slowakisch angegeben hatten (im
Unterschied zur ukrainischen Bevölkerungsmehrheit), für die Repatriierung in die Tschechoslowakei entscheiden. Ungefähr 12 000
Juden, praktisch die gesamte überlebende Volksgruppe, nutzte die
Gelegenheit, nach Westen zu ziehen. Strenggenommen hatten die
meisten von ihnen jedoch keinen Anspruch auf die Repatriierung, da
ihre Volkszugehörigkeit vor dem Krieg als jüdisch registriert worden
war. Man hieß sie in der Tschechoslowakei nicht willkommen. Infor-
mationsminister Václav Kopecký bezeichnete sie als »bärtige Salo-
mons« und »jüdischen Abschaum«.[7] Ein Lastwagen brachte eine
Schar dieser bedauernswerten Menschen zur Deportation zurück an
die Grenze, doch die sowjetischen Grenzposten ließen sie nicht ein.
Einige durften sich schließlich in der Tschechoslowakei niederlassen,
doch wenigstens 6 000 flohen in die amerikanische Besatzungszone
Deutschlands, wo ihr Schicksal mit dem größeren DP-Problem ver-
schmolz.

   In den frühen Nachkriegsjahren bestimmten zwei wesentliche
politische Tatsachen das jüdische Leben fast überall in Osteuropa.
Die erste war die sowjetische Besatzung. Die Sowjettruppen hatten
den Befehl, keine der ethnischen Gruppen zu benachteiligen. Aber
»dies wurde«, wie ein ungarischjüdischer Beobachter verzeichnete,
»von vielen Offizieren dahingehend interpretiert, daß kein Unterschied zwischen Juden und Nazis zu machen sei«.[8] In Budapest war
die Folge, daß die Juden, wie die übrige Bevölkerung, zu Opfern
umfassender Plündereien und Vergewaltigungen durch die Befrei-
ungsarmee wurden.

   Die sowjetische Einstellung Juden gegenüber war stets von Widersprüchen gekennzeichnet gewesen. Einerseits war die Judenemanzi-
pation eines der ersten Gesetzeswerke des bolschewistischen
Regimes nach der Oktoberrevolution (die Provisorische Regierung,
die durch die Februarrevolution an die Macht gekommen war, hatte
bereits sämtliche auf der Religionszugehörigkeit beruhenden diskriminierenden Gesetze abgeschafft). Andererseits brachten die antireligiösen Erlasse des neuen Regimes es unweigerlich in Konflikt mit der

großen Masse unerschütterlich orthodoxer Juden innerhalb seiner Territorien. Die Juden hatten immer eine unverhältnismäßig große Rolle in der russischen sozialistischen Bewegung gespielt, aber sie wurden weniger von den Bolschewiken angezogen als von ihren menschewistischen Gegnern, unter deren Führern sich viele Juden befanden, sowie von dem jüdischen sozialistischen Bund und den sozialistischen Zionisten. Nachdem den Oppositionsparteien 1921 ihre gesetzliche Existenzgrundlage entzogen worden war, schlossen sich viele jüdische Sozialisten der Kommunistischen Partei an. Aber ihre Vorgeschichte ließ sie zu einem potentiell verdächtigen und angreifbaren Element werden, und viele kamen bei den Säuberungen der dreißiger Jahre um – ebenso wie »Altbolschewiken« jüdischer Herkunft, etwa Sinowjew und Kamenew.

Die Sowjets standen dem jüdischen Nationalismus im allgemeinen feindlich gegenüber, doch ihre Haltung war ideologisch verworren und politisch unbeständig. Der Zionismus wurde als eine Erscheinungsform des bourgeoisen Nationalismus verurteilt, und nach den späten zwanziger Jahren unterdrückte man jegliche zionistische Aktivität und sogar die hebräische Literatur. Doch die Juden genossen Anerkennung als separate nationale Minderheit innerhalb der Sowjetunion; man gründete eine jüdische Parteiabteilung, die *Jewsekzija*, und Jiddisch, immer noch die Muttersprache der meisten Juden, wurde eine Zeitlang offiziell als angeblich proletarische Sprache, im Gegensatz zum Hebräischen, gefördert. Jiddische Schulen, Zeitungen und Theater gediehen, wiewohl sie sich zwangsläufig an die vom Regime gezogenen engen ideologischen Grenzen halten mußten.

Im Jahre 1928 wurde den Juden sogar ein »autonomes Gebiet« (das nach 1934 zu einer »autonomen Region« aufgewertet wurde) in Birobidschan zugestanden, einem fernen Winkel Zentralasiens nahe der chinesischen Grenze. Man veranlaßte ein paar tausend Pioniere, sich dort niederzulassen und Kolchosen aufzubauen. Prosowjetische Organisationen in den Vereinigten Staaten sammelten außerdem Geld für Juden, die Bauernhöfe in den »Nationalbezirken« der Ukraine und der Krim bewirtschaften wollten. Eine kleine Gruppe enttäuschter Zionisten kehrte sogar aus Palästina zurück, um an solchen Unternehmungen mitzuwirken. Aber die jüdischen Bewohner von Birobidschan machten nie mehr als 30 Prozent der dortigen

Gesamtbevölkerung aus, und ihre Zahl überstieg zu keinem Zeitpunkt ein Prozent sämtlicher Juden in der UdSSR. Sowjetische Propagandisten stellten in den dreißiger Jahren Fotos von enthusiastischen jüdischen Schweinezüchtern in Birobidschan und auf der Krim zur Schau, um zu demonstrieren, daß nicht Palästina, sondern die UdSSR eine Lösung für das Judenproblem gefunden hatte. Die jüdischen Siedlungen in der Ukraine und auf der Krim wurden ausnahmslos vernichtet, als die Deutschen 1942 durch diese Gebiete fegten, doch Birobidschan überlebte als seltsames Relikt bis in die neunziger Jahre hinein.

Durch die Annektion Ostpolens, der baltischen Staaten und Bessarabiens in den Jahren 1939 und 1940 gerieten weitere große jüdische Bevölkerungsgruppen unter die Sowjetherrschaft. In jenen Jahren unterdrückte die UdSSR, ihrem Pakt mit Hitler getreu, Nachrichten über die Judenverfolgungen der Nazis, doch einige finstere Gerüchte sickerten trotzdem durch.

Die Juden litten stärker unter der nationalsozialistischen Besatzung als jede andere Bevölkerungsgruppe der UdSSR. Von den ungefähr 5 Millionen Juden auf den Territorien, welche die Sowjets im Juli 1941 beherrschten, wurden wenigstens 2 Millionen von den Nazis ermordet. In der zweiten Hälfte des Krieges unternahm das Sowjetregime einen Versuch, die Juden zur Solidarität mit seinen Kriegsbemühungen zu bewegen. Im Dezember 1942 arrangierte Iwan Maiski, der sowjetische Botschafter in London und ein jüdischer Ex-Menschewik, eine gemeinsame Erklärung der Alliierten, in der die nationalsozialistischen Verbrechen gegen die Juden angeprangert und den Schuldigen mit Vergeltung gedroht wurde. Es kam sogar zu Annäherungsversuchen an die Zionisten. Im Oktober 1943 besuchte Maiski Palästina und hielt freundschaftliche Gespräche mit Zionistenchefs ab. Zugleich wurden Führer des »Jüdischen Antifaschistischen Komitees«, das sich aus prominenten jüdischen Gestalten der UdSSR zusammensetzte, in die Vereinigten Staaten und in andere alliierte Länder entsandt, um für eine »Zweite Front« und andere sowjetische Ziele zu werben. Eine Zeitlang diente das Komitee im In- wie im Ausland als halbrepräsentatives Gremium der sowjetischen Juden.

Die Sowjetmacht traf in Osteuropa mithin ohne eine klare ideologische Position oder eine einheitliche Politik zur Judenfrage ein. In der frühen Nachkriegsphase zielten die Sowjets hauptsächlich darauf ab, die kommunistische Autorität zu festigen. Die Judenfrage wurde – wie alle anderen Probleme – diesem Ziel untergeordnet. Aber die Kommunisten, die zwischen 1945 und 1948 in jedem osteuropäischen Land an die Macht gelangten, merkten bald, daß die Judenfrage durch die politische Kultur ihres neuen Reiches zu einem wichtigen Tagesordnungspunkt wurde.

Die zweite Tatsache, die das jüdische Leben in ganz Osteuropa prägte, war eine politische Kultur mit einem tief in der Bevölkerung verwurzelten Antisemitismus. Die Feindschaft den Juden gegenüber hatte lange vor der deutschen Okkupation begonnen. Sie ging teils auf die traditionelle christliche Erbitterung über die Christusmörder zurück, besonders in der katholischen sowie in der russisch- und rumänisch-orthodoxen Kirche, und teils auf rechtsnationalistische Ideologien, die von den gesellschaftlichen und wirtschaftlichen Umwälzungen der Zwischenkriegszeit hervorgebracht worden waren. Nach 1945 trug ein weiterer Faktor zu den antijüdischen Gefühlen bei: das spezielle Verhältnis zwischen den Juden und dem Kommunismus.

Die Juden hatten in den kommunistischen Parteien der meisten osteuropäischen Länder eine überproportional einflußreiche Rolle gespielt. Als am stärksten urbanisierte und am besten ausgebildete Gruppe dieser überwiegend bäuerlichen Gesellschaften hatten die Juden das größte Eigeninteresse an Ideologien, die nicht auf dem Prinzip der Volkszugehörigkeit oder der Religion beruhten. In Ländern wie Polen, Ungarn und Rumänien hatte die Partei nie eine Massengefolgschaft – nicht einmal vor dem Krieg bei der kleinen Proletarierschicht – errungen, was an den Repressionen der Regierung oder der mangelnden Attraktivität ihrer Ideologie gelegen haben mag. Deshalb konnten gebildete Juden in diesen kleinen Parteien in den Vordergrund treten. In Polen waren in den dreißiger Jahren wenigstens ein Viertel der Mitglieder und mehr als die Hälfte der Parteiführer Juden.

Nach 1945 teilten sich die neuen kommunistischen Herrscher, die Osteuropa von den Russen aufgezwungen wurden, zumeist in zwei unterschiedliche Gruppen: in die »einheimischen« Kommunisten, die in den meisten Zwischenkriegs- und Kriegsjahren im Land geblie-

ben waren und häufig in der antinationalsozialistischen Untergrund-
bewegung mitgearbeitet hatten; und in die »auswärtigen« Kommunisten, welche die letzten Jahre im Exil, überwiegend in der Sowjetunion, verbracht hatten. Infolge der Lebensgefahr, der die Juden unter
der nationalsozialistischen Okkupation ausgesetzt waren, lag es auf
der Hand, daß sie unter den »Auswärtigen« viel stärker repräsentiert
waren als unter den »Einheimischen«. Da die ersteren häufig eine
gründliche ideologische Ausbildung in der Sowjetunion absolviert
und Kontakte zur dortigen Hierarchie geknüpft hatten, brachte man
ihnen in Moskau mehr Vertrauen entgegen und verlieh ihnen in der
Anfangsphase der kommunistischen Herrschaft bedeutende Ämter
in den neuen Regierungen.

In Polen zum Beispiel gehörten Roman Zambrowski, Hilary Minc
und Jakub Berman, der im Politbüro für Staatssicherheit zuständig
war, zur kommunistischen Führung. Anatol Feigin, ein Jude, leitete
die berüchtigte »Zehnte Abteilung« des 1949 gegründeten Ministe-
riums für Öffentliche Sicherheit. Es war ein Zeichen für die Unbeliebt-
heit der Juden – und für die Verlagerung der antikommunistischen
Gefühle auf diesen traditionellen Feind –, daß einige der verhaßtesten
kommunistischen Gestalten, zum Beispiel Polizeiminister Rad-
kiewicz, fälschlichen Gerüchten zufolge für Juden gehalten wurden.
Auch polnische Nichtjuden, die für ihre Unterstützung von Juden
während des Krieges geehrt wurden, klagten darüber, daß die Publizität sie Racheaktionen durch ihre wütenden Nachbarn aussetze.

In den ersten drei Nachkriegsjahren schlug der Antisemitismus in
vielen Teilen Osteuropas in Gewalttaten um. Außer den Massenpo-
gromen in Polen fanden auch in der Slowakei zwischen 1945 und 1948
ernste antijüdische Ausschreitungen statt. Im ungarischen Kundama-
ras kamen im Mai 1946 drei Menschen während eines Aufruhrs um.
In der Slowakei gab es 1945 Krawalle in Presov und Topolcany sowie
1946 und 1948 in Bratislava. In Ungarn und in der Slowakei, ebenso
wie in Polen, liefen Gerüchte um, daß Juden christliche Kinder entführten (und zwar zur Wurstherstellung, wie es in Ungarn hieß).

Die Auswanderungswelle nach dem Pogrom von Kielce bewirkte,
daß die Zahl der Juden in Polen jäh sank. Im Juni 1946 waren 240 489
Juden im Land gemeldet. Die tatsächliche Zahl könnte infolge von
Mehrfachmeldungen zehn bis fünfzehn Prozent niedriger gewesen

sein; andererseits hatten manche Juden Angst, sich als solche registrieren zu lassen. 1948 war die Zahl der jüdischen Meldungen auf nur 88 257 zurückgegangen. In den ersten Nachkriegsjahren unternahmen die Regierung und jüdische Repräsentanten, die der Zukunft in Polen immer noch hoffnungsvoll entgegensahen, ein paar Versuche, aus der Sowjetunion repatriierte Juden erneut einzubürgern. Die meisten kehrten nicht in ihre eigenen Behausungen zurück, in denen nun überwiegend Polen wohnten, sondern sie ließen sich in Gegenden wie Schlesien und Pommern nieder, aus denen die Deutschen vertrieben worden waren. Breslau, früher ein wichtiges deutschjüdisches Zentrum, das nun wieder den Namen Wrocław trug, war durch die Vernichtungsaktionen der Nazis »judenrein« geworden, doch jetzt entstand dort eine neue, kleine deutschjüdische Gemeinde. Diese neuen Siedlungen konnten jedoch in einem, wie sich herausstellte, äußerst unfruchtbaren Boden nicht Wurzel fassen.

Eine zwischen 1945 und 1950 durchgeführte Untersuchung des Verhaltens polnischer Juden weist auf die grundlegende Unsicherheit hin, welche die meisten zwang, das Land zu verlassen. Unter ihnen herrschte eine tiefsitzende Furcht vor dem Antisemitismus. Ein siebenundvierzigjähriger jüdischer Arzt in Lodz teilte einem Fragesteller mit: »Auf lange Sicht glaube ich nicht einmal unter einem sozialistischen Regime an ein polnisch-jüdisches Zusammenleben.« Eine arbeitslose dreißigjährige Jüdin in Dzierzoniów – einer im Nachkriegspolen einzigartigen Kleinstadt, da ihre Bevölkerung zu einem Drittel aus Juden bestand – gab an:

Ich meine, die Juden sollten um jeden Preis einen eigenen Staat bekommen, denn sie sind das unglücklichste Volk und werden ständig gedemütigt. Vor dem Krieg hatte ich über Palästina weniger nachgedacht als heute. Ich bin eines der Opfer von Kielce, die durch ein Wunder überlebt haben, und das hat mich in meiner Überzeugung bestärkt. Ich räume ein, daß Juden im heutigen demokratischen Polen gleichberechtigt mit polnischen Bürgern behandelt werden. Die Regierung steht den Juden positiv gegenüber, aber das jüdische Volk sollte trotzdem – nach allem, was wir durchgemacht haben – einen eigenen Staat besitzen; wir sind ja keine Zigeuner. Es ist Zeit, unsere Wanderungen zu beenden. Wir haben schließlich unsere Traditionen und unsere Kultur.[9]

Die tiefe Unsicherheit der polnischen Juden wurde noch auf andere Weise deutlich. Viele hielten es für ratsam, ihr Judentum zu verbergen oder ihre Religion insgeheim auszuüben. Manche achteten darauf, auf der Straße nicht Jiddisch zu sprechen. Eine religiöse Jüdin erklärte einem Fragesteller, daß sie Freitag abends keine Kerzen anzünde, »um nicht aufzufallen«.[10] Einige wechselten ihren Namen gegen einen polnischer klingenden ein, weil sie hofften, dadurch in der allgemeinen Bevölkerung untertauchen zu können.

Die meisten der übriggebliebenen polnischen Juden praktizierten ihre Religion nicht mehr, aber in einer an Entsetzen grenzenden Atmosphäre der Besorgnis konnten kleine Ereignisse Wellen kollektiver Gefühle auslösen; laut mehreren Berichten hatte die Übertragung des Gebets Kol Nidre (des feierlichsten Moments im jüdischen religiösen Kalender) durch Radio Warschau am Jom Kippur 1947 sogar auf viele nichtreligiöse Juden einen starken Effekt.

Die politische Kultur, die sich in der Zwischenkriegszeit herausgebildet hatte, war die Hauptquelle einer Spielart des Antisemitismus in Osteuropa. Aber der zusätzliche Antisemitismus, der von den Kommunisten selbst propagiert wurde, verlangt eine andere Erklärung. Auf einer Ebene kann er, wie alle damaligen politischen Erscheinungen in Osteuropa, als eine Moskauer Machenschaft verstanden werden. Darüber hinaus diente er zutiefst unpopulären Politikern, die von den meisten ihrer Landsleute für fremdartig gehalten wurden, jedoch auch als Integrationsmechanismus. »Wie der Anti-Dreyfusianismus [im Frankreich der Jahrhundertwende] den Herzog seinem Kutscher näherbrachte«, um mit Sartre zu sprechen[11], so brachte nun der Antisemitismus die neue kommunistische Herrscherklasse ihren störrischen und argwöhnischen Untertanen näher.

Verschwörungstheoretiker äußern die Vermutung, daß Stalin bewußt für ein jüdisches Übergewicht in der polnischen Parteiführung gesorgt habe, aber dafür gibt es kaum Anhaltspunkte, und sein Motiv für ein solches Vorgehen bliebe im dunkeln. Allerdings ist nicht zu bestreiten, daß die meisten Polen in der unmittelbaren Nachkriegszeit Juden und Kommunisten praktisch miteinander gleichsetzten. Doch obwohl die Juden in der polnischen kommunistischen Führung zweifellos im Vordergrund standen, waren die meisten Juden in Polen keine Kommunisten. Sie neigten dazu, sozialdemokratische, liberale, zionistische oder orthodox-jüdische Parteien zu unterstützen. In einem Gebiet, in dem die politischen Massenbewegungen vorwiegend agrarische oder nationalistische Ziele verfolgten, gerieten die Juden durch solche Sympathien jedoch in einen relativ schmalen Abschnitt des politischen Spektrums und hatten häufig keine effektiven Verbündeten, wenn es um ihre ureigenen Probleme ging.

Ein Beispiel lieferte die höchst umstrittene Frage der Rückerstattung gemeinschaftlichen und persönlichen Eigentums, das im Einklang mit den antijüdischen Gesetzen während des Krieges beschlagnahmt worden war. Die Grundstücke der Juden, ebenso wie ihre Wohnungen und Häuser, wurden nun häufig von Nichtjuden genutzt, die sich sträubten, den früheren Eigentümern Platz zu machen. Ein Beobachter in Lodz schrieb: »Ich bin Juden begegnet, die ihr ganzes Leben in Lodz verbracht haben und deren Wohnungen und Werkstätten nicht zerstört, sondern von Polen besetzt worden sind. Einige haben ihre Wohnungen und Werkstätten durch juristische Verfahren zurückerhalten, sie jedoch nach dem Empfang von Drohbriefen wieder verlassen.«[12] Die Juden merkten bald, daß sich in dieser Frage eine unheilige Allianz der Rechten und der Linken gegen sie herausgebildet hatte. Die Rechten wandten sich aus den vertrauten antisemitischen Gründen gegen die Rückerstattung, während die Kommunisten das gleiche taten, doch angeblich, um zu verhindern, daß sich Angehörige der ehemaligen »Besitzerklasse« bereicherten. In Ungarn empfahl die kommunistische Zeitung *Szabad Nép* den Juden, Verständnis zu zeigen und ihre Wohnungen mit den gegenwärtigen Insassen zu teilen.[13] In der Tschechoslowakei verabschiedete das Parlament 1947 ein Gesetz, nach dem sämtliche Vermögenswerte ohne Erben, darunter große frühere Besitztümer von Juden, dem Staat zufielen. Jan Masaryk war empört, doch sein demokratischer Einfluß hatte sich inzwischen so verringert, daß er nicht eingreifen konnte. Der Zentralrat der Gewerkschaftsbewegung wies die jüdischen Ansprüche auf Rückerstattung rundweg zurück:

> Die Erklärung der jüdischen Gemeinden beruht auf einem falschen Prinzip. Sie verteidigt nicht die Interessen der Bürger jüdischen Glaubens, sondern die Privatinteressen der Kapitalisten. Sollten die jüdischen Gemeinden dieses Verhalten fortsetzen, so würden sie den denkbar schwersten Fehler begehen. Wir fordern die Bürger jüdischer

Religion auf zu entscheiden, ob sie damit einverstanden sind, von ihren Vertretern in die Reihen der Feinde der vereinigten Arbeit geführt zu werden.[14]

Auch die ungarischen Juden fanden sich zwischen dem faschistischen Hammer und dem sowjetischen Amboß wieder. Viele, darunter Frauen, waren während des Krieges praktisch als Sklaven in Arbeitsbataillone zwangseingezogen worden. Nach dem Eintreffen der Sowjetarmee betrachtete man sie als feindliche Kriegsgefangene und schickte sie zuerst in rumänische, dann in sowjetische Lager. Die Gesamtzahl dieser jüdischen Deportierten könnte 35 000 erreicht haben. Im Juni 1947 ließ Stalin ungefähr 50 000 ungarische Kriegsgefangene frei, unter denen sich etwa 1 000 Juden befanden. Bis 1949 waren weitere rund 1 000 Juden zurückgekehrt. Aber zahlreiche Deportierte wurden in die sowjetischen Gefangenenlager geschickt, und man hörte nie wieder von ihnen.

Die kommunistische Wirtschaftspolitik hatte auf die Juden eine direktere und schädlichere Wirkung als auf fast jede andere Gruppe. Die Juden in den osteuropäischen Staaten waren fast ausschließlich im Kleinhandel und in den freien Berufen tätig gewesen. In vielen Teilen Osteuropas hatten sie diese Bereiche zwischen den Kriegen derart beherrscht, daß sie auf heftige nationalistische Feindschaft stießen. In der Anfangsphase beschränkten die Kommunisten die Verstaatlichung vornehmlich auf die Grundstoff- und die Schwerindustrie, mit denen die Juden kaum etwas zu tun hatten. Aber von etwa 1949 an verstaatlichte man den größten Teil der Leichtindustrie in Ungarn und anderswo und brachte auch den Kleinhandel unter Staatskontrolle. Von den 1 721 Ladengeschäften, die 1949 in Ungarn verstaatlicht wurden, waren 1 504 in jüdischem Besitz. Die von den Kommunisten kontrollierte jüdische Zeitung *Uj Élet* erklärte ihren Lesern das neue System am 8. September 1949:

> Der Mittelstand als solcher hat seine historische Rolle jetzt ausgespielt. Ob es ihm gefällt oder nicht, er zieht sich nun von der historischen Bühne zurück und macht aufstrebenden Gesellschaftsklassen Platz: den Arbeitern und Bauern ... Wir wollen offen sein: Auch innerhalb des jüdischen Mittelstandes gibt es noch immer Elemente, welche die Situation nicht durchschauen, Menschen, welche die

Zeichen der Zeit auch heute noch nicht erkennen. Diese Elemente
wollen die Reste ihrer mittelständischen Lebensweise nicht aufgeben ... Die oberste Wahrheit ist, daß jeder, der die alte Wirtschafts-
ordnung und die absolute mittelständische Lebensweise der Bewah-
rung für würdig befindet, auf Verhältnissen beharrt, die nur zu einem
neuen Auschwitz und zu neuen Massenmorden führen können.[15]

Die alte jüdische kommerzielle Mittelschicht wurde nahezu beseitigt,
und viele Juden waren ruiniert.

Für die Angehörigen der früher freien Berufe, etwa im medizinischen und juristischen Bereich, wurde es unter der kommunistischen
Herrschaft immer schwerer, ein Auskommen zu finden. Viele Juden
wurden von der Anwaltsliste gestrichen, und sie stießen wiederum
auf Hindernisse beim Studienantritt – auf eine Wiederherstellung des
alten Numerus clausus, der diesmal angeblich nicht auf rassischen
oder religiösen Faktoren, sondern auf der Klassenzugehörigkeit
beruhte.

Im Jahre 1951 wurden zahlreiche Juden aus Budapest und anderen
großen Städten deportiert, weil sie als Kapitalisten galten. Einer von
ihnen, der vierundsechzigjährige Dezsó Sator, der als Budapester
Bevollmächtigter für eine Londoner Firma arbeitete, berichtete später, daß die Deportierten nur vierundzwanzig Stunden Zeit gehabt
hätten, sich auf den Umzug in Dörfer vorzubereiten, wo man sie bei
Bauernfamilien unterbrachte. Die Wohnungen und Habseligkeiten
der Deportierten wurden enteignet. Sie blieben bis 1953 zwangsweise
auf dem Lande. Sator, dessen Frau 1947 emigriert war, erhielt im
Januar 1955 endlich die Erlaubnis, sich ihr in den Vereinigten Staaten
anzuschließen.[16] Sein Fall war traurigerweise typisch. Auch unter den
Geschäftsleuten und nichtkommunistischen Politikern, die in Arbeitslager geschafft wurden, befanden sich viele Juden. *Uj Élet*
schrieb: »Keine Tränen werden für die jüdischen Kapitalisten vergossen werden, die, nur an ihren Profiten interessiert, Verbündete der
Sklavenhalter und der Schinder des gemeinen Volkes gewesen
sind.«[17]

Während die Kommunisten ihre Kontrolle allmählich auf sämtliche Lebensaspekte in Osteuropa ausweiteten, wurden auch die
Gemeindeeinrichtungen der Juden infiltriert und schließlich von
kommunistischen Sympathisanten übernommen. Der Prozeß spie-

gelte die größeren Entwicklungen in der Gesellschaft als Ganzem wider.

Das beliebteste kommunistische Instrument, mit dem die Vorherrschaft nicht nur in der jüdischen Gemeinde, sondern auch in der Regierung und in den Gewerkschaften errungen wurde, war die sogenannte Einheitsfront. In Rumänien zum Beispiel entstand im Juni 1945 ein Jüdisches Demokratisches Komitee aus Kommunisten, Sozialdemokraten, Linkszionisten und einigen jüdischen Provinzvertretern. Doch Anfang 1948 wurden einige Komiteemitglieder bezichtigt, »ihrerseits den Hang zum Bundismus hinabzugleiten«.[18] Die Kommunisten drängten die etablierte jüdische Führung mit Wilhelm Filderman an der Spitze letzten Endes hinaus und hatten nun die jüdischen Organisationen und die Gemeindewerte in der Hand. Filderman flüchtete aus Rumänien, ebenso wie der antikommunistische Oberrabbiner Alexander Safran. Der bulgarische Oberrabbiner Dr. Hananel war kompromißbereiter als sein rumänischer Kollege. Aber auch er fiel 1948 in Ungnade, als einem unvorsichtigen Hinweis auf den Tempel in Jerusalem eine politische Nuancierung unterstellt wurde. Er kroch zu Kreuze und bezeichnete sich als »einen treuen Diener der Vaterländischen Front [der kommunistischen Tarnorganisation]«. Ihm wurde vergeben, doch 1962 inhaftierte man ihn wegen weiterer Delikte.[19]

Das Zentralkomitee der Polnischen Juden wurde Ende 1944 in Lublin gegründet und besaß eine klare zionistische Mehrheit. 1946 war seine Zusammensetzung – ein Produkt nicht von Wahlen, sondern von innerparteilichen Absprachen – kaum verändert: dreizehn Zionisten, vier Bundisten, sieben Kommunisten und ein Parteiloser. (Die orthodoxen Parteien Aggudat Jisrael und Mizrachi, die unter den polnischen Juden ebenfalls eine beträchtliche Anhängerschaft hatten, weigerten sich, dem Komitee beizutreten, solange es der Einhaltung des Sabbat und der *kashrut*-Vorschriften in allen jüdischen Institutionen nicht zustimmte.) Vier nichtkommunistische Vertreter jüdischer Parteien dienten im Sejm (Parlament). Aber kommunistischer Druck bewirkte bald, daß der Komiteevorsitzende Dr. Emil Sommerstein, ein Zionist, sowie andere führende nichtkommunistische Juden emigrierten. Im Oktober 1948 hatten die Kommunisten die Zügel des Komitees vollends an sich gerissen.

1950 waren nicht nur sämtliche gesellschaftlichen Vertretungen der Juden, sondern auch all ihre Hilfsinstitutionen wie Zeitungen, Synagogen, Schulen und Theater entweder geschlossen oder des letzten Anscheins einer autonomen Existenz beraubt worden. Die unabhängige jüdische Presse Polens war in den Vorkriegstagen eine bedeutende politische Kraft gewesen und hatte unmittelbar nach dem Krieg eine kurzfristige Wiedererweckung erlebt. Zwischen 1945 und 1948 wurden in Polen über zwanzig jüdische Zeitungen – hauptsächlich in jiddischer Sprache – veröffentlicht. *Dos Naje Lebn*, das Organ des Zentralkomitees der Polnischen Juden, erschien am 10. April 1945 als erstes. Die Zeitung hatte einen kommunistischen Chefredakteur, doch ihrem Redaktionsrat gehörten auch Zionisten und Bundisten an. 1947 kam es jedoch zu einem tiefen Zerwürfnis zwischen den Zionisten und den Kommunisten, denn die ersteren beharrten auf dem Vorrang der Emigration, während die letzteren meinten, die Zahl der Auswanderer sei einzuschränken, damit das jüdische Leben in Polen selbst nicht gefährdet werde.[20] Durch die kommunistische Übernahme des Komitees geriet *Dos Naje Lebn* 1948 ebenfalls unter Parteikontrolle und wurde 1950 mit der kommunistischen *Folksschtime* zusammengelegt.

In Ungarn wurden die Neolog-(Reform-) und die orthodox-jüdischen Gemeinden zwangsweise vereinigt (eine Zeitlang durften die Orthodoxen eine separate Abteilung innerhalb der Dachorganisation betreiben). 1949 stellte man den Hebräischunterricht ein, und die Regierung übernahm die Leitung fast aller jüdischen Schulen. Die meisten Formen des jüdischen Kulturschaffens wurden ausgelöscht oder streng überwacht. In Polen verstaatlichte man die beiden existierenden jüdischen Theatergesellschaften und faßte sie 1949 zum Jüdischen Staatstheater zusammen. Am 1. Januar 1950 gingen auch sämtliche jüdischen Kinderheime und Schulen Polens in staatliche Hand über. In Rumänien wurden die 122 jüdischen Schulen 1948 vom Staat übernommen. In Bulgarien schloß man alle jüdischen Schulen und Bibliotheken, und nur drei Synagogen durften geöffnet bleiben. Mit der Tatsache, daß viele jüdische Bürger große Teile Osteuropas verlassen hatten, ließen sich natürlich einige Schließungen rechtfertigen, aber dies diente häufig nur als Vorwand. Die bulgarische Regierung ging noch weiter und verbot die meisten jüdischen Feiern, darunter

das Passah- und das Roshha-Shanah-Fest (das heißt die Neujahrs-
feier); diese galten im Gegensatz zum Purim- oder Chanukka-Fest
als reaktionär.* Diese beiden Ereignisse vollzogen sich, während sich
die jüdische Situation innerhalb der UdSSR selbst schlagartig verfin-
sterte. Das erste Zeichen für die Verschlechterung war im Herbst
1946 zu entdecken, als man sowjetisch-jiddische Schriftsteller in einer
Reihe von Presseartikeln wegen jüdisch-nationalistischer Abwei-
chungen angriff.

Die Attacken setzten sich fort, obwohl die UdSSR in ihrer Außenpolitik dem entstehenden Judenstaat wesentliche Hilfe leistete. Am
14. Mai 1947 deutete Andrei Gromyko in einer Rede vor der
UN-Generalversammlung an, daß die UdSSR bereit sein könne, die
Teilung Palästinas in einen jüdischen und einen arabischen Staat zu
unterstützen. Als das kritische Votum der Generalversammlung am
29. September 1947 stattfand, hatte die Sowjetregierung bereits
beschlossen, die Teilung uneingeschränkt zu befürworten. Die sowjetische Unterstützung des neuen Staates war daran abzulesen, daß die
UdSSR Israel im Mai 1948 unverzüglich anerkannte und der von
Kommunisten kontrollierten tschechoslowakischen Regierung gestattete, Israel an einem entscheidenden Zeitpunkt des Unabhängig-
keitskrieges gegen die umliegenden arabischen Staaten Waffen zu verkaufen. Offenbar unterschieden sich die Erfordernisse der Innen- und
der Außenpolitik sehr stark voneinander; zudem wollte die Regierung die sowjetischen Juden unmißverständlich warnen, daß der
diplomatische Beistand für den Zionismus durchaus keine Freiheit zu
zionistischen Aktivitäten innerhalb des Landes nach sich ziehe.

1948 leitete der sowjetische Kulturpapst Andrei Shdanow eine
gründliche »antikosmopolitische« Kampagne ein. Viele Intellektuelle, darunter zahlreiche jüdische Schriftsteller und Künstler, wurden als »wurzellose Kosmopoliten« kritisiert. Sie verloren ihre

---

* Die Gründe sind dunkel und haben vielleicht mit Unkenntnis zu tun: Man
könnte dem Passah-Fest, dessen Zentralthema die Befreiung der jüdischen
Sklaven in Ägypten ist, eine »progressive« Botschaft zuordnen, während die
Chanukka, die dem Aufstand der Hasmonäer in Palästina gewidmet ist,
gefährlich nationalistische Beiklänge haben könnte. Die Erklärung liegt vielleicht in der hochreligiösen Bedeutung von Passah sowie Rosh-ha-Shanah
und dem relativ weltlichen Charakter der beiden anderen Feste.

Arbeitsplätze, jegliche Publikationsmöglichkeit, wurden aus der Kommunistischen Partei ausgeschlossen und konnten keinen Einfluß mehr ausüben. Eine gleichzeitige Kampagne gegen den »bourgeoisen Nationalismus« führte dazu, daß auch die letzten jüdischen kulturellen Ausdrucksformen beseitigt wurden. Man schloß alle jiddischen Schulen, Zeitungen (außer jener in Birobidschan, die über keine nennenswerte Auflage verfügte), Theater und die meisten anderen jüdischen Einrichtungen, darunter viele Synagogen. Das Jüdische Antifaschistische Komitee wurde Ende 1948 aufgelöst und seine Zeitung, *Ejnikajt,* eingestellt. Ein paar Monate zuvor, am 13. Januar 1948, war der Komiteevorsitzende, der Schauspieler Schlomo Michoels, auf einem offiziellen Besuch in Minsk unter nicht durchschaubaren Umständen ermordet worden. Man verhaftete mehr als hundert führende jüdische Kulturschaffende und brachte sie in Gefangenenlager.

Diesen antijüdischen Aktionen folgte ein Wandel in der diplomatischen Haltung der Sowjetunion dem Zionismus gegenüber. Am 21. September 1948 veröffentlichte die *Prawda* auf der Titelseite einen von dem prominenten jüdischen Schriftsteller Ilja Ehrenburg unterzeichneten Artikel (anscheinend hatte er ihn unter dem Druck der Partei verfaßt). In dem Artikel wurden Israel und alle Juden angegriffen, die es als ihre Heimat betrachteten; den DPs wurde vorgeschlagen, in ihre Herkunftsländer zurückzukehren und dort beim Aufbau sozialistischer Gesellschaften mitzuhelfen, statt nach Israel zu emigrieren. Die neue Politik wurde ideologisch untermauert in der Ausgabe der *Großen Sowjetenzyklopädie* von 1952, die den Begriff »Juden« definierte als: »Name verschiedener Völker, die ihren gemeinsamen Ursprung von den alten Hebräern herleiten«. Man betonte, daß »die Juden keine Nation ausmachen« und »sich von einem ethnographischen Standpunkt aus jenen Völkern anpassen, in deren Mitte sie leben (wenn auch nicht überall im selben Grade)«.[21]

Woher rührte diese plötzliche Verschiebung der sowjetischen Position? Sobald die Zionisten ihr Ziel erreicht hatten, die Briten aus Palästina hinauszudrängen, wurde den Sowjets klar, daß der arabische Nationalismus die beste Aussicht bot, den westlichen Einfluß im Nahen Osten zu beseitigen. Demgemäß variierten sie ihre Politik. Ein weiterer Faktor mag die Unruhe über den enthusiastischen Empfang gewesen sein, den die Moskauer Juden Golda Meir bereiteten, welche die Sowjetunion als erste israelische Gesandtin besuchte.

Die Änderung des Parteikurses wurde in den sowjetischen Satellitenstaaten rasch entdeckt und ebenso rasch übernommen. Im Dezember 1948 veröffentlichte das rumänische Politbüro eine Resolution, in der es »den Versuch der jüdischen bourgeoisen Nationalisten« verurteilte, »die Idee ›jüdischer Einheit‹ zu verbreiten und die Existenz von Klassenunterschieden in der jüdischen Bevölkerung zu leugnen«. Ominöserweise wurde in der Resolution verkündet, solche Versuche seien ein »Ablenkungsmanöver, um die jüdischen arbeitenden Massen im Dienst der anglo-amerikanischen Imperialisten an den Wagen des reaktionären jüdischen Großkapitals zu spannen«.[22]

Während die Sowjets gegen Israel Position bezogen, wurden zionistische Parteien in Polen und anderen Satellitenstaaten aufgelöst. Man verhaftete Zionistenführer in Ungarn und Rumänien. Der Bund, der in Polen im Februar 1947 immer noch dreißig Geschäftsstellen und 2 000 Mitglieder für sich beanspruchen konnte, unterstützte die kommunistischen Angriffe auf den Zionismus, ohne sich dadurch jedoch selbst retten zu können. Im November 1948 beschloß eine Konferenz jüdischer Kommunisten in Polen:

> Obwohl unsere Partei den Charakter und die Rolle des jüdischen Nationalismus – des Zionismus und des Bundismus – korrekt einschätzte, haben wir der zionistisch-nationalistischen Ideologie, die uns fremd ist, nicht mit hinreichender Energie Widerstand geleistet ... Der Druck des zionistischen Nationalismus verleitete einige Genossen zu einer spezifisch jüdischen Abweichung [im Rahmen] der allgemeinen rechtsnationalistischen Abweichung, die in der Parteiführung deutlich wird.[23]

Mit der Auflösung des Bundes im Januar 1949 wurde jeglicher nichtkommunistischen politischen Tätigkeit der Juden ein Riegel vorgeschoben.

Antisemitismus und Antizionismus verschmolzen zwischen 1949 und 1953, und es kam zu einer spektakulären Säuberung der kommunistischen Parteiführungen Osteuropas. Etliche prominente Juden fielen diesen Aktionen zum Opfer. In Ungarn begann im September 1949 eine Reihe von Schauprozessen mit der Anklageerhebung gegen

den (nichtjüdischen) Kommunistenchef László Rajk, dem man verrä-
terische Kontakte zu Zionisten und amerikanischen Spionagedien-
sten vorwarf.

In der Tschechoslowakei leitete Rudolf Slánský, ein Jude und
Generalsekretär der Kommunistischen Partei, die Jagd auf einen »einheimischen Rajk«. Nachdem man mehrere Gruppen von Sozialisten
und Katholiken verhaftet hatte, griff die Säuberung auf die Kommunistische Partei über. Mitte 1951 geriet Slánský selbst unter Verdacht.
Er wurde zum Stellvertretenden Ministerpräsidenten herabgestuft
und mußte Selbstkritik üben. Zusammen mit dreizehn anderen
stellte man ihn wegen Hochverrats, Spionage und Sabotage vor
Gericht. 11 der 14 Angeklagten waren Juden. Wie bei Schauprozessen
üblich, stand das Drehbuch bereits vor Beginn des Verfahrens fest –
wie der Staatsanwalt viele Jahre später einräumte.

Nach einem Selbstmordversuch unterwarf sich Slánský seinen
Vernehmern und legte ein grotesk kriecherisches Schuldgeständnis
ab. Obwohl keiner der Verhafteten irgendwelche Beziehungen zur
jüdischen Gemeinde hatte, geschweige denn auch nur eine Spur von
Sympathie für den Zionismus, wurden sie gezwungen, ihre Verwicklung in ein absurdes Verschwörungsnetz – geknüpft von Israel, dem
»Joint«, dem Trotzkismus und westlichen Geheimdiensten – zu geste-
hen. Vielleicht um die Anklagen zu bekräftigen, verhaftete man auch
einen israelischen Politiker, der gerade die Tschechoslowakei
besuchte: Mordekai Oren, Chef der prokommunistischen Fraktion
der linksgerichteten Mapam (Vereinigte Arbeiterpartei). Der Slánský-
Prozeß wurde von massiver Publizität begleitet, in der man die jüdische Herkunft der meisten Angeklagten auf wenig subtile Weise
herausstellte. Zum Beispiel hieß es in der *Pravda*, dem Organ der
Slowakischen Kommunistischen Partei:

> Im Dienst des Klassenfeindes haben sich die Zionisten in die kommu-
> nistischen Parteien eingeschlichen, um diese von innen zu zerrütten
> und zu untergraben. Gewisse Mitglieder unserer Partei sind ebenfalls
> unter den Einfluß des Zionismus geraten. Sie haben sich der Ideologie
> des Kosmopolitismus und des jüdischen bourgeoisen Nationalismus
> unterworfen und beurteilen die Ereignisse nicht vom Standpunkt der
> Arbeiterklasse und des Kampfes für den Sozialismus aus.[24]

In seinem Schlußplädoyer erklärte der Staatsanwalt:

> Die Verbrecher auf der Anklagebank haben den traditionellen
> Abscheu des tschechoslowakischen Volkes vor dem Antisemitismus
> schamlos mißbraucht ... Dieser Abscheu wurde von verschiedenen
> jüdischen Händlern, Produzenten und bourgeoisen Elementen aus-
> genutzt, damit sie die Kommunistische Partei unterwandern, jegliche
> Kritik unterdrücken und ihre Gesichter – die Gesichter hartnäckiger
> Klassenfeinde – hinter dem Leid der Juden unter der Naziherrschaft
> verbergen konnten.[25]

Die Urteilssprüche wurden von der kommunistischen Führung im
voraus mit Moskau abgestimmt. Drei der Angeklagten erhielten
lebenslängliche Freiheitsstrafen, während Slánský und 10 andere zum
Tode verurteilt und im Dezember 1952 hingerichtet wurden. Einem
Bericht zufolge übergab man die Asche einem Chauffeur und zwei
Vernehmern. Die Männer schütteten die Asche in einen Kartoffelsack
und fuhren aufs Land hinaus, um sie auf den Feldern zu verstreuen.
Aber da die Straßen vereist waren, streuten sie die Asche statt dessen
auf die Fahrbahn. Der Chauffeur scherzte später, er habe nie zuvor
»vierzehn Personen in meinem kleinen Tatra gehabt, drei lebendige
und elf in dem Sack«.[26]

Die kleine in der Tschechoslowakei verbliebene jüdische Gemeinde beobachtete den Slánský-Prozeß mit wachsender Bestürzung und
schließlich mit Entsetzen. Kurz nach Verhandlungsbeginn verübten
E. Kohn, der Sekretär der Prager jüdischen Gemeinde, und seine Frau
Selbstmord. Unter den Juden, die in nebengeordneten Prozessen verurteilt wurden, war der Schriftsteller Eduard Goldstuecker, der später
eine prominente Rolle im Prager Frühling von 1968 spielen sollte. In
Ungarn brach Anfang 1953 eine Verhaftungswelle aus, die eine Reihe
politischer Gestalten jüdischer Herkunft erfaßte, zum Beispiel Péter
Gábor, den Chef der Geheimpolizei, und Stephen Szirmai, den Leiter
des staatlichen Rundfunks. Außerdem verhaftete man unpolitische
Personen wie Louis Stoeckler, den Vorsitzenden der Budapester jüdischen Gemeinde, der eng mit den kommunistischen Behörden
zusammengearbeitet hatte, und Ladislas Benedek, den Chefarzt des
Budapester Jüdischen Krankenhauses. In Rumänien wurde Außen-
ministerin Ana Pauker, angeblich die Tochter eines Rabbiners, 1949

von den Säuberungen ereilt. Sie hatte jedoch das Glück – vielleicht
wegen ihres Geschlechts –, nicht vor Gericht gestellt zu werden, und
starb 1960 in ihrem Bett.

Mittlerweile veranlaßte die sich vertiefende Kluft zwischen Ost
und West eine kommunistische Regierung nach der anderen, westlichen jüdischen Hilfsorganisationen den Kontakt zu Juden in Osteuropa zu verbieten. Ende 1949 war das »Joint« gezwungen, seine
Unterstützung jüdischer Wohlfahrtseinrichtungen in Polen einzustel-
len. 1950 mußte es auch seine Tätigkeit in Bulgarien, in der Tschechoslowakei und Rumänien abbrechen. 1953 wurde es aus Ungarn hin-
ausgedrängt. Von allen kommunistischen Staaten gestattete ihm nur
Jugoslawien unter Marschall Titos einzelgängerischer Führung, dort
noch überlebenden kleinen jüdischen Gemeinden Hilfe zu leisten.
Der Kontakt zum Jüdischen Weltkongreß, in dem das Zentralkomitee Polnischer Juden und einige andere jüdische Organisationen Osteuropas zwischen 1944 und 1948 hatten mitwirken dürfen, wurde
gleichfalls abgebrochen.

Die Kampagne gegen die Juden erreichte in Stalins letztem Lebens-
jahr einen blutigen Höhepunkt. Im Juli 1952 wurde eine Gruppe von
110 bekannten sowjetischjüdischen Intellektuellen, unter ihnen die
Schriftsteller Itzig Feffer, David Bergelson und Perez Markisch, in
einem Geheimprozeß vor Gericht gestellt. Die Anklagen lauteten auf
Spionage, »bourgeois-nationalistische Tätigkeit« und »bewaffneten
Aufstand mit dem Ziel, die Krim von der Sowjetunion abzutrennen
und dort eine jüdische bourgeoise und zionistische Republik als Basis
für den amerikanischen Imperialismus zu gründen«.[27] Der Anklage-
punkt hinsichtlich der Krim ging aus Vorschlägen des Antifaschistischen Komitees hervor, jüdische Flüchtlinge in jener Gegend, in der
die jüdischen Gemeinden der Vorkriegszeit von Hitler ausgelöscht
worden waren, und nicht in der Ukraine anzusiedeln, wo die örtliche
Bevölkerung eine Rückkehr der Juden ablehnte. Michoels wurde
posthum bezichtigt, ein amerikanischer Agent gewesen zu sein, und
am 12. August richtete man 13 der Angeklagten hin.[28] Die letzten
Überreste der jiddischen Kultur in der UdSSR wurden beseitigt. Die
letzte jiddische Schule des Landes – in Wilna, dem früheren »Jerusalem von Litauen« – schloß 1950 ihre Tore. Zwischen 1949 und 1958
kam kein einziges jiddisches Buch in der UdSSR heraus. Jiddische

Rundfunksendungen hörten auf, und bis in die späten sechziger Jahre hinein wurden die sowjetischen Juden, um mit Elie Wiesel zu sprechen, »die Juden des Schweigens«.[29]

Das letzte Stadium der antijüdischen Kampagne war die sogenannte Ärzteverschwörung. Am 13. Januar 1953 gab die Nachrichtenagentur TASS bekannt, daß 9 Moskauer Ärzte unter dem Verdacht verhaftet worden seien, Schdanow und einen anderen führenden Kommunisten umgebracht und die Ermordung anderer Amtsträger geplant zu haben. 6 der 9 Ärzte unterhielten angeblich »Beziehungen zu der weltweiten jüdischen bourgeoisnationalistischen Organisation ›Joint‹«, die unter Leitung des amerikanischen Geheimdienstes in der Sowjetunion Spionage, Sabotage und Terrorismus betreibe.[30] Man traf Vorbereitungen für einen Schauprozeß gegen die angeklagten Ärzte, und panische Gerüchte, daß Stalin die Zwangsumsiedlung der gesamten jüdischen Bevölkerung nach Sibirien beabsichtige, liefen um. Laut Chruschtschows späterer Darstellung erklärte Stalin dem für die Ermittlung verantwortlichen Funktionär: »Wenn Sie keine Geständnisse von den Ärzten erhalten, werden wir Sie einen Kopf kürzer machen.«[31] Ein Experte äußerte später: »Zum erstenmal seit der Oktoberrevolution lag der Geruch von Pogromen in der Luft.«[32] Nur Stalins Tod am 5. März 1953 verhinderte, daß die Juden erneut in den Abgrund stürzten.

Da gleichzeitig die meisten Angehörigen der sowjetisch-jiddischen kulturellen Intelligenzia – überwiegend loyale Kommunisten – und fast alle führenden jüdischen Kommunisten in Osteuropa beseitigt wurden, verschwand nun ein bedeutsamer Typus von der Bühne Europas: der jüdische Revolutionär, der seit zwei Generationen ein Quell rechtsextremer Paranoia und ein Klischee der antisemitischen Propaganda, aber auch eine Tatsache gewesen war. Die meisten Juden waren keine Revolutionäre und die meisten Revolutionäre keine Juden gewesen. Aber die Juden hatten einen entscheidenden Beitrag zur revolutionären Bewegung – ob demokratisch-sozialistischer oder kommunistischer Art – in Europa geleistet. Sie gehörten zu ihren einflußreichsten Ideologen: von Marx und Hess bis hin zu Bernstein, Luxemburg und Lukács. Und sie waren unter ihren hervorragenden Führern vertreten: von Lassalle bis hin zu Martow und Trotzki. In manchen Ländern, vornehmlich in Frankreich, blieben die Juden einer Kommunistischen Partei treu, die sich ihrer offensichtlich zu entledigen suchte. Aber sie stellten eine untergehende Gattung dar. Abgesehen von einer kurzen Renaissance in der neuen Linken von 1968 hat der jüdische Revolutionär nur in den Beichten von Memoirenschreibern oder (in der englischen Version) als Stammtischschwätzer überlebt, der in Erinnerungen an Straßenschlachten gegen den Faschismus schwelgt. So endete eine stolze, zuweilen heroische, zumeist jedoch selbstbetrügerische und selbstzerstörerische politische Tradition.

3. KAPITEL

Erneuerung in Westeuropa, 1945–73

Nach 1945 gab es eine fundamentale Trennungslinie zwischen den westeuropäischen Juden: nämlich zwischen denen, welche die nationalsozialistische Besatzung durchlebt, und denen, die sie nicht durchlebt hatten. Zu den letzteren gehörten die Juden Großbritanniens und neutraler Länder wie Schweden und der Schweiz, die nur kleine Gemeinden besaßen, doch mehreren tausend jüdischen Flüchtlingen vor dem Nationalsozialismus Zuflucht geboten hatten. Der größte Teil des übrigen Europa hatte die Nazibesatzung und den Massenmord der jüdischen Bevölkerung durchgemacht. Die Kluft zwischen denen, die den Nationalsozialismus direkt erlebt, und denen, die lediglich darüber gelesen oder sein Ende beobachtet hatten, war fast unüberbrückbar. Die menschliche und materielle Zerstörung der Kriegsjahre hatte die ehemals eindrucksvollen jüdischen Gemeindestrukturen der meisten westlichen und mitteleuropäischen Länder in einen beinahe irreparablen Zustand versetzt. Jahrzehnte sollten vergehen, bevor diese Strukturen auch nur einen Anflug ihrer früheren Autorität und ihres Einflusses zurückgewannen. Vielerorts waren sie dazu für immer unfähig.

In Frankreich, Italien und Belgien waren zahlreiche Juden, besonders Waisen und alte Menschen, völlig auf das »Joint« angewiesen, um in den tristen Nachkriegsjahren überleben zu können. Außer den jüdischen Bevölkerungsgruppen waren auch die Institutionen des jüdischen Lebens zerstört worden, und in den meisten Ländern mußten die Überlebenden versuchen, sie von Grund auf wiederaufzubauen. Doch in einigen Fällen waren jüdische Institutionen im Untergrund erhalten geblieben. In den Niederlanden zum Beispiel war im Januar 1945 ein Jüdisches Koordinationskomitee für die Befreiten

Territorien (JKK) gegründet worden, das den Juden im nördlichen
Teil des Landes, welches bis Mai unter deutscher Besatzung blieb,
unerläßliche Hilfe zukommen ließ. Die dazu nötigen finanziellen
Mittel wurden vom »Joint« bereitgestellt. Als eine amerikanische
Sozialarbeiterin im Auftrag des »Joint« im Frühjahr 1945 die Führer
des niederländisch-jüdischen Widerstandes in Eindhoven aufsuchte,
notierte sie:

> Sie wirkten mager, unterernährt, ausgelaugt und matt – sie sahen
> bleich aus, aber sie hatten alles mit einer Art Stolz überstanden. Sie
> hatten Gelder auf die übliche Art erhalten, mit der das JKK den jü-
> dischen Gemeinden unter der Besatzung solche Mittel schickte, und
> obwohl wir niemals eine wirkliche Abrechnung erwartet hatten ...,
> war es schockierend und verblüffend, bei unserem ersten Besuch die-
> ser Gruppe in Eindhoven zu hören, daß van Amerongen ... seine
> Bilanzen auf den laufenden Stand gebracht hatte ... Die niederlän-
> dischen Juden erklärten mir praktisch von Beginn an: »Hier ist das,
> was Sie uns geschickt haben. Und so haben wir es ausgegeben. Hier
> sind die Quittungen. Wir brauchen vielleicht noch für kurze Zeit
> Hilfe, aber wir erwarten nicht, daß das JKK die Überreste des nieder-
> ländischen Judentums *ad infinitum* unterstützt.«[1]

Den niederländischen Juden gelang es, ihre Institutionen relativ rasch
wiederaufzubauen; andere Gemeinden waren dazu nie imstande.

In Saloniki (Thessaloniki), einer Stadt, die seit Menschengedenken
eine jüdische Bevölkerungsmehrheit gehabt hatte und wo Ladino seit
der Jahrhundertwende die Hauptsprache gewesen war, gab es nach
dem Krieg nur noch ein paar hundert Juden. Dank ihrer ererbten Res-
sourcen benötigte die Gemeinde keine finanzielle Hilfe von außen;
aber in einem Bericht, der dem »Joint« 1956 erstattet wurde, hieß es
bedauerlicherweise, daß die Überlebenden »es nicht geschafft haben,
sich untereinander abzustimmen und eine Amtsgewalt herzustellen,
die der Verschwendung [ihres] ungeheuren Gemeindevermögens ein
Ende setzen kann«.[2]

Sämtlichen jüdischen Gemeinden im ehemals besetzten Europa
wurden nach dem Krieg nicht nur gewaltige Anstrengungen zum
Wiederaufbau abverlangt, sondern auch die Bewältigung des
Traumas der Vergangenheit. Zu den schmerzlichsten Problemen
gehörte das der Juden, die der Kollaboration mit den Nazis bezichtigt
wurden. Es handelte sich nur um eine kleine Gruppe, doch viele die-

ser Menschen verdankten ihr eigenes Überleben ihrem zweifelhaften Verhalten während des Krieges, und nun stellte sich die Frage, wie mit ihnen zu verfahren sei. Ein Teil der Schwierigkeiten bestand darin, Kollaboration zu definieren. Sollten alle Juden, die in von den Nazis berufenen »Judenräten« mitgearbeitet hatten, automatisch als Kollaborateure betrachtet werden? In den meisten Fällen hatten diese Personen keine andere Wahl gehabt. Man hatte ihnen befohlen, sich den Räten anzuschließen, und viele hatten aufrichtig, wenn auch naiv geglaubt, durch ihre Zustimmung das Los ihrer jüdischen Landsleute wenigstens geringfügig verbessern zu können. Letzten Endes wurden die meisten nur zu Rädchen im Getriebe des Massenmordes – und manchmal mußten sie sogar Juden für den Abtransport in die Todeslager auswählen.

Ein derartiger Fall war der des Diamantenhändlers Abraham Ascher. Vor dem Krieg war er ein prominentes Mitglied der jüdischen Gemeinde und Vorsitzender des Bundes der aschkenasischen Kongregationen in Amsterdam gewesen. Zudem hatte er sich in der niederländischen Politik als Mitglied der Liberalen Partei und als führender Aktivist des Zionismus betätigt. Als Chaim Weizmann die Stadt 1921 besuchte, war Ascher sein Gastgeber; der Zionistenführer bezeichnete ihn als »einen vortrefflichen Mann mit einer wirklich guten jüdischen Vorgeschichte«.[3] In den dreißiger Jahren hatte er ein Komitee geleitet, das jüdischen Flüchtlingen aus Nazideutschland half, in den Niederlanden heimisch zu werden. 1941 wurde Ascher von den nationalsozialistischen Besatzungsbehörden zum Mitvorsitzenden des Joodsche Raad (Judenrat) in Amsterdam ernannt. Was immer seine ursprünglichen Motive für die Annahme dieses Postens gewesen sein mochten, er sah sich schließlich zusammen mit anderen gezwungen, den Nazis die Verzeichnisse von Namen und Adressen der Juden vorzulegen, die in die Todeslager geschickt werden sollten. Einige andere Juden weigerten sich unter ähnlich unerträglichen Zuständen, solche Aufgaben auszuführen; sie wurden entweder umgebracht oder begingen Selbstmord wie Adam Czerniakow, der Vorsitzende des Judenrats in Warschau. Ascher setzte seine Arbeit jedoch fort. 1943 wurde er selbst in ein Konzentrationslager geschickt, aber bei Kriegsende kam er lebend aus Bergen-Belsen heraus und kehrte zurück. Nach der Befreiung wurde Ascher nicht angeklagt, doch von einem jüdischen »Ehrengericht« verurteilt – allerdings weigerte er sich, den Urteilsspruch zu akzeptieren. Gegen ihn wurde kein *cherem* (Exkommunikationsbefehl) erlassen wie gegen Baruch Spinoza 1656 in derselben Stadt, doch da man ihn als Paria betrachtete, blieb er der jüdischen Gemeinde fern. Nach seinem Tod im Jahre 1955 wurde er auf einem nichtjüdischen Friedhof beigesetzt.

Ein anderer beunruhigender Fall in den Niederlanden war der von Dr. Friedrich Weinreb, einem in Polen geborenen Juden, der Glaubensgenossen während des Krieges überredet hatte, ihm hohe Beträge zu zahlen. Dafür versprach er, sie auf die Listen von Personen setzen zu lassen, die angeblich über neutrale Länder ausgetauscht werden sollten. In einigen Fällen kam es tatsächlich zu einem solchen Austausch zwischen Großbritannien und Deutschland, doch keiner hatte mit den sogenannten Weinreb-Listen zu tun. Insgesamt erhielt Weinreb den damaligen Gegenwert von 87 200 Pfund von Juden, die auf eine Flucht hofften. In Wirklichkeit wurden die aufgeführten Personen nach Auschwitz deportiert und ermordet. Nach dem Krieg kam das Niederländische Institut für Kriegsdokumentation in einer erschöpfenden Untersuchung zu dem Schluß, daß Weinreb wenigstens 118 Menschen verraten hatte, von denen 70 umgebracht wurden. Man verurteilte Weinreb 1948 zu einer sechsjährigen Freiheitsstrafe, doch er saß weniger als vier Jahre ab. Nach der Entlassung zog er nach Zürich, wo er seine Memoiren schrieb und seine Unschuld beteuerte.[4]

Während der Nachkriegsjahre empfanden einige Überlebende in Europa ihr Judentum als eine unerträgliche Last. Manche sagten sich von den jüdischen Gemeinden los, wie zum Beispiel eine Reihe dänischer Juden, die es nach ihrer Rückkehr aus Schweden, wo sie während des Krieges Zuflucht gefunden hatten, »müde« waren, »Juden zu sein«.[5] Andere ließen sich taufen. Das ungewöhnlichste Ereignis dieser Art hatte mit Israel Zolli, dem Oberrabbiner von Rom, zu tun. 1943, als die deutsche Armee die italienische Hauptstadt besetzte, hatte Zolli Unterschlupf im Vatikan gesucht. Seine Gemeindemitglieder waren der Ansicht, daß er sie im Augenblick ihrer größten Not im Stich gelassen habe. Nach der Befreiung Roms im September 1944 versuchte Zolli, sein Amt wiederaufzunehmen, doch die Gemeinde wies ihn zurück. Daraufhin flüchtete er zum zweitenmal in den Vatikan und gab im Februar 1945 seine Entscheidung bekannt, zum Christentum zu konvertieren. Er verbrachte den Rest seines Lebens als Professor für Hebräisch in Rom.

Die größte überlebende jüdische Gemeinde im ehemals besetzten Westeuropa war 1945 diejenige Frankreichs mit 225 000 Mitgliedern. Die Erfahrungen des Krieges, in dem 75 000 Juden in den Todeslagern ermordet worden waren, hatten beim französischen Judentum ein schweres Trauma hinterlassen. Insbesondere hatte sich der Antagonismus zwischen den Juden russisch-polnischer Abstammung und dem alten jüdischen Establishment Frankreichs verstärkt. Einige Mitglieder des letzteren waren mit dem Makel der Kollaboration behaftet, da sie in der Union Générale des Israélites Français (UGIF), der französischen Variante der Judenräte, mitgewirkt hatten. Die Bereitschaft des Vichy-Regimes unter Pétain und Laval, mit den Deutschen bei der Deportation ausländischer, vorwiegend osteuropäischer Juden zu kollaborieren (laut Laval ein notwendiges Opfer, um die Juden mit französischer Staatsbürgerschaft zu retten), ließ unweigerlich den – teils begründeten – Verdacht aufkommen, daß einige Anführer der französischen Juden an dieser »Opferung« beteiligt gewesen waren. Viele osteuropäische Juden in Frankreich, die Kommunisten vorläufig eingeschlossen, waren zionistisch gesonnen, während die Angehörigen der länger etablierten Gruppen häufig fürchteten, daß die Unterstützung des Zionismus ihre Solidarität mit der Französischen Republik gefährden könne. Obwohl sie zwischen 1940 und 1944 von der Republik verraten worden waren, meinten sie immer noch, dieser für die Emanzipierung ihrer Vorfahren in den Jahren 1719–1791 besonderen Dank schuldig zu sein. Während der Besatzungszeit war 1943 ein neues repräsentatives Gremium gegründet worden: der Conseil Représentatif des Israélites de France (CRIF), der seine Mitgliedschaft aus dem Consistoire Central, dem Rabbinat, den Zionisten, dem sozialistischen Bund, den jüdischen Kommunisten und aus Résistance-Gruppen bezog. Die erste offene Sitzung des CRIF wurde im September 1944 – ein paar Tage nach der Befreiung der Stadt – in Lyon abgehalten.

Das französische Judentum der Nachkriegszeit war weiterhin nach Merkmalen der geographischen Herkunft gegliedert, die häufig mit den Trennungslinien der sozialen Schichten übereinstimmten, sie manchmal jedoch überbrückten. Eine alte sefardische Gruppe

stammte hauptsächlich von der vermögenden jüdischen Kaufmann-
schaft von Bordeaux ab, die unter der Französischen Revolution als
erste emanzipiert worden war. Viele von ihnen hatten sich im Laufe
des neunzehnten Jahrhunderts assimiliert und waren zum Christentum übergetreten. Andere blieben jedoch Juden, darunter der künftige
Ministerpräsident der Vierten Republik, Pierre Mendès France, ein
Nachfahre der Sefardim von Bayonne und Bordeaux. Mehrere tausend sefardischer Juden, die in jüngerer Zeit eingewandert waren,
stammten vornehmlich aus Nordafrika und der Türkei. Doch erst in
den sechziger Jahren, als sich ihre Zahl durch einen gewaltigen Ein-
wandererstrom aus Tunesien, Marokko und Algerien vergrößert hatte,
begannen sie, eine Rolle in den Gemeindeangelegenheiten zu spielen.

Eine zweite Schicht bestand aus seit langem etablierten Aschkenasim, vor allem aus dem französischen Zweig der Rothschilds. Zu
dieser Gruppe gehörten Mitglieder der bedeutenden jüdischen
Gemeinden von Elsaß-Lothringen, das nun wieder zu Frankreich
zurückgekehrt war. Einige von ihnen, etwa Simone Jacob, hatten den
Krieg in Konzentrationslagern überlebt, andere, wie die junge Annie
Besse (später Kriegel), hatten in der Résistance gekämpft, und noch
andere, zum Beispiel der Soziologe Raymond Aron, waren in London für de Gaulle tätig gewesen. Was sie alle vereinte, war eine zutiefst
patriotische Haltung. Manche von ihnen hatten die jüdische
Gemeinde verlassen, beispielsweise Robert Debré, der Sohn eines
Oberrabbiners von Straßburg und der Vater Michel Debrés, eines der
Präsidenten der Fünften Republik. Aber die meisten elsässischen
Juden blieben orthodox und hatten nur Geringschätzung für die
nachlässigen Praktiken übrig, die der bloß nominell orthodoxe Consistoire in Paris gestattete. Bis nach dem Sturz der Vierten Republik
im Jahre 1958 beherrschten die »großen Familien«, die sich fast ausschließlich aus Mitgliedern dieser beiden Oberschichten zusammen-
setzten, die zentralen Institutionen des französischen Judentums:
den Consistoire, den CRIF und den 1949 gegründeten Fonds Social
Juif Unifié (FSJU), eine Wohlfahrtsorganisation.

Die dritte und größte Schicht waren die Massen osteuropäischer
Juden: Einwanderer oder Kinder von Einwanderern aus Rußland und
Polen. In Frankreich, anders als in Großbritannien, hatte sich diese Ein-
wanderung – besonders aus Polen – in der Zwischenkriegszeit fortge-

setzt, was zur Folge hatte, daß Jiddisch in den ersten Nachkriegsjahren in Frankreich noch in einem bedeutenden, wiewohl sich vermindernden Ausmaß gesprochen wurde. Nach 1945 machte diese Gruppe einen Prozeß des raschen *embourgeoisement* durch. Gleichwohl blieb ein bewußt proletarisches Element erhalten, das die Kommunistische Partei oder die Überreste des jüdischen sozialistischen Bundes politisch unterstützte. Die Osteuropäer stellten die Leserschaft der jiddischen Presse, die noch in den fünfziger Jahren blühte – teils dank des billigen, von der Regierung subventionierten Papiers, das im Nachkriegsfrankreich allen Zeitungen zugute kam. So wurde Paris die einzige europäische Stadt mit drei jiddischen Tageszeitungen – einer kommunistischen, einer bundistischen und einer zionistischen –, die in heftigem Wettbewerb und ideologischem Konflikt miteinander standen.

Der Slánský-Prozeß und die »Ärzteverschwörung« wirkten sich auf die kommunistische Bewegung in Frankreich aus, unter deren Mitgliedern zahlreiche Juden waren, besonders ehemalige Widerstandskämpfer und junge Intellektuelle. Das antisemitische Echo dieser Episoden löste ein erstes unruhiges Grollen aus und führte später dazu, daß viele aus der Partei austraten. Einige blieben jedoch ungerührt und unterzeichneten Erklärungen, in denen Slánský und die Kreml-Ärzte verurteilt wurden. Annie Besse, damals eine führende Pariser *militante,* die für die Propaganda unter Intellektuellen zuständig war, tat den sowjetischen Antisemitismus verächtlich als »typisch sozialdemokratische Verleumdung« ab. In einem 1953 veröffentlichten Artikel schrieb sie, die Judenfrage müsse im Rahmen des Klassenkampfes interpretiert werden, und setzte die »jüdische Bourgeoisie« auf die Anklagebank. Sie behauptete, Hitler habe darauf geachtet, die jüdische *»haute bourgeoisie«* zu verschonen, und führte als Beispiel den früheren sozialistischen Ministerpräsidenten an, der den Krieg in einem Konzentrationslager überlebt hatte: »Wer wird jemals vergessen, daß Léon Blum aus den Fenstern seiner Villa, mit seiner Frau an der Seite, den Rauch der Krematoriumsöfen betrachtete?«[6]* Sogar

---

* Mme Kriegel selbst scheint diesen Gefühlsausbruch »vergessen« zu haben.[7] Jedenfalls wurde sie ein wenig später zum Opfer einer antijüdischen Strömung in der Französischen Kommunistischen Partei, erklärte ihren Austritt und setzte ihr Talent für Schmähungen nun gegen ihre früheren Genossen und im Dienste, wie sie ihn verstand, der zionistischen Sache ein.

etliche jüdische Altkommunisten, welche die Schauprozesse der dreißiger Jahre und den deutsch-sowjetischen Pakt von 1939 verkraftet
hatten, konnten sich mit diesem Stil der politischen Auseinandersetzung nicht abfinden. Aber das »Tauwetter«, das nach dem Tod Stalins
in der UdSSR begann, brachte für die meisten einen neuen Glauben an
die Bewegung und die Gewißheit mit sich, daß die antisemitische
Kampagne nur eine flüchtige Verirrung gewesen sei.

Die französischen Juden fühlten sich in der Vierten wie in der Dritten Republik im allgemeinen politisch eher auf der linken als auf der
rechten Seite zu Hause. Einige stiegen in hohe Ministerposten auf.
Pierre Mendès France, der dynamischste Ministerpräsident der Vierten Republik, trat sein Amt Mitte 1954 an. Sein Judentum erwies sich
als Blitzableiter für die Feindschaft der Rechten; dieser Haß war nicht
nur politischer, sondern auch persönlicher Art – wie Blum eine Generation zuvor erfahren hatte. Der populistische Demagoge Pierre Poujade führte eine Protestbewegung der Kleinhändler, die eine starke
Dosis Antisemitismus enthielt und kurzfristig Zuspruch bei den
Wählern fand. Mendès France' Bemühungen, die hohe Alkoholis-
musziffer Frankreichs zu senken, boten Poujade einen günstigen
Ansatzpunkt. Er brüllte mit Bezug auf ein Foto, das den Ministerpräsidenten milchtrinkend auf einer internationalen Konferenz zeigte:

> Geben Sie zu, daß Sie sich nicht im geringsten um die Gesundheit
> oder das Blut unseres Volkes scheren ... Wenn Sie einen Tropfen gal-
> lischen Blutes in den Adern hätten, hätten Sie, die Sie Frankreich, den
> Weltlieferanten von Weinen und Champagnern, repräsentieren, nie-
> mals gewagt, sich in einer internationalen Situation ein Glas Milch ser-
> vieren zu lassen! An jenem Tag, Monsieur Mendès, haben Sie jedem
> Franzosen einen Schlag ins Gesicht versetzt![8]*

Die spezifisch rassistische Feindschaft beschränkte sich nicht auf die
Rechte. Im Juni 1954 ließ sich Mendès France nicht dazu herab, die
Kommunisten in seine Parlamentsmehrheit einzubeziehen, und

---

* In Großbritannien, einem Weltlieferanten von Bier und Spirituosen, werden
solche Dinge anders geregelt. Als Churchill einmal beim Zechen fotografiert
wurde, achtete er darauf, das Beweismaterial unter einer Serviette unter dem
Tisch zu verbergen. Natürlich hätte kein Gegner gewagt, dem Halbamerika-
ner Churchill vorzuwerfen, er sei kein hundertprozentiger Engländer.

Jacques Duclos, der stellvertretende Parteivorsitzende der KP, explodierte:»Er ist ein Feigling, ein eingeschüchterter kleiner Jude, der vor sich hin plappert und Angst hat zu handeln! Er ist ein Scheißkerl, aber ohne Seidenstrümpfe.« Der Vorfall veranlaßte die jiddische Tageszeitung *Undzer wort*, ihre mit den Kommunisten sympathisierende Konkurrentin, *Di Naje Presse*, immer wieder erbarmungslos zu verspotten, bis die letztere schließlich zurückgab:»Die Verleumdungen der Französischen Kommunistischen Partei durch *Undzer wort*, die des Judenrats würdig wären, wecken den mächtigen Zorn der jüdischen Massen.«[9]

Wie Blum hielt es auch Mendès France nicht für nötig, sich für sein Judentum zu entschuldigen. Zwar war er nicht gläubig, doch er erklärte:»Mir ist zutiefst bewußt, daß ich Jude bin ... Ich bleibe fasziniert und beeindruckt von der Tatsache des Judentums.«[10] Als er einmal in einem Restaurant speiste, hörte er einen Mann an einem Nachbartisch auf deutsch sagen:»Das ist der Jude Mendès.« Der frühere Ministerpräsident eilte zu dem Mann hinüber und schlug ihm ins Gesicht. Ob der Antisemitismus, wie manche argumentieren[11], einer der Gründe für seinen Machtverlust war, ist zweifelhaft. Mendès France selbst soll seine Weigerung, 1965 für die Präsidentschaft der Fünften Republik zu kandidieren, damit erklärt haben, daß sein Judentum Ablehnung auslösen würde. Aber er hatte andere Gründe dafür, sich nicht zur Wahl zu stellen.

Die drei Jahre der akuten politischen Krise nach Mendès France' Sturz im Februar 1955 wurden von dem algerischen Unabhängigkeitskrieg beherrscht, der die französischen Juden genauso spaltete wie die französische Nation als Ganzes. Jüdische Kommunisten und Mitläufer setzten sich für die algerische Unabhängigkeit ein. Einige, zum Beispiel der Althistoriker Pierre Vidal-Naquet, führten eine energische Kampagne gegen den Einsatz der Folter durch die französische Armee. Manche jüdische Sozialisten wurden vielleicht von ihrer Sympathie für Israel bewogen, den harten Kurs der Regierung Mollet gegen Ägypten in der Suezkrise von 1956 und im Kampf gegen die algerischen Rebellen zu befürworten. Raymond Aron war einer der wenigen Rechten, die in einem frühen Stadium erkannten, daß der Krieg nicht gewonnen werden konnte. Aber weder Aron noch Vidal-Naquet bezog seinen Standpunkt in seiner Eigenschaft als Jude.

Obwohl die französischen Juden den Gedanken einer spezifisch jüdischen Reaktion auf die Krise im allgemeinen ablehnten, existierte unbestreitbar eine besondere Dimension in Gestalt der 140 000 jüdischen Einwohner Algeriens. Die meisten waren dank des Loi Crémieux von 1870 französische Staatsbürger.* Die algerischen Juden fanden sich zwischen zwei kriegführenden Gemeinschaften wieder: einerseits der muslimischen Mehrheit, die trotz gegenteiliger Behauptungen der Führer der revolutionären FLN nicht bereit war, die Juden als Mitbürger zu akzeptieren; und andererseits der europäischen Minderheit, die vom Antisemitismus durchdrungen und deren Hinwendung zu den Juden eher ein durchsichtiges taktisches Manöver als eine Herzensangelegenheit war. Trotzdem unterstützte die große Mehrheit der algerischen Juden die Franzosen, und einige schlossen sich sogar der terroristischen OAS an. Einige wenige, hauptsächlich Kommunisten, traten der nationalistischen Bewegung bei; aber ihre Hoffnung, nach 1962 einen Platz innerhalb einer weltlich-nationalistischen Gesellschaft zu finden, wurde enttäuscht, und alle verließen das Land kurz nach der Unabhängigkeit.

Die Schlußphase des algerischen Kampfes hatte politische Folgen, welche die Juden beunruhigten. Nach der Unabhängigkeit siedelten 1962 fast eine Million Europäer nach Frankreich über. Diese *pieds noirs* lieferten die Basis für einen Aufschwung rechtsextremer politischer Aktivitäten. Das französische Algerien war seit den 1890ern eine Brutstätte des Antisemitismus gewesen. Man fürchtete, daß die extreme Rechte in Frankreich nun ermutigt werden würde, antisemitische Themen wiederzubeleben, die seit Kriegsende tabu gewesen waren. Derartige Sorgen erwiesen sich als unbegründet. Die *pieds noirs* schienen, vielleicht weil sie die profranzösische Haltung der algerischen Juden anerkannten, ihren traditionellen Antisemitismus abzumildern. Tixier-Vignancour, der Bannerträger der extremen Rechten gegen de Gaulle, zeigte keine antijüdischen Tendenzen. Im

---

* Aber nicht alle, wie oft zu lesen ist: Der Erlaß galt nur für Juden, die in den Teilen Algeriens, welche Frankreich bis 1870 annektiert hatte, geboren worden waren, sowie für ihre Nachkommen. Im Ausland geborene Juden waren nicht einbezogen, ebensowenig wie die Juden der Oasenregion und des algerisch-marokkanischen Grenzgebiets, die Frankreich zwischen 1872 und 1906 angegliedert wurden.

Gegenteil, es gab einige Hinweise darauf, daß sich der Konzentrationspunkt der antisemitischen Gefühle nicht zur Rechten, sondern
zur extremen Linken hinbewegte. 1967 ergab eine Umfrage, daß ein
größerer Prozentsatz der Kommunisten als der Anhänger jeder anderen Partei antijüdische Ansichten vertrat.[12]

Indessen löste die algerische Unabhängigkeit 1962 eine jähe jüdische Emigrationswelle aus: Fast die gesamte Gemeinde verließ das
Land innerhalb von Monaten. Der Umzug nordafrikanischer Juden
nach Frankreich hatte zwischen 1952 und 1954 infolge von Unruhen
in Tunesien begonnen. In den fünfziger Jahren trafen nach Schätzungen 75 000 Juden aus Nordafrika (überwiegend aus Tunesien und
Marokko) ein. Im Gegensatz zu den marokkanischen und tunesischen Juden, von denen viele, besonders die ärmsten, nach Israel
ausgereist waren, fühlten sich wenige algerische Juden vom jüdischen
Staat angezogen; nicht mehr als 10 000 ließen sich dort permanent
nieder. Als französische Bürger fühlten sie sich in der französischen
Gesellschaft und Kultur weitaus wohler. Wenigstens achtzig Prozent
entschieden sich für die Übersiedlung nach Frankreich. Insgesamt
ließen sich in den sechziger Jahren 145 000 jüdische Einwanderer aus
Nordafrika in Frankreich nieder. Zusammen mit den früheren An-
kömmlingen aus Tunesien und Marokko sorgten sie dafür, daß sich
die Größe der französischjüdischen Gemeinde in etwa verdoppelte.

Die Ankunft der nordafrikanischen Juden veränderte den Charakter des französischen Judentums radikal. In den ehemals jiddischsprachigen aschkenasischen Pariser Gegenden wie dem Quartier St. Paul
(dem vierten Arrondissement) und Belleville (dem zwanzigsten)
wurde Judeo-Arabisch zur neuen Lingua franca. Die Düfte von Kus-
kus und *rahat-loukum* verdrängten jene von Hering, Eingepökeltem
und *cholent*. Die Nordafrikaner, obwohl von außen häufig als eine
einheitliche Gruppe betrachtet, teilten sich in gewisser Hinsicht je
nach ihrem Ursprungsland in unterschiedliche Kategorien. Wie viele
Einwanderergruppen konzentrierten sich die Tunesier und Marok-
kaner innerhalb der Pariser Stadtgrenzen in Gegenden, in denen vorher Verwandte oder Freunde aus demselben Land heimisch geworden waren. Die Algerier neigten dazu, in die Pariser Vororte und die
Provinzen zu ziehen. Viele provinzielle jüdische Gemeinden wurden
durch den Zustrom von neuem gekräftigt. Die jüdische Bevölkerung

von Marseille stieg von 12 000 im Jahre 1955 auf über 65 000 im Jahre 1968; die von Lyon von 6 000 auf 20 000. Kleinere Gemeinden, die dem Tode geweiht gewesen waren, wurden nun plötzlich wiederbelebt. Zum Beispiel wuchs die alte Gemeinde von Bordeaux mit ihrem reichen sefardischen Erbe auf mehr als das Doppelte.

Der Zustrom änderte die demographischen Aussichten des französischen Judentums, doch nur kurzfristig. Wie nicht erstaunen wird, war die Fruchtbarkeitsrate bei den nordafrikanischen Jüdinnen viel höher als bei den französischen Einheimischen, und die durchschnittliche Familiengröße der Einwanderer übertraf jene der Alteingesessenen erheblich. Aber die Zahl der Kinder in den jüdischen Familien aus Nordafrika ging wie in den französischen stetig zurück. In den sechziger Jahren nahm die jüdische Fruchtbarkeitsrate rapide ab. Zwischen 1967 und 1971 hatte die durchschnittliche jüdische Frau in Frankreich 1,4 Kinder – weit unter dem Niveau der Bevölkerungsregeneration.

Der Kontakt zwischen den Neuankömmlingen und den schon bestehenden Gemeinden war anfangs häufig durch Unverständnis gekennzeichnet. Die meisten nordafrikanischen Juden waren arm; sehr viele der mittelständischen algerischen Juden trafen mittellos ein, da sie ihr Eigentum hatten zurücklassen müssen. Während mehr als ein Drittel der in Frankreich geborenen Juden eine Universität besucht hatte, besaß nur ein kleiner Prozentsatz der Einwanderer eine Hochschulausbildung. Viele der tunesischen Juden hatten kaum Schulunterricht genossen, und einige waren, was für Juden ungewöhnlich ist, Analphabeten. Auch die sozialen Gepflogenheiten der Neuankömmlinge unterschieden sich von denen der einheimischen Juden: Im Gegensatz zu den osteuropäischen waren die nordafrikanischen Juden dem Alkohol nicht abgeneigt – worin sie eher der allgemeinen französischen Bevölkerung ähnelten.

Gleichwohl integrierten sich die Einwanderer recht mühelos und rasch. Die meisten Algerier hatten eine französische Ausbildung hinter sich, häufig in den Schulen der Alliance Israélite Universelle, und fühlten sich in der französischen Kultur sofort zu Hause. Innerhalb von ein paar Jahren zeigten die Neuankömmlinge eine deutliche Tendenz zum sozialen Aufstieg. Nach dem Muster der aschkenasischen Juden kam es zwischen den Generationen zu einer Bewegung aus den Reihen der Handwerker und kleinen Geschäftsleute in die der freien Berufe. In den frühen siebziger Jahren ergab eine Umfrage bei den Juden in Paris und in den Vororten, daß 20 Prozent in den freien Berufen und als »*cadres supérieurs*« tätig waren; 6 Prozent in Paris (9 Prozent in den Vororten) arbeiteten als Handwerker; 19 Prozent in Paris (13 Prozent in den Vororten) waren »*commerçants*«. Insgesamt nur 11 Prozent gehörten zu den »*ouvriers et personnel de service*«. Das Ausmaß der sozialen Mobilität zwischen den Generationen ließ sich an der Tatsache ablesen, daß von den in Frankreich geborenen Juden 28 Prozent als Freiberufler und »*cadres supérieurs*« tätig waren, verglichen mit nur 14–15 Prozent der in Nordafrika geborenen.[13]

Die Einwanderer waren gewöhnlich religiöser als die alteingesessenen französischen Juden. Die Zahl koscherer Schlachtereien in der Pariser Region stieg von vier im Jahre 1965 auf mehr als sechzig im Jahre 1983, die der Synagogen von dreißig auf hundert. Die Nordafrikaner scheuten sich auch weniger, ihre jüdisch-ethnischen Merkmale zu betonen. Ihr Traditionalismus sollte jedoch nicht überbewertet werden. Wie die Angehörigen früherer jüdischer Einwanderungswellen legten viele von ihnen ihre Religiosität ab, nachdem sie in Frankreich seßhaft geworden waren. Bereits 1963 gab die Hälfte der an einer Umfrage beteiligten Personen an, daß sie die religiösen Vorschriften in Frankreich weniger strikt befolgten als früher in Nordafrika. Die zweite Generation ging seltener in die Synagoge, hielt den Sabbat weniger gewissenhaft ein und hatte nicht so große Bedenken, nichtkoschere Speisen zu essen.

Solche Änderungen waren beispielhaft für die umfassenderen Säkularisierungstendenzen in der französischen Gesellschaft und beim französischen Judentum als Ganzem. Nur knapp über die Hälfte der jüdischen Studenten in Paris, die 1964 eine Umfrage beantworteten, fastete am Jom Kippur (obwohl dies eines der grundlegenden Rituale ist). Etwas weniger als 50 Prozent aßen am Passahfest Matze (ungesäuertes Brot). Nur 29 Prozent behandelten den Sabbat anders als die übrigen Tage. Lediglich 11 Prozent gingen regelmäßig zum Gottesdienst in die Synagoge, während weitere 43 Prozent gelegentlich ihrem Beispiel folgten. Nur 41 Prozent glaubten an Gott, 46 Prozent hingegen nicht.[14]

Das größere religiöse Engagement und die höhere Zahl der Nordafrikaner, besonders in vielen Provinzstädten, trugen dazu bei, daß
sich die Macht des alten Establishments und die Pariser Vorherrschaft
in den jüdischen Institutionen des Landes verringerten. Zuvor hatten
nur die Straßburger Juden mit ihrer gefestigten aschkenasischen
Orthodoxie ihre liberaleren Glaubensbrüder in der Hauptstadt etwas
geringschätzig betrachtet; im übrigen hatten die Pariser Würdenträger das französische Judentum auf eine äußerst zentralisierte und
autokratische Weise beherrscht. Nun jedoch setzte ein langsamer
Demokratisierungsprozeß ein. In mancher Hinsicht folgte das französische Judentum einem ähnlichen Entwicklungsmuster wie die
andere bedeutende jüdische Gemeinde Westeuropas.

Das britische Judentum hatte in den unmittelbaren Nachkriegsjahren immer noch die Merkmale einer Oligarchie. Noch 1960 konnte
ein Autor in dem kurz zuvor gegründeten *Jewish Journal of Sociology* glaubhaft schreiben: »Es ist ein weiteres Symbol der konservativen Kontinuität, daß die wichtigsten kommunalen Wohltätigkeitsorganisationen, die sich den Juden des Landes widmen, überwiegend
von Mitgliedern der altetablierten Aristokratie geleitet werden. Das
Erbfolgeprinzip ist beim englischen Judentum ebenso ausgeprägt wie
im englischen öffentlichen Leben, und es weckt Verantwortungsbe-
wußtsein bei den hundert Familien.«[15]

Die britischen Juden waren nicht nur durch Klassenzugehörigkeit,
sondern auch durch eine vierfache Gliederung, die auf den jüdischen
Einwanderungswellen nach Großbritannien beruhte, voneinander
getrennt. Die kleinste, erlesenste Gruppe war die der Sefardim, die
man 1492 aus Spanien und 1497 aus Portugal vertrieben hatte. Sie
waren hauptsächlich aus Amsterdam nach England gekommen, als
Cromwell 1656 stillschweigend die »Wiederaufnahme« von Juden verfügte. Viele dieser Familien trugen immer noch Namen, die ihre iberi-
sche Herkunft anzeigten: Henriques, Carvalho und Bueno de Mes-
quita. Im achtzehnten Jahrhundert hatten sich ihnen andere Juden
aus dem Mittelmeergebiet angeschlossen, zum Beispiel die Montefio-
res und die D'Israelis. Weitere nichtaschkenasische Juden, besonders
syrische Kaufleute aus Aleppo, waren im neunzehnten Jahrhundert
zu den Sefardim in London und Manchester gestoßen. Die Sefardim
legten den Grundstein für Bevis Marks, die älteste und schönste Syn-

agoge in London. Einige machten ihr Vermögen in der Londoner City, und manchen, etwa den Sassoons (aus Bagdad), gelang der Eintritt in die High-Society.

Die zweite Gruppe waren Aschkenasim, Nachfahren von Einwanderern aus Deutschland im achtzehnten und frühen neunzehnten Jahrhundert; viele von ihnen hatten ebenfalls in der City Erfolg gehabt. Die berühmteste dieser Familien stellte den englischen Zweig der Rothschilds. Andere – die Cohens, Samuels, Montagus und Franklins – gehörten zu der eng zusammenstehenden »Vetternschaft«[16] mit Persönlichkeiten wie Edwin Montagu und Herbert Samuel, die zu Beginn dieses Jahrhunderts eine wesentliche Rolle in der Liberalen Partei spielten. Samuel, der 1937 zum Lord ernannt wurde, galt bis zu seinem Tode im Jahre 1963 als Laienoberhaupt der Gemeinde. Diese beiden Gruppen, die nur ein paar hundert Familien umfaßten, machten die »Aristokratie« der jüdischen Gemeinde aus.

Am Fuß der sozialen Pyramide befanden sich die Juden russisch-polnischer Herkunft, die zwischen 1881 und 1914 eingewandert waren und deren Nachkommen die überwältigende Mehrheit des britischen Judentums bildeten. Die zweite Generation sprach nicht mehr Jiddisch und stieg allmählich in der gesellschaftlichen Hierarchie nach oben. Von dem alten jüdischen Proletariat mit seinen revolutionär-sozialistischen Neigungen war kaum noch etwas übriggeblieben. Seine Sprößlinge verhielten sich, wie die Kinder vieler Revolutionäre, entschieden konformistisch; die meisten waren kleinbürgerlich, was ihre Berufe und (wie Kritiker manchmal bedauerten) ihre Weltanschauung anging. Die jiddische Presse in Großbritannien war, anders als in Frankreich, nahezu verschwunden. Das jiddische Verlagswesen beschränkte sich mehr oder weniger auf die geisterhafte Gestalt des bejahrten Dichters A. Stencl aus Whitechapel, der am Rande anglojüdischer Kulturereignisse tapfer Exemplare seiner kleinen Zeitschrift *Loschn un lebn* feilbot.

Eine vierte Schicht, die eine Zwischenposition zwischen dem alten Patriziat und den Osteuropäern einnahm, bildeten die Juden, die hauptsächlich aus Deutschland, Österreich, Ungarn und der Tschechoslowakei als Flüchtlinge vor dem Nationalsozialismus in Großbritannien eingetroffen waren. Etwa 50 000, darunter 10 000 Kinder ohne Begleitung, erreichten das Land zwischen 1933 und 1939;

mehrere tausend kamen während des Krieges und danach hinzu. In ihrer Heimat waren sie zumeist Geschäftsleute und Freiberufler des oberen Mittelstandes gewesen. Unter ihnen befanden sich einige berühmte Wissenschaftler, denen das Academic Assistance Council half, Posten an britischen Universitäten zu finden. Obwohl Aschkenasim, hatten sie in kultureller oder sozialer Hinsicht wenig mit den Osteuropäern gemeinsam, die ihnen in Berlin und Wien häufig als unkultivierte »Ostjuden« erschienen waren. Die Nachkommen der russischen Juden in Großbritannien erwiderten die Abneigung der Mitteleuropäer, die als hochnäsig und eingebildet galten, in den meisten Fällen.

Die Beziehungen zwischen diesen vier Gruppen waren unerquicklich. Im allgemeinen waren die Führungspositionen in der Gemeinde noch immer fast ausschließlich den alten sefardischen und aschkenasischen Patriziaten vorbehalten, obwohl ein *coup d'état* während des Krieges dem im Londoner Eastend geborenen Zionisten Selig Brodetsky, einem Sohn russischjüdischer Eltern, zum Vorsitz des Board of Deputies of British Jews verholfen hatte. Wie in Frankreich verhielten sich die alteingesessenen Gemeindemitglieder gleichgültig oder feindselig dem Zionismus gegenüber und praktizierten ihre Religion nur nachlässig. Aus diesen Gruppen war die Bewegung des liberalen Judaismus im Jahre 1902 hervorgegangen. Zu den osteuropäischen Juden dagegen gehörten viele orthodoxe und ultraorthodoxe Elemente. Die in jüngerer Zeit eingewanderten mitteleuropäischen Juden verfügten über eine bedeutende ultraorthodoxe Minderheit, deren Orthodoxie sich jedoch von jener der Osteuropäer unterschied – sie trugen modernere Kleidung und waren weltoffener, wenn auch nicht weniger strikt hinsichtlich der Rituale. Aber die Mehrheit vertrat eine liberale oder säkulare Einstellung der Religion gegenüber. In ihren Heimatländern hatten sie zumeist wenig mit dem Zionismus zu tun gehabt, doch die Flüchtlingserfahrung führte in vielen Fällen zu einer positiveren Einschätzung des jüdischen Vorhabens in Palästina. In den späten vierziger Jahren waren sie noch nicht lange genug in Großbritannien und zu gering an Zahl, um eine wichtige Rolle in der Gemeindepolitik zu spielen. Die Osteuropäer hingegen wurden insbesondere durch die Frage des Zionismus aufgerüttelt und traten in Konkurrenz mit dem alten Establishment. Aber die soziale Ehrerbietung, die sie sich im Laufe des Anglisierungsprozesses aneigneten, verzögerte ihre Übernahme der Gemeindeführung bis in die sechziger Jahre hinein.

Das britische Judentum war die einzige Gemeinde von nennenswerter Größe in Westeuropa, die den Krieg unversehrt überstanden hatte. Infolgedessen fiel ihr die Verantwortung für das Schicksal ihrer kontinentalen Glaubensbrüder zu. Außerdem erhielt die britische Regierung durch ihre Funktion als Mandatsmacht in Palästina und in den britischen Besatzungszonen Deutschlands und Österreichs eine Schlüsselrolle für die Gestaltung des jüdischen Geschicks in den nächsten Jahren. Obwohl die amerikanischjüdische Gemeinde zehnmal zahlreicher und viel vermögender als das Anglojudentum war, hatten sich die Führer der britischen Gemeinde, wie die britische Gesellschaft überhaupt, noch nicht auf ihre beschränkten Verhältnisse eingestellt und benahmen sich manchmal, als könnten sie weiterhin imperiale Ansprüche erheben. Das religiöse Oberhaupt der United Synagogue, der großen Gruppierung orthodoxer Synagogen, trug noch bis 1953 den Titel »Oberrabbiner des Britischen Reiches«, obwohl die Gemeinden in Kanada, Australien und Südafrika seine Autorität zunehmend mißachteten.

Trotz seiner stark zentralisierten Institutionen – Board of Deputies, United Synagogue und Oberrabbinat – legte das Anglojudentum gegenüber der Gesamtgesellschaft eine vorsichtige Defensivhaltung an den Tag, die sich 1948, nach dem Tod des Oberrabbiners J. H. Hertz, in der Wahl seines Nachfolgers widerspiegelte. Der eindrucksvollste Kandidat war unzweifelhaft Alexander Altmann, ein angesehener Gelehrter und Gemeinderabbiner von Manchester. Aber Altmann war in Ungarn geboren und in Deutschland ausgebildet worden, und einige der Laienführer, deren Stimmen die Wahl entschieden, waren der Ansicht, daß der Patriotismus der Gemeinde durch das Votum für einen im Ausland geborenen Oberrabbiner in Frage gestellt werden könne. Deshalb wählten sie Israel Brodie, einen weniger bedeutenden Gelehrten, der jedoch Oxford-Absolvent (ein Zögling des Balliol College) war und über eine beachtliche anglikanische Rednergabe verfügte.

Das Anglojudentum erreichte seinen demographischen Höhepunkt in den frühen fünfziger Jahren, als man die Zahl der Juden im

Lande auf 410 000 schätzte.* Die jüdische Einwanderung setzte sich
in vermindertem Maße fort: Ungefähr 2 000 Personen kamen nach
der Revolution von 1956 aus Ungarn, eine ähnliche Zahl im Anschluß
an die Suezkrise aus Ägypten und andere nach 1967 aus Aden. Die
Einwanderung konnte den natürlichen Bevölkerungsrückgang
jedoch nicht wettmachen. Bereits 1950 schätzte man die durchschnittliche Kinderzahl anglojüdischer Familien auf 1,4 oder noch weniger.
Dafür wurden viele mögliche Erklärungen angeboten, von denen
jedoch keine völlig befriedigen konnte. Die Tatsache allein, daß die
Juden stärker urbanisiert und mittelständischer waren als die Gesamtbevölkerung, reichte nicht aus, um den Trend zu erhellen, da die
Juden sogar im Vergleich mit anderen städtischen oder mittelständischen Gruppen eine niedrige Fortpflanzungsrate aufwiesen. Es gab
einige Indizien dafür, daß jüdische Frauen im Vereinigten Königreich
früher und umfassender als andere Gruppen von Verhütungsmetho-
den Gebrauch machten. Aber damit stellt sich die Frage nach der
Ursache. Der Umstand, daß jüdische Frauen durchschnittlich später
heirateten als andere, mag dazu beitragen, die niedrigere jüdische
Fruchtbarkeitsrate zu erklären. Ein wesentlicher Faktor in Großbritannien, wie anderswo in Europa, war die zunehmende Verehe-
lichung mit Nichtjuden, doch ihr Umfang läßt sich nur schwer quan-
tifizieren.

Die soziale Geographie der Gemeinde änderte sich zügig, während die Kinder und Enkel der Einwanderergeneration die typisch
»jüdischen Gewerbe« wie Schneiderarbeit und Möbeltischlerei aufgaben und sich größeren Unternehmen und den akademischen Berufen
zuwandten. Die anglojüdische Gemeinde hatte es in den späten fünfziger Jahren zu einem gewissen Wohlstand gebracht. Laut einer Leser-
umfrage des *Jewish Chronicle* von 1956 besaßen 86 Prozent der
Haushalte ein Fernsehgerät, und mehr als 50 Prozent hatten ein Auto-
mobil. Fast die Hälfte machte Urlaub im Ausland – ein sechsmal so
hoher Prozentsatz wie der der Gesamtbevölkerung. Ein anglojüdischer Soziologe schrieb: »Es hat tatsächlich den Anschein, daß sich
die Juden den Lebensstil des zwanzigsten Jahrhunderts noch stärker

---

* Zeitgenössische Schätzungen, die etwa 10 Prozent höher waren, werden nun
als überzogen betrachtet.

zu eigen gemacht haben als ihre nichtjüdischen Nachbarn.«[17] Die
Gründer von Warenhausketten wie Marks & Spencer (die Familien
Marks und Sieff) und Great Universal Stores (Sir Isaac Wolfson) und
Grundstücksmagnaten wie Charles Clore und Jack Cotton erwarben
gewaltige Vermögen. Ein 1967 erstelltes Verzeichnis von 110 Millionä-
ren des Immobilienmarktes in Großbritannien, die ihr Vermögen seit
dem Krieg gemacht hatten, enthielt etwa 70 Juden.

Andere Anzeichen bestätigten den raschen sozialen Aufstieg der
anglojüdischen Bürger. 1961 ergab eine Analyse der jüdischen Bevölkerung von England und Wales, daß 44 Prozent in die vom Standesamt definierten Gesellschaftsklassen I (akademische Berufe: Arzt,
Steuerberater, Geistlicher, Universitätslehrer etc.) oder II (»mittlere
Kategorie«: die meisten Selbständige, Geschäftsführer, Firmendirek-
toren, Ingenieure, Friseure, Krankenschwestern etc.) fielen, verglichen mit 19 Prozent der Gesamtbevölkerung in diesen beiden Klassen. Am anderen Ende des Spektrums waren 0 Prozent der Juden in
der sozialen Klasse V (Hilfsarbeiter) zu finden.[18]

Ungeachtet seines sozialen Aufstiegs bezog das Anglojudentum
bis in die späten sechziger Jahre hinein einen deutlich links-orientier-
ten politischen Standpunkt. Dies kam, in vielleicht übertriebener
Form, in der jüdischen Parlamentsvertretung zum Ausdruck: Nach
der allgemeinen Wahl von 1945 stellten die Juden einen Kommunisten, sechsundzwanzig Labour-Abgeordnete, doch nur einen einzigen unabhängigen Konservativen. Eine Reihe von Juden hatte hohe
Ämter in den Labour-Regierungen von 1945 bis 1951 inne: zum Beispiel George Strauss als Versorgungs- und Emanuel Shinwell als Ver-
teidigungsminister. Phil Piratin, der kommunistische Abgeordnete
für Stepney, verschwand bei der Wahl von 1950 aus dem Parlament.
Mittlerweile hatte sich die alte jüdisch-kommunistische Konzentration im Londoner Eastend aufgelöst. Aber die Juden bildeten weiterhin eine unverhältnismäßig große, wenn auch zurückgehende Gruppierung in der winzigen Kommunistischen Partei Großbritanniens
(ebenso wie in der viel stärkeren Französischen Kommunistischen
Partei): Noch 1965 machten sie Schätzungen zufolge 10 Prozent der
Parteimitglieder aus. Die Labour Party behielt in mehreren sukzes-
siven Wahlen praktisch ein Monopol auf jüdische Abgeordnete.
Die jüdische Labour-Vertretung im Unterhaus erreichte einen

Höhepunkt bei der Wahl von 1966, als 38 der 40 jüdischen Abgeordneten dieser Partei angehörten. Mit ihrem Aufstieg in den oberen Mittelstand stimmten die Juden jedoch zunehmend für die Konservativen. In den späten sechziger Jahren war die asymmetrische jüdische Labour-Vertretung im Unterhaus eher zu einem historischen Relikt als zu einem Spiegelbild des zeitgenössischen jüdischen Wahlverhaltens geworden. Der Wandel machte sich schließlich bei der Wahl von 1970 bemerkbar, als die Zahl der jüdischen konservativen Abgeordneten von 2 auf 9 stieg, während die der Labour-Vertreter auf 31 schrumpfte.

Wie in Frankreich schwächte sich die Religionstreue beim Anglojudentum allmählich ab. Das britische Lebensmittelrationierungssystem der ersten Nachkriegsjahre liefert uns ungewöhnlich exakte Ziffern über die Befolgung der *kashrut*-Vorschriften: In London waren 1950 161 000 Personen bei koscheren Schlachtereien, von denen es 300 in der Stadt gab, sowie bei 75 koscheren Geflügelschlachtereien registriert. Weit über die Hälfte der jüdischen Stadtbevölkerung, die auf etwa eine Viertelmillion geschätzt wurde, aß mithin koscheres Fleisch. Das Ende der Fleischrationierung läßt zwar keinen präzisen Vergleich zu, doch es steht außer Zweifel, daß diese Zahlen in den folgenden Jahrzehnten stetig abnahmen. Eines der Zeichen dafür war die Schließung koscherer Schlachtereien. Außerdem verstärkte sich die Tendenz, koscheres Fleisch für den Verzehr zu Hause zu kaufen, außerhalb jedoch nichtkoschere Speisen zu essen. 1958 erhielt weniger als die Hälfte der jüdischen Schulkinder in Leeds koschere Mittagsmahlzeiten. Während das religiöse Gesetz sehr klar zwischen koscheren und nichtkoscheren Speisen unterscheidet, umfaßte die gesellschaftliche Praxis ein Spektrum von strikt oder *glatt* koscheren bis hin zu völlig verbotenen Lebensmitteln, und die Mehrheit der jüdischen Bevölkerung verteilte sich auf die verschiedenen Zwischenstadien. Ein Soziologe zitierte 1955 einen Gewährsmann mit den Worten: »Ja, ich esse Speck, aber bei Kaninchen hört es für mich auf.«[19]*

---

* Ein sonst überaus traditionalistischer Jude teilte dem Autor mit, er esse gern Schinken und Speck, doch für *ihn* höre es bei Schweinebraten auf!

Trotzdem stieg der Prozentsatz von Juden, die sich Synagogen anschlossen, stetig. 1933 schätzte man, daß nur 35 Prozent der Londoner Juden einer Synagoge angehörten, doch 1955 war von einer Mitgliedschaft »eines Drittels bis zur Hälfte aller erwachsenen jüdischen Männer« die Rede[20]; 1965 war der Anteil auf 61 Prozent angewachsen. Diese Zunahme wurde weniger auf eine erhöhte jüdische Religiosität als auf größeren Wohlstand und die Fähigkeit, höhere Mitgliedsbeiträge zu zahlen, zurückgeführt. Tatsächlich gab mehr als die Hälfte der bei einer Umfrage unter Juden im Londoner Vorort Wembley angesprochenen Personen zu, weniger religiös zu sein als ihre Eltern.[21]

Diese Trends wurden durch eine der gründlichsten sozialwissenschaftlichen Untersuchungen einer westeuropäischen jüdischen Gemeinde der Nachkriegszeit bestätigt: durch die 1963 von Ernest Krausz im nordwestlichen Londoner Vorort Edgware durchgeführte Studie. Seit dem Krieg waren zahlreiche Juden, besonders junge Ehepaare, in diese Gegend gezogen. 38 Prozent der dortigen Haushalte waren in relativ kurzer Zeit von jüdischen Familien übernommen worden, so daß Edgware eines der dichtesten jüdischen Ballungszentren in Großbritannien bildete. Da der Bezirk als »tonangebend« galt, wurden die Untersuchungsergebnisse als symptomatisch für den umfassenden Wandel des Anglojudentums interpretiert. Krausz stellte fest, daß die Juden einige Verhaltensmuster, die ihr Leben in ihren älteren Wohngebieten gekennzeichnet hatten, mit in die Vorstädte brachten. Zum Beispiel arbeiteten zwei Drittel der wirtschaftlich aktiven Juden in Edgware auf eigene Rechnung, verglichen mit nur 7,4 Prozent der britischen Gesamtbevölkerung. Die meisten Jüdinnen blieben weiterhin Hausfrauen: Nur 22,3 Prozent arbeiteten außer Haus, verglichen mit 39,6 Prozent der allgemeinen Bevölkerung von Edgware.

Aber in anderen Bereichen waren die Hinweise auf den sozialen Aufstieg zwischen den Generationen unverkennbar. In den ursprünglichen jüdischen Wohngegenden, etwa im Londoner Eastend der Vorkriegszeit, hatten die Juden ihre Behausung in den meisten Fällen gemietet. In Edgware dagegen waren 95 Prozent der jüdischen Haushaltsvorstände Eigentümer ihres Wohnsitzes (verglichen mit nur 65 Prozent der Gesamtbevölkerung des Vororts). Von den Juden in Edgware mit Kindern unter fünfzehn Jahren erklärten nicht weniger als 85 Prozent, daß sie beabsichtigten, ihre Kinder in eine höhere Lehranstalt oder an eine Universität zu schicken – und das zu einer Zeit, als nur ein winziger Bestandteil der Bevölkerung in den Genuß einer Hochschulausbildung kam.[22]

Die formelle jüdische Religiosität blieb in Edgware weitgehend erhalten: 100 Prozent der Befragten achteten das männliche Beschneidungsritual, 90 Prozent folgten der Shiba (Trauerritual) und rezitierten das Kaddisch (Trauergebet); ein ähnlich großer Anteil feierte das Passahfest und den Bar-Mitzwah-Durchgangsritus; in 86 Prozent der Haushalte wurden freitags abends Kerzen angezündet; 80 Prozent der erwachsenen Juden fasteten am Jom Kippur; und 79 Prozent hielten sich zu Hause an die *kashrut*-Bestimmungen (allerdings nur 31 Prozent in aller Striktheit). Der Druck, Kleinbetriebe aufrechtzuerhalten, führte wahrscheinlich dazu, daß 70 Prozent am Sabbat arbeiteten. Nur 11,2 Prozent unternahmen am Sabbat keine Fahrten oder Reisen. Diese Zahlen deuten zwar auf eine gewisse Abschwächung im Vergleich mit der Elterngeneration hin, aber sie zeigten eine Einhaltung der Religionsgesetze, die beim Anglojudentum als Ganzem selten war. Diese Tatsache hatte vermutlich mit der hohen jüdischen Bevölkerungsdichte in der Gegend zu tun.

Aber die Religion war nicht das einzige jüdische Identifikationsmerkmal in Edgware. Die dortigen Juden neigten sehr stark dazu, vornehmlich mit anderen Juden gesellschaftlichen Umgang zu pflegen. Auch Israel war ein wesentlicher Identifikationsfaktor: Obwohl nur 16 Prozent der Juden von Edgware Israel besucht hatten, leistete die Hälfte der Haushalte regelmäßig Spenden für israelische Anliegen, und weitere 41 Prozent taten es hin und wieder.

Die zunehmende Bedeutung wohlhabender vorstädtischer Gemeinden wie Edgware spiegelte sich in den sechziger Jahren darin wider, daß die zentralen Einrichtungen des Anglojudentums, besonders die United Synagogue, demokratisiert wurden. Ihr Laienoberhaupt in der frühen Nachkriegszeit, Sir Robert Waley-Cohen, gehörte immer noch der patrizischen »Vetternschaft« an. Aber 1962 wurde der letzte derartige Vorsitzende, Ewen Montagu, von dem Kaufhausmagnaten Sir Isaac Wolfson abgelöst, der als Sohn russischjüdischer Eltern in Glasgow geboren worden war. Der Wandel repräsentierte mehr als die Übergabe des Staffelstabes von einer früheren an eine spätere Einwanderergruppe; er war kennzeichnend für ein neues religiöses Klima innerhalb der Gemeinde. Die ungezwungene, tolerante Haltung der alten Führung, die stolz darauf war, die United Synagogue fest in der »mittleren Position« verankert zu haben, wich dem Versuch, eine rigorosere Orthodoxie durchzusetzen. Montagu hatte die Ultraorthodoxie heftig kritisiert, doch sein Nachfolger, der persönlich zur traditionellen Frömmigkeit neigte, beschloß, das Anglojudentum nach seinem eigenen Bild zu formen.

Diese religiösen und sozialen Spannungen innerhalb des Anglojudentums spitzten sich in den frühen sechziger Jahren durch die sogenannte »Jacobs-Affäre« zu. Der Hauptprotagonist in dieser Auseinandersetzung, Rabbi Louis Jacobs, war ein unabhängig gesonnener Mann, dessen Gedankengut jenem des konservativen Judentums von Amerika – der religiösen Strömung zwischen Orthodoxie und Reformismus – nahekam. In seinem Buch *We Have Reason to Believe* (London 1957), das den Hauptanlaß für die orthodoxe Feindschaft ihm gegenüber lieferte, hatte Jacobs die buchstäbliche Wahrheit der biblischen Sinai-Offenbarung in Frage gestellt, sonst jedoch keine ketzerischen Standpunkte vertreten. Ein Kritiker klagte, daß Jacobs »seinen Modernismus recht unnötig unterstrich und dies mit einer gewissen Gleichgültigkeit gegenüber minderen Ritualen, etwa dem Tragen einer Kopfbedeckung, verband«.[23] Die Presse verglich ihn zwangsläufig mit dem heterodoxen (und, wie einige meinten, ketzerischen) Bischof von Woolwich, einem modernistischen anglikanischen Denker jener Zeit.

Die »Jacobs-Affäre« spielte sich in zwei Akten – mit einer Pause dazwischen – ab. Im ersten Akt weigerte sich Oberrabbiner Brodie 1962, die Ernennung von Jacobs zum Rektor des Jews' College, des Hauptausbildungsseminars für jüdische Geistliche in England, zu bestätigen. Im zweiten Akt, zwei Jahre später, legte der Oberrabbiner wiederum ein Veto ein: Diesmal verbot er der New West End Synagogue, Jacobs zu ihrem Rabbiner zu berufen. Es handelte sich um die eleganteste Synagoge in London, und unter ihren Mitgliedern waren zahlreiche alte aschkenasische Patrizier. Ermutigt vom *Jewish Chronicle*, der sich energisch für Jacobs einsetzte, beschlossen 300 Mitglieder der Synagoge, eine neue Gemeinde zu gründen, zu deren Rabbiner Jacobs ernannt wurde. Diese New London Synagogue zog bald

eine hohe Mitgliedschaft an und war bemerkenswerterweise in der
Lage, insgeheim das schöne, alte Gebäude der St. John's Wood Synagogue zu erwerben. Dies war der ehemalige »Sitz« des Oberrabbiners, dessen Gemeinde kurz zuvor in der Nähe ein neues und recht
häßliches Gotteshaus gebaut hatte.

Kurzfristig hatte es den Anschein, als sollte Großbritannien die
Entstehung einer traditionalistischen dritten Kraft im Judaismus nach
dem Vorbild der amerikanischen konservativen Bewegung erleben.
Das entscheidende Problem betraf die Autorität des Oberrabbiners
und der United Synagogue. Viele der neueren Gemeindemitglieder
der United Synagogue konnten eine Abspaltung nicht ins Auge fassen, da sie der Zentralorganisation hohe Summen für ihre Gebäude
schuldeten. Aber einige der älteren etablierten Synagogen, besonders
in den Provinzen, hatten keine derartigen laufenden Verpflichtungen,
und ihre Mitglieder erwogen ernsthaft, sich Jacobs' Bewegung anzuschließen. Die beiden Gemeinden, die einem solchen Schritt am
nächsten kamen, waren Singer's Hill in Birmingham und Garnethill
in Glasgow. Auf den ersten Blick betrachtet, eigneten sie sich ideal für
eine Sezession. Singer's Hill hatte in den Augen der Orthodoxen eine
Sünde begangen, indem es eine gemischte Sitzordnung zuließ. Garnethill besaß einen gemischten Chor*, und die strikten Ausleger des
Gesetzes machten seinem aufgeklärten Rabbiner zum Vorwurf, in seiner Haltung zu Fragen der jüdischen Ehe allzu nachsichtig zu sein.
Diese beiden innerstädtischen Gemeinden ähnelten jener des New
West End insofern, als es sich um »Kathedralen-Synagogen« der altetablierten Juden handelte. Es gelang Jacobs, viele der Patrizier, die in
ihrer Einstellung zu religiösen Fragen gemäßigter und entgegenkom-
mender geworden waren, für sich zu gewinnen, aber dies geschah
exakt zu dem Zeitpunkt, als sich ihr Einfluß auf das Anglojudentum
dem Ende näherte. Letztlich spaltete sich keine einzige andere Gemeinde von der United Synagogue ab, um sich Jacobs anzuschließen.

Die Kampfbereitschaft des orthodoxen Establishments in der
»Jacobs-Affäre« ging aus einer Defensivhaltung hervor, die sich auf
die nicht unberechtigte Furcht stützte, daß die Orthodoxie in Groß-

---

* In dem der Autor in seiner Kindheit, damals als Sopran, zu Gottes Ehren
sang.

britannien stetig an Boden verlor. Ähnliche Ängste diktierten die faktische Exkommunikation von Juden, die den liberalen oder Reform-Synagogen beigetreten waren. In Cardiff zum Beispiel verbot man der örtlichen koscheren Schlachterei eine Zeitlang, Fleisch an reformistische Kunden zu verkaufen. Dort und anderswo wurde einigen Mitgliedern von Reform-Synagogen die Beisetzung auf jüdischen Friedhöfen verwehrt. Rabbi Ber Rogosnitzky, der militant-orthodoxe Rabbiner von Cardiff, bezichtigte die Reformer, »neue Assimilationisten« zu sein, »zu deren Zielen die Legalisierung von Mischehen gehört«.[24]

Was ihren soziologischen Gehalt betraf, waren diese Worte schwer zu widerlegen, denn die Aufnahmebereitschaft der reformistischen und liberalen Bewegungen für gemischte Paare war einer ihrer Hauptanziehungspunkte. Die Orthodoxen verlangten, daß Konversionswillige strenge Bedingungen erfüllten (einschließlich der Beschneidung im Fall von Männern): Die Antragsteller mußten ihre »Aufrichtigkeit« beweisen (indem sie nachwiesen, daß sie nicht bloß wegen der Eheschließung mit einem Juden oder einer Jüdin konvertieren wollten), sich einer gründlichen pädagogischen Vorbereitung unterziehen und lange Wartezeiten auf sich nehmen (der Prozeß dauerte selten weniger als fünf Jahre). Reformistische und liberale Rabbiner dagegen arrangierten die Konversion eines nichtjüdischen Ehegatten gewöhnlich relativ mühelos und rasch. Im Unterschied zu ihren Kollegen in den USA waren sie jedoch nicht bereit, bei Mischehen die Trauung vorzunehmen.

Seltsamerweise – ob aus echter Überzeugung oder, was wahrscheinlicher ist, aus einer Mischung aus Trägheit und vager Zuneigung, die jener vieler Anglikaner für die Church of England ähnelte – hatten die meisten britischen Juden keine Einwände dagegen, der orthodoxen United Synagogue und ihren Dependancen anzugehören, obwohl sie sich in ihren Praktiken stetig von den dort gepredigten zentralen Glaubenssätzen entfernten.* Deshalb blieb Jacobs lange

---

* 1955 hatte die United Synagogue etwa 31 000 Mitglieder in London; zwei kleinere orthodoxe Gruppen verfügten über ungefähr 20 000; weitere 2 000 Familien gehörten sefardischen (ebenfalls orthodoxen) Synagogen an. Die liberale und progressive Bewegung hatte im ganzen Land 8 350 Mitglieder.

ein einsamer Rufer im Reich des Anglojudentums, und seine
Gemeinde wurde eher zu einer Anomalie als zu einer zukunftweisen-
den Erscheinung.

Die Muster des demographischen Wandels, der sozialen Mobilität
und der religiösen Praxis bei Juden in Frankreich und Großbritannien waren einander in der Nachkriegszeit mithin bemerkenswert
ähnlich. Damit nicht genug, viele soziale Entwicklungen waren in
großen Teilen des nichtkommunistischen Europa mehr oder weniger
identisch.

Die alten, typisch jüdischen Bezirke in vielen europäischen Stadt-
zentren wurden geräumt – entweder als Folge der Kriegsbombarde-
ments, der Sanierung oder der sozialen Mobilität. Das Eastend von
London, die Leylands in Leeds, die Gorbals von Glasgow, das
»Pletzl« im Zentrum von Paris und das uralte jüdische Ghetto in Rom
büßten sämtlich viel von ihrem jüdischen Charakter ein, denn ihre
Bewohner zogen nach Golders Green, Moortown, Giffnock, in die
»*petite couronne*« und nach *borgate*. Den neuen Wohnzentren fehlte
das intensive jüdische Straßenleben der alten Einwanderergegenden:
die Marktstände, die jiddischen Schilder, die *landsmanschaftn* der
Einwanderer, die radikalen politischen Gruppen, die chassidischen
schtiblech (Versammlungshäuser) und so fort. Aber die jüdische
Bevölkerung in den neuen Vororten war häufig nicht weniger stark
zusammengeballt. Ein scharfsichtiger Beobachter der anglojüdischen
Szene schrieb 1962: »Mit wachsendem Wohlstand zogen sie weiter
nach Norden [in London] – nicht …, weil sie vor ihren Mitjuden
davonliefen, sondern weil sie eine jüdische Gegend von höherem
gesellschaftlichen Rang suchten.«[25]

Die kleineren jüdischen Gemeinden machten negative demographische Entwicklungen durch, die sich mit denen in Großbritannien
und Frankreich vergleichen ließen. In der Schweiz zum Beispiel starben zwischen 1942 und 1973 8 993 Juden, während nur 6 894 geboren
wurden.[26] In diesen Gemeinden gab es eine große Zahl von Mischehen. In der Schweiz schätzte man ihren Anteil zwischen 1961 und
1973 auf 40,9 Prozent.[27] In Rom lag die Rate 1965 bei nur 13,3 Prozent,
doch in Mailand betrug sie 29,5 und in kleineren italienischen
Gemeinden über 40 Prozent.[28] In den Niederlanden wurde 1966 in
einer Untersuchung geschätzt, daß die jüdische Fruchtbarkeitsziffer

nur etwa halb so hoch war wie die der Gesamtbevölkerung.[29] Gleichzeitig führte das hohe Durchschnittsalter der niederländischen Juden zu einer aus dem nationalen Rahmen fallenden Sterblichkeitsziffer. Dort wie in anderen Ländern wurde die jüdische Bevölkerung stetig von der demographischen Schere gestutzt.

Fast überall ging die Ausübung der jüdischen Religiosität zurück. In Amsterdam beispielsweise ergab eine Umfrage 1962, daß nur 21 Prozent der Juden Chanukka-Lichter anzündeten, im Vergleich mit 45 Prozent ihrer Eltern. Andererseits hatten 22 Prozent der Befragten einen Weihnachtsbaum im Haus, verglichen mit nur 10 Prozent der vorhergehenden Generation; bei den Familien mit kleinen Kindern stieg der Anteil auf 45 Prozent. Das traditionelle Mahl am Freitagabend zu Ehren des Sabbat wurde nur von etwas mehr als der Hälfte aller Juden eingenommen, im Unterschied zu 84 Prozent der Elterngeneration. Lediglich 46 Prozent der Befragten bekräftigten ihren Glauben an Gott.[30]

Der wachsende Wohlstand all dieser Gemeinden in den fünfziger Jahren wurde durch die Zunahme karitativer Bemühungen als eines zentralen Merkmals der Gemeindeaktivität belegt. Ein Zeichen der Erneuerung des französischen Judentums zum Beispiel bestand darin, daß es im Laufe der Zeit für seine inländischen Wohlfahrtsprogramme auf die Gelder amerikanischer Juden verzichtete. Ab 1956 sammelte der FSJU jährlich fast 200 Millionen Francs von ungefähr 8000 Spendern. Damit war etwa die Hälfte des Gesamtbudgets gedeckt; die andere Hälfte wurde durch das »Joint« und durch deutsche Reparationszahlungen bestritten.

Im allgemeinen fühlten sich die Juden Westeuropas zunehmend sicher. Ein Soziologe, der sich 1966 mit dem französischen Judentum befaßte, entdeckte

> einen tiefen Wandel in der Art und Weise, wie sich der Jude in Frankreich als Jude sieht (oder empfindet); und in der Art und Weise, wie er sich gegenüber anderen Juden und Nichtjuden verhält ... Die französische Gesellschaft ist heutzutage derart gestaltet, daß der Jude seine jüdische Identität vollauf als ein normales Lebensfaktum akzeptieren kann. Nun ist es möglich, ein Franzose wie die übrigen Franzosen und doch gleichzeitig anders zu sein.[31]

Der Antisemitismus war in den meisten westeuropäischen Ländern
kein bedeutsames Merkmal der sozialen oder politischen Landschaft
mehr. In Edgware erklärten 78 Prozent, niemals Zeichen von
Antisemitismus erlebt zu haben. In den fünfziger Jahren wiesen einige
Kurorthotels und Clubs (vornehmlich Golfclubs) Juden zurück,
doch dieser »Freizeit-Antisemitismus« wurde eher als Nadelstich
denn als Ungeheuerlichkeit empfunden. Die Juden gründeten in aller
Ruhe eigene Golfclubs und entschieden sich in Bournemouth, Brigh-
ton und Knokke für Hotels mit überwiegend jüdischen Gästen. Der
Grund war nicht nur die Einhaltung der *kashrut*-Vorschriften, denn
manche dieser Hotels servierten nur zweifelhaft koschere Speisen. In
einer Umfrage von 1967 in Frankreich erklärten lediglich 10 Prozent
der Informanten, sie seien Antisemiten, obgleich 20 Prozent antisemitische Verhaltensweisen erkennen ließen. 50 Prozent zogen es vor, keinen Juden im Amt des Präsidenten der Republik zu sehen, und 33 Prozent wünschten nicht, von einem jüdischen Abgeordneten repräsentiert zu werden. Die Tiefe solcher Ansichten mochte fragwürdig
gewesen sein; interessanterweise waren mehr Informanten geneigt,
jüdische angeheiratete Verwandte als einen jüdischen Präsidenten zu
akzeptieren.[32] Aber hin und wieder wurde die jüdische Selbstzufrie-
denheit von einem unerwarteten Vorfall erschüttert. 1968 lieferte eine
seltsame Episode in Orléans ein beunruhigendes Beispiel. In der
Stadt verbreitete sich das Gerücht (niemand wußte, wer es ausgelöst
hatte), daß jüdische Ladenbesitzer christliche Mädchen kidnappten
und verkauften. Der Soziologe Edgar Morin, der die Angelegenheit
untersuchte, bestätigte, daß bei manchen Stadtbewohnern immer
noch finstere traditionelle Ängste und Vorurteile den Juden gegenüber verwurzelt seien.[33]

Die Juden waren in den sechziger Jahren in der aufsteigenden Bourgeoisie der Konsumgesellschaften stark repräsentiert. Auch ihr Anteil
an der Studentenschaft elitärer Hochschuleinrichtungen in vielen
europäischen Ländern war unverhältnismäßig hoch. Deshalb über-
raschte es nicht, daß sie unter den Führern der Studentenrebellion
von 1968 hervortraten, insbesondere in Frankreich, wo Alain Geis-
mar, Alain Krivine und vor allem Daniel Cohn-Bendit, in Frankreich
als Kind teils jüdischer Eltern geboren, kurzfristig zu den bekannte-
sten Gestalten der Bewegung wurden. Als Rechtsextremisten Cohn-

Bendit als einen »deutschen Juden« attackierten und »Cohn-Bendit à Dachau!« sangen, zogen seine Anhänger mit Plakaten herum, welche die Aufschrift »Nous sommes tous des juifs allemands!« trugen. Ungeachtet dieser Episode wurden die in der Bewegung tätigen Juden weder von sich selbst noch von anderen selten in erster Linie als Juden identifiziert. Ihr Judentum war eine Frage der Herkunft, hatte aber darüber hinaus für die meisten von ihnen wenig kulturelle oder politische Bedeutung. Im Gegensatz zu den jüdischen Revolutionären der vorhergehenden Generation sprachen sie nicht Jiddisch, und es gab keine zeitgenössische Entsprechung zum Bund. Manche studentische Rebellen, etwa die kleine, von Tony Lévy in Paris geführte Gruppe, bezogen einen schroff antizionistischen Standpunkt, als wollten sie ihre internationalistische Glaubwürdigkeit beweisen. Einige, zum Beispiel der Maoist Benny Lévy (der Bruder Tonys) in Frankreich und die Angry Brigade in England (der ein paar Juden angehörten), gerieten an den Rand des Terrorismus, schreckten jedoch letztlich vor Akten wie jenen der Roten Brigaden in Italien oder der Baader-Meinhof-Bande in Deutschland zurück. Benny Lévy, der eine Zeitlang als Sekretär für Sartre arbeitete, gab später seinen Rückzug aus der Politik bekannt und ließ sich zur religiösen Ultraorthodoxie bekehren.

In der Regel waren die jüdischen Studenten eher gemäßigt-reformistisch als revolutionär eingestellt. Untersuchungen von jüdischen Studenten 1964 in Paris und 1969 in Oxford zeigten einige interessante Parallelen.[34] In beiden Fällen war der politische Schwerpunkt deutlich nach links verlagert, besonders bei denen, die sich stark engagierten: Von den 12 Prozent, die in Paris einer Partei angehörten, waren die meisten Kommunisten, und die zweitgrößte Gruppe hatte sich für den links-sozialistischen PSU entschieden. In Oxford sprachen sich 49 Prozent für die Labour Party und nur 26 Prozent für die Konservativen aus. In Paris wie in Oxford war die Religionsausübung, verglichen mit der Elterngeneration, stark zurückgegangen. Die vielleicht auffälligste Ähnlichkeit betraf die Einstellung zu Israel. 90 Prozent der in Paris Befragten meinten, Israel habe den Juden in der Diaspora etwas Neues gegeben, und verblüffende 72 Prozent erklärten, sie hätten daran gedacht, nach Israel auszuwandern. Die Oxford-Studie gelangte zu dem Schluß: »Es gibt nichts, was die jüdischen

Studenten in England heutzutage als Gruppe stärker vereint, interessiert und, wie wir sagen dürfen, *identifiziert* als ihre Beziehung zum Staat Israel.« Ein gewisser politischer Altruismus und eine weltliche Form der jüdischen Identifikation schienen jüdische Studenten zu einer besonderen Aufgeschlossenheit für Israel zu veranlassen. Diese Untersuchungen, von denen die eine vor, die andere nach dem Sechstagekrieg von 1967 angestellt worden war, verwiesen auf den einschneidendsten Wandel, der sich in den zwei Jahrzehnten seit 1948 nicht nur unter Studenten, sondern im Judentum der Diaspora als Ganzem vollzogen hatte: den Aufstieg Israels in eine zentrale Rolle im jüdischen Leben.

4. KAPITEL

Der Einfluß Israels

»Die Grundvoraussetzung für das Verständnis der jüdischen Geschichte ist das Wissen um die fortgesetzte Einheit der jüdischen Nation auch in der Diaspora.«[1] So ein zionistischer Historiker. »Jüdische Solidarität ... ein subjektives Trugbild.« So eine einstige jüdische Kommunistin.[2] Die Weltanschauung der meisten europäischen Juden in der Nachkriegszeit lag irgendwo zwischen den beiden Extremen, die von diesen gegensätzlichen Interpretationen der zeitgenössischen jüdischen Geschichte gekennzeichnet wurden. In dem halben Jahrhundert nach 1945 hat sich die allgemeine Meinung der Juden auf den zionistischen Standpunkt zubewegt, obwohl sie sich, zumindest in Westeuropa, erfolgreich in nichtjüdische Gesellschaften integriert haben. Wie läßt sich dieses augenscheinliche Paradoxon erklären, und welche Auswirkungen hat es auf das jüdische Überleben in Europa?

Der Zionismus, eine europäische nationalistische Bewegung, erhob den Anspruch, das Judenproblem in Europa lösen zu können. Auf einer Ebene scheiterte er völlig: Als Israel 1948 gegründet wurde, war die Mehrheit der jüdischen Bevölkerung Europas, aus welcher der Zionismus hervorgegangen war und deren Notlage er überwinden sollte, bereits ermordet worden. Doch der Zionismus konnte im Europa der Nachkriegszeit bedeutende Erfolge verbuchen. Seine erste und denkwürdigste Leistung bestand darin, daß er dem Großteil der jüdischen »Displaced Persons« und der anderen Juden, die den sich verfinsternden Verhältnissen in Osteuropa entkamen, eine Zuflucht bot.

Vor dem Zweiten Weltkrieg war der Zionismus eine Minderheitenbewegung des Weltjudentums gewesen. In Großbritannien und

Frankreich betrachteten die Gemeindeführer ihn als eine unpraktische Schwärmerei, welche die Position der Juden in der Diaspora eher gefährden als stärken könne, da sie dem Vorwurf einer geteilten Loyalität ausgesetzt würden. In Deutschland und Mitteleuropa hielten viele den Zionismus für keine ernstzunehmende Kraft, sondern für eine Bewegung von Spinnern. In Rußland wurde er kurz nach der bolschewistischen Revolution verboten. Sogar bei den 3,2 Millionen Juden im Polen der Zwischenkriegszeit, wo der Zionismus den relativ größten Einfluß genoß, war er nur eine von mehreren um Anhänger werbenden Ideologien.

Hitlers Aufstieg brachte einen entscheidenden Wandel: Der Nationalsozialismus ließ einige deutsche Juden fast widerwillig zu Zionisten werden, als nach 1933 ungefähr 50 000 von ihnen zur Emigration nach Palästina gezwungen waren. Die Misere der Juden im sich ausweitenden Deutschen Reich der späten dreißiger Jahre und die Weigerung der meisten Länder, sie als Einwanderer zu akzeptieren, bekräftigten die zionistische Analyse der Judenfrage und verschafften der Bewegung neue Anhänger. Aber erst im zweiten Teil des Krieges verwandelte sich der Zionismus in eine Mehrheitsströmung unter den Juden der Vereinigten Staaten und des nicht besetzten Europa. Einige seiner Rivalen, etwa der Bund, waren von den Nazis nahezu vernichtet worden, wiewohl kleine Gruppen nostalgischer Bundisten weiterhin gelegentlich in New York, Paris und Buenos Aires zusammenkamen.

Zwar hatte der Zionismus zwischen 1945 und 1948 weitverbreitete jüdische Unterstützung errungen, doch viele Juden lehnten ihn immer noch ab oder standen ihm gleichgültig gegenüber. Die Ultraorthoxen, deren Zahl und Stärke infolge der Vernichtung des polnischen Judentums erheblich abgenommen hatten, blieben bei ihrer prinzipiellen Feindschaft, doch die Tatsache, daß sich etliche bedeutende rabbinische Persönlichkeiten, darunter chassidische Führer wie der Belzer Rebbe, in Palästina niederließen, führte dazu, daß sie ihre Haltung in der Praxis allmählich modifizierten. Die Gründung Israels hatte widersprüchliche Auswirkungen auf die ultraorthodoxen Juden. Einerseits kräftigte sie deren Antizionismus, weil der Staat Israel mit seinen säkularen Merkmalen in ihren Augen eine Ketzerei oder sogar »die Inkarnation des Bösen« darstellte.[3] Die meisten chassidischen Rabbiner, mit der bemerkenswerten Ausnahme des Belzer Rebbe, waren eingefleischte Gegner des Zionismus.* Zugleich war Israel jedoch eine der beiden letzten Hochburgen der extremen Orthodoxie (neben den Vereinigten Staaten), und die dortigen orthodoxen Antizionisten sahen sich genötigt, einen Modus vivendi mit dem neuen Staat zu suchen. In Europa blieben nur winzige Bollwerke der Ultraorthodoxie bestehen: in London, Gateshead, Paris und Antwerpen. Da sie sich bewußt von der sie umgebenden Gesellschaft und sogar von den örtlichen jüdischen Gemeinden isolierten, übten sie in der Nachkriegszeit keinen nennenswerten Einfluß auf die Haltung der europäischen Juden Israel gegenüber aus. Was den größeren Teil der orthodoxen Juden betraf, die sogenannten modernorthodoxen, von denen manche schon vor dem Krieg mit dem Zionismus sympathisiert hatten, so bekannten sie sich nach 1948 vorbehaltlos zu ihm.

Die jüdischen reformistischen und liberalen Bewegungen, die in Osteuropa, mit Ausnahme der Neolog-Gemeinden Ungarns, kaum existierten und in Westeuropa viel schwächer waren als in den Vereinigten Staaten, hegten gemischte Gefühle dem Zionismus gegenüber. Seit seiner Entstehung Mitte des neunzehnten Jahrhunderts in Deutschland hatte das Reformjudentum jüdischen Nationalismus, Messianismus und den Gedanken einer Rückkehr ins Heilige Land scharf abgelehnt. Es verurteilte den Zionismus uneingeschränkt und stimmte in diesem einen Punkt den Ultraorthodoxen zu (ohne sich jedoch mit diesen zu verbünden). In den Vereinigten Staaten schufen einige Reformjuden eine Bühne für antizionistische Meinungen, den American Council for Judaism, der offene Propaganda gegen Israel betrieb. Der Gebrauch von Begriffen, Ideen und Daten, die häufig mit denen arabischer antiisraelischer Quellen identisch und manchmal aus ihnen hergeleitet waren, diskreditierte die Antizionisten in den Augen der jüdischen Welt. Der reformistische Antizionismus, der in Westeuropa nie so

---

* Dies galt beispielsweise weiterhin für den Lubawitscher Rebbe in New York, M. M. Schneerson, der sich weigerte, israelischen Boden zu betreten, und verkündete, daß im Heiligen Land lebende Juden sich genausosehr im Exil befänden wie in der Diaspora lebende. Seine Opposition gegen Gebietsabtretungen durch Israel nach 1967 beruhte auf religiösen Erwägungen, die nichts mit dem Zionismus zu tun hatten.[4]

kräftig die Stimme erhob wie in Nordamerika, schwand nach 1948 dahin. Das Reformjudentum war in höherem Maße als die Orthodoxie fähig, die Doktrin weiterzuentwickeln und neu zu interpretieren. Die ideologische Ablehnung einer jüdischen Rückkehr nach Palästina wurde umformuliert und auf den Einspruch gegen den Wiederaufbau des Tempels oder die Wiedereinführung von Tieropfern verengt – also gegen Themen, die schwerlich auf der Tagesordnung standen. In den sechziger Jahren sprachen sich die Reformjuden in Westeuropa überwiegend bereits so enthusiastisch für Israel aus wie alle anderen.

Liberale Assimilationisten teilten die zionistischen Zweifel an der Möglichkeit einer jüdischen Integration in die westlichen Gesellschaften nicht. Einige waren der Meinung, daß die Juden als religiöse Gruppe innerhalb dieser Gesellschaften weiterbestehen könnten; andere erklärten, es komme nicht auf das Überleben der Gruppe an, sondern darauf, daß sich die Individuen ihren eigenen Weg bahnten. Solche Ideen wurden bedeutsam in Ländern wie Großbritannien und Frankreich, wo der liberale Individualismus – der Entstehung des Wohlfahrtstaates zum Trotz – in Fragen der politischen Rechte weiterhin die dominierende Ideologie bildete. Aber sogar etliche Juden in jenen Ländern stimmten nun – im Licht der Ereignisse im nationalsozialistischen Europa und von Pogromen wie in Kielce – in einem wesentlichen Punkt mit den Zionisten überein. Es sei unrealistisch zu erwarten, daß die liberale Lösung nach Osteuropa exportiert werden würde und daß sich die überlebenden Juden erneut in ihren Herkunftsländern niederlassen und einer verheißungsvollen Zukunft entgegensehen könnten.

Die interne jüdische Debatte über diese Fragen erreichte ihren Siedepunkt zwischen 1945 und 1948, als die britische Autorität in Palästina zusammenbrach und das Land im Bürgerkrieg versank. Der Vorwurf der »geteilten Loyalität« traf die Juden in Großbritannien unweigerlich härter als anderswo, da die britische Armee den jüdischen Aufstand in Palästina niederzuschlagen suchte. Die Gewalttaten drohten kurzfristig, über Palästina hinaus um sich zu greifen. Im Herbst 1947 zündete die Irgun Zvai Leumi, die von Menachem Begin geführte jüdische Terroristenorganisation, Bomben in mehreren britischen Garnisonen in Österreich. Durch die sich anschließende Waffensuche im DP-Lager Admont machten sich die briti-

schen Soldaten bei den Insassen nicht beliebter. Es gab sogar einige
Versuche, in Großbritannien selbst Paketbombenanschläge durchzuführen. Zwar hatten diese Vorfälle keine Verletzungen zur Folge, aber
die offenkundige Ausweitung der Terrorismuskampagne trug dazu
bei, die Beziehungen zwischen dem britischen Militärpersonal und
den Juden – sowohl in Palästina als auch in den britischen Besatzungszonen Deutschlands und Österreichs – noch stärker zu vergiften.

Die terroristischen Randgruppen des Zionismus erhielten beim
Anglojudentum so gut wie keinen Zuspruch. Allerdings unterstützte
der *Jewish Chronicle* die Extremisten für kurze Zeit in seinen Leit-
artikeln; das Ergebnis war die Entlassung des Chefredakteurs durch
den Vorstand, der eine viel gemäßigtere zionistische Position vertrat.
In Frankreich dagegen wurden einige Juden, wenn auch eine kleine
Minderheit, von der kämpferisch antiimperialistischen Rhetorik der
Irgun Zvai Leumi und der Stern-Gruppe (Lehi) – vielleicht auch vom
überaus antibritischen Tonfall ihrer Propaganda – angezogen.[5] Manche gingen sogar als Freiwillige nach Palästina, um am Krieg teilzu-
nehmen.

Zu den Zionismusgegnern des Anglojudentums gehörten noch
immer etliche Aristokraten der Gemeindschaft: Ewen Montagu,
Robert Carvalho, Lord Swaythling, Leonard Montefiore und Sir
Robert Waley-Cohen. Diese und einige andere gründeten die Jewish
Fellowship, welche die Juden als »Religionsgemeinschaft« – im Unterschied zu »einer politisch-nationalen Gruppe« – definierte.[6] Die
Organisation übte nie echten Einfluß aus und geriet, im Gegensatz
zum American Council for Judaism, bald in Vergessenheit. Nach
1948 verwandelten sich die Antizionisten nach und nach in Nicht-
zionisten, und einige fanden sich später mit der Realität des jüdischen Staates ab.

Der zionistische Kampf gegen Briten und Araber in Palästina
führte zwar zu umfassenden und effektiven Hilfsmaßnahmen durch
Juden in aller Welt, doch der Zionismus als persönliche Ideologie, die
ihren Anhängern abverlangt, im Land Israel seßhaft zu werden, überzeugte in Westeuropa nur eine kleine Minorität. Die meisten französischen Juden, außer den kurz zuvor aus Osteuropa zugezogenen, hielten die Französische Republik noch immer für ihr Gelobtes Land.
»Palästina? Ich wußte kaum, wo es lag!« erinnert sich Simone Veil.

»Es war vielleicht eine Heimat für andere Juden, nicht für uns.«[7] Raymond Aron schrieb in *Le Figaro*, daß die Geburt des Judenstaates »in mir keine Emotion weckte«; allerdings sollte er diese Stellungnahme später bedauern.[8] Die französische Linke unterstützte Israel damals nachdrücklich. Jacques Duclos, einer der prominentesten Führer der Kommunistischen Partei (der, wie wir gehört haben, durchaus zu antisemitischen Äußerungen fähig war), erklärte auf einer Massenversammlung: »Wir stehen in diesem Kampf völlig auf der Seite des jüdischen Volkes. Ihr werdet siegen!«[9] Hier folgte die Partei natürlich den (anfänglichen) Signalen aus Moskau. Aber jüdische Kommunisten, die einen großen Teil ihres Lebens heftigen Protesten gegen den Zionismus gewidmet hatten, blieben oft zurückhaltend und wollten nicht allzusehr mit ihren Glaubensbrüdern in Palästina identifiziert werden. Auch die jüdischen Sozialisten, mit Ausnahme des bejahrten Léon Blum, wußten ihre Begeisterung zu zügeln. Der CRIF, die offizielle Vertretung der französischen Juden, gab zuerst nur behutsame Statements über den Zionismus ab. Gleichwohl verlangte er die ungehinderte jüdische Einwanderung nach Palästina, und nach 1948 setzte er sich, trotz interner Konflikte zwischen seinen verschiedenen Gruppierungen, so nachdrücklich für Israel ein wie das Board of Deputies in Großbritannien.

Das häßliche Ende des britischen Mandats in Palästina und die zahlreichen dortigen jüdischen Terrorismusakte gegen britische Soldaten und Zivilisten fachten den Antisemitismus im Vereinigten Königreich an. In einem Bericht des Trades Advisory Council (TAC) – ein Ableger des Board of Deputies, der versuchte, die Beziehungen zwischen Juden und Nichtjuden in der Geschäftswelt zu glätten – hieß es, »nicht einmal die größten Zyniker und Pessimisten hätten vorhersehen können, daß in den letzten zwölf Monaten [1946–47] eine solche Welle des eklatanten und offenen Antisemitismus über Großbritannien hinwegschwemmen würde«.[10] Der TAC war ein nüchternes und vernünftiges Gremium, das nicht zu Übertreibungen neigte. Seine Einschätzung dürfte in diesem Fall zugetroffen haben. Zum erstenmal seit den Märschen, die der Faschist Oswald Mosley in den dreißiger Jahren in Ostlondon angeführt hatte, brachen antijüdische Unruhen in Großbritannien aus. In Liverpool waren daran ungefähr 5 000 Menschen beteiligt. Aber niemand wurde getötet oder schwer verletzt, und der Aufruhr legte sich recht bald, so daß sich die Juden in England nicht ernsthaft bedroht fühlten. In Irland, wo Neutralität und gelegentliche prodeutsche Aufwallungen während des Krieges von einigen Anzeichen des Antisemitismus begleitet worden waren, rief der jüdische Kampf gegen die Briten in Palästina interessanterweise Bewunderung und Solidarität bei irischen Nationalisten hervor.

Während der Vorwurf der »geteilten Loyalität« böswillig und unrealistisch war (wer außer dem engstirnigen Fanatiker hat nur eine einzige »Loyalität«?), schien die Gründung Israels die Juden in der Diaspora tatsächlich vor ein Dilemma zu stellen. Der in Ungarn geborene jüdische Schriftsteller Arthur Koestler, der während des Krieges nach Großbritannien geflüchtet war, brachte es auf den prägnantesten Nenner, als er argumentierte, daß die Juden in der Diaspora mit der Gründung des Staates eine einfache Alternative hätten: Sie könnten entweder dorthin umsiedeln oder aufhören, Juden zu sein. Koestlers ideologische Odyssee hatte in den dreißiger Jahren einen kurzen Aufenthalt in einem Kibbuz eingeschlossen. 1947/48 setzte er sich nachdrücklich für den terroristischen Flügel des Zionismus ein. Er selbst entschloß sich, in der Diaspora zu bleiben, und verbrachte den Rest seines Lebens in London. Ob er aufhörte, Jude zu sein (er war nie gläubig gewesen), ist eine Frage der Interpretation: Er war offiziell kein Mitglied der jüdischen Gemeinde, doch er schrieb weiterhin von Zeit zu Zeit über jüdische Probleme. Wie viele säkularisierte Juden der damaligen Zeit war er anscheinend nicht in der Lage, sich völlig vom Judentum abzunabeln. Das reale Leben ist selten mit den Vereinfachungen politischer Haarspalterei in Einklang zu bringen.

Die bloße Existenz Israels bescherte den Diaspora-Juden wenn nicht ein Dilemma, dann zumindest eine Alternative. In den ersten Jahren des Staates, als der internationale Tourismus noch den Vermögenden vorbehalten war, besuchten wenige Israel. Später, während immer mehr Juden dorthin reisten, schlug Neugier häufig in ein spezielles Gefühl der Vertrautheit um. Zum Beispiel schrieb Georges Friedmann, ein französischer Soziologe und ein, nach seinen eigenen Worten, »randständiger« Jude, 1963 nach seinem ersten Besuch des Landes: »Israel hat unzweifelhaft einen Effekt auf jeden Juden, sogar

Tabelle 2: Einwanderung nach Israel aus Europa, 1948-97

Geburtsland	1948–51	1952–66	1967–79	1980–89	1990–97	Gesamt
Belgien	291	747	1 606	788	716	4 148
Bulgarien	37 260	2 336	256	180	3 275	43 307
Deutschland	8 210	2 579	4 062	1 759	1 645	18 255
Frankreich	3 050	3 386	11 725	7 538	8 769	34 468
Griechenland	2 131	916	600	147	108	3 902
Großbritannien	1 907	3 233	10 847	7 098	4 168	27 253
Italien	1 305	714	1 353	510	509	4 391
Jugoslawien	7 661	481	287	140	1 713	10 282
Niederlande	1 077	1 139	2 147	1 239	817	6 419
Österreich	2 632	1 011	1 215	356	274	5 488
Polen	106 414	46 531	14 011	2 807	2 263	172 026
Rumänien	117 950	108 478	28 586	14 607	5 092	274 713
Schweiz	131	536	1 237	706	774	3 384
Skandinav. Länder §	85	349	1 571	1 178	952	4 135
Spanien	80	427	475	321	210	1 513
Tschechoslowakei *	18 788	2 317	2 108	462	401	24 076
Türkei	34 547	13 281	10 801	2 088	977	61 694
UdSSR/GUS †	8 163	22 283	157 970	29 754	709 077	927 247
Ungarn	14 324	11 447	2 073	1 005	1 869	30 718
Andere Länder	1 343	340	415	303	568	2 969
GESAMT	367 349	222 531	253 345	72 986	744 177	1 660 388

Anmerkungen

§ Finnland, Schweden, Norwegen und Dänemark

* Schließt Tschechische und Slowakische Republik ein

† In den siebziger Jahren stammten ca. 60 Prozent dieser Einwanderer aus den europäischen Republiken der UdSSR. In den neunziger Jahren kamen ca. 80 Prozent aus den europäischen Republiken.

Quelle: Israelisches Zentralamt für Statistik

auf den distanziertesten oder randständigsten. Es kann ihn zu Enthu-
siasmus veranlassen oder ihn irritieren ... Zudem zwingt Israel jeden
jüdischen Beobachter bei allen Vorbehalten zu der Frage, was Judentum ist und was es für ihn bedeutet.«[11] Die meisten Juden in Westeuropa wurden auf diese oder jene Weise von der Existenz Israels
beeinflußt, aber statt sich für die eine oder andere der von Koestler formulierten radikalen Möglichkeiten zu entscheiden, bezogen sie eine
verschwommene mittlere Position. Die zionistische Doktrin der
shelilat ha-golah (Leugnung der Diaspora) wurde nicht wirklich
akzeptiert; andererseits wuchsen sich die Sicherheit und das Wohlergehen Israels zu einer Hauptsorge, letztlich fast zu einer kollektiven
Zwangsvorstellung der Diaspora-Juden aus.

Die Emigration aus den relativ wohlhabenden jüdischen Gemeinden Westeuropas nach Israel blieb trotzdem sehr begrenzt. Nur etwa
3 000 Juden wanderten zwischen 1950 und 1959 aus Frankreich nach
Israel aus. Ungefähr 31 000 britische Juden taten diesen Schritt zwischen 1948 und 1992. Viele von ihnen empfanden den unterschiedlichen Lebensstandard jedoch als zu belastend und kehrten ein paar
Jahre später wieder heim. Was die Mehrheit betrifft, die in Westeuropa
blieb und immer weniger jüdisch wurde, so verstärkte sich ihre Bindung an Israel gleichwohl im Laufe der Jahre. Die aufeinanderfolgen-
den Krisen von 1956, 1967 und 1973 intensivierten dieses Gefühl, denn
die Juden der Diaspora nahmen in immer höherem Maße Anteil
sowohl an den Mühen wie den Erfolgen Israels. Die Beziehung besaß
ähnliche Elemente wie der Nationalismus aus zweiter Hand, der für
Amerikaner irischer oder griechischer Herkunft typisch ist. Aber sie
hatte tiefergehende religiöse Wurzeln, fand eine stärkere kulturelle
Resonanz in der umgebenden Gesellschaft und wurde nach und nach
durch bedeutsame persönliche Kontakte angereichert.

Die Reaktion der Juden in der UdSSR und in Osteuropa auf die
Gründung Israels war ganz anderer Art. Die Tatsache, daß die Schaffung des Staates den Juden eine Alternative zu bieten schien – und
damit einen potentiellen Ausweg aus dem Elend des Stalinismus –,
löste bei vielen eine Aufregung aus, die um so explosiver war, als sie
von den Beschränkungen der kommunistischen Herrschaft ein-
geengt wurde. In den ersten Jahren war es schwierig, wenn auch
nicht unmöglich, zionistischen Sympathien Ausdruck zu verleihen.

Solange die Sowjetunion Israel unterstützte, wurden solche Äußerungen in Grenzen zugelassen, obwohl das Entzücken, mit dem viele
Juden die Staatsgründung begrüßten, die kommunistischen Herrscher beunruhigte. Die jüdische Tageszeitung *Ejnikajt* feierte die pro-
zionistische Rede, die Außenminister Andrei Gromyko im Mai 1947
vor den Vereinten Nationen hielt. Ein Brief in archaischem Hebräisch, verfaßt von »einem anonymen sowjetischen Juden« (Baruch
Mordechai Weissman) an »meine Brüder im Land Israel«, brachte die
Meinung vor, daß »eine neue Ära für die Juden begonnen hat« und,
damit nicht genug, daß »die Sowjetregierung jene jüdischen Bürger,
die in ihre neue Heimat zu emigrieren wünschen, nicht schief ansehen würde«.[12] Als die Nachricht von der Gründung Israels die Juden
in sowjetischen Gefangenenlagern erreichte, jubelten viele von ihnen
ebenfalls. Sogar Jeramiel Weinstein, ein früherer Bundistenführer, soll
in einem »spirituellen Testament«, das er vor seinem Tod 1949 in der
Haft hinterließ, erklärt haben: »Nächstes Jahr in Jerusalem.«[13]

Diese Welle des russischen Zionismus gipfelte im Herbst 1948 in
eine außerordentliche Demonstration der Begeisterung durch mehrere tausend Juden in Moskau, kurz nachdem Golda Meir als erste
israelische Gesandtin in der Sowjetunion eingetroffen war. »A dank
ajch wos ir zajt geblibn jidn«, lautete ihre Antwort an die Menge, die
sie außerhalb der größten Moskauer Synagoge umringte, als sie am
4. Oktober 1948 den Gottesdienst am ersten Tag des jüdischen Neu-
jahrs besuchte. Der sich kurz darauf vollziehende Wandel der sowjetischen Israelpolitik könnte zum Teil durch die offizielle Sorge darüber
verursacht worden sein, daß so beispiellose öffentliche Demonstrationen außer Kontrolle gerieten. Sowjetfunktionäre ließen israelischen Vertretern gegenüber keinen Zweifel daran, daß eine Massenemigration sowjetischer Juden nicht in Frage komme; die einzigen
Ausnahmen waren polnischjüdische »Heimkehrer« und isolierte
Fälle von »Familienzusammenführung«.

Die Israelpolitik der osteuropäischen Regierungen in der Nachkriegszeit folgte, wie bereits erwähnt, automatisch dem sowjetischen
Beispiel. Nur Jugoslawien und später Rumänien wichen auf diesem
und anderen Gebieten vom Moskauer Kurs ab. Allerdings ließ Moskau in der Frage der jüdischen Emigration einen gewissen Spielraum
zu. Die meisten Juden, die aus einem der sowjetischen Satellitenstaa-

ten emigrieren wollten, waren in dem Jahrzehnt nach 1948 irgendwann dazu in der Lage. Bulgarien, dessen jüdische Bevölkerung traditionsgemäß sehr zionistisch eingestellt war und dessen Regierung und
Bürger die Juden überwiegend freundschaftlich behandelt hatten, ließ
von Anfang an eine ungehinderte Auswanderung zu. Die Mehrzahl
der Juden des Landes – 32 781 von 44 200 – reiste in den Jahren 1948 und
1949 nach Israel aus. Bis 1951 waren die Gemeinden in der Tschechoslowakei und Bulgarien auf ein paar tausend Menschen geschrumpft.

Im September 1949 gab auch die polnische Regierung ihr Einverständnis zur Auswanderung nach Israel, und im Dezember 1950 hatten 28 000 Juden das Land verlassen (nur 2 000 reisten nicht nach
Israel). Die Emigranten durften »rund 280 Dollar sowie etwas
Taschengeld, zwei Ringe, eine Uhr, einen Mantel, ein Nachthemd,
zwei Kissen, zwei Decken, einige Paar Schuhe, ein Laken und fünf
Bücher« mitnehmen.[14] Polen ermöglichte seinen jüdischen Bürgern
bis 1951, uneingeschränkt auszuwandern, während es in den folgenden fünf Jahren kaum jemanden hinausließ. Aber nach dem »Polnischen Oktober« von 1956, als Władysław Gomułkas Regierung wieder ein gewisses Maß an Unabhängigkeit erlangte, setzte sich die Emigration fort. Im Laufe der nächsten vier Jahre siedelten mehr als
42 000 Juden – fast 30 000 allein 1957 – nach Israel über. Ein weiteres
Rückführungsabkommen von 1957 zwischen Polen und der UdSSR
hatte zur Folge, daß bis 1959 18 000 Juden nach Polen heimkehrten;
ein Drittel von ihnen machte sich unverzüglich nach Israel auf.

Ungeachtet seines Sieges über sämtliche arabischen Nachbarstaa-
ten im Krieg von 1948/49 erschien Israel Anfang der fünfziger Jahre
immer noch als ein kleines und verletzliches Staatswesen, das äußerst
abhängig von der Gönnerschaft der Großmächte war. Während der
Suezkrise von 1956 fiel Israel jedoch sowohl bei den Vereinigten Staaten als auch bei der UdSSR in Ungnade. Die sowjetische Mißbilligung
wurde mit einer Bösartigkeit formuliert, die an die Stalin-Jahre erinnerte: »Die Regierung Israels [warnte Marschall Bulganin, der sowjetische Ministerpräsident, am 5. November] setzt das Schicksal ihres
Volkes in verbrecherischer und verantwortungsloser Weise aufs Spiel.
Sie sät unter den Völkern des Ostens einen Haß auf den Staat Israel
aus, der die Zukunft des Landes unweigerlich beeinträchtigen wird
und die Existenz Israels als Staat fragwürdig werden läßt.«[15]

In dieser Krise ergriffen die westeuropäischen Juden mehrheitlich
Partei für Israel. Die britische öffentliche Meinung war zutiefst gespalten, was die Vorzüge eines britischen Militärengagements betraf: Ein
großer Teil der Linken verurteilte die »geheime Absprache« Großbritanniens und Frankreichs mit Israel vor dem Angriff auf Ägypten.
Doch einige unterschieden immerhin zwischen der israelischen
Unternehmung, die als berechtigte Reaktion auf grenzüberschrei-
tende Guerilla-Attacken gesehen wurde, und den anglo-franzö-
sischen »Polizeimaßnahmen«, die man als Erscheinungsformen eines
grobschlächtigen Imperialismus betrachtete. Die meisten britischen
Juden stimmten zwar immer noch für die Labour Party, aber die von
Parteiführer Hugh Gaitskell geäußerte Ablehnung der Suezblockade
und sein in gewissem Sinne antiisraelischer Standpunkt fanden wenig
jüdische Unterstützung – außer im Parlament. Die jüdischen Labour-
Abgeordneten wichen im allgemeinen nicht vom Fraktionszwang ab,
obgleich sich Barnett Janner, der Vorsitzende des Board of Deputies
of British Jews, und fünf andere bei den maßgeblichen parlamentarischen Entscheidungen der Stimme enthielten. Einer von ihnen,
Emanuel Shinwell, erklärte: »Israel war im Recht ... Ich empfinde
tiefste Verachtung für jene Juden, darunter auch britische Parlamentsabgeordnete, die sich zwar als Zionisten ausgeben, doch behaupten,
daß die israelische Aktion einen Bruch des Völkerrechts darstelle. Sie
sollten sich schämen.«[16]*
Ein aufmerksamer Beobachter des jüdischen Wählerverhaltens
schreibt: »Zur Zeit der Suezkrise ... wurde die spezielle Beziehung
zwischen der Labour Party und dem Anglojudentum, die man auf
beiden Seiten in den dreißiger und vierziger Jahren so sorgsam aufgebaut hatte, endgültig begraben.«[17] Mit diesen Worten wird der Effekt
der Krise auf die politische Haltung der Juden vielleicht überzeichnet.
In Großbritannien waren jüdische Fragen selten vorrangig für die
Stimmabgabe der Juden. Die heftige Opposition des liberalen
Manchester Guardian, der sich in der Regel leidenschaftlich für den

---

* Die vier anderen, die sich der Stimme enthielten, waren: Austen Albu,
Harold Lever, Moss Turner-Samuels und David Weitzman. Shinwells plötz-
liche Anwandlung des Zionismus hob sich seltsam von seinen Aktionen als
Mitglied der Labour-Regierung unmittelbar nach dem Krieg ab.

Zionismus und jüdische Anliegen ausgesprochen hatte, gegen die
Suezunternehmung hatte zur Folge, daß einige Juden, vornehmlich
in Manchester, ihr Abonnement kündigten. Aber die Zeitung gewann
im Süden neue Leser für sich und konnte ihre Auflage während der
Krise insgesamt erhöhen.[18] Die Episode deutete bereits auf die allmähliche Trennung hin, die sich nach 1967 zwischen Israel und seinen
traditionellen linksliberalen Fürsprechern vollziehen sollte.

Das Geheimbündnis Israels mit Großbritannien und Frankreich,
aus dem sich die Briten bald zurückzogen, wurde von den Franzosen
in Form enger Kontakte zwischen dem israelischen und dem französischen Verteidigungsministerium fortgesetzt. Im nächsten Jahrzehnt
lieferte Frankreich Israel die Kampfflugzeuge vom Typ Mystère und
Mirage, mit denen es die schlagkräftigste Luftwaffe im Nahen Osten
aufbaute. Die Flugzeuge wurden von den Dassault-Werken hergestellt, deren Eigentümer Marcel Dassault (ehemals Bloch) ein ehemaliger Jude war.* Die franko-israelische diplomatische Übereinstimmung wirkte sich auch auf das Verhältnis zwischen den französischen
Juden und Israel aus. In der zwischen beiden Ländern herrschenden
freundschaftlichen Atmosphäre galt es nun als äußerst patriotisch,
eine proisraelische Position zu vertreten. Einige Mitglieder des fran-
zösisch-jüdischen Establishments, die Israel bis dahin recht reserviert
gegenübergestanden hatten, wurden nun aufgeschlossener.

Dieser Trend wurde in den späten fünfziger und frühen sechziger
Jahren durch das Eintreffen der nordafrikanischen Juden in Frankreich unterstrichen. Obwohl sie in gewissem Sinne mit den Füßen
gegen den Zionismus gestimmt hatten, waren die Nordafrikaner in
Frankreich großenteils leidenschaftliche Zionisten – jedenfalls in der
Theorie. Als man sie im Winter 1966/67 in einer Umfrage bat, den ausländischen Staat zu nennen, den sie am liebsten besuchen würden,
entschieden sich 64 Prozent für Israel – verglichen mit 24 Prozent,
welche die USA, und 7 Prozent, welche die UdSSR nannten. Auf die
Frage, in welchem Land sie sich niederlassen würden, wenn ihnen

---

* Dassault konvertierte 1947 zum Katholizismus. Obwohl er einer der erfolg-
reichsten Flugzeughersteller aller Zeiten war, setzte er sich nie in eine
Maschine – mit einer Ausnahme: seiner Rückkehr aus Buchenwald nach
Frankreich im Jahre 1945.

dort ein interessanter Arbeitsplatz angeboten würde, wählten mehr als 50 Prozent Israel; nur 13 Prozent erwiderten, daß sie am liebsten in Frankreich bleiben würden; kein anderes Land erhielt mehr als 10 Prozent der Stimmen.[19] Diese Antworten waren deshalb bemerkenswert, weil die nordafrikanischen Juden den Zionismus vor ihrer Emigration nur halbherzig unterstützt hatten und weil Israel zur Zeit der Umfrage außerdem in erheblichen wirtschaftlichen Schwierigkeiten steckte.

In der Krise vom Mai 1967 erschien Israel wiederum als ein David, der von ihn umringenden Goliaths bedroht wurde. Die beachtliche militärische Überlegenheit Israels über die arabischen Staaten wurde von kaum jemandem zur Kenntnis genommen – außer von den israelischen Militärplanern. Die eindrucksvolle Leistung der israelischen Armee im Sinaifeldzug von 1956 hatte das Image des Staates nicht völlig gewandelt, da man den Sieg über die Ägypter in hohem Grade der Hilfe durch Frankreich und Großbritannien, besonders der französischen Luftunterstützung für die israelischen Städte, zuschrieb. Die Reaktionen der Juden in der Diaspora, der öffentlichen Meinung im Westen und weitgehend auch der Regierungen auf die Krise von 1967 wurden von dieser Vorstellung der israelischen Schwäche geprägt. In den Wochen nach Präsident Nassers Ausweisung der UN-Krisenstreitmacht aus dem Sinai und seiner Schließung der Straße von Tiran (die dem Rotmeerhafen Eilat die einzige Auslaufmöglichkeit bietet) für israelische Schiffe schien der jüdische Staat von einem baldigen Angriff und vielleicht von der Vernichtung bedroht zu sein. Die Entscheidung von UN-Generalsekretär U Thant, Nassers Forderung nach dem Abzug der UN-Krisenstreitmacht sofort stattzugeben, wirkte wie eine klägliche Kapitulation vor der Gewalt, obwohl darauf hingewiesen wurde, daß U Thant im juristischen Sinne keine andere Wahl hatte. Das Versäumnis der USA und Großbritanniens, in den folgenden Wochen eine multinationale Flotte zu organisieren und Nassers Blockade zu testen, schien zu bedeuten, daß Israel auf sich allein gestellt und verletzlich war. Man zog Parallelen zum Schicksal der Tschechoslowakei nach dem Münchener Abkommen und dem der europäischen Juden während des Krieges.

In jenen Wochen machten Juden der Diaspora eine Art Kollektivtrauma durch. Es schien eine reale Aussicht zu geben, daß sie zum

zweitenmal innerhalb einer Generation die Massenvernichtung großer Teile des jüdischen Volkes miterleben würden. Halb begrabene
Ängste vor »einem zweiten Auschwitz« und Argwohn gegenüber
den Plänen der Nichtjuden tauchten von neuem auf. Einige der nordafrikanischen Juden, die kurz zuvor in Frankreich eingewandert
waren, unterstützten Israel aus antiarabischem Groll, doch die Identifikation mit Israel beschränkte sich nicht auf diese Gruppe. Sogar
Juden, die weit vom Zionismus und jeglicher religiösen oder weltlichen Identifikation mit dem Judentum entfernt waren, ließen es sich
angelegen sein, ihre Solidarität zum Ausdruck zu bringen. Richard
Marienstras, ein säkularer, nichtzionistischer französischjüdischer
Intellektueller, sah die Herausforderung Israels nicht nur als eine politische Gefahr. Vielmehr habe es sich um eine »ontologische Bedrohung« gehandelt, »die auf die physische und kulturelle Existenz Israels, auf die Vernichtung seiner Bewohner, des Staates, der Gesellschaft abzielte. Wir fürchteten einen kulturellen Genozid und einen
Genozid schlechthin.«[20] Ein anderer französischjüdischer Intellektueller, der Zionist Alex Derczansky, verglich die von den Juden
damals empfundene Solidarität mit der »*Union sacrée*« in Frankreich
zu Beginn des Ersten Weltkriegs.[21] Raymond Aron, der Paladin des
intellektuellen rechten Zentrums, bezeichnete sich selbst als »das,
was man einen ›assimilierten Juden‹ nennt. Als Kind weinte ich über
das Unglück Frankreichs bei Waterloo oder Sedan, nicht jedoch,
wenn ich die Geschichte von der Zerstörung des Tempels hörte.«
Normalerweise das Sinnbild des kühlen, objektiven Analytikers, der
dem Zionismus abhold war, schrieb er am 12. Juli im *Figaro Litté-
raire*, daß sogar in seinem Innern ein unwiderstehliches Gefühl der
Solidarität aufsteige: »Es spielt keine Rolle, woher es kommt. Wenn
die Großmächte aufgrund ihres eigenen Interessenkalküls die Zerstörung des kleinen Staates, der nicht der meine ist, zulassen, wird mir
das Verbrechen, obwohl maßvoll hinsichtlich der reinen Zahlendi-
mension, den Lebenswillen rauben, und ich glaube, daß sich Abermillionen Männer und Frauen der Menschheit schämen würden.«
   Die meisten jüdischen Marxisten behielten ihre kritische Haltung
Israel gegenüber bei. Der hervorragende französisch-jüdische Orientalist Maxime Rodinson legte die arabische Argumentation gegen
Israel in einer Sonderausgabe der Zeitschrift *Les Temps Modernes*, die

am Tag vor dem Krieg herauskam, blendend dar.[22] Aron kommentierte mit feiner Ironie, er achte Rodinsons »einsamen Standpunkt«: »Von den Juden verstoßen, wird er von den Arabern nicht akzeptiert, während die pro- und antiisraelischen Franzosen ihm mißtrauen: Christus oder Judas?«[23] Andere Juden zeigten weniger Toleranz gegenüber Rodinsons »Verrat«. Daraufhin erwiderte dieser: »Eine kleine Zahl von Juden wie ich ist der Ansicht, eine besondere Verpflichtung gegenüber jenem Volk [den Arabern] zu haben, das von *einigen* Juden beraubt worden ist, und gegenüber jenem Teil von ihm, der direkt von *einigen* Juden unterdrückt wird. Ich ziehe es vor, mich auf diese und keine andere Weise mit dem Judaismus zu verbinden.«[24] Andere jüdische Kommunisten hatten jedoch Mühe, Rodinsons hehrer Objektivität nachzueifern.

Bei vielen Juden hinterließ die Krise von 1967 einen tieferen Eindruck als die Auseinandersetzungen von 1948 und 1956. Im Unterschied zu den beiden früheren Nahost-Konflikten konnten die meisten Juden in Europa den Sechstagekrieg auf ihren Fernsehschirmen verfolgen. 1967 war Israel – im Gegensatz zu 1956 – auf sich allein gestellt. In den Großstädten ganz Westeuropas fanden Protestkundgebungen statt, zum Beispiel sprach der neuernannte britische Oberrabbiner Immanuel Jakobovitz bei einer Massendemonstration in der Londoner Royal Albert Hall. Große Geldbeträge wurden für Israel gesammelt: Das Anglojudentum spendete 2 Millionen Pfund (eine beträchtliche Summe vor der großen Inflation der siebziger Jahre). Tausende junger Juden meldeten sich freiwillig, um Arbeiter, die zu den Streitkräften eingezogen worden waren, vorübergehend auf den Feldern und in den Fabriken zu vertreten.* Einige machten sich später in Israel ansässig. Viele waren für immer von der Erfahrung geprägt.

Der rasche und eindeutige Sieg Israels über Ägypten, Syrien und Jordanien in der zweiten Juniwoche führte zu einer kollektiven Katharsis. Die auf einem gewissen Gefühl der Scham beruhende Solidarität stützte sich plötzlich auf ein Empfinden des Stolzes. Der britische Politologe Samuel Finer schrieb kurz danach: »Der Sechstage-

---

* Insgesamt 8 232 derartige Freiwillige trafen 1967 in Israel ein. Fast die Hälfte kam aus Europa. Die größten Kontingente stammten aus Großbritannien (1 749) und Frankreich (951).

krieg brachte den Nachweis dafür, daß Gemeinden, die ihre religiösen Rituale weitgehend aufgegeben hatten, wenigstens kurzfristig
ihre jüdische Identität um so deutlicher empfinden konnten, weil sie
den Staat Israel als das Emblem ihres Judentums, als Zeichen ihres
Stolzes, ansahen.«[25] Der israelische Triumph brachte auch einen blei-
benden Wandel hervor, was das Image des Staates im Westen betraf:
von dem eines kleinen, verletzlichen Landes, dessen Existenz von
Großmachtunterstützung und Fremdfinanzierung abhing, hin zu
dem einer in ihrer Region dominierenden Militärmacht.

Im Laufe der Krise hatte sich zudem ein plötzlicher Wandel in den
diplomatischen Beziehungen Israels vollzogen, der ständige Auswirkungen nicht nur auf die nahöstliche Politik, sondern auch auf das
europäische Judentum haben sollte. Seit dem Suezkrieg war Frankreich der diplomatische Hauptpartner Israels gewesen. Aber am
2. Juni, vor dem Ausbruch der Feindseligkeiten, machte Präsident de
Gaulle deutlich, daß sich die Haltung Frankreichs geändert hatte, als
er den Export von Waffen in den Nahen Osten mit einem Embargo
belegte und bekanntgab, daß Frankreich jedem Land, das als erstes
angriff, entgegentreten werde. Das Embargo war äußerst nachteilig
für Israel, da Frankreich bis dahin sein wichtigster Waffenlieferant
gewesen war. Paradoxerweise dürfte der französische Bann die
Kriegsentscheidung Israels höchstwahrscheinlich beschleunigt
haben, da sich seine relative militärische Position im Fall eines längeren Verbots französischer Waffenexporte nur verschlechtern konnte.

De Gaulle fühlte sich persönlich gekränkt, als die Israelis seinen
Rat ignorierten und am 5. Juli angriffen, wobei sie mit ihren in Frankreich hergestellten Flugzeugen innerhalb von Stunden einen glänzen-
den Erfolg erzielten. Auf einer denkwürdigen Pressekonferenz im folgenden November versuchte er, seine Politik zu rechtfertigen, indem
er die Juden als »ein elitäres Volk, selbstbewußt und herrschsüchtig«
(*»peuple d'élite, sûr de lui-même et dominateur«*) bezeichnete.[26] De
Gaulle war kein Antisemit, und anscheinend bedauerte er später das
Fehlurteil, das ihn zu der beleidigenden Wendung veranlaßt hatte. In
dem Bemühen, die Wogen zu glätten, erklärte er dem Oberrabbiner
Jacob Kaplan, seine Bemerkung sei als Kompliment für das jüdische
Volk gedacht gewesen. Manche hatten jedoch einen ganz anderen
Eindruck.

Viele französische Juden, die im vorhergehenden Jahrzehnt ein
beachtliches intellektuelles, emotionales und finanzielles Kapital in
Israel investiert hatten, fühlten sich in ihrer Würde verletzt und erklärten entrüstet, ihre Loyalität als französische Bürger sei in Zweifel
gezogen worden. Plötzlich scheine ein proisraelischer Franzose als
antipatriotisch zu gelten. Raymond Aron, vordem de Gaulles effek-
tivster und ergebenster Fürsprecher in der Presse, schrieb eine beredte
Erwiderung, in der er die »boshafte, diabolische These« des Präsidenten analysierte. Die Kritik an de Gaulle wirkte um so bedeutsamer,
als sie offenkundig *à contrecœur* von einem politischen Jünger
geschrieben worden war. »Nicht wenige Juden in Frankreich und
anderen Ländern haben nach der Pressekonferenz Tränen vergossen,
nicht aus Angst vor Verfolgungen, sondern weil sie ihren Helden verloren hatten!«[27] De Gaulles *petite phrase* ging in den politischen
Wortschatz des französischen Judentums ein und wurde noch Jahre
später (oft falsch) zitiert. Diese eine Bemerkung und die von ihr ausgelöste wütende Reaktion erhöhten das Selbstbewußtsein der französischen Juden und führten in den folgenden beiden Jahrzehnten zu
ihrem viel entschiedeneren kollektiven Auftreten in der französischen Gesellschaft.

Die Krise von 1967 hatte auch wesentliche Auswirkungen auf die
Stellung der Juden in Osteuropa. Die UdSSR und ihre Satellitenstaaten unterstützten nicht nur Ägypten und Syrien in dem Konflikt, sondern brachen auch die diplomatischen Beziehungen zu Israel ab. Die
Sowjetunion lieferte Ägypten und Syrien zahlreiche Panzer und Flugzeuge, um die von Israel im Krieg zerstörten oder erbeuteten zu ersetzen. In dem sich anschließenden »Zermürbungskrieg« von 1969/70
zwischen Israel und Ägypten flogen russische Piloten ägyptische
Maschinen, die Luftgefechte mit den Israelis bestritten. Das alles hatte
ernste Folgen für die Position der Juden im kommunistischen
Europa. Viele wurden zu öffentlichen Statements gedrängt, in denen
sie Israel verurteilten. Die außenpolitische Propaganda-Offensive
gegen Israel fand ihre Entsprechung in der innenpolitischen Indoktri-
nation. In Bulgarien zum Beispiel wurden im November 1968 in
jedem jüdischen Club des Landes Vorträge über »den reaktionären
Charakter des Zionismus« gehalten. In Polen führte der Krieg zu
einem dramatischen Finale nach 900 Jahren jüdischer Geschichte. In

Rußland brachte er eine außerordentliche Bewegung der jüdischen Erneuerung und des Widerstandes hervor.

Nach 1967 sonnte sich Israel im Glanz seines militärischen Sieges. Doch statt die diplomatische Initiative zu ergreifen, flüchteten sich die von der Arbeiterpartei dominierten Regierungen Levi Eshkols und Golda Meirs in eine Politik des *attentisme,* das heißt, sie warteten auf einen »Anruf« aus Kairo oder Amman, mit dem der ägyptische Präsident oder der jordanische König ihre Bereitschaft zur Unterzeichnung eines Friedensvertrages signalisierten. Ein solcher Anruf blieb aus. Die israelische Regierung wollte die 1967 besetzten Gebiete eigentlich nicht annektieren, hielt es jedoch für ratsam, sie zunächst als Pfand für spätere Friedensverhandlungen zu benutzen. Die Nachteile dieser Politik wurden erst nach einiger Zeit deutlich. Vorläufig schienen die palästinensischen Araber in diesen Gebieten fügsam und ergeben zu sein. Unterdessen leisteten die Vereinigten Staaten militärische und politische Hilfe; die Wirtschaft prosperierte und hatte, gestärkt durch die Verfügbarkeit billiger arabischer Arbeitskräfte, eine jährliche Wachstumsrate von 8 Prozent zu verzeichnen; und zum erstenmal seit der Staatsgründung erreichte die jüdische Einwanderung aus Nordamerika und Westeuropa ein hohes Niveau (siehe Tabelle 2). 1972 trafen 3 000 Juden aus Frankreich und 1 381 aus Großbritannien ein. Endlich schien Israel fähig zu sein, nicht nur Flüchtlinge, sondern bewußt handelnde Einwanderer anzuziehen.

Israel wurde nicht mehr als »Experiment« betrachtet, und die Israelis fühlten sich gegenüber jüdischen Besuchern aus dem Ausland weniger als arme Verwandte. Die jüdische Bevölkerung des Landes nahm weiterhin zu, während jene der Diaspora stagnierte. Von einem kleinen levantinischen Stützpunkt mit einer halben Million Einwohnern im Jahre 1945 hatte sich das Land Israel in den siebziger Jahren in die zweitgrößte jüdische Gemeinde der Welt verwandelt. Zudem wurde Israel in immer höherem Maße als spiritueller Mittelpunkt des Weltjudentums anerkannt. Einen kleinen Hinweis auf diese Tatsache lieferte die Übernahme der israelisch-sefardischen Aussprache des Hebräischen als Norm für die Gebete sogar in aschkenasischen Synagogen und Schulen in den meisten Ländern der Diaspora – wenn auch nicht im kommunistischen Europa. In manchen Gemeinden, besonders in Großbritannien, kam es wegen dieser Änderung zu heftigen Konflikten, doch der israelische Standard setzte sich schließlich durch.

Die Unterstützung Israels wurde nach 1967 bei den Juden der Diaspora gewissermaßen zu einer Zivilreligion. In einem Zeitalter des nachlassenden geistlichen Engagements lieferten proisraelische Unternehmungen, vor allem Sammelaktionen, eine weltliche Form der jüdischen Identifikation und füllten für manche die Leere, welche die Aufgabe der Religionsausübung hinterlassen hatte. Die Oberhäupter von Wohltätigkeitsorganisationen wurden in vielen westeuropäischen Ländern zu den einflußreichsten Gestalten der jüdischen Politik. Da sie unweigerlich die vermögendsten Mitglieder waren, wurde die Demokratie in etlichen Gemeindeorganisationen nun von einer neuen Plutokratie abgelöst. Man grenzte die Kritiker der israelischen Politik oder des »Scheckbuch-Zionismus« aus und brandmarkte sie häufig als Ketzer oder Renegaten.

Eine abweichende Meinung wurde in den frühen siebziger Jahren eloquent von Richard Marienstras ausgedrückt, dem Vertreter einer neobundistischen Ideologie, welche die fortdauernde Notwendigkeit und die potentielle Vitalität des jüdischen Lebens in der Diaspora bekräftigte. Die »zentrale Rolle« Israels im jüdischen Leben sei, wie er behauptete, »eine unhaltbare ideologische Schöpfung«, ein »Mythos«, der »die Juden der Diaspora anspornt, das Problem ihrer eigenen Identität und ihrer Institutionen an einem fiktiven Haken aufzuhängen; dieser politische Mythos entspricht keinem zentralen Anliegen in ihren Traditionen, keinem profunden Begriff in ihrer Existenz«. Die Ideologie der zentralen Rolle Israels lasse die Diaspora in den Hintergrund rücken. Sie verlange von der Diaspora, sich selbst zu verleugnen und sich letzten Endes selbst zu vernichten.[28] Damals war er ein einsamer Rufer in der Wüste. Aber im Laufe der beiden nächsten Jahrzehnte sollten viele Führer des Diaspora-Judentums – und auch einige Israelis – akzeptieren, daß die Beziehung zwischen Israel und der Diaspora kränkelte und der Behandlung bedurfte.

5. KAPITEL

Konfrontation mit der Vergangenheit

Die volle Bedeutung des nationalsozialistischen Massenmordes an den Juden drang in den meisten europäischen Ländern erst nach langer Zeit in das kollektive Bewußtsein sowohl der Juden als auch der Nichtjuden ein. Die Auseinandersetzung mit der Vergangenheit vollzog sich auf mehreren Ebenen: auf der physischen in Form von Gedenkstätten, Dokumentensammlungen und Kunstgegenständen; auf schöpferischer Ebene in Form von Literatur, Filmen und Theaterstücken; auf juristischer Ebene in Form der Nürnberger und anderer Nachkriegsprozesse gegen nationalsozialistische Kriegsverbrecher; auf wirtschaftlicher Ebene in Form der Rückerstattungs- und Wiedergutmachungszahlungen durch die Bundesrepublik Deutschland. All das reichte jedoch nicht aus, um das von den Juden in Europa erlittene psychische Trauma zu überwinden.

Die Ungeheuerlichkeit des Ereignisses und seine beklemmenden Folgerungen – nicht nur für die überlebenden Opfer, sondern auch für die gesamte europäische Gesellschaft – sowie das Fehlen eines moralischen, historischen oder theologischen Bezugsrahmens veranlaßten die unmittelbare Nachkriegsgeneration, den Blick abzuwenden. Als sich der anfängliche Schock nach der Befreiung der Konzentrationslager gelegt hatte, widmete sich Europa dem Wiederaufbau und schenkte den gerade vergangenen Greueln wenig Aufmerksamkeit. Sogar viele gutinformierte Personen nahmen die Einzelheiten nicht zur Kenntnis. Telford Taylor, der amerikanische Chefankläger in den späteren Nürnberger Prozessen, gesteht in einem unlängst erschienenen Buch: »Ich selbst wurde mir des Holocaust* nicht

---

* Der Begriff »Holocaust« wurde zwar während des Krieges und danach

bewußt, bis ich in Nürnberg mit den entsprechenden Dokumenten und Zeugen zu tun hatte.«[1]

Die Gründung Israels und damit die Lösung des jüdischen DP-Problems förderten den Gedächtnisschwund. Bis in die sechziger Jahre hinein wurde der Geschehnisse kaum jemals öffentlich gedacht. Wenige Bücher beschäftigten sich direkt mit dem Thema, und in der allgemeinen historischen Aufarbeitung des Krieges wurde es meist nur am Rande erwähnt. Presse, Film und Rundfunk kamen selten auf den Holocaust zu sprechen. Wenn sie es taten, bestand die unverkennbare Tendenz, die Beschreibung der Opfer zu erweitern oder zu verallgemeinern, um den spezifisch jüdischen Charakter der Massaker zu verbergen, als wäre dies ein irgendwie peinlicher Aspekt. Auf einer den nationalsozialistischen Verbrechen gewidmeten Ausstellung im Juni 1945 in Paris wurde die jüdische Dimension nur beiläufig behandelt. Sogar in Israel zögerte man in den ersten Jahren, allzu großen Nachdruck auf den Holocaust zu legen. Die israelische Historikerin Dina Porat bemerkt: »Durch den Mangel an Erziehung, Recherchen, künstlerischer Gestaltung und menschlichem Dialog zum Thema des Holocaust scheint sich die Sorge um die ermordeten europäischen Juden auf offizielle staatliche Erklärungen beschränkt zu haben.« Doch sogar in letzterer Hinsicht habe eine beunruhigende Neigung bestanden, die Erinnerung den Bedürfnissen der zionistischen Ideologie anzupassen.[2] 1951 wurde ein alljährlicher Gedenktag, Jom Hashoah, ausgerufen und feierlich von der gesamten jüdischen Bevölkerung begangen. Mit der Zeit bürgerte er sich auch in großen Teilen der Diaspora ein. Das orthodoxe Establishment sowohl in Israel als auch in der Diaspora weigerte sich jedoch, den Tag in den offiziellen religiösen Kalender aufzunehmen.

Wissenschaftliche Dokumentationszentren zum Nationalsozialismus waren in London vor dem Krieg (die Wiener Library, ursprüng-

---

gelegentlich benutzt, aber erst in den siebziger Jahren verwandte man ihn weithin, um die Vernichtung des europäischen Judentums zu beschreiben. Zuerst bedienten sich zahlreiche Juden des hebräischen/jiddischen Wortes »*Hurban*«. Später etablierte sich die hebräische Form »*Shoah*« (die auch von Papst Johannes Paul II. benutzt wurde). »Holocaust« mit seiner Grundbedeutung »Brandopfer« erschien vielen, auch dem Autor, als unangemessen, aber das Wort ist nun in den allgemeinen Sprachgebrauch eingegangen.

lich in Amsterdam gegründet), in Frankreich vor der Befreiung (das Centre de Documentation Juive Contemporaine) und 1953 in Jerusalem (Jad Waschem) eingerichtet worden. Am Jüdischen Historischen Institut in Warschau, das kurz nach dem Krieg gegründet wurde, mühte sich eine kleine, doch hingebungsvolle Gruppe jüdischer Historiker unter schwierigen Bedingungen ab, Unterlagen über die jüdische Geschichte in Polen und über das Leben und den Tod von Juden unter der Naziherrschaft zu sammeln und zu bewahren. Ihre Arbeit wurde jedoch durch den Mangel an finanziellen Mitteln und die Beschränkungen der kommunistischen Ideologie eingegrenzt.

Öffentliche Monumente für die Opfer der Nationalsozialisten erschienen recht langsam. In dem früheren Warschauer Ghetto enthüllte man am 19. April 1948, dem fünften Jahrestag des Ausbruchs der Ghetto-Rebellion, ein Denkmal aus mehreren Gestalten, das der polnischjüdische Bildhauer Nathan Rapaport geschaffen hatte. Es stand im Einklang mit dem realistischen Stil, den die damaligen kommunistischen Behörden akzeptierten, und wurde zu einem Konzentrationspunkt der Erinnerung. Nach einiger Zeit hielt man es jedoch für trivial und unzureichend, gemessen an der tragischen Größe der Ereignisse, denen es gewidmet war. In Auschwitz richtete die polnische Regierung ein Museum und ein Dokumentationszentrum ein. Hier wurde der multinationale Charakter der Tragödie betont: Die Juden, welche die überwältigende Mehrheit der im Konzentrationslager Ermordeten bildeten, wurden nur als eine der vielen Gruppen von Opfern dargestellt. Synagogen und jüdische Stiftungen in verschiedenen Teilen Europas stellten Gedenktafeln zur Schau, aber nun kam das allgemeine Empfinden auf, daß lebendige Institutionen für das Gedenken geeigneter sein würden als steinerne Monumente. Die Planung eines Mémorial du Martyr Juif Inconnu in Paris weckte in den frühen fünfziger Jahren Opposition in vielen Teilen der französischjüdischen Gemeinde. Baron Guy de Rothschild äußerte die Ansicht, daß ein solches Bauwerk lediglich von gefühlsmäßigem Wert sei, jedoch keinen sozialen Beitrag »leisten« würde. Seinem Standpunkt schlossen sich zahlreiche osteuropäisch-jüdische Organisationen der Stadt an, welche die Errichtung eines Gemeindezentrums mit einem bescheidenen Ehrenmal bevorzugten.[3] Gleichwohl wurde 1956 ein großes Denkmal an der Seine gebaut. In London legte

man 1983 einen Gedächtnisgarten im Hyde Park an; er wurde wiederholt von Vandalen beschmiert und mußte vorübergehend unter
Bewachung gestellt werden.

An der Stätte vieler Massaker war überhaupt kein Denkmal zu
sehen. Zum Beispiel weigerten sich die Sowjetbehörden, ein Monument für die 33771 Juden zu errichten, die 1941 von den Nazis in Babi
Jar, einer Schlucht bei Kiew, ermordet worden waren. Das Versäumnis führte zu Protesten nicht nur von Juden, sondern auch von Nichtjuden. Im Jahre 1959 erhob der Schriftsteller Viktor Nekrassow öffentlich Einspruch gegen das Fehlen eines Denkmals. Im September 1961
brachte der von der Jugend verehrte russische Dichter Jewgeni Jewtuschenko sein Poem »Babi Jar« heraus: einen kühnen Protest nicht nur
gegen die Nichtexistenz eines Denkmals, sondern auch gegen das
Wiederaufleben des Antisemitismus in der UdSSR. Das Gedicht
machte Furore. Jewtuschenko, bis dahin eine Art amtlicher Rebell,
fiel für eine Weile in Ungnade und wurde vom Kulturestablishment
verurteilt. Im März 1963 ließ sich Chruschtschow persönlich auf eine
öffentliche Auseinandersetzung mit Jewtuschenko ein, als der Dichter in seiner Gegenwart einen Auszug aus dem anstößigen Werk vor-
trug. Jewtuschenko fand den Beistand des Komponisten Dmitrij
Schostakowitsch, der das Gedicht 1962 in seine 13. Sinfonie einbaute.
Das Werk erregte offizielles Mißfallen und wurde eine Zeitlang nirgendwo in der UdSSR aufgeführt.

In Westeuropa wurden die Schrecken des Krieges in aufeinander-
folgenden Jahrzehnten von Lesern und Zuschauern neu entdeckt.
Das erste Werk, das großes Aufsehen erregte, war *Das Tagebuch der
Anne Frank*, das zwischen 1942 und 1944 entstand, während sich die
Familie Frank in Amsterdam versteckte. Anne war fünfzehnjährig
zusammen mit ihrer Schwester im Februar oder März 1945 in Bergen-
Belsen gestorben. Ihr Vater Otto gehörte zu den Gefangenen, die von
den Russen Ende Januar 1945 in Auschwitz befreit wurden. Er kehrte
im Juni 1945 in die Niederlande zurück und entdeckte das Tagebuch, nachdem der Tod seiner Töchter bestätigt worden war. Diese
Aufzeichnung »aller möglichen Dinge, die tief in meinem Herzen
begraben liegen« (Eintrag vom 20. Juli 1942) wurde zuerst auf nieder-
ländisch im Jahre 1947 und dann in vielen anderen Sprachen veröffentlicht (zehn amerikanische Verlage lehnten das Werk zunächst ab).

Das Tagebuch der Anne Frank erzielte einen erstaunlichen Erfolg: 1989 war es in siebenunddreißig Ländern erschienen, und man hatte mehr als 15 Millionen Exemplare verkauft. 1955 wurde es zu einem Theaterstück gemacht, das den Pulitzer-Preis erhielt, und 1957 verfilmt. Neonazis und Antisemiten sowie der britische Militärhistoriker und Selbstdarsteller David Irving taten das Tagebuch als Fälschung ab. Doch das Niederländische Institut für Kriegsdokumentation stellte in einer detaillierten Analyse seine unzweifelhafte Echtheit fest.[4] Die Anne-Frank-Stiftung, 1956 im »geheimen Anbau« der Familie Frank in Amsterdam gegründet, ist heute eine Gedenkstätte, die alljährlich von einer halben Million Menschen besucht wird.

Einer der ersten Filme über die Konzentrationslager, *Nacht und Nebel* (1956), wurde von dem französischen Regisseur Alain Resnais gedreht. Um den allgemeinen Angriff auf die menschlichen Werte hervorzuheben, schwächte Resnais den jüdischen Aspekt bewußt ab. Im Gegensatz dazu bemühte sich André Schwarz-Bart in seinem Roman *Der Letzte der Gerechten* (1959), von dem mehr als eine Million Exemplare verkauft wurden, die Tragödie in den Rahmen der jüdischen Diaspora-Geschichte zu stellen.

Aber erst in den sechziger Jahren schienen Schriftsteller und Regisseure mehrerer Länder hinreichendes Selbstvertrauen zu haben, um sich dem Thema zu widmen. Giorgio Bassanis Roman *Die Gärten der Finzi-Cortini* (1962), der als Vorlage für einen subtil bewegenden Film diente, schilderte die seltsame Weltfremdheit und Arglosigkeit der jüdischen Oberschicht Italiens unter dem Faschismus. Jean-François Steiners *Treblinka*, geschrieben von einem halbjüdischen Franzosen, dessen Vater in einem Todeslager gestorben war, löste 1966 bei seinem Erscheinen leidenschaftliche Debatten aus. Der tschechische Film *Das Geschäft in der Hauptstraße*, in dem Ida Kaminska, einer der letzten Stars der jiddischen Bühne, in der Hauptrolle eine ergreifende Leistung zeigte, erschien 1967 in den Kinos. Den vielleicht größten Eindruck sowohl auf das jüdische als auf das nichtjüdische Leserpublikum machte Elie Wiesels autobiographischer Roman *Die Nacht*. Der in Siebenbürgen geborene Wiesel war als Kind nach Auschwitz deportiert worden und hatte in Buchenwald den Tod seines Vaters miterlebt. Seine frühen Schriften kamen in französischer Sprache heraus. Obwohl Wiesel in die Vereinigten Staaten emigrierte

und amerikanischer Staatsbürger wurde, fanden seine Werke in
Europa weiterhin ein großes Publikum. Sein Einfluß war jedoch eher
der einer Persönlichkeit und eines Augenzeugen als der eines Schriftstellers. Weniger bekannt, aber möglicherweise von höherem litera-
rischen Wert waren die Gedichte von Nelly Sachs, einer deutschjüdischen Schriftstellerin, die sich in Schweden niedergelassen hatte,
und die nüchternen, melancholischen Werke des italienischen Juden
Primo Levi, eines Auschwitz-Überlebenden.

In den siebziger und achtziger Jahren begann man beim europäischen Film und Fernsehen, dem Thema der Kollaboration während
des Krieges ebenso wie dem der Judenverfolgung erhebliche Aufmerksamkeit zu schenken. Louis Malles *Lacombe Lucien* (1974) und
François Truffauts *Die letzte Metro* (1980) untersuchten die Psycho-
logie der Kollaboration. »Genocide«, die stark erweiterte Version
einer von Thames Television gezeigten Episode der *World at War*-
Reihe (1975), war in historischer Hinsicht der wertvollste Dokumentarfilm, der jemals über die Vernichtung des europäischen Judentums
gedreht wurde. Das oberflächliche und vulgär-kommerzielle amerikanische Fernseh-»Dokudrama« *Holocaust* erzielte in mehreren
Ländern, auch in der Bundesrepublik Deutschland, Rekordeinschalt-
quoten. Der ehrgeizigste Versuch, das Thema auf der Leinwand abzu-
handeln, war der neun Stunden lange Film *Shoah*, inszeniert von
Claude Lanzmann, einem französischjüdischen Intellektuellen und
Nachfolger Sartres als Herausgeber von *Les Temps Modernes*. Der
Film wurde in Polen anfänglich als antipolnisch eingestuft und verboten. Anderswo feierten ihn manche Rezensenten als Meisterwerk.

In der UdSSR wurde die Verfolgung der Juden während des Krieges
in die größere Kategorie der Leiden des Sowjetvolks unter der Naziherrschaft einbezogen. Unmittelbar nach dem Krieg stellten Ilja
Ehrenburg und Wassili Grossman eine Dokumentensammlung
zusammen, die einen umfassenden Überblick über die Massenermordung von Juden in der Sowjetunion liefern sollte. Die russische Ausgabe, die unter der Schirmherrschaft des Jüdischen Antifaschistischen
Komitees vorbereitet wurde, war 1946 druckreif, doch die Sowjetbehörden verboten einige Abschnitte und schließlich das ganze Werk.
Es wurde in der UdSSR nie gedruckt, nur im Ausland erschienen
gekürzte Ausgaben in englischer und rumänischer Sprache. Gross-

mans *Leben und Schicksal,* ein dem Holocaust gewidmeter Roman, wurde ebenfalls verboten. Unter den wenigen Büchern über das Los der Juden im nationalsozialistischen Europa, die nicht der Zensur zum Opfer fielen, war eine russische Ausgabe des *Tagebuchs der Anne Frank* (die allerdings erst 1960 herauskam). 1966 wurde Anatoli Kusnezows *Babi Jar,* wenn auch in stark verwässerter Form, publiziert. Erst durch den Schritt zur Glasnost in den späten achtziger Jahren wurde eine offenere Diskussion der jüdischen Tragödie in der Sowjetliteratur ermöglicht.

Während sich das Streben nach literarischer und filmischer Interpretation mit den Jahren verstärkte, reagierten die Gerichtsbehörden zunächst energisch auf die Kriegsverbrechen, um dann in ihren Bemühungen nachzulassen. Im Anschluß an die gemeinsame Erklärung der Alliierten zur Frage der Kriegsverbrechen im Dezember 1992 sammelte die United Nations War Crimes Commission Material für künftige Prozesse: Bis 1948 hatte man nicht weniger als 36 529 Akten angelegt, die UN-Mitgliedsländer im Zusammenhang mit spezifischen Ermittlungen heranziehen konnten.* Die ersten Prozesse gegen nationalsozialistische Kriegsverbrecher waren bereits während des Krieges in der Sowjetunion abgewickelt worden: im Juli 1943 in Krasnodar und im folgenden Dezember in Charkow.

Zwar hatten sich die Alliierten über das Prinzip der Aburteilung und Bestrafung von Kriegsverbrechern geeinigt und es während des Krieges als ein politisches Ziel verankert, doch die Frage, welche juristischen Schritte gegen die Massenmörder unternommen werden konnten, blieb bis 1945 unklar. Viele Experten stimmten J. L. Brierly zu, dem Professor für Recht und Diplomatie in Oxford, der im April

---

* Die Akten, die alle möglichen unbewiesenen Behauptungen enthielten, wurden der Öffentlichkeit nicht zur Verfügung gestellt. Im Mai 1986 verlangte der israelische UN-Vertreter, die Akten der Öffentlichkeit zugänglich zu machen. Ihre Freigabe sei »ein hohes moralisches und historisches Erfordernis«.⁵ Das UN-Sekretariat und die Regierungen der früheren Mitgliedsstaaten der Kommission zögerten anfänglich, das übliche Verfahren zu ändern, doch nach einer Lobbying-Kampagne durch Israel und einige jüdische Organisationen gaben sie schließlich nach, und die Archive wurden im November 1987 geöffnet. Es kam zu keinen bedeutenden Enthüllungen, und die Freigabe der Akten zog keine nennenswerten gerichtlichen Resultate nach sich.

1945 erklärte: »Die Taten der Naziführer sind mit rein juristischer
Gerechtigkeit nicht zu erfassen und können nur durch einen hohen
politischen Akt von seiten der alliierten Regierungen angemessen
abgeurteilt werden.«[6] Die Frage wurde jedoch im August 1945 gelöst,
als dreiundzwanzig ehemalige Kriegsverbündete ein Abkommen
über die Gerichtsverfahren gegen Kriegsverbrecher der Achsen-
mächte unterzeichneten.

Der erste große Prozeß – gegen vierundzwanzig »Hauptkriegsver-
brecher«, darunter Göring, Heß, Ribbentrop, Rosenberg, Frank und
Speer – begann im November 1945 in Nürnberg vor einem Gremium
amerikanischer, britischer, französischer und russischer Richter. Den
Männern wurde eine lange Anklageschrift vorgelesen, die Punkte wie
die vorsätzliche Einleitung eines Aggressionskrieges und – ein neuer
Begriff im Völkerrecht – »Verbrechen gegen die Menschlichkeit« enthielt. Der Massenmord an den Juden, für den umfangreiches Beweismaterial gesammelt worden war und dem Gericht vorgelegt wurde,
fiel unter die letztere Rubrik. Ein Mangel des Verfahrens, jedenfalls
von einem historischen Gesichtspunkt aus betrachtet, bestand in der
Beschränkung der Anklageschrift auf Kriegsereignisse. Die nationalsozialistische Verfolgung der Juden zwischen 1933 und 1939 in Form
von Wirtschaftsboykotten und Beschlagnahmungen, der Nürnberger »Rassengesetze« von 1935, der Brandstiftungen und Pogrome in
der »Reichskristallnacht« vom November 1938 sowie die zahllosen
anderen Fälle von amtlich verordneter Vertreibung, Hetze und
Demütigung in der Vorkriegszeit wurden sämtlich aus der Zuständigkeit des Gerichts ausgeschlossen.

Das Verfahren dauerte fast ein Jahr und endete mit der Verurteilung
der meisten Angeklagten. Man befand Papen, Schacht und einen weiteren für nicht schuldig. Zwölf wurden zum Tode verurteilt, darunter
auch Göring, der sich dem Scharfrichter entzog, indem er in seiner
Zelle eine Zyankalitablette schluckte. Die übrigen erhielten unterschiedliche Haftstrafen. Speer, der einzige Angeklagte, der Reue
erkennen ließ, leistete zwanzig Jahre ab, wurde Mitte der sechziger
Jahre entlassen und schrieb mehrere Bestseller über sein Leben.
Rudolf Heß, der ehemalige Stellvertreter des Führers, der 1941 zu
einer »Friedensmission« nach Schottland geflogen war, hatte sich seitdem in britischem Gewahrsam befunden und wurde zu lebensläng-

licher Haft verurteilt. Nach Speers Entlassung blieb er als einziger Insasse im alliierten Militärgefängnis in Berlin-Spandau. Heß war anscheinend geistesgestört, weshalb in Großbritannien und den USA einige Stimmen für seine Entlassung laut wurden. Aber die Russen legten ihr Veto ein, und er blieb eingekerkert, bis er vier Jahrzehnte später Selbstmord beging.

Weitere zwölf Verhandlungen, als »Nürnberger Nachfolgeprozesse« bekannt, fanden zwischen 1946 und 1949 unter dem Vorsitz amerikanischer Richter statt. Diese führten zu 177 Haft- und zwölf Todesstrafen. Andere Prozesse wurden in der britischen und der französischen Besatzungszone Deutschlands abgewickelt. Insgesamt verurteilten die westlichen Besatzungsmächte ungefähr 5 000 Deutsche; 806 erhielten Todesstrafen, von denen 486 vollstreckt wurden. Weitere 13 000 Personen wurden in Österreich und 1 000 in Frankreich vor Gericht gestellt (davon viele *in absentia*). Die letztere Zahl spart Tausende von angeblichen Kollaborateuren aus, die sofort nach der Befreiung in der als *l'épuration* bekannten Vergeltungsaktion einer rechtlich zweifelhaften Schnelljustiz unterworfen wurden.

In den kommunistisch kontrollierten Gebieten Europas kam es zu schärferen Strafmaßnahmen. Die UdSSR stellte wenigstens 24 000 Deutsche sowie Abertausende angeblicher Kollaborateure vor Gericht. In Polen machte man ungefähr 40 000 Personen den Prozeß, von denen mindestens 1 200 zum Tode verurteilt wurden.

In Ungarn verhandelte man gegen eine ähnliche Zahl, in der Tschechoslowakei gegen 19 000 und in Ostdeutschland gegen 12 000 Personen. Bei der Abwägung dieser Zahlen (die Prozesse wegen Kriegsverbrechen aller Art, nicht nur gegen Juden, einschließen) sollte berücksichtigt werden, daß sich die Alliierten während des Krieges auf das Prinzip geeinigt hatten, Verhandlungen über Kriegsverbrechen in den Ländern, in denen sie begangen worden waren, stattfinden zu lassen; die weitaus meisten derartigen Verbrechen hatten sich in den nationalsozialistisch besetzten Gebieten Osteuropas abgespielt.

Gegen 1948 ließ das öffentliche und amtliche Verlangen nach weiteren Prozessen nach, besonders in Großbritannien, wo man eine gewisse Abneigung gegen solche zunehmend als Siegerjustiz eingestuften Maßnahmen verspürte. Die Schriftstellerin Rebecca West kritisierte die Prozesse als »Langeweile in einer gewaltigen, historischen

Größenordnung«. Lord Birkett, der in Nürnberg als Richter amtiert hatte, nannte sie eine »entsetzliche Zeitverschwendung«.[7] Am 31. Juli 1948 teilte Commonwealth-Minister Philip Noel-Baker der kanadischen Regierung mit, daß Großbritannien die Anklageerhebung gegen nationalsozialistische Kriegsverbrecher in der britischen Besatzungszone Deutschlands bis zum 31. August einstellen werde: »Unserer Ansicht nach geht es bei der Bestrafung von Kriegsverbrechern eher darum, künftige Generationen abzuschrecken, als jedem schuldigen Individuum Vergeltung widerfahren zu lassen.«[8] Churchill, der einst zu den energischsten Fürsprechern der Bestrafung von Kriegsverbrechern gehört hatte, erklärte, es sei an der Zeit, »mit einem Schwamm über die Verbrechen und Greuel der Vergangenheit zu wischen«.[9] Nach 1949 zeigte die britische Regierung kaum noch Interesse an dem Problem.

In Westdeutschland wurde die strafrechtliche Verfolgung von Kriegsverbrechen – jedenfalls bis 1952 – von juristischen Einschränkungen behindert, welche die Besatzungsmächte verhängt hatten. Über einen langen Zeitraum hinweg zeigten die Behörden wenig Tatkraft, was Ermittlungen oder Verhandlungen gegen Kriegsverbrecher oder gegen die Urheber von Greueltaten an Juden betraf. Erst im Dezember 1958 richtete man in Ludwigsburg eine Zentralstelle zur Aufklärung nationalsozialistischer Verbrechen ein. Danach folgten einige wichtige Prozesse, insbesondere die Verhandlung gegen die Auschwitz-Wächter, die 1963 in Frankfurt eröffnet wurde. Insgesamt waren die Gerichtsergebnisse in den ersten Jahren der Bundesrepublik Deutschland mager. Bis 1966 hatte man Verfahren gegen 61 761 Personen eingeleitet, doch in weniger als 10 Prozent dieser Fälle kam es zu Schuldsprüchen. Vierzehn Personen wurden zum Tode verurteilt (vor der Abschaffung der Todesstrafe durch das Grundgesetz der Bundesrepublik im Jahre 1949), siebenundsiebzig zu lebenslänglicher Haft, 5 911 zu kürzeren Haft- und 114 zu Geldstrafen.

Im Jahre 1965 begann eine lange und häßliche Auseinandersetzung über die Frage, ob die Verjährungsfrist auch für nationalsozialistische Kriegsverbrechen gelten solle. Laut deutschem Gesetz konnte nach Ablauf von zwanzig Jahren keine Strafverfolgung wegen Mordes mehr eingeleitet werden; für geringere Verbrechen waren kürzere Verjährungsfristen vorgesehen. Eine vorübergehende Lösung wurde 1965 durch eine Gesetzesänderung gefunden, die den effektiven Beginn der Verjährungsfrist auf das Gründungsdatum der Bundesrepublik im Jahre 1949, nicht auf das tatsächliche Datum des Verbrechens fixierte. Aber damit würde es immer noch unmöglich, neue Fälle nach 1969 zu eröffnen. Zahlreiche Stimmen, besonders unter den Christlichen Demokraten, erhoben sich gegen eine weitere Fristverlängerung. Meinungsumfragen erbrachten, daß zwei Drittel der Bevölkerung nach zwanzig Jahren »einen Schlußstrich ziehen« wollten. Unter dem Druck widersprüchlicher Meinungen verabschiedete der Bundestag im Juli 1969 ein neues Gesetz, das alle Verjährungsfristen für die strafrechtliche Verfolgung von Völkermord aufhob. Gleichzeitig wurde die Verjährungsfrist für Mord von zwanzig auf dreißig Jahre ausgedehnt. Diese Maßnahmen führten allerdings nicht zu einem nennenswerten Anstieg der Zahl von Verurteilungen. Bis 1986 wurden insgesamt 90 921 Ermittlungen eröffnet, doch seit 1964 hatte man nur 364 Schuldsprüche verhängt. Die Zahl der Verurteilungen sank von 9,9 Prozent im Zeitraum 1945–64 auf 1,5 Prozent im folgenden Jahrzehnt. In vielen Fällen schleppten sich die Verfahren jahrelang ergebnislos hin.

Von den wenigen Personen, die in diesen späteren Prozessen verurteilt wurden, kamen etliche mit leichten Strafen davon. Der frühere Kölner Gestapochef Emanuel Schäfer, der wegen der Deportation von 13 000 Juden in die Todeslager verurteilt wurde, erhielt eine dreimonatige Haftstrafe. Kurt Asche, den ein Kieler Gericht 1981 für schuldig befand, an der Ermordung von 26 000 belgischen Juden in Auschwitz beteiligt gewesen zu sein, wurde zu sieben Jahren Haft verurteilt und bis zur Bestätigung des Urteils auf freien Fuß gesetzt. Dr. Rudolf Dann, der Vorsitzende Richter, erklärte, keine Strafe könne Asches Verbrechen sühnen, und die verhängte Haft sei nur ein symbolischer Ausdruck der Mißbilligung des Gerichts. Der Fall Asche hatte von der Eröffnung des Verfahrens bis zum Urteilsspruch achtzehn Jahre in Anspruch genommen. Unterdessen beging ein weiterer Angeklagter Selbstmord, und ein dritter wurde für verhandlungsunfähig befunden.[10] Ebenfalls im Jahre 1981 endete der Prozeß gegen neun SS-Wächter in Majdanek, sieben Männer und zwei Frauen, nach mehr als fünfjähriger Dauer. Die Verhandlung enthüllte weitere Beispiele bestialischen Verhaltens, machte jedoch anscheinend wenig Eindruck auf die deutsche Öffentlichkeit, weshalb sich Arthur Koestler nicht als einziger jüdischer Kommentator fragte: »Welchen Zweck hat es, die Kloaken der Vergangenheit noch weiter aufzurühren?«[11]

Trotzdem waren fünfundvierzig Staatsanwälte und dreißig Polizisten in der Bundesrepublik 1987 weiterhin dabei, Akten über Kriegsverbrechen anzulegen. 1991 stand Joseph Schwammberger, ein früherer SS-Lagerkommandant, in Stuttgart vor Gericht, nachdem er aus Argentinien, wo er seit 1948 in aller Offenheit gelebt hatte, ausgeliefert worden war. Im Mai des folgenden Jahres wurde er, inzwischen achtzig Jahre alt, zu lebenslänglicher Haft verurteilt. Man nahm an, daß dies der letzte derartige Prozeß in Deutschland sein würde: Doch es gibt weitere Prozesse: Im April 1999 begann das Strafverfahren gegen Alfons Goetzfried, neunundsiebzig Jahre alt und der Mitwirkung an der Ermordung von 17 000 Menschen in Majdanek 1943 angeklagt.

In Frankreich schien man nach den Schrecken der *l'épuration* in den fünfziger und sechziger Jahren zu dem stillschweigenden nationalen Einverständnis gelangt zu sein, einen Schleier des Vergessens über die häßlicheren Details der Kriegszeit auszubreiten. Der 1971 von dem jüdischen Regisseur Marcel Ophüls gedrehte Dokumentarfilm *Das Haus nebenan – Chronik einer französischen Stadt im Kriege* war einer der ersten Versuche, jenen Konsens zu erschüttern, indem die Apathie und die passive Kollaboration eines Großteils der Bevölkerung während des Krieges aufgedeckt wurden. Die Zuschauer zeigten sich verstört über die banalen, unwürdigen alltäglichen Kompromisse des Lebens unter der Besatzung: Der Ladenbesitzer mit dem jüdisch klingenden Namen setzte ein Inserat in die Ortszeitung, um zu verkünden, daß er kein Jude sei; zwei Lehrer versuchten, sich zu erinnern, weshalb sie nichts gesagt hatten, als Schüler plötzlich verschwanden. Der Film wurde vom französischen Fernsehen zehn Jahre lang mit einem Verbot belegt, weil, wie der Direktor des nationalen Fernsehdienstes erklärte, »Mythen wichtig für das Leben eines Volkes sind und gewisse Mythen nicht zerstört werden dürfen«.[12]

Dieser absichtlich herbeigeführte nationale Gedächtnisschwund löste sich erst im Laufe der siebziger Jahre auf. Ein Wendepunkt war der Prozeß gegen Klaus Barbie, der während des Krieges als Gestapochef von Lyon für die Ermordung und Deportation Tausender von Juden in die Todeslager, für die Folterung von Gefangenen und den Mord an dem französischen Résistance-Führer Jean Moulin verantwortlich gewesen war. Barbie wurde von einem französischen Militärgericht in Lyon *in absentia* zum Tode verurteilt, hielt sich jedoch unter amerikanischem Schutz weiterhin verborgen – er hatte von 1946 bis 1951 in Deutschland als Spitzel für den Spionageabwehrdienst der US Army gearbeitet. Französische und westdeutsche Bemühungen, ihn zu verhaften, wurden 1951 von amerikanischen Sicherheitsbeamten vereitelt, die ihn mit gefälschten Papieren ausstatteten und ihm ermöglichten, mit Hilfe einer kroatisch-katholischen Fluchtorganisation nach Südamerika zu entkommen.[13] Er verbrachte die folgenden drei Jahrzehnte überwiegend in Bolivien.

Im Februar 1983 – nach langen Versuchen von Serge und Beate Klarsfeld, publicityheischenden frankodeutschen »Nazijägern«, ihn zu entlarven – wurde er mit dem Flugzeug zurück nach Frankreich gebracht. Im Laufe der ausgedehnten Prozeßvorbereitungen drohte Barbies extravaganter Anwalt Jacques Vergès, ein radikaler Linker, den Spieß gegen die Ankläger seines Mandanten umzudrehen, indem er peinliche Geheimnisse über ihre Kollaboration während des Krieges enthüllte. Die Angelegenheit weckte alte Dämonen im französischen Nationalbewußtsein. »Jeder möchte glauben, daß alles nur ein Alptraum war«, kommentierte Bernard-Henri Lévy, ein bekannter jüdischer Intellektueller.[14] Die Verhandlung, die endlich im Mai 1987 in Lyon eröffnet wurde, lieferte umfassende Beweise für Barbies Schuld, jedoch, im Gegensatz zu den Voraussagen seines Anwalts, keine sensationellen Enthüllungen. Barbie wurde für schuldig befunden und zu lebenslänglicher Haft verurteilt; er starb vier Jahre später im Gefängnis.

Drei weitere ausgedehnte Verfahren sorgten im folgenden Jahrzehnt dafür, daß die Frage der Kriegsverbrechen und besonders der französischen Kollaboration bei der Judenverfolgung öffentliches Interesse erregte. Es handelte sich um die Fälle von René Bousquet, Paul Touvier und Maurice Papon. Bousquet, ein hoher Polizeibeamter im Vichy-Frankreich, wurde bezichtigt, für die Festsetzung zahlreicher Juden (in einem Fall von 194 Kindern) verantwortlich gewesen zu sein, die man dann in Todeslager deportierte. Bei einer Verhandlung im Jahre 1949 wegen Kollaboration (jegliche Erwähnung antisemitischer Verfolgungen wurde aus der Anklageschrift gestrichen) rechtfertigte er sein Verhalten damit, daß er die nationalen Interessen Frankreichs verteidigt habe, und erklärte: »Ich bedaure nichts, und wenn ich unter den gleichen Bedingungen von neuem beginnen müßte, würde ich wieder genauso vorgehen.«[15] Bousquet erhielt eine fünfjährige Haftstrafe, die jedoch in Anerkennung der Dienste, welche er der Résistance in den späteren Kriegsjahren geleistet hatte, zur Bewährung ausgesetzt wurde. Danach schlug er eine erfolgreiche Karriere als Bankier ein und wurde 1957 wieder in die Ehrenlegion aufgenommen.

Im Jahre 1989 erhob der Anwalt Serge Klarsfeld (Beates Ehemann) Klage gegen Bousquet, dem er vorwarf, an Verbrechen gegen die Menschlichkeit beteiligt gewesen zu sein. Aber es kam zu langen Verzögerungen, bevor der Prozeß stattfand. Man wußte, daß Präsident Mitterrand solche Verhandlungen ablehnte, und ein Sprecher des Präsidialamtes verkündete in seinem Namen: »Die Geschichte hat ihre Rechte, aber der Bürgerfrieden auch.«[16] Später sagte Mitterrand persönlich: »Man kann nicht ewig von Erinnerungen und Ressentiments leben.«[17] Mitterrands Kommentar wurde erst drei Jahre später, im April 1994, veröffentlicht, als er den heftigen Protest von mehreren Leitern jüdischer Organisationen hervorrief. Die seltsamen juristischen Manöver und Verzögerungen lösten wütende Kritik aus. Laurent Greilsamer schrieb in *Le Monde:* »Nichts ist erbärmlicher als diese bewußt manipulierte Lähmung eines Justizsystems, das vorgibt, fleißig seine Aufgaben zu erfüllen; nichts ist schädlicher für die Ehre der Justiz als diese Heuchelei.«[18] Bousquet blieb in Freiheit, während sich die Ermittlungen gemächlich fortsetzten. Im Juni 1993 wurde er in seiner Pariser Wohnung ermordet. Der französische Oberrabbiner forderte einen posthumen Prozeß, »bei dem alles, was vertuscht worden ist, endlich ausgesprochen werden kann«.[19] Aber man schloß die Akte.

Paul Touvier war Nachrichtendienstchef einer kollaborationistischen Miliz in Lyon gewesen. Er wurde ebenfalls bezichtigt, für die Deportation von Juden und die Ermordung von Résistance-Kämpfern verantwortlich gewesen zu sein. Nach dem Krieg boten ihm rechtsgerichtete Katholiken jahrelang Unterschlupf. 1949 verurteilte man ihn *in absentia* zum Tode, doch er hielt sich bis 1969 versteckt, als die Verjährungsfrist für derartige Urteile ablief. Präsident Pompidou gab ihm 1971 seine Bürgerrechte und sein Eigentum zurück und verteidigte diese Aktion später als eine für die nationale Einheit nützli-

che Geste: »Wollen wir die Wunden unserer nationalen Auseinandersetzung ewig offenhalten?«[20] Die Entscheidung des Präsidenten löste
Empörung bei ehemaligen Résistance-Führern aus, und 1973 wurde
Anklage wegen Verbrechen gegen die Menschlichkeit erhoben, die
nicht von der Verjährungsfrist gedeckt waren. Touvier versteckte sich
wiederum sechzehn Jahre lang, doch man verhaftete ihn 1989 in
Nizza in einer Priorei, in der sich Anhänger des traditionalistischen
katholischen Kirchenspalters Marcel Lefebvre aufhielten.

Im Laufe der folgenden Ermittlungen stellte sich heraus, daß Tou-
vier in den vorangegangenen vierundvierzig Jahren mit seiner Frau
und zwei Kindern in nicht weniger als fünfzig katholischen religiösen
Einrichtungen gewohnt hatte – eine Tatsache, die ein gespenstisches
Licht auf die Beziehung zwischen der katholischen Kirche und dem
Vichy-System warf. Die Enthüllungen veranlaßten den Erzbischof
von Lyon, Kardinal Albert Ducourtray, eine Kommission aus acht
Historikern zu ernennen, welche die Rolle der Kirche hinsichtlich des
Schutzes von Touvier untersuchen sollte. Die Kommission, geleitet
von René Remond, legte ihren Bericht im Januar 1992 vor. Es war eine
vernichtende Anklage einiger der höchsten Würdenträger in der französischen Kirche der Nachkriegszeit. *Le Monde* bezeichnete das
Dokument als »verblüffend«, und Kardinal Ducourtray erklärte, er
sei »zutiefst entsetzt, betrübt und verwirrt«. »Wie ist es möglich«,
fragte er, »daß so viele in der Kirche, zumeist Geistliche, die Erfordernisse der Wahrheit und Gerechtigkeit derart im Namen eines bestimmten Begriffs der Barmherzigkeit ignorieren konnten? Was für
eine Barmherzigkeit ist das?«[21]

Das umständliche Verfahren im Fall Touvier gipfelte im April 1992
in eine Gerichtsentscheidung, sämtliche Anklagepunkte gegen ihn
fallenzulassen. Die Begründung lautete, daß die anti-jüdischen Maßnahmen der Vichy-Regierung nicht als »Verbrechen gegen die
Menschlichkeit« eingestuft werden könnten, da sie nichts mit »ideologischer Vorherrschaft« zu tun gehabt hätten (dieses eigenartige Kri-
terium war im französischen Recht als notwendige Voraussetzung für
die Definition solcher Verbrechen niedergelegt worden). Die Entscheidung zog öffentliche Tumulte nach sich, und 188 Intellektuelle
unterzeichneten einen gemeinsamen Protest, in dem sie die Richter
als Geschichtsfälscher anprangerten. Im November 1992 hob der

oberste französische Gerichtshof den Spruch auf. Mit achtundsiebzig Jahren wurde Touvier 1994 endlich in Versailles erneut vor Gericht gestellt, da er die Hinrichtung von sieben Juden während des Krieges zu verantworten habe. Die Presse nannte ihn den »französischen Barbie«. Touvier behauptete, ein praktizierender Katholik und durchaus kein Antisemit zu sein. Doch Auszüge aus seinem Tagebuch, die dem Gericht vorgelegt wurden und in denen er zwei bekannte Französinnen als »jüdischen Abfall« bezeichnete, präsentierten ein anderes Bild. Er wurde für schuldig befunden und zu lebenslänglicher Haft verurteilt.

Der dritte derartige Fall betraf Maurice Papon, der zwischen 1942 und 1944 als Generalsekretär des Départements Gironde gedient hatte. Ihm wurde vorgeworfen, bei der Deportation von 1690 Juden aus Bordeaux (darunter 233 Kinder) in die Todeslager mitgewirkt zu haben. Von 1958 bis 1967 amtierte er als Pariser Polizeipräfekt und von 1978 bis 1981 als Budgetminister unter Präsident Giscard d'Estaing. 1982 wurde ein Verfahren gegen Papon eingeleitet, aber es kam zu keinem Prozeß. 1995, mit fünfundachtzig Jahren, war Papon weiterhin in Freiheit, und man rechnete nicht mehr mit einer Verhandlung, obwohl er selbst eine Chance forderte, seinen Namen reinzuwaschen.

Mittlerweile hatte sich die Einstellung in Frankreich erheblich geändert. Die zornigen Diskussionen über die Fälle Barbie, Bousquet, Touvier und Papon hatten der Öffentlichkeit deutlicher gemacht, in welchem Maße das Vichy-Regime an der Deportation von Juden aus Frankreich beteiligt gewesen war. Dadurch kam das Empfinden auf, daß ein vollständiger Rechenschaftsbericht für die Reinigung des nationalen Gewissens notwendig sei. Einige französische Juden fürchteten, daß die erschöpfende Berichterstattung über diese Fälle den Antisemitismus stärken könne. Aber viele Nichtjuden und Juden argwöhnten gleichermaßen, daß die endlosen Aufschübe bei der Anklageerhebung gegen solche Männer auf Vertuschungsaktionen hindeuteten. Das Problem wurde mit der umfassenderen Frage verknüpft, wie die Franzosen zu den halb begrabenen Aspekten der Besatzungszeit standen. Erst 1992 beugte sich Präsident Mitterrand widerwillig den Protesten und verzichtete darauf, alljährlich einen Blumenkranz zu Pétains Grab auf der Ile d'Yeu zu schicken (der Präsident betonte, daß er den Helden von Verdun, nicht das

Oberhaupt des Vichy-Staates, ehren wolle). Und erst 1993 rief man einen offiziellen Gedenktag für die Opfer der »großen Razzia« vom 16. Juli 1942, als 13 152 Juden von der Pariser Polizei verhaftet und den Deutschen zur Deportation nach Auschwitz übergeben wurden, sowie für sämtliche Opfer rassistischer und antisemitischer Verfolgung aus.

Die Kontroverse erreichte 1994 einen Höhepunkt mit der Veröffentlichung eines Buches, in dem nachgewiesen wurde, daß Präsident Mitterrand in seiner Jugend ein Anhänger der extremen Rechten gewesen war und anfänglich vorbehaltlos für das Vichy-Regime gearbeitet hatte.[22] Dieser Sachverhalt war seit einiger Zeit in groben Zügen bekannt gewesen, doch die öffentliche Meinung über die Linken wurde durch mehrere nun enthüllte Details erschüttert, insbesondere dadurch, daß Mitterrand einräumte, bis in die achtziger Jahre hinein freundschaftliche Beziehungen zu René Bousquet gepflegt zu haben; außerdem gab er zu, daß er in den Fall Papon eingegriffen und die Ermittlung hinausgezögert hatte. In einem Interview im September 1994 mit dem Chef des französischen staatlichen Fernsehens, Jean-Pierre Elkabbach (einem Juden), erklärte Mitterrand, er habe noch 1942 über die antijüdischen Maßnahmen des Vichy-Regimes »nicht das geringste gewußt« – eine Bemerkung, die bei seinen einstigen Anhängern bissige Kommentare hervorrief.[23] Diese Episode markierte nicht nur das traurige Ende einer großartigen politischen Karriere, sondern warf auch ein gleißendes Licht auf die finsterste Lücke in der nationalen Erinnerung.

In Großbritannien blieb die Frage der Kriegsverbrechen bis in die achtziger Jahre hinein unangetastet, obwohl Behauptungen zu hören waren, daß einige Kriegsverbrecher, als Flüchtlinge vor der kommunistischen Unterdrückung in Osteuropa getarnt, nach dem Krieg im Land Unterschlupf gefunden hätten. Erst 1988, nachdem das Simon Wiesenthal Centre in Los Angeles wiederholt spezifische Personen öffentlich bezichtigt hatte, war die britische Regierung bereit, die Angelegenheit wenigstens zu untersuchen. Es war kein Zufall, daß die Initiative von einer jüdischen Organisation in den USA ausging; das anglojüdische Establishment bevorzugte traditionsgemäß stille Manöver hinter den Kulissen und war verärgert über den schrillen Tonfall, mit dem das Wiesenthal Centre seine Forderungen vorbrachte. Aber das Problem der Kriegsverbrechen wurde von einer parlamentarischen Allparteiengruppe und von den Medien aufgegriffen. In Schottland strahlte der Fernsehsender STV eine Dokumentation aus, in der einige besonders belastende Indizien gegen einen angeblichen Kriegsverbrecher, der nun in Edinburgh lebte, vorgelegt wurden.

Das Innenministerium ernannte einen Untersuchungsausschuß mit Sir Thomas Hetherington, einem früheren Leiter der Anklagebehörde, an der Spitze. Der Ausschuß erstattete im folgenden Jahr Bericht und riet zu Gesetzesänderungen, die Anklageerhebungen erleichtern sollten. Die sich anschließenden Gesetzentwürfe wurden im Unter- wie im Oberhaus heftig diskutiert. Obwohl die Premierministerin, Mrs. Thatcher, das geplante Gesetz befürwortete, wurde es von vielen Konservativen abgelehnt. Einige Juden bezweifelten den Wert neuer Kriegsverbrecherprozesse. Der Kolumnist Bernard Levin schrieb in der *Times:* »Das Universum wird keinen Deut besser oder sauberer sein, wenn es ein oder zwei Dutzend Verbrecher loswird, die bereits mit einem Fuß im Grab stehen.« Chaim Bermant, der Kommentator des *Jewish Chronicle,* stimmte zu: »Es dürfte wohl nützlichere Ventile für jüdische Emotionen und produktivere Einsatzmöglichkeiten für jüdische Energien geben.«[24]

Die Debatte im Oberhaus war äußerst leidenschaftlich für das normalerweise so sanftmütige Gremium. Einige Gegner des Entwurfs erklärten, daß sie eine rückwirkende Gesetzgebung prinzipiell ablehnen müßten. Andere meinten, daß erfolgreiche Anklageerhebungen infolge der verflossenen Zeitspanne unwahrscheinlich seien. Lord Hailsham, ein ehemaliger Lordkanzler, lehnte solche Verhandlungen als »grobe Rechtsbeugung« ab, die kaum besser als »Lynchjustiz« sei.[25] Zu den Gegnern gehörten auch Lord Shawcross, ein einstiger Nürnberger Ankläger, sowie die Lords Soper, Longford, Callaghan, Grimond, Dacre (der Historiker Hugh Trevor-Roper), Carrington und Donaldson. Der Bischof von St. Albans, John Taylor, warnte, daß der Antisemitismus durch solche Prozesse wachsen könne: »Ich fürchte um die jüdische Gemeinde in unserer Mitte.« Lord Mayhew, der als Staatssekretär im Foreign Office 1946 für die politische Reaktion auf Kriegsverbrechen verantwortlich gewesen war, rechtfertigte die Entscheidung, 1948 auf weitere Anklagen zu verzichten: »Der hauptsächliche Grund bestand darin, daß die Vergeltung unserer Ansicht nach weit genug gegangen war ... Der wesentliche Unterschied zwischen der Politik, die wir damals verfolgten, und der Politik, die nun vom Ausschuß empfohlen wird, ist der, daß wir das Ende der Vergeltung befürworteten, während der Ausschuß rät, die Vergeltung erneut fortzusetzen.« Der Oberrabbiner, Lord Jakobovits, fand sich in einer Minderheit wieder, als er argumentierte, es bedeute, »dem Tyrannen einen posthumen Sieg zuzugestehen«, wenn man Kriegsverbrecher ungeschoren lasse.[26]

Das Unterhaus entschied schließlich in einer Abstimmung ohne Fraktionszwang mit einer Mehrheit von 348 zu 123, den Empfehlungen des Ausschusses zu folgen, aber als die notwendigen Gesetzentwürfe dem Parlament vorgelegt wurden, leistete das Oberhaus ebenfalls heftigen Widerstand. Lord Campbell of Alloway, ein Überlebender des Kriegsgefangenenlagers Colditz, führte die Gegner des Gesetzes an; er nannte es »nichts als einen grausamen Rachefeldzug gegen gebrechliche alte Männer«. Lord Beloff, ein jüdischer Konservativer, löste einige Empörung aus, als er verkündete: »In diese Angelegenheit haben sich gewisse Vorurteile eingeschlichen, die denen in den offiziellen Dokumenten der Kriegsjahre sehr ähnlich sind.«[27] Der Entwurf wurde zweimal vom Oberhaus zurückgewiesen (technisch gesehen durch eine Änderung, die den eigentlichen Zweck vereiteln sollte). Schließlich wurde das Gesetz erst verabschiedet, als das Unterhaus von seinem Verfassungsrecht, das Oberhaus zu überstimmen, Gebrauch gemacht hatte – was seit 1911 vorher nur zweimal der Fall gewesen war.

Der War Crimes Act von 1991 führte jedoch nicht zu sofortigen Anklageerhebungen. Im Juli 1994 gab die Regierung bekannt, sie wolle 8 Millionen Pfund zur Verfügung stellen, um maximal zehn Strafverfolgungen von mutmaßlichen nationalsozialistischen Kriegsverbrechern, die im Vereinigten Königreich lebten, zu ermöglichen. Außerdem ermittelte die Abteilung für Kriegsverbrechen von Scotland Yard in weiteren achtzehn Fällen. Provinzielle Peers mit ererbtem Titel setzten ihren Widerstand bis zur letzten Minute fort. Der Earl of Lauderdale nannte das Gesetz ein »klassisches Beispiel für die Torheit des Unterhauses«.[28] Im Oktober 1994 verkündete die Regierung, daß in sieben Fällen eine Anklageerhebung erwogen werde, doch inzwischen waren alle potentiellen Angeklagten so alt, daß sie höchstwahrscheinlich nicht mehr mit einem Prozeß zu rechnen brauchten. Ein Strafverfahren wurde aufgenommen, später aber eingestellt, als man bei dem sechsundachtzigjährigen Angeklagten die Alzheimersche Krankheit diagnostizierte. Doch im April 1999 wurde der achtundsiebzigjährige Anton Sawonjuk im Londoner Old Bailey der Beteiligung an Kriegsverbrechen gegen Juden in Weißrußland für schuldig befunden und zu zweimal lebenslänglicher Haftstrafe verurteilt.

Die Kontroverse um den War Crimes Act machte die Öffentlichkeit auf die Tatsache aufmerksam, daß sich zahlreiche Kriegsverbrecher mit Hilfe von Vertretern der alliierten Regierungen, in manchen Fällen des Vatikans, der Gefangennahme entzogen und Unterschlupf in den Vereinigten Staaten, in Kanada, Großbritannien und anderen Ländern gefunden hatten. In einem Bericht des amerikanischen Außenministeriums von 1947 wurde der Vatikan sogar als »größte Einzelorganisation« bezeichnet, »die in den illegalen Transport von Emigranten verwickelt war«.[29] Solche Anschuldigungen wurden von Kirchenhistorikern zurückgewiesen, doch es gibt Hinweise darauf, daß die Vorwürfe nicht ganz unbegründet waren. Der Vatikan hatte zum Beispiel Kroaten, die im Krieg der faschistischen Ustascha-Bewegung angehört hatten, geholfen, sich nach Argentinien abzusetzen. Walter Rauff, ein SS-Offizier, der Giftmorde an Zehntausenden von Juden zu verantworten hatte, konnte sich achtzehn Monate lang in römischen Klostern verstecken, bevor er sich nach Syrien, Ecuador und Chile aufmachte.

Viele Ukrainer und andere Osteuropäer, die als Freiwillige bewaffneten deutschen Einheiten (auch der SS) gedient hatten, konnten den westlichen Alliierten weismachen, daß sie Antikommunisten seien und als Flüchtlinge, nicht als Verbrecher behandelt werden müßten, denn wenn man sie in die UdSSR zurückschicke, sei ihnen der Tod so gut wie sicher. Allerdings hielten sich die Briten und Amerikaner insoweit an die während des Krieges mit Stalin geschlossenen Abkommen, als sie Hunderttausende von Nazi-Kollaborateuren (die sogenannten Opfer von Jalta) auslieferten, die in der UdSSR inhaftiert oder hingerichtet wurden. Aber seit Anfang 1947, als sich die Feindseligkeiten des Kalten Krieges verstärkten, waren britische Regierungsvertre-

ter immer weniger geneigt, diese Maßnahmen fortzusetzen. Infolgedessen verwandelten sich mutmaßliche Kriegsverbrecher in der Tat in politische Flüchtlinge. Mehreren tausend Letten, Ukrainern und anderen in der britischen Besatzungszone Deutschlands, die in der SS oder in sonstigen deutschen Einheiten gedient hatten, wurde vom Foreign Office der Status von DPs gewährt, so daß sie in Großbritannien arbeiten konnten.

Nachdem ehemalige Mitglieder der ukrainischen SS-Freiwilligendivisionen Galizien im Sommer 1947 in Großbritannien eingetroffen waren, leitete der Abgeordnete Richard Crossman den Brief eines seiner Wähler, der sich über die Ankunft von »8 000 blutdürstigen Halsabschneidern« beklagte, ans Foreign Office weiter.[30] Die Regierung erwiderte, ein »Querschnitt« der Einwanderer sei überprüft worden, aber in Wirklichkeit handelte es sich um eine oberflächliche Maßnahme, und später stellte sich heraus, daß viele Verbrecher durch die Maschen geschlüpft waren. Die sowjetischen Proteste wurden zurückgewiesen. Ungefähr 1 000 der Ukrainer ließen sich in Großbritannien nieder; die übrigen zogen weiter, besonders nach Kanada.

1979 richtete das Justizministerium der Vereinigten Staaten ein Office of Special Investigation (OSI) ein, das in den USA lebende Verbrecher identifizieren und für ihre Abschiebung sorgen sollte. Das OSI verzeichnete nur begrenzte Erfolge. Bis 1990 hatte man lediglich dreißig Personen ausgewiesen, darunter Karl Linnas, einen siebenundsechzigjährigen Esten aus Long Island, der im April 1987 in die Sowjetunion zurückgeschickt wurde und vor Gericht gestellt werden sollte. Linnas, der 1951 als »Displaced Person« aus Deutschland in die USA gelangt war, hatte ein Konzentrationslager in Tartu geleitet, in dem 12 000 Menschen den Tod gefunden hatten. Er war *in absentia* von einem sowjetischen Gericht verurteilt worden und mußte mit der Todesstrafe rechnen, doch er starb, während die Sowjetbehörden noch seinen Einspruch erwogen.

Der beunruhigendste Fall dieser Art betraf John Demjanjuk, einen in der Ukraine geborenen, nun in Cleveland ansässigen Kraftfahrzeugmechaniker, den manche als »Iwan den Schrecklichen«, einen psychopathischen Wächter im Todeslager Treblinka, identifizierten. 1988, nachdem die Vereinigten Staaten ihn ausgeliefert hatten, wurde er von einem israelischen Gericht zum Tode verurteilt. Der Prozeß stieß auf besondere Beachtung bei der ukrainischen Einwanderergemeinde in Nordamerika und in der Ukraine selbst, wo der Fall extreme nationalistische Aufregung verursachte. Nachdem sich Zweifel über einen Teil der Indizien ergeben hatten, wurde das Urteil aufgehoben. Man ließ Demjanjuk frei, und er durfte in die Vereinigten Staaten zurückkehren.

Der wichtigste Prozeß gegen eine Einzelperson wegen der Beteiligung an der Massenermordung von Juden (und der einzige andere, der vor einem israelischen Gericht stattfand) war der Adolf Eichmanns 1961 in Jerusalem. Eichmanns Gefangennahme in Argentinien durch israelische Agenten und sein heimlicher Transport nach Israel lösten Kritik aus, aber der israelische Ministerpräsident Ben Gurion sah den Prozeß als Mittel, die Generation israelischer Juden, die nach 1945 herangewachsen war, über die Realitäten des jüdischen Schicksals im nationalsozialistischen Europa zu unterrichten. Die massive Ansammlung von Urkundenbeweisen durch die Staatsanwaltschaft und die herzzerreißenden Aussagen einer großen Zahl von Zeugen trugen dazu bei, daß dieses Ziel erreicht wurde.

Der Prozeß gegen Eichmann und seine Hinrichtung (es ist das einzige Todesurteil, das in der Geschichte Israels vollstreckt wurde) führten aus mehreren Gründen zu einer erbitterten Diskussion. Der bejahrte deutschjüdische Philosoph Martin Buber, der bekannteste israelische religiöse Denker seiner Zeit, wandte sich gegen die Vollstreckung des Urteils, doch seine Ansicht fand in der Öffentlichkeit wenig Zustimmung. Der britische Verleger und Schriftsteller Victor Gollancz argumentierte, Israel hätte darauf verzichten sollen, Eichmann den Prozeß zu machen. Die bei weitem umstrittenste Reaktion auf die Verhandlung war Hannah Arendts Buch (ursprünglich eine für die Zeitschrift *New Yorker* verfaßte Artikelserie) *Eichmann in Jerusalem. Ein Bericht von der Banalität des Bösen.*[31] Arendt, eine Philosophin, die wegen ihrer jüdischen Herkunft aus Deutschland hatte fliehen müssen, löste vehementen Widerspruch aus, vor allem weil sie die Rolle der Judenräte angeprangert hatte. Das Buch enthielt etliche historische Irrtümer, die der Rechtsgelehrte Jacob Robinson mit unbarmherziger Gründlichkeit entlarvte.[32] Unglücklicherweise fehlte seiner Widerlegung der verführerische literarische Stil, der Arendts Buch kennzeichnete. Die gewaltige Publizität, die dem Prozeß überall auf der Welt zuteil wurde (zum Beispiel strahlte das britische Fernsehen täglich Sonderberichte aus), ließ das Interesse an einigen profunden moralischen und historischen Problemen der Nazi-Ära von neuem aufleben. Außerdem vergrößerte sie das Verständnis der Nichtjuden für den einzigartigen Schrecken des jüdischen Schicksals im nationalsozialistischen Europa und für den Status Israels als Erbe der ermordeten jüdischen Gemeinden.

Jener Status war ein Jahrzehnt zuvor völkerrechtlich und vertraglich durch das Luxemburger Wiedergutmachungsabkommen zwischen Deutschland und Israel anerkannt worden. Obwohl es viele Präzedenzfälle für die Zahlung von Reparationen nach Kriegen gab (beispielsweise durch die besiegten Staaten nach dem Ersten Weltkrieg), lag es in der Natur der Sache, daß nach dem einzigartigen Kollektivverbrechen des Massenmordes am europäischen Judentum kein Präzedenzfall für Reparationen existieren konnte. Man traf eine juristische Unterscheidung zwischen *Rückerstattung*, etwa für Immobilien und andere Besitztümer, und *Wiedergutmachung*, das heißt der Kompensation für das Leid, die Verluste und Verbrechen, deren sich das nationalsozialistische Regime und seine Komplizen schuldig gemacht hatten. Die Rückerstattung begann in den späten vierziger Jahren im besetzten Deutschland, als einige jüdische Besitztümer ihren Eigentümern zurückgegeben wurden – sofern man diese identifizieren konnte. Die Behörden in der amerikanischen Militärzone verabschiedeten 1947 ein Entschädigungsgesetz, und danach traf man ähnliche Vorkehrungen in der französischen und in der britischen Zone. Die Sowjets gaben einen Teil des jüdischen Vermögens zurück, doch in den meisten Fällen waren die Eigentümer nicht in der Lage, ihren Anspruch geltend zu machen. Die umfassendere Frage der Wiedergutmachung mußte jedoch verschoben werden, bis die deutsche Souveränität – dieser Prozeß vollzog sich etappenweise zwischen 1949 und 1955 – wiederhergestellt war.

Vor der Gründung Israels besaßen die Juden keine wirksame kollektive Stimme, durch die das Problem auf die diplomatische Tagesordnung gesetzt werden konnte; entsprechende Bemühungen jüdischer Freiwilligenorganisationen in den Jahren unmittelbar nach dem Krieg waren fast völlig gescheitert. Sogar Israels *locus standi* schien völkerrechtlich zweifelhaft zu sein, da Israel nicht zu den gegen

Deutschland Krieg führenden Staaten gehört hatte. Durch die Entstehung der Bundesrepublik Deutschland im Mai 1949 eröffneten sich jedoch neue Möglichkeiten. Die westdeutsche Regierung erklärte von Beginn an ihre Bereitschaft, die Verantwortung für die Vergangenheit zu übernehmen. Präsident Heuss verkündete im November 1949, »daß sich das deutsche Volk kollektiv schämen sollte«.[33] Aber das erste Angebot einer Zahlung von 10 Millionen DM an Israel durch Bundeskanzler Konrad Adenauer – als »ein sofortiges Zeichen der deutschen Entschlossenheit, das an den Juden überall auf der Welt begangene Unrecht wiedergutzumachen« – wurde als peinlich empfunden und von den Juden in der Diaspora kritisiert. Die Regierung Israels verzichtete auf eine – ob positive oder negative – Antwort.[34]

Die Wiedergutmachungsfrage löste leidenschaftliche Emotionen sowohl in Israel als auch in der Diaspora aus. Viele Juden weigerten sich erbittert, das »Blutgeld« Westdeutschlands zu akzeptieren. Andere brachten vor, es gebe keinen ethischen Grund zuzulassen, daß die Mörder der Juden auch zu ihren Erben würden. Die israelische Regierung versuchte zunächst, nicht auf den emotionalen Gehalt solcher Debatten einzugehen. Im März 1951 legte sie eine offizielle Forderung vor, die nicht an Deutschland, sondern an die vier Besatzungsmächte adressiert war. Darin verlangte sie »die kollektive Wiedergutmachung im Namen Israels und des jüdischen Volkes«, und zwar auf der Grundlage »der im Zusammenhang mit der Umsiedlung jüdischer Einwanderer aus den Ländern unter früherer nationalsozialistischer Kontrolle bereits bestrittenen und zu erwartenden Kosten«. Der entsprechende Betrag wurde auf 1,5 Milliarden Dollar geschätzt. Die westlichen Alliierten erwiderten, sie seien rechtlich nicht in der Lage, der westdeutschen Regierung eine solche Zahlung aufzuzwingen, und die UdSSR antwortete überhaupt nicht. Deshalb hatte Israel, obwohl es ihm gegen den Strich ging, keine andere Wahl, als direkt mit der Bundesrepublik zu verhandeln. Nach vorbereitenden Gesprächen zwischen israelischen und deutschen Vertretern gab Kanzler Adenauer am 27. September 1951 ein Statement im Bundestag ab, in dem er formell erklärte, daß seine Regierung beabsichtige, über ein Wiedergutmachungsabkommen mit Israel zu verhandeln.

Israel konnte den Anspruch erheben – was es auch tat –, der kollektive Erbe der ermordeten Juden zu sein, aber es repräsentierte in den frühen fünfziger Jahren nicht das jüdische Volk als Ganzes. Das Fehlen diplomatischer Beziehungen zwischen dem jüdischen Staat und der Bundesrepublik sowie die heftige öffentliche Ablehnung jeglicher Kontakte mit Bonn in Israel selbst erschwerten direkte Gespräche zwischen den beiden Regierungen. Daher benötigte die Bundesrepublik einen weiteren Verhandlungspartner, der glaubhaft machen konnte, die Überlebenden der vernichteten jüdischen Gemeinden Europas zu repräsentieren. Inzwischen waren Kontakte zwischen westdeutschen Regierungsvertretern und den Führern des Jüdischen Weltkongresses geknüpft worden, welche die Initiative ergriffen und eine gemeinsame jüdische Position zu der Frage formulierten. Auf diese Weise entstand ein hinreichend repräsentatives Gremium, die Conference on Jewish Material Claims against Germany, deren treibende Kraft Nahum Goldmann war.

Goldmann, welcher der Rolle eines Oberhaupts des Diaspora-Judentums in der Nachkriegszeit am nächsten kam, besaß viele Talente und Pässe und beherrschte zahlreiche Sprachen. Seine gleichzeitige Führung des Jüdischen Weltkongresses, der Zionistischen Weltorganisation und der Claims Conference verlieh ihm eine einzigartige Stellung in der jüdischen Welt. Mit beträchtlichem Charme, Witz und einer respektlosen intellektuellen Unabhängigkeit ausgestattet, genoß Goldmann seine Freundschaft mit den Staatsmännern der Welt ebenso wie das Brechen von Tabus. Einige seiner politischen Bemühungen schlugen fehl, vornehmlich sein Versuch, sich Mitte der sechziger Jahre durch die Gründung der zentristischen Liberalen Partei in die israelische Politik einzuschalten. Viele seiner politischen Positionen, die damals mißachtet wurden, erwiesen sich später als gerechtfertigt, etwa seine Meinung, daß sich Israel nach 1967 aus den besetzten Gebieten zurückziehen solle. Seine größte Leistung war unzweifelhaft die Aushandlung des Wiedergutmachungsabkommens mit der Bundesrepublik Deutschland, bei der er sowohl den Staat Israel als auch jenes amorphe, gespaltene, halbmythische Gebilde, das Weltjudentum, repräsentierte.

Nach Adenauers Erklärung im Bundestag brachte Goldmann die Hauptvertretungen aller bedeutenden europäischen und einstmals europäischen jüdischen Gemeinden in der nichtkommunistischen Welt zusammen, und im Oktober 1951 wurde die Claims Conference gegründet. Die Aufgabe, ein einheitliches Vorgehen aller jüdischen Teilnehmer durchzusetzen, war nicht leicht. In Frankreich zum Beispiel kam es innerhalb des CRIF zu heftigen Debatten über die Frage der Teilnahme. Die jüdischen Kommunisten folgten dem von Moskau diktierten Kurs – in der Sowjetunion machte man sich Sorgen über die westdeutsche Wiederbewaffnung – und wollten sich auf nichts einlassen, was die Rehabilitierung Deutschlands fördern konnte. Sie bezeichneten Goldmann als einen amerikanischen Agenten und behaupteten, es sei »anormal und unwürdig, sich mit Mördern an einen Tisch zu setzen«. Ihr Standpunkt wurde vom Bund, der linkszionistischen Partei Mapam und einigen früheren Mitgliedern der Résistance unterstützt. Erst nach »langen, stürmischen Streitgesprächen« war der CRIF schließlich zur Teilnahme bereit – unter der Bedingung, daß das jüdische Volk keine Rehabilitierung und keine Vergebung anbieten werde.[35]

Am 6. Dezember hielt Goldmann ein privates (und geheimes) Treffen mit Adenauer im Londoner Claridge's Hotel ab. Goldmann schrieb später: »Von allen wichtigen Gesprächen, die ich je geführt habe, war dieses emotionell das schwierigste und politisch vielleicht das bedeutsamste … Wenn eine Begegnung das Attribut historisch verdient, so war es diese.« Adenauer sagte, er habe »die Flügel der Weltgeschichte in diesem Raum gespürt«.[36] Goldmann neigte nicht zu Untertreibungen, aber die tragische Feierlichkeit dieses Treffens rechtfertigte seine Darstellung. Der Bundeskanzler ging sofort auf Goldmanns Wunsch ein, die deutsche Regierung solle schriftlich bestätigen, daß sie ihre moralische Verantwortung anerkenne und die Ansprüche Israels ohne Abstrich als Verhandlungsbasis akzeptiere. Adenauer ließ Goldmann noch am selben Tag ein Schreiben dieses Inhalts übergeben.[37]

Nach hitzigen Debatten im israelischen Parlament und unter Juden auf der ganzen Welt begannen die offiziellen Verhandlungen im März 1952 im niederländischen Wassenaar. Die israelische Regierung und die Claims Conference verhandelten gemeinsam im jüdischen Namen mit einer deutschen Regierungsdelegation. Einmal waren die Gespräche dem Abbruch nahe. Der einflußreiche deutsche Bankier Hermann Josef Abs, der damals die deutsche Delegation auf einer internationalen Konferenz in London zur Frage der deutschen Schulden leitete, hegte die Befürchtung, daß die Kreditwürdigkeit Deutschlands durch hohe Wiedergutmachungsverpflichtungen beeinträchtigt werden könne. Deshalb setzte er sich dafür ein, den Betrag zu senken und die Zahlungsfrist auszudehnen. Als Bonn diese Vorschläge zu akzeptieren schien, legten die deutschen Unterhändler in Wassenaar, Dr. Otto Küster und Professor Franz Böhm, Widerspruch gegen das Verhalten ihrer eigenen Regierung ein und drohten mit Rücktritt. Die Gespräche wurden eine Zeitlang unterbrochen. Im Juni schaltete sich Adenauer ein und trat Küster und Böhm zur Seite. Die Verhandlungen wurden im August wiederaufgenommen und etwas später erfolgreich abgeschlossen.

Am 10. September 1952 unterzeichneten Adenauer, Mosche Scharett, der israelische Außenminister, und Goldmann als Vertreter der Claims Conference in Luxemburg das Abkommen. Es war ein aus vielen Gründen kompliziertes Ereignis, zum Beispiel wegen des Fehlens offizieller Beziehungen zwischen der Bundesrepublik Deutschland und Israel. Die arabischen Staaten protestierten lautstark gegen die Wirtschaftshilfe, die Israel im Rahmen des Abkommens erhalten sollte. Aus Furcht vor terroristischen Anschlägen durch rechtsextreme Juden hielt man Zeit und Ort der Zeremonie bis zum letzten Moment geheim. Um Peinlichkeiten zu vermeiden, wurde auf feierliche Reden verzichtet. Der Bundestag ratifizierte das Abkommen im folgenden März mit einer großen Mehrheit (die Kommunisten lehnten es ab, und die FDP enthielt sich der Stimme). Der Vertrag sah die Zahlung von 3 Milliarden DM (damals der Gegenwert von 714 Millionen Dollar) an Israel und von 450 Millionen DM (107 Millionen Dollar) an die Claims Conference vor. Diese Zahlungen waren keine »Reparationen« im strengen Sinne, sondern sie wurden im Vertrag als Teilentschädigung definiert, welche die Bundesrepublik »in den Grenzen ihrer Möglichkeiten« für die »unbeschreiblichen Verbrechen« leiste, »die unter dem nationalsozialistischen Terrorregime ... begangen wurden«. Die Beträge waren niedriger als die ursprünglich geforderten, doch die jüdischen Unterhändler akzeptierten sie, da sich die westdeutsche Regierung außerdem verpflichtete, hohe Entschädigungssummen für Individuen, die infolge der nationalsozialistischen Verfolgung gelitten oder Hab und Gut verloren hatten, gesetzlich zu verankern. Die Gelder der Claims Conference wurden hauptsächlich für Hilfs- und Wohlfahrtsprojekte in den jüdischen Gemeinden Europas verwendet: Schulen, Synagogen, Gemeindezentren, Krankenhäuser und Kulturorganisationen erhielten Zuschüsse.

Die Beträge, welche die deutsche Regierung Israel, der Claims Conference und jüdischen Individuen letztlich zahlte, überstiegen die anfänglich erwarteten Summen bei weitem. Im Juni 1956 wurde in Bonn ein novelliertes Bundesentschädigungsgesetz verabschiedet, das auch Einzelpersonen Anspruch auf Wiedergutmachung einräumte. Es war die erste von mehreren Ergänzungen dieser Art. Bis 1956 waren schätzungsweise 1,2 Millionen Anträge auf Entschädigung eingegangen, von denen etwa 400 000 im selben Jahr stattgegeben worden war. Ein umfangreicher juristischer Apparat half den Opfern der nationalsozialistischen Verfolgung, ihre Ansprüche geltend zu machen. Im Jahr 1956 beschäftigten die Claims Conference und ihre verschiedenen Ableger, etwa die United Restitution Organization, mehr als 1 000 Personen, darunter 217 Anwälte, rund um die Welt. Zu der Zeit wurden 131 000 Anträge bearbeitet. Bis 1976 waren insgesamt 4 318 193 Einzelanträge gestellt worden (in manchen Fällen legten Personen mehrfache Anträge für unterschiedliche Arten der Entschädigung vor). Mittlerweile hatte die Bundesrepublik Zahlungen in Höhe von mehr als 42 Milliarden DM (18 Milliarden Dollar zum damaligen Wechselkurs) geleistet. Ein großer Teil ging in Form von Renten an nationalsozialistische Opfer: an Witwen, Waisen und Menschen, deren Gesundheit oder Karriere durch die Verfolgung beeinträchtigt worden war. Viele erhielten Ausgleichszahlungen für den Verlust von Beamtenposten oder für Zwangsarbeit. Anfänglich waren sämtliche Nutznießer deutsche Staatsbürger, aber allmählich erweiterte man die Kategorien auf andere (jedoch nicht alle) nationalsozialistische Opfer. Separate juristische Schritte wurden eingeleitet, um das Problem jüdischen Eigentums ohne Erben zu bewältigen.

Die Frage der Rückschau auf die Vernichtung des europäischen Judentums wurde mithin auf mehreren Ebenen behandelt: mit Hilfe von Gedenkstätten, Literatur, Filmen, Gesetzgebung und Finanzpolitik. Auf keiner dieser Ebenen wurde ein völlig befriedigendes Ergebnis erzielt. Wie denn auch? Aber man unternahm wenigstens ernsthafte Bemühungen, sich dem Problem zu stellen. Vor allem in Westdeutschland rückte das Thema in den Mittelpunkt der öffentlichen Diskussion und der wissenschaftlichen Arbeit. Im sogenannten Historikerstreit der achtziger Jahre setzten sich Hochschullehrer leidenschaftlich über den Stellenwert des Massenmordes an den Juden in der nationalsozialistischen Ideologie und in der deutschen Geschichte auseinander. Einige Argumente schienen auf den Wunsch hinzudeuten, die jüdische Katastrophe zu »relativieren« – wie zum Beispiel die Thesen Ernst Noltes, der Hitlers Verbrechen mit denen Stalins verglich, als wolle er die ersteren beschönigen. Noltes Thesen wurden jedoch nicht nur von israelischen und britischen Historikern, sondern auch – und dies besonders energisch – von seinen deutschen Kollegen entkräftet. Im Rückblick ließ der Streit die Reife und das Verantwortungsgefühl erkennen, mit denen sich die meisten Historiker der Bundesrepublik dieser heiklen Frage näherten.

Genau das Gegenteil galt für die bunt zusammengewürfelte Gruppe von Personen, die sich im seltsamen Geschäft der »Holocaust-Leugnung« ergingen. In Großbritannien legte David Irving, der sich selbst als einen milden Faschisten beschrieb und Hitlers Sommerhaus in Berchtesgarden als einen »Schrein« bezeichnete, wenigstens den halben Weg zu einer derartigen Position zurück. Er behauptete, es sei nicht nachzuweisen, daß Hitler den Befehl für die »Endlösung« erteilt habe. Zwar gab Irving zu, daß Juden ermordet worden waren, doch dafür machte er die »unbeholfene und geistlose Brutalität von Hitlers Untergebenen« verantwortlich.[38] Der Gedanke, daß Auschwitz eine von den Juden erfundene »rührselige Geschichte« gewesen sei, mit der sie Sympathie und Unterstützung für den Zionismus gewinnen wollten, griff in den späten siebziger und frühen achtziger Jahren in manchen Kreisen um sich. In Frankreich verstieg sich Robert Faurisson, ein Literaturdozent an der Universität Lyon, sogar zu der Behauptung, daß die Gaskammern nicht existiert hätten.

Viele Liberale überlegten, wie diesem grotesken Phänomen begegnet werden könne: Einige sprachen sich dafür aus, mit gesetzlichen Maßnahmen gegen solche Propaganda vorzugehen; andere hielten dagegen, daß die selbsternannten »Revisionisten« nach Märtyrertum strebten und daß Inhaftierungen nur ihrem Wunsch nach Publizität dienen würden. Andere, etwa der amerikanischjüdische Wissenschaftler und radikale Aktivist Noam Chomsky, waren der Ansicht, daß das Recht auf freie Meinungsäußerung auch für solche Fälle zu gelten habe. Chomsky gab die Erlaubnis dazu, eines seiner Statements als Vorwort für ein Buch von Faurisson zu verwenden, was in jüdischen Kreisen Empörung auslöste.

Die Hartnäckigkeit der »Revisionisten« und ihre Beziehungen zur extremen Rechten führte schließlich dazu, daß man ihre Publikationen in mehreren Ländern gesetzlich verbieten ließ. In Westdeutschland erklärte der Bundesgerichtshof die Leugnung des Holocaust 1979 zu einer Straftat: Es sei Teil des Selbstverständnisses der Verfolgten, als Angehörige einer Gruppe betrachtet zu werden, die wegen der erlittenen Verfolgung hervorsteche und der gegenüber alle anderen Bürger eine moralische Verantwortung trügen. Das bewußte Selbstverständnis als Verfolgungsopfer sei Bestandteil ihrer persönlichen Würde. Die Achtung vor jenem Selbstverständnis liefere die Garantie, daß ähnliche Diskriminierungen in Zukunft nicht wiederholt werden könnten, und sei eine wesentliche Bedingung dafür, den Opfern das Leben in Deutschland zu ermöglichen. Wer versuche, die Wahrheit der vergangenen Geschehnisse zu leugnen, enthalte jedem Juden den gebührenden Respekt vor.[39]

Man leitete eindeutige gesetzliche Sanktionen gegen die »Holocaust-Leugnung« ein, doch 1994 wurde ein Rechtsextremist in Mannheim zu einer Strafe mit Bewährung verurteilt, und die Richter gratulierten ihm dazu, die »Ansprüche der Juden« auf die Probe gestellt zu haben. Diese Richter wurden »aus Gesundheitsgründen« suspendiert, und Bundeskanzler Helmut Kohl erklärte das Verhalten des Gerichts für schimpflich. Aber der Vorfall hinterließ einen bitteren Nachgeschmack. Um die Rechtslage klarzustellen, verabschiedete der Bundestag im September 1994 ein neues Gesetz, in dem die Höchststrafe auf fünf Jahre Haft festgelegt wurde. In Frankreich erhob man anhand des 1990 verabschiedeten Loi Gayssot Anklage gegen Faurisson und verurteilte ihn zu einer Geldstrafe von 30 000 Francs. Andere, die der Veröffentlichung oder des Vertriebs ähnlicher Werke für schuldig befunden wurden, erhielten Haftstrafen.

In den siebziger Jahren hatte sich der Holocaust zu einem zentralen Merkmal der jüdischen Identität in der Diaspora entwickelt. Viele Gemeindeführer, etwa Oberrabbiner Jakobovits von Großbritannien, beklagten diesen Trend und warnten vor »der Heiligung des Holocaust als einer Hauptdoktrin im Gedankengut des zeitgenössischen Judentums«.[40] Jakobovits fuhr fort: »Es besteht die akute Gefahr, daß die Konzentration auf den Holocaust die jüdischen Ziele verzerren könnte, indem die Hoffnung auf die jüdische geistliche Erfüllung als höchste Triebkraft des jüdischen Lebens und letztlicher Zweck der jüdischen Existenz durch die Furcht vor der nationalen Auslöschung ersetzt wird.«[41] In religiöser, gesellschaftlicher und intellektueller Hinsicht war sein Argument unanfechtbar, aber es konnte nur schwer vorgebracht werden, ohne Bitterkeit zu wecken.

In höherem Maße als jede andere Religion beschäftigen sich der Judaismus und die Juden mit dem historischen Kollektivgedächtnis. Der Wunsch, sich der Geschichte unerschrocken zu stellen, entspricht der jüdischen Tradition und beruht in seiner gegenwärtigen Form, das heißt bezogen auf die jüdische Katastrophe im nationalsozialistischen Europa, auf den lautersten Motiven. Diese Übung ist in gewissen Grenzen gesellschaftlich notwendig und nützlich. Das Problem besteht darin, die Grenzen zu definieren. Die zentrale Rolle, die der Holocaust nun für das zeitgenössische jüdische Selbstverständnis spielt, droht sich zu einer fast nekrophilen Faszination auszuwachsen. Wie in ihrer Beziehung zu Israel sind die europäischen Juden auch in diesem Bereich einer potentiell zerstörerischen Krankheit erlegen.

6. KAPITEL

Die Juden und das Christenproblem

Die bedeutendste antisemitische Institution 1945 in Europa, in deren historischen Grundlagen sich die antijüdische Doktrin fest verankert hatte, war die römisch-katholische Kirche. Es ist ein Zeichen für die Revolution im Bewußtsein der Kirche und im Verhältnis zwischen Judentum und Christentum, die sich im Laufe einer einzigen Generation vollzogen hat, daß eine solche Aussage aus der Sicht der neunziger Jahre weit hergeholt zu sein scheint. Aber 1945 hätte sie jedem unvoreingenommenen Beobachter eingeleuchtet.

Wer sich über die große historische Wasserscheide des Zweiten Vatikanischen Konzils hinweg in die Vergangenheit zurückbegibt, findet sich in einer düsteren spirituellen Unterwelt wieder, in der die katholische Kirche die mächtigste Triebkraft für antijüdische Ideologien und die unerbittlichste Scharfmacherin gegen die Christusmörder war. Katholische Pfarrer und Lehrer erklärten wie selbstverständlich, daß die Juden ein zur Verdammung verurteiltes Volk seien, das Christus den Rücken zugekehrt habe. An jedem Karfreitag sah die Liturgie ein Gebet vor, in dem es hieß, daß der Schleier von den Herzen »der perfiden Juden« gelüftet werden möge, »damit auch sie unseren Herrn Jesus Christus anerkennen«. Die maßgebliche katholische Zeitschrift *Civiltà Cattolica*, welche die Ansichten des Papstes getreu wiedergab, verlor während des Krieges kein Wort über die Verfolgung der Juden durch die Nazis, prangerte »die Ungerechtigkeit, Gottlosigkeit, Untreue und den Frevel« der Juden im März 1942 an, ließ sich zwischen 1945 und 1952 mitfühlend über die Beschwernisse deutscher Flüchtlinge aus dem Osten aus, ohne die befreiten Konzentrationslager auch nur ein einziges Mal zu erwähnen, sprach vom »gottesfürchtigen« Tod der 1946 in Nürnberg hingerichteten Kriegsverbrecher, erklärte 1951, daß Satan die Herzen der Juden mit »nationalem Egoismus, Rassenstolz, Habgier, Rachegelüsten, Scheinheiligkeit und Härte gegenüber ihren Nachbarn« erfüllt habe, und bedauerte 1952, daß Deutschland für Kriegsverbrechen verantwortlich gemacht wurde und Entschädigungen für beschlagnahmtes jüdisches Eigentum zahlen sollte.[1]

In einigen katholischen Ländern, etwa in Italien, wo die Juden fest in die soziale Struktur eingewoben waren, fand der Antisemitismus der Kirche wenig öffentliche Resonanz. Aufgeklärte katholische Theologen wie Jacques Maritain wiesen den Antisemitismus energisch zurück. Fortschrittliche katholische Denker wie jene des Mouvement Républicain Populaire in Frankreich forderten eine Neubewertung des Verhältnisses zu den Juden. Das alles mäßigt den uralten Antagonismus der Kirche gegenüber der Synagoge, ohne seinen Wesensgehalt jedoch zu ändern. Der Nationalsozialismus war im Mai 1945 beseitigt und diskreditiert worden, aber mehr als ein weiteres Jahrzehnt lang fuhr die größte kirchliche Institution in Europa – wie in den vorangegangenen neunzehn Jahrhunderten – schamlos darin fort, die Mißachtung von Mitmenschen nicht nur als zulässig, sondern als eine religiöse Pflicht und ein zentrales Element des christlichen Glaubens hinzustellen. Die ökumenische Höflichkeit am Ende unseres Jahrhunderts sollte diese historische Tatsache nicht verdrängen.

Um so beeindruckender war deshalb der Reinigungsprozeß, mit dem sich die römische Kirche in der Nachkriegsperiode von diesem Makel der Exklusivität, der religiösen Arroganz und Unmenschlichkeit befreite.

Die katholische Kirche stand mit ihrer Beibehaltung antijüdischer Lehren nicht allein da. Auch die orthodoxen Kirchen Rußlands, Rumäniens und Griechenlands waren zutiefst von antisemitischen Ideen durchdrungen. Die protestantischen Kirchen waren ebenfalls nicht immun dagegen, wie das Verhalten eines Großteils der evangelisch-lutherischen Kirchen in Deutschland unter dem Nationalsozialismus gezeigt hatte.

Die Beziehungen zwischen Judentum und Christentum wurden nach dem Krieg nicht nur von traditionellen antijüdischen Lehren, sondern auch von der jüdischen Erinnerung an die frühere Verhaltensweise der Kirchen getrübt. In den ganzen zwölf Jahren der

Naziherrschaft hatte sich der Vatikan anscheinend größere Sorgen
über die von der extremen Linken als die von der extremen Rechten
ausgehende Gefahr gemacht. Papst Pius XI. hatte Rassismus und
Antisemitismus mit deutlichen Worten gebrandmarkt, doch sein
Nachfolger, Pius XII., der 1938 den Papstthron bestieg, zog es vor,
diplomatisch zu schweigen. In seinen wenigen Aussagen über die
nationalsozialistische Behandlung der Juden beschränkte er sich auf
ein paar orakelhafte und indirekte Kommentare.

In den unmittelbaren Nachkriegsjahren gaben mehrere hohe Mitglieder der Hierarchie, von antikommunistischem Eifer oder anderen
Motiven getrieben, unverhohlen antisemitische Erklärungen ab. Der
Bischof von Wien wurde 1946 vom Anglo-American Committee of
Inquiry befragt und gab zu Protokoll, »daß die Kirche nicht die Juden,
sondern nur den jüdischen Geist des Materialismus bekämpfte«.[2]
Der polnische Primas, Kardinal Hlond, hatte eine lange Liste ähnlicher Äußerungen aufzuweisen. 1936 hatte er den gegen die Juden
gerichteten Wirtschaftsboykott befürwortet: »Man tut gut daran
[schrieb er in einem Hirtenbrief], in geschäftlichen Angelegenheiten
seiner eigenen Art den Vorzug zu geben und jüdische Läden und
Marktstände zu vermeiden.«[3] Nach dem Krieg war Hlond entscheidend daran beteiligt, daß die polnische Kirchenhierarchie die Juden
mit den höchst unpopulären kommunistischen Herrschern identifi-
zierte. Er teilte einem hohen jüdischen Gast mit, daß die regierenden
Juden »bemüht sind, ein für die Mehrheit der Nation schädliches
System durchzusetzen«.[4] Ähnliche Beispiele könnten in großer Zahl
angeführt werden. Sie deuten auf eine Voreingenommenheit hin, die
nicht bloß theoretischer Art war, sondern auch für die Juden überaus
abträgliche Handlungen und politische Schritte auslöste.

Zu den schmerzlichsten Fällen gehörten die der jüdischen Kinder,
deren Leben während des Krieges von Katholiken gerettet worden
war und deren Seele die Kirche später gleichsam als Lösegeld verlangte. Tausende solcher Kinder waren während der Besatzung von
religiösen Orden, katholischen Waisenhäusern oder Familien versteckt worden. Man hatte die meisten als Christen aufgezogen, und
einige wußten nichts von ihrer jüdischen Herkunft oder konnten sich
nur vage daran erinnern. Dadurch kam es bei Kriegsende häufig zu
schweren Identitätskrisen. Der israelische Historiker Saul Friedlän-

der hat einen bewegenden Bericht über seine Jahre als eines dieser versteckten Kinder und über seine beinahe vollzogene Hinwendung zum Christentum geschrieben.[5] In Friedländers Fall wurde die Krise durch seine Entscheidung, nach Palästina zu emigrieren, überwunden. Aber in vielen Fällen sah das Ergebnis anders aus.

Robert und Gérald Finaly, 1941 und 1942 geboren, waren die Söhne österreichjüdischer Eltern, die 1936 die Flucht nach Frankreich ergriffen hatten. Während des Krieges hatten die Eltern, die um das Leben der Kleinkinder fürchteten, ihre Söhne der Obhut einer kommunalen Krippe in einem Vorort von Grenoble anvertraut. 1944 wurden die Eltern deportiert und starben später in Auschwitz. Die Söhne blieben bis Kriegsende bei einer katholischen Pflegemutter, Antoinette Brun, verborgen. 1945 entdeckten eine Tante der Jungen in Neuseeland und eine andere in Israel, daß die Kinder überlebt hatten, und beantragten das Sorgerecht. Im Laufe der nun folgenden langwierigen gerichtlichen Auseinandersetzung entführte Mlle. Brun die Kinder, ließ sie mit Hilfe von militanten Kirchenvertretern taufen und als Katholiken aufwachsen. Im Dezember 1950 erging ein Gerichtsbeschluß, der die Rückkehr der Jungen zu ihrer Familie verfügte, aber ihm wurde nicht Folge geleistet. Die Verhandlungen setzten sich bis 1953 fort. Unterdessen wurden die Jungen in Klöstern der Schwestern von Notre-Dame de Sion versteckt. Anfang 1953 trat Mlle. Brun eine Haftstrafe wegen Entführung an, doch man hatte die Jungen inzwischen über die Grenze nach Spanien geschmuggelt. Vier baskische Priester, welche die Aktion organisiert hatten, und die Oberin des Ordens Notre-Dame de Sion wurden verhaftet.

Der Fall nahm die Ausmaße eines landesweiten Skandals an, in den die Kirchenbehörden und die jüdische Gemeinde hineingezogen wurden. Mit einem Aufschrei der Entrüstung verbündeten sich sämtliche antiklerikalen Kräfte der Republik gegen die Kirche. Linksintellektuelle unterzeichneten ein Manifest, in dem die Haltung der Kirche verurteilt wurde. François Mauriac stellte sich hinter diejenigen, welche die Jungen für den Katholizismus gewinnen wollten (später modifizierte er seinen Standpunkt). Die katholische Presse beklagte sich über eine Verleumdungskampagne gegen katholische Bürger, die schließlich während des Krieges große Risiken auf sich genommen hätten, um jüdische Kinder zu retten. Der französische Primas,

Kardinal Gerlier, der Verbindungen zur Vichy-Regierung gehabt hatte, unterstrich die edlen Motive der baskischen Priester. Im Mai 1953 gelangten Kirchenvertreter endlich zu einem Einverständnis mit Jacob Kaplan, dem amtierenden Oberrabbiner Frankreichs: Die Jungen sollten zu ihren Verwandten zurückkehren. Aber sie tauchten noch immer nicht auf. Kaplan veröffentlichte einen schmerzlichen Protest gegen den krassen Wortbruch der Kirche. Gerlier reagierte wütend. Erst nach einer weiteren leidenschaftlichen nationalen Debatte wurden die Jungen ihren Verwandten in Israel im Juli 1953 übergeben.

Die Episode war mehr als ein flüchtiges Tauziehen um Sorgerechte. Experten dachten an den berühmten Fall Mortara von 1858 zurück, in dem ein sechsjähriger jüdischer Junge in Bologna heimlich durch Vermittlung seiner katholischen Kinderschwester getauft und dann von ihr nach Rom entführt worden war. Die Kirche weigerte sich, das Kind zu seinen Eltern zurückkehren zu lassen, damit es nicht jüdisch erzogen wurde. Die Angelegenheit wurde zu einer Cause célèbre internationalen Maßstabs. Die Kirche ignorierte sämtliche Proteste und setzte ihren Willen durch: Der Junge blieb von seinen Eltern getrennt und wurde als Christ erzogen. Er starb 1940 als Mitglied des Augustinerordens in einer Abtei in Belgien. Der Fall Finaly, der sich lange nach der Beendigung der politischen Macht des Papstes und in einem weltlichen Staat abspielte, hatte ein anderes Ergebnis. Aber die langwierige Kontroverse berührte den Kern der christlich-jüdischen Beziehung im Europa der unmittelbaren Nachkriegszeit. Es war eine Beziehung, die stark getrübt – wenn nicht vergiftet – blieb.

Die Christen, die während des Krieges jüdische Kinder retteten, hatten dabei ihr Leben aufs Spiel gesetzt. Ein tiefes Verständnis christlicher Liebe und Nächstenliebe hatte ihr Handeln motiviert. Viele von ihnen folgten nach dem Krieg ähnlich großherzigen Motiven, als sie ihrer eigenen Überzeugung gemäß versuchten, auch die Seelen dieser Kinder zu retten.

Andererseits wird durch jüngst veröffentlichte Dokumente deutlicher, welch tiefverwurzelter Antisemitismus dem Vorgehen Mlle. Bruns und ihrer Helfer zugrunde lag. Während der Gefangenschaft schickte Robert, der ältere der Brüder, seiner Tante eine Reihe von Briefen, die ihm seine Entführer offensichtlich diktiert hatten (manche waren nicht einmal von ihm geschrieben, sondern nur von ihm unterzeichnet worden). Die Briefe hatten einen unverhohlen antisemitischen Inhalt.[6] Es unterliegt keinem Zweifel, daß die Entführer der Jungen nicht einfach am Wohlergehen der Kinder interessiert waren, sondern einen Kreuzzug für die Rettung ihrer Seelen führen wollten. Die Jungen blieben in Israel, Robert arbeitete später als Arzt in Beersheba. Damit fand die Angelegenheit aus der Sicht der Verwandten ein glückliches Ende. Aber die Finalys waren nicht die einzigen Kinder, die Mlle. Brun in Pflege genommen hatte. Mehrere besaßen keine Verwandten mehr, die sich nach dem Krieg um das Sorgerecht bemühen konnten, und wurden automatisch als Katholiken erzogen. Dies führte zu keinem öffentlichen Aufschrei der Entrüstung, und solche Fälle waren nicht selten: Es gab Tausende von ihnen überall in Europa.

In den Niederlanden zum Beispiel wurde die Frage der jüdischen Kriegswaisen in den Nachkriegsjahren Gegenstand einer erbitterten Diskussion, in der die christlich-jüdischen Beziehungen ernsthaft geschädigt wurden. Rund 2000 jüdische Waisen hatten im Land überlebt, und 1300 von ihnen waren 1945 noch keine fünfzehn Jahre alt. Nach der Befreiung unterstellte man sie der Vormundschaft einer von der Regierung ernannten Kommission, in der Juden eine Minderheit bildeten. Die jüdische Gemeinde forderte, den Kindern – im Einklang mit dem anerkannten niederländischen Rechtsprinzip, daß eine Waise mit dem Glauben der verstorbenen Eltern aufwachsen solle – eine jüdische Erziehung zukommen zu lassen. Aber die Kommission war nicht bereit, dem Prinzip zu folgen, und die jüdischen Mitglieder zogen sich eine Zeitlang aus Protest zurück. Nach Demonstrationen und Einsprüchen von Mitgliedern der jüdischen Gemeinde wurde die Kommission aufgelöst, doch mittlerweile hatte man die meisten Fälle bereits abgewickelt und die Kinder oftmals nichtjüdischen Familien zugeteilt. Die Frage löste Meinungsverschiedenheiten nicht nur zwischen Juden und Christen, sondern auch innerhalb der jüdischen Gemeinde aus, denn einige assimilationistische Juden erklärten, das Wohlergehen und Glück des Kindes hätten den Vorrang vor den religiösen Ansprüchen der jüdischen Gemeinde. Insgesamt wurden etwa 1500 der Kinder jüdischen Familien anvertraut, während 500 als Nichtjuden aufwuchsen (einige kehrten allerdings später zum Judaismus zurück).[7]

Der Fall Anneke Beekmans war dem der Finalys sehr ähnlich, doch das Resultat hatte mehr mit dem Mortaras gemein. Anneke, im November 1940 in Amsterdam als Tochter orthodoxer Juden geboren, die im Todeslager Sobibor starben, war während des Krieges von niederländischen Katholiken versteckt worden. Eine heftige juristische Schlacht um das Sorgerecht kulminierte 1948 in der Entscheidung des Niederländischen Obersten Gerichtshofs, das Mädchen jüdischen Pflegeeltern zu übergeben. Daraufhin wurde sie von ihren katholischen Beschützern verborgen und heimlich getauft. In der sich anschließenden Auseinandersetzung forderten die meisten weltlichen, protestantischen und jüdischen Zeitungen sowie einige liberale Katholiken Respekt vor der Gerichtsentscheidung, während sich die katholische Presse über einen »antikatholischen McCarthyismus« beschwerte. Monsignor B. J. Alfrink, der amtierende Erzbischof von Utrecht, weigerte sich einzuschreiten, denn das Kind »distanziert sich freiwillig von der Gerichtsentscheidung; offensichtlich zieht es die vertraute Umgebung vor, in der es aufgewachsen ist«. Er riet der jüdischen Gemeinde, »die Vormundschaft aufzugeben und das Mädchen nicht mehr zu verfolgen und zu bedrängen«.[8] Mehrere Personen, darunter ein Priester und die Äbtissin eines Klosters, wurden wegen Entführung des Kindes vor Gericht gestellt und leisteten kurze Haftstrafen ab, aber das Mädchen blieb weiterhin verschwunden. Die öffentliche Meinung wandte sich allmählich gegen die jüdische Gemeinde, und die Gerichtsentscheidung wurde nie vollstreckt. Als Anneke 1961 volljährig wurde, kehrte sie nach mehreren Jahren in katholischen Institutionen in Belgien und Frankreich in die Niederlande zurück. Sie erklärte einem Fernsehinterviewer: »Ich bin aus freiem Willen katholisch.«[9]

Dies war ein Problem, das hauptsächlich das ehemals besetzte Europa betraf, aber auch in Großbritannien kam es zu ähnlichen Fällen. Kurz vor Ausbruch des Zweiten Weltkriegs hatte die britische Regierung, die wegen ihrer Einschränkung der jüdischen Emigration nach Palästina unter Druck stand, gestattet, daß bis zu 10 000 »nichtarische« Kinder aus Deutschland nach England gebracht wurden. Insgesamt 9 354 trafen 1938/39 unter der Schirmherrschaft des »Children's Movement« ein; davon waren knapp über 8 000 Juden und die übrigen »nichtarische Christen«.* Viele der Juden wurden bei nicht-jüdischen Pflegefamilien untergebracht (ihre genaue Zahl ist nicht bekannt, aber es könnte sich um mehr als die Hälfte gehandelt haben).[10] Gewöhnlich war für den Aufenthalt bei nichtjüdischen Familien das Einverständnis ihrer Eltern erforderlich. Aber die Eltern sahen sich häufig zur stillschweigenden Zustimmung genötigt, denn viele glaubten zweifellos, daß ihre Kinder bessere Chancen hatten, gerettet zu werden, wenn deren Unterbringung nicht durch einengende Klauseln gefährdet wurde.

Die Wurzel des Problems war, daß in England nicht genug jüdische Familien zur Verfügung standen. Kinder aus einer orthodoxen Umgebung wurden fast ausnahmslos in orthodoxen Familien oder Wohnheimen untergebracht, aber man konnte keine ausreichende Zahl von orthodoxen Familien für sie finden. Deshalb wurden einige orthodoxe Kinder in Deutschland zurückgehalten.[11] Aber es gab auch andere Gründe. Man verteilte die Kinder bewußt auf britische Gebiete mit wenigen jüdischen Einwohnern, da die Regierung fürchtete, daß jüdische Bevölkerungsballungen Antisemitismus hervorrufen würden. Im Jahre 1940, als man auf den Rat der Regierung hin große Mengen von Kindern, darunter viele Flüchtlinge, aus London und anderen Großstädten evakuierte, wechselten Flüchtlingskinder häufig von jüdischen Familien zu nichtjüdischen auf dem Lande über.

Die orthodoxe Einstellung besagte, daß jüdische Kinder, welcher Glaubensrichtung sie auch angehörten, Juden zu bleiben hätten. Der Oberrabbiner spezifizierte in diesem Zusammenhang, daß sich seine Verantwortung nicht »auf Kinder streng orthodoxer Eltern beschränkte«.[12] Das Children's Movement vertrat einen anderen Standpunkt, denn es war weder eine religiöse noch eine ausschließlich jüdische Organisation. Die Kinder unter seinem Schutz stammten aus unterschiedlichen – nur selten aus orthodoxen – Familien. Es handelte sich um einen traurigen Fall widersprüchlicher Konventionen: jener des orthodoxen Judaismus einerseits und jener einer liberalen –

---

* Susan Groag Bell beschwört in ihrer bemerkenswerten Autobiographie *Between Worlds* (New York 1991) mit großer Aufrichtigkeit und Überzeugungskraft die besonderen Schwierigkeiten und Nöte herauf, denen sich die letztere Gruppe zweifach zurückgewiesener und häufig ignorierter Kinder gegenübersah.

aber in mancher Hinsicht immer noch überwiegend christlichen – Gesellschaft andererseits. Ein Konflikt war fast unvermeidlich.

Während des Krieges führten einige orthodoxe Teile der Gemeinde, insbesondere Rabbi Solomon Schonfelds Union of Orthodox Hebrew Congregations, eine wütende öffentliche Kampagne gegen das Children's Movement, das als »Child-Estranging Movement« (Kinderentfremdungs-Bewegung) bezeichnet wurde.[13] Es gibt Hinweise darauf, daß manche christliche Pflegefamilien und mit Flüchtlingsarbeit befaßte christliche Organisationen gelegentlich ihrem Bekehrungseifer nachgaben, was die Kirchenbehörden nicht unbedingt mißbilligten.[14]* Viele Kinder wurden als Christen erzogen und einige ohne Zustimmung ihrer Eltern getauft. Die genaue Zahl läßt sich jedoch nicht festlegen. In einem Memorandum des Children's Movement von 1949 hieß es, daß 129 Kinder bis Juli 1948 getauft worden seien, dreiundachtzig mit und sechsundvierzig ohne Einverständnis der Eltern.[15] Aber diese Zahlen dürften schwerlich alle erfassen, die sich auf die eine oder andere Art vom Judaismus entfernten. In einer Nachkriegsumfrage, die auf der Analyse einer Auswahl von 100 Fällen beruhte, wurde festgestellt, daß sechzehn Personen zum Christentum konvertiert waren. Weitere dreißig waren emigriert, und man hatte keine Angaben über ihre Religionszugehörigkeit. Von den übrigen standen nur noch siebenundzwanzig weiterhin »jüdischen Kreisen nahe«. Ob diese Auswahl völlig repräsentativ war, sei dahingestellt. Eine andere Analyse, die Julius Carlebach 1951 im Auftrag des Oberrabbiners durchführte, basierte auf der Prüfung von 1250 Akten; sie lieferte unterschiedliche und – vom jüdischen religiösen Standpunkt aus – weniger alarmierende Resultate.[16]

Bei alledem ging es nicht nur um statistische Fragen, sondern um ein äußerst bedrückendes menschliches Problem, das häufig verwirrend und undurchschaubar war. In einigen Fällen scheinen Kinder zugleich christlichen und jüdischen Religionsunterricht erhalten zu haben! Unter den Akten von Flüchtlingskindern findet sich zum

---

* Andererseits achteten etliche Pflegeeltern sorgsam darauf, daß die Kinder eine jüdische Erziehung erhielten. In einem dem Autor persönlich bekannten Fall wurde ein deutschjüdischer Junge, der im Haushalt eines englischen Landpfarrers untergebracht war, peinlich genau auf die Bar-Mitzwah-Feier vorbereitet.

Beispiel die eines kleinen Mädchens, das bei einer christadelphischen Familie in den Midlands einquartiert wurde. Die Familie ließ sie die Sonntagsschule besuchen – angeblich mit dem Einverständnis ihrer Mutter, doch dieser Punkt blieb umstritten. Nachdem sich Vertreter einer Flüchtlingsorganisation eingeschaltet hatten, nahm ein reform-jüdischer Rabbiner Kontakt mit ihr auf und arrangierte einen Fern-kurs für Fragen des Judaismus. Die Pflegeeltern mißbilligten diesen Schritt und bestanden auf ihrem Recht, das Mädchen christlich zu erziehen. Man erwog, das Kind bei einer anderen Familie unterzu-bringen, nahm jedoch davon Abstand, da es sich eingelebt zu haben schien. 1943 wurde der Vater des Mädchens überraschenderweise in Italien befreit. In Briefen nach England betonte er, daß seine Tochter Jüdin bleiben solle. Nach der Überwindung vielfacher bürokratischer Schwierigkeiten schlug er sich 1946 nach England durch. Er beabsich-tigte, mit seiner Tochter nach Palästina umzusiedeln, doch ihre Wie-derbegegnung war tragischer Art: Sie erinnerte sich fast nicht mehr an ihren Vater, und die beiden konnten sich kaum noch miteinander verständigen. Vater und Tochter hatten sich einander entfremdet, nicht nur was die Sprache, sondern auch was die gesellschaftliche und religiöse Haltung betraf. Das Mädchen hatte kein Interesse an einer Auswanderung nach Palästina; nach kurzer Zeit reiste er dorthin ab, und sie blieb in England zurück.« »Der allgemeine Eindruck, den man aus diesen Akten erhält [schrieb Julius Carlebach 1951], ist der, daß viele dieser Kinder, wahrscheinlich infolge ihrer schmerzlichen Erfah-rungen, der Religion schließlich entweder mit absoluter Gleichgültig-keit oder mit zynischer Verachtung gegenüberstanden.«[17]

Im protestantischen Europa änderte sich die Atmosphäre der christlich-jüdischen Beziehungen in den späten vierziger und frühen fünfziger Jahren. In Deutschland gaben die Oberhäupter der pro-testantischen Kirchen, von denen die meisten mit den Nazis kollabo-riert hatten, bereits im Oktober 1945 die »Stuttgarter Schulderklä-rung« heraus, in der sie sich für das in der Nazizeit ausgelöste Leid entschuldigten. Die Erklärung erwähnte die Juden nicht direkt, aber 1950 veröffentlichte man ein weitergehendes Dokument; darin hieß es, die Kirchenführer seien durch Unterlassung und Schweigen vor dem barmherzigen Gott mitverantwortlich für die Schlechtigkeit gewesen, die Angehörige ihres eigenen Volkes an den Juden verübt hätten.[18] In Ungarn gab der Rat der Reformierten (calvinistischen) Kirche 1946 eine einmütige Resolution heraus, in der er »mit tiefer Demut die Sünde eingestand ..., nicht mutig eingeschritten und die unschuldig Verfolgten verteidigt zu haben«.[19] Man ordnete an, daß alljährlich an einem Sonntag in sämtlichen Reformierten Kirchen Ungarns Bußgebete gesprochen wurden. Der Synod der Tschechischen Evangelischen Brüder gab im Dezember 1945 eine ähnliche Erklärung heraus. Der Weltkirchenrat, dem die meisten protestantischen Kirchen angehörten, brandmarkte den Antisemitismus auf seiner Gründungsversammlung im Jahre 1948 »ungeachtet seiner Herkunft als absolut unvereinbar mit dem Bekenntnis und der Ausübung des christlichen Glaubens. Der Antisemitismus ist eine Sünde an Gott und den Menschen.«[20] In Großbritannien wirkte das Council of Christians and Jews (das auf Geheiß des Heiligen Offiziums mehrere Jahre lang von der katholischen Kirche boykottiert wurde*) darauf hin, die negativen Klischees hinsichtlich der Juden auszuräumen. In den späten fünfziger Jahren war sogar in der katholischen Kirche ein Gesinnungswandel auszumachen, obwohl das einzige offizielle Zeichen dafür in der Entscheidung des Papstes bestand, statt von den »perfiden Juden« im Karfreitagsgebet von den »ungläubigen Juden« zu sprechen.

Dramatische Änderungen in dieser und anderen Sphären wurden mit dem Pontifikat Johannes XXIII. eingeleitet. Der neue Papst hatte sich während des Zweiten Weltkriegs als Nuntius in Istanbul durch seine Hilfsleistungen für jüdische Flüchtlinge hervorgetan und zeigte ein persönliches Interesse daran, die katholische Doktrin und die Geisteshaltung hinsichtlich der Juden zu revidieren. Dies war eine seiner Zielsetzungen für das Zweite Vatikanische Konzil, dessen Einberufung er 1959 verkündete. Während der Konzilsvorbereitungen ernannte er Kardinal Bea, SJ, zum Leiter des Sekretariats für die Einheit der Christen. Im Juni 1960 diskutierte der Papst mit dem französischjüdischen Gelehrten Jules Isaac über die jüdisch-christlichen Beziehungen. Am Ende der Audienz teilte der Papst seinem Besucher

---

* Die Boykottanweisung wurde angeblich von Kardinal Alfredo Ottaviani, dem Leiter des Heiligen Offiziums, erteilt. Sie wurde heftig von Erzbischof (später Kardinal) Heenan angefochten, der speziell nach Rom reiste und sich schließlich erfolgreich für ihre Aufhebung einsetzte.

mit: »Gehen Sie zu Kardinal Bea, und alles wird in Ordnung kommen.«[22] Der Deutsche Bea, ein rüstiger Achtzigjähriger, war ein sanfter Diplomat und ein früherer Rektor des Päpstlichen Bibelinstituts. Er sprach fließend Hebräisch. Obwohl ein Kirchentraditionalist, engagierte er sich stark für die katholisch-jüdische Versöhnung und wurde zum beredtesten Vorkämpfer des Vatikanischen Konzils. Auf der ersten Sitzung der Mitglieder und Konsultoren des Sekretariats für die Einheit der Christen im November 1960 gab Bea bekannt, das Gremium solle »die Frage des Umgangs mit den Juden nicht aus eigener Initiative, sondern auf ausdrücklichen Befehl von Papst Johannes XXIII.« behandeln. Da der Papst zu Recht Schwierigkeiten vorhersah, ordnete er jedoch an, daß man sich *sub secreto* mit der gesamten Thematik beschäftige.[23]

Die Frage der Beziehung zu den Juden erwies sich nach der Eröffnung des Konzils im Jahre 1962 als einer der umstrittensten Diskussionspunkte. Als Bea dem Konzil im November 1963 einen anfänglichen Entwurf des Schemas »Über die Juden« vorlegte, erinnerte er die versammelten Väter daran, daß die Kirche »im gewissen Sinne die Fortsetzung des erwählten Volkes Israel« sei. Er betonte, daß eine Erklärung über die Juden im Gefolge des Nationalsozialismus besonderen Vorrang habe, doch dürfe der nationalsozialistische Antisemiytismus auf keinen Fall so verstanden werden, als habe er seine Inspiration aus der christlichen Lehre bezogen – »eine völlig falsche Behauptung«. Er setzte sich energisch dafür ein, den Vorwurf des Gottesmordes zurückzuziehen: »Denn die Juden unserer Zeit können schwerlich der an Christus begangenen Verbrechen angeklagt werden, so weit sind sie von jenen Taten entfernt.«[24] Der Entwurf des Schemas war überwiegend das Werk von Pater [später Monsignore] John Oesterreicher, einem jüdischen Konvertiten zum Christentum, und reflektierte laut Erzbischof Heenan von Westminster dessen »tiefsitzendes jüdisches Bewußtsein«.[25] Heenan und andere glaubten mit einem gewissen naiven Wohlwollen, daß die Heranziehung solcher jüdischen Apostaten die Juden besänftigen werde. In Wirklichkeit war ihre Mitwirkung keineswegs willkommen, und als Antwort auf die nachhaltige jüdische Einflußnahme wurde ihre intensive Verwicklung in die katholisch-jüdischen Beziehungen schließlich unterbunden.[26]

Der Erklärungsentwurf stieß auf heftigen Widerstand bei konservativen Theologen sowie bei Vertretern katholischer Minderheiten in arabischen Ländern, die fürchteten, daß eine freundlichere Haltung der Kirche gegenüber den Juden negative Auswirkungen auf die oftmals heikle Situation ihrer eigenen Herde haben könne. Die Debatten und die hinter den Kulissen über das Problem geführten Gespräche ließen die starken Überreste antijüdischer Vorurteile innerhalb der Hierarchie erkennen. An der Spitze der Opposition gegen die Erklärung stand Bischof Luigi Carli von Segni, der (wie ein katholischer Beobachter aus England bemerkte) »es seltsamerweise für nötig hielt, einen, wie ich sagen würde, altmodischen biblischen Antisemitismus zu befürworten – [er] meinte wirklich, es sei eine christliche Pflicht, die Juden als eine verfluchte Rasse zu betrachten«.[27] Carli leitete den »Coetus Internationalis Patrum«, eine erzkonservative Gruppe, die auch von Kardinal Siri von Genua und dem französischen Erzbischof Marcel Lefebvre unterstützt wurde.* Die Konservativen konnten auch mit der Sympathie einflußreicher Gestalten wie Kardinalstaatssekretär Cicognani und Kardinal Ottaviani rechnen, der die Theologie angeblich »als ein zu vollstreckendes Strafgesetzbuch« bezeichnete. Ottaviani sollte erklärt haben: »Bitte, Gott, laß mich vor dem Ende dieses ökumenischen Konzils sterben, damit ich als Katholik sterben kann.«[28]

Der Konflikt erreichte eine solche Intensität, daß die beiden Texte über die Religionsfreiheit und über die Juden zum Zeitpunkt der dritten Sitzungsperiode des Konzils »für die meisten interessierten nichtkatholischen Beobachter des Vaticanum II ... zum Prüfstein der Relevanz und Aufrichtigkeit des Konzils« geworden waren.[29] Bea selbst war der Ansicht, daß »ein positives oder negatives Urteil über das gesamte Konzil weitgehend von der Verabschiedung der Erklärung abhängen« werde.[30]

Die Angelegenheit spitzte sich im Oktober 1964 zu, als Bea, anscheinend unter dem Druck der konservativ gesonnenen Kurie,

---

* Lefebvres fortgesetzte Opposition gegen die Entscheidungen des Zweiten Vatikanischen Konzils führte 1968 zu seiner Exkommunikation. In späteren Jahren führte er eine kleine Gruppe von eingefleischten Traditionalisten, die weiterhin die tridentinische Messe feierten und politische Kontakte zum antisemitischen Front National pflegten.

bekanntgeben mußte, daß die Erklärung über die Juden, ursprünglich als letzter Abschnitt des Schemas über den Ökumenismus gedacht, der Kirchenkonstitution, einem im strengeren Sinne theologischen Dokument, zugeordnet werden solle. Kardinal Heenan erklärte in London vor dem Council of Christians and Jews, daß die Einwände gegen den anfänglichen Vorschlag von nahöstlichen Bischöfen ausgegangen seien, die sich Sorgen über »die Animosität zwischen Arabern und Juden« gemacht hätten. Er betonte jedoch, daß das Sekretariat für die Einheit der Christen das Kapitel über die Juden ins ökumenische Schema aufnehmen wolle, da »die katholische Kirche im Namen aller Christen zum Zeichen der Reue für die unerhörten Greueltaten, die in unserer Zeit an Juden begangen worden sind, eine starke Geste machen sollte«.[31] Die weitere Diskussion im Konzil wurde wiederholt vertagt, während Bea unermüdlich auf einen Konsens hinarbeitete, der konservative Kurien-Mitglieder, arabische Bischöfe und Lobbyisten jüdischer Organisationen zufriedenstellen würde. In Aleppo und anderen Städten der arabischen Welt hielt man Demonstrationen gegen den Entwurf ab, der als Konzession an Israel betrachtet wurde. Einmal ging sogar das Gerücht um, daß der ägyptische Präsident Nasser in Zusammenhang mit dem Thema direkt an den Papst herangetreten sei.

Diese Überlegungen fanden vor dem Hintergrund einer ungestümen öffentlichen Kontroverse um das Verhalten statt, das Pius XII. während des Krieges gegenüber der Judenfrage an den Tag gelegt hatte. Empörung wurde 1963 durch das Drama *Der Stellvertreter* des deutschen Schriftstellers Rolf Hochhuth (eines Protestanten) ausgelöst; das Stück mit seiner Darstellung eines schweigenden und am Schicksal der Juden desinteressierten Papstes wurde zu einem *succès de scandale*. Wie viele literarische Werke war es durch eine Reihe historischer Ungenauigkeiten gekennzeichnet – oder entstellt, wie einige meinten. Aber die historischen Untersuchungen von Fachgelehrten, vornehmlich Saul Friedländers *Pius XII and the Third Reich. A Documentation*[32], bekräftigten die zentrale Botschaft des Dramas. Der Vatikan verzichtete darauf, den Forschern seine eigenen Archive zu öffnen. Sensibel für die Kritik an seiner Kriegsdiplomatie, veröffentlichte er jedoch eine Reihe von Archivdokumenten, die zeigten, welche Maßnahmen ergriffen worden waren und welche Sorge der

Papst und andere hohe Kirchenvertreter um die Kriegsopfer ausgedrückt hatten.[33] Pater John Morlay, ein katholischer Historiker, schloß allerdings, daß diese Dokumente insgesamt keinen besonders beruhigenden Eindruck hinterlassen hätten: »Die Vatikan-Diplomatie ließ die Juden während des Holocaust im Stich, denn sie unternahm nicht alles, was sie für die Juden hätte tun können. Zudem scheiterte sie an ihrem eigenen Anspruch, denn dadurch, daß sie die Bedürfnisse der Juden vernachlässigte und ein Ziel der Zurückhaltung statt der humanitären Fürsorge verfolgte, verriet sie die Ideale, die sie sich selbst gesetzt hatte.«[34]

Diese Auseinandersetzung, die sich über viele Jahre hinzog, war nicht bloß historischer Art. Sie hatte eine bedeutende zeitgenössische Unterströmung: In welchem Ausmaß sollte sich die Kirche verpflichtet fühlen, besonders im Hinblick auf die Ereignisse der Hitler-Jahre, nicht nur ihre Doktrin hinsichtlich der Juden zu ändern, sondern auch Demut und Reue für, wie man heute meint, Unterlassungssünden und fälschliche Aktionen der Vergangenheit auszudrücken? Für viele Kirchenmänner, welche die Idee der historischen Kontinuität der Kirche pflegten, war ein solches Eingeständnis schwer zu verkraften. Daher rührte die seltsam bittere Atmosphäre, in der die Konzilsdebatten über die Judenfrage verliefen.

Die Erklärung *Nostra Aetate,* die 1965 in der letzten Konzilssitzung mit 2 221 gegen 91 Stimmen verabschiedet wurde*, stellte fest, die Kirche könne »nicht vergessen, daß sie durch jenes Volk, mit dem Gott aus unsagbarem Erbarmen den Alten Bund geschlossen hat, die Offenbarung des Alten Testamentes empfing ... Auch hält sie sich gegenwärtig, daß aus dem jüdischen Volk die Apostel stammen, die Grundfesten und Säulen der Kirche, sowie die meisten der ersten Jünger, die das Evangelium Christi der Welt verkündet haben.« Zwar habe ein großer Teil der Juden das Evangelium nicht akzeptiert, »ja nicht wenige haben sich seiner Ausbreitung widersetzt«, aber die Juden seien »immer noch von Gott geliebt um der Väter willen«. Die Erklärung fuhr fort:

---

* Die Gegner der Erklärung erhielten im Zusammenhang mit einigen anderen Klauseln größeren Zuspruch: Zum Beispiel wurde die Passage, in der es hieß, daß »man die Juden nicht als von Gott verworfen oder verflucht darstellen« dürfe, nur mit 1 821 zu 245 Stimmen angenommen.

Da also das Christen und Juden gemeinsame geistliche Erbe so reich ist, will die heilige Synode die gegenseitige Kenntnis und Achtung fördern, die vor allem die Frucht biblischer und theologischer Studien sowie des brüderlichen Gespräches ist.

Obgleich die jüdischen Obrigkeiten mit ihren Anhängern auf den Tod Christi gedrungen haben, kann man dennoch die Ereignisse seines Leidens weder allen damals lebenden Juden ohne Unterschied noch den heutigen Juden zur Last legen. Gewiß ist die Kirche das neue Volk Gottes, trotzdem darf man die Juden nicht als von Gott verworfen oder verflucht darstellen, als wäre dies aus der Heiligen Schrift zu folgern. Darum sollen alle dafür Sorge tragen, daß niemand in der Katechese oder bei der Predigt des Gotteswortes etwas lehre, das mit der evangelischen Wahrheit und dem Geiste Christi nicht im Einklang steht.

Im Bewußtsein des Erbes, das sie mit den Juden gemeinsam hat, beklagt die Kirche, die alle Verfolgungen gegen irgendwelche Menschen verwirft, nicht aus politischen Gründen, sondern auf Antrieb der religiösen Liebe des Evangeliums alle Haßausbrüche, Verfolgungen und Manifestationen des Antisemitismus, die sich zu irgendeiner Zeit und von irgend jemandem gegen die Juden gerichtet haben.[35]

Diese Worte markierten eine Revolution im Denken der christlichen Kirche und einen entscheidenden Bruch mit den anti-jüdischen Lehren der Vergangenheit. Die Kirche sprach mit einer völlig neuen Stimme über die Juden und zu ihnen. Ein liberaler Kommentator merkte an, die Wichtigkeit der Erklärung habe nicht auf dem beruht, »was sie für die Juden bewirken konnte, sondern auf dem, was sie, theologisch und moralisch gesehen, für die katholische Kirche bewirkte«.[36]

Die Erklärung hatte viele Mängel. Durch die Opposition der Kurie und anderer war der ursprüngliche Entwurf verwässert worden. In der Passage »Mögen Christen die Juden nie wieder als ein verworfenes, verfluchtes oder des Gottesmordes schuldiges Volk darstellen« wurde die letzte Wendung gestrichen. Man »verurteilte« den Antisemitismus nicht mehr, sondern beklagte ihn nur noch.[37] Auch die Hoffnungen Beas und Heenans, daß die Kirche Reue über ihre lange Geschichte antijüdischer Äußerungen und Verfolgungen bekunden werde, erfüllten sich nicht. Weder der Holocaust noch Israel wurden in der Erklärung erwähnt. Sie ließ dem Judaismus nicht einmal den gleichen Respekt zuteil werden wie dem Hinduismus, dem Buddhismus oder dem Islam, da sie seine Glaubenssätze nicht im Rahmen seiner eigenen Kategorien, sondern im Zusammenhang mit der christlichen Lehre erörterte. Nicht ohne Ironie verglich Bea das Endprodukt mit

> dem biblischen Senfkorn. Ursprünglich war es meine Absicht, eine kurze und einfache Erklärung über die Beziehung zwischen der Kirche und dem jüdischen Volk abzugeben. Aber im Laufe der Zeit und besonders im Laufe der Diskussionen in dieser Versammlung [das heißt im Konzil] ist das Korn dank Ihnen fast zu einem Baum herangewachsen, in dem alle Vögel der Luft nisten.[38]

Die konservativen Gegner der Erklärung stellten ihre Heckenschüsse auch auf dem Rückzug nicht ein. 1966 veröffentlichte Bischof Carli einen Artikel, in dem er bekräftigte, daß der Judaismus »schon durch sein Wesen ... [das] Urteil der Verdammung durch Gott« trage.[39] Am anderen Ende des Spektrums waren auch radikale katholische Theologen enttäuscht über das Ergebnis. Hans Küng schrieb in einem kurz darauf erschienenen Buch:

> Hier kann nur eines helfen: die radikale Metanoia, das Umdenken und Umkehren, das Einschlagen eines neuen Weges, nicht mehr weiter vom Judenvolk weg, sondern auf das Judenvolk zu: zum lebendigen Gespräch, das nicht auf Kapitulation, sondern auf das Verstehen der anderen Seite aus ist, zur gegenseitigen Hilfe, die nicht der »Mission« dienen will, zur Begegnung in offenem brüderlichen Geiste.[40]

Papst Paul VI. bekräftigte die Betonung des Dialogs, wodurch eine Grundlage für weitere Schritte zum gegenseitigen Verständnis in den nächsten drei Jahrzehnten gelegt wurde.

Zunächst reagierte die jüdische Welt nur halbherzig auf *Nostra Aetate*. Vor allem orthodoxe Juden zeigten sich unbeeindruckt von den Änderungen der kirchlichen Lehre und verwiesen auf den beharrlichen Anspruch der Kirche, daß sie allein den Seelen zur Erlösung verhelfen könne. Ohnehin vermochten die meisten Juden einem theologischen Dialog mit den Christen nichts Nützliches abzugewinnen, sondern hielten ihn eher für gefährlich. Sogar ein aufgeschlossener, liberaler jüdischer Teilnehmer am christlich-jüdischen Dialog wie Geoffrey Wigoder schrieb, daß »man zum Thema der Erlösung den Pluralismus und Universalismus des Judentums dem traditionellen Exklusivismus und Partikularismus des Christentums gegenüberstellen kann«.[41] Aus diesem und anderen Gründen blieb ein erheblicher Verdacht bestehen, daß die Christen nur aus bekehrerischen Motiven einen Dialog anknüpfen wollten. Die christlichen Konversionsversuche beleidigten viele – nicht nur orthodoxe – Juden. Einige protestantische Kirchen, darunter die lutherischen, schickten immer noch Missionare zu den Juden aus, ebenso wie extreme Kulte nach Art der »Jews for Jesus«. Die katholische Kirche dagegen verzichtete auf aktive Maßnahmen zur Bekehrung von Juden.

Letztlich wurde die Initiative nicht von religiösen Führern, sondern vorwiegend von weltlichen jüdischen Organisationen ergriffen. Katholisch-jüdische Sondierungsgespräche begannen 1968, stießen jedoch auf Schwierigkeiten, da die Juden verlangten, daß ihre religiöse Bindung an das Land Israel von den Katholiken akzeptiert werde. Dies sahen die Diplomaten des Vatikans als einen gefährlichen ersten Schritt zur Anerkennung des Staates Israel. Gleichwohl erzielte man einige Erfolge. 1970 bildeten der Jüdische Weltkongreß, das Synagogue Council of America, das American Jewish Committee, B'nai B'rith International und das Israel Interfaith Committee ein International Jewish Committee of Inter-religious Consultations (IJCIC). Im folgenden Jahr gründete dieses Gremium einen Verbindungsausschuß mit der katholischen Kirche. Der Heilige Stuhl etablierte eine Kommission für die religiösen Beziehungen zum Judaismus (und gleichzeitig eine für die Beziehungen zum Islam). Sie hatte den Auftrag, die »Zusammenarbeit weiter zu entwickeln im Sinne einer guten und wirksamen Verwirklichung der Richtlinien des Konzils«.[42]

Im Januar 1975, zehn Jahre nach der ursprünglichen Erklärung, gab der Vatikan schließlich ein zweites Hauptdokument mit dem Titel »Richtlinien und Hinweise für die Konzilserklärung *Nostra Aetate*« heraus. In diesem Text, der respektvoll und freundschaftlich gehalten war und daher nichts mit den traditionellen kirchlichen Äußerungen über das Judentum gemeinsam hatte, wurde von vornherein eingeräumt: »In der Tat sind die Beziehungen zwischen Juden und Christen, wo sie überhaupt vorhanden sind, im großen und ganzen noch kaum über das Stadium des Monologes hinausgekommen: um so wichtiger ist, daß nun ein wirklicher Dialog entsteht.« Weiter hieß es in dem Dokument: »Was die liturgischen Texte angeht, soll man darum besorgt sein, in der Homilie eine gerechte Auslegung zu geben, besonders da, wo es sich um Abschnitte handelt, die scheinbar das jüdische Volk als solches ins schlechte Licht setzen.« Die Verfasser erinnerten daran, daß »Jesus aus dem jüdischen Volk [stammt]«, und rieten im Hinblick auf die katholische Erziehung: »Man darf das Alte Testament und die sich darauf gründende jüdische Tradition nicht in einen solchen Gegensatz zum Neuen Testament stellen, daß sie nur eine Religion der Gerechtigkeit, der Furcht und der Gesetzlichkeit zu enthalten scheint, ohne den Anruf zur Liebe zu Gott und zum Nächsten.« Außerdem wurde anerkannt: »Die Geschichte des Judentums geht nicht mit der Zerstörung Jerusalems zu Ende. Und in ihrem weiteren Verlauf hat sich eine religiöse Tradition entwickelt, deren Ausgestaltung jedenfalls reich an religiösen Werten ist ...«[43]

Die jüdischen Reaktionen auf dieses Dokument waren gemischt. Einerseits begrüßte man den Tonfall und Inhalt der Richtlinien für die religiöse Unterweisung. Andererseits wurde Enttäuschung über das anhaltende Versäumnis laut, die zentrale Rolle des Volksgedankens für das jüdische Selbstverständnis anzuerkennen. Ein katholischer Kritiker nennt einige wichtige Auslassungen:

> ... kein Wort fällt über die Schuld der Christen im Zusammenhang mit der Judenverfolgung, obwohl die jahrhundertelangen Leiden der Juden erwähnt werden; der Judaismus wird hier lediglich als Religion dargestellt; es gibt keinen Hinweis auf die Verbindung zwischen Glauben und nationaler Souveränität oder auf die fortdauernde Gültigkeit des Sinai-Bundes. Das Land Israel, das heute wie je einen integralen Bestandteil des jüdischen religiösen Bewußtseins bildet, bleibt ebenfalls unerwähnt.[44]

Ein drittes wichtiges Vatikan-Dokument mit dem Titel »Hinweise für eine richtige Darstellung von Juden und Judentum in der Predigt und in der Katechese der katholischen Kirche« erschien 1985. Mit diesem Text schritt man weiter auf dem Weg voran, den die beiden ersten bereits vorgezeichnet hatten. Er reflektierte die neuere Bibelwissenschaft durch das Eingeständnis: »Es ist nicht auszuschließen, daß einige feindselige oder nicht unbedingt vorteilhafte Hinweise auf die Juden [im Neuen Testament] ihren historischen Kontext aus den

Konflikten zwischen der entstehenden Kirche und der jüdischen Gemeinde beziehen.« Und weiter: »Aufmerksam gegenüber demselben Gott, der gesprochen hat, und am selben Wort hängend, müssen wir [Christen und Juden] uns zu der einen Erinnerung und der einen gemeinsamen Hoffnung auf Ihn, welcher der Herr der Geschichte ist, bekennen.«[45] Aber wie die sorgfältige Analyse Geoffrey Wigoders deutlich machte, konnte das Dokument von jüdischen Dialogteilnehmern immer noch nicht als völlig zufriedenstellend empfunden werden. Es bekräftigte weiterhin, daß die Erlösung nur durch die Kirche erlangt werden könne; es enthielt nur eine sehr versteckte Erwähnung des christlichen Antisemitismus, und es erwähnte den Holocaust bloß am Rande.[46]

Unterdessen hatten auch die Protestanten ihre Haltung den Juden gegenüber in den Nachkriegsjahrzehnten erheblich geändert. Ein hervorragender schwedischer Theologe, der Lutheraner Krister Stendahl, machte 1967 einen bemerkenswerten Versuch, die Scheinheiligkeit, von der die Diskussion des Themas üblicherweise geprägt war, zu überwinden. Er forderte eine Neubewertung der »oberflächlichen Trennung« zwischen dem »Christentum als einem idealen Phänomen« und den »schlechten Christen«, die »durch ihren Mangel an wahrer Christlichkeit scheußliche Verbrechen begangen hätten«:

> Nach 2000 Jahren wird solch eine oberflächliche Trennung ziemlich suspekt. Es handelt sich um ein auffälliges Beispiel für den primitivsten Fehler in der vergleichenden Religionswissenschaft. Man vergleicht seine eigene Religion in ihrer idealen Gestalt mit der tatsächlichen Gestalt und den wirklichen Manifestationen anderer Glaubensbekenntnisse. Wir sollten uns vielmehr offen und angstvoll fragen, ob sich im Kern der christlichen Tradition Elemente befinden, welche die Christen eine Haltung zum Judentum einnehmen lassen, die wir nun verurteilen und von uns weisen müssen.

Stendahl beklagte den »frommen Betrug«, der zum Beispiel zur Veröffentlichung einer verwässerten Ausgabe des Johannesevangeliums geführt hatte, in der antijüdische Äußerungen gestrichen oder abgeändert worden waren. Statt dessen müsse »die ernste Tatsache« anerkannt werden, »daß die christliche Bibel selbst Stoff über die Juden enthält, der dem zeitgenössischen Leser als beleidigend und haßerfüllt erscheinen muß« und der »als ›göttliche‹ Sanktion für den Haß auf die Juden wirksam ist«.

Stendahl kritisierte die katholische Behandlung des Themas, verschonte seine eigene Kirche jedoch keineswegs. In einem großen Teil der lutherischen Theologie »läßt das gesamte Denksystem, mit seinem Bild der Pharisäer und des politischen Messianismus der Juden, die jüdische Frömmigkeit zu einem schwarzen Hintergrund werden, vor dem die christliche Frömmigkeit um so heller glänzen kann«. Mit Änderungen der Liturgie oder des Katechismus oder mit einem Dialog sei es nicht getan. Vielmehr müßten die Christen den Juden die Frage stellen, »ob sie bereit sind, uns wieder zu einem Teil ihrer Familie werden zu lassen, zu einem vielleicht eigentümlichen Teil, aber jedenfalls zu Verwandten, die sich für eine eigentümliche Art von Juden halten«. Diese erstaunliche Äußerung christlicher Demut und Reue ging für die meisten Christen wahrscheinlich zu weit, aber ganz anders sah es im Hinblick auf Stendahls Ausrufung einer »Theologie der Geschichte« aus, in der die Religion nicht Gegenstand »zeitloser Wahrheiten« sein, sondern einer »dauernden Interpretation« unterliegen solle. Diese Idee wurde in weiten Kreisen akzeptiert und ermöglichte christlichen – katholischen wie protestantischen – Theologen, mit wissenschaftlichen Analysetechniken an heilige Schriften heranzugehen, ohne sich vor den Ergebnissen und den doktrinellen Folgen solcher Methoden fürchten zu müssen.[47]

Der protestantisch-jüdische Dialog fand in verschiedenen Ländern auf mehreren Ebenen statt. Der Weltkirchenrat, dem die meisten protestantischen Kirchen angehören, hielt eine Reihe von Diskussionen ab, die 1982 zur Herausgabe des Papiers »Ökumenische Überlegungen über den jüdisch-christlichen Dialog« führten. Dieses Dokument ging viel weiter als jedes frühere katholische Statement, um die jüdischen Gesprächspartner zufriedenzustellen. Darin hieß es: »Es sollte nicht überraschen, daß die Juden jene christlichen Theologien ablehnen, in denen ihnen als Volk eine negative Rolle zugewiesen wird. Tragischerweise haben solche Denkmuster in der Christenheit häufig offene Akte der Herablassung, Verfolgungen und Schlimmeres hervorgebracht.« Man versuchte, die falschen Vorstellungen von den Juden und vom Judaismus zu korrigieren, die von der christlichen Lehre über die Jahrhunderte hinweg geprägt worden seien. In höherem Maße als die katholischen Statements stand das Dokument für einen bedeutsamen Versuch, das Judentum im Rahmen seines eigenen Selbstverständnisses und nicht innerhalb einer exklusiven oder triumphalen christlichen Programmatik für die Erlösung einzuschätzen. Die Verfasser waren bemüht, die im Judaismus bestehende Verbindung zwischen dem Volk und dem Land Israel in den Text einzubauen. Man gab zu, daß sich »die Lehren der Verachtung für die Juden und das Judentum in gewissen christlichen Traditionen als Brutstätte für das Unheil des nationalsozialistischen Holocaust erwiesen haben«. Andererseits brachte man zu der Frage des Proselytismus und der Missionsarbeit, zu der die Juden eine entschiedene Position vertraten, nur eine Zusammenfassung der von den verschiedenen Dialogpartnern geäußerten Meinungen zustande.[48]

Natürlich war der christlich-jüdische Dialog eine Unternehmung, die im allgemeinen auf einem erhabenen intellektuellen Niveau von wenigen Theologen und »Experten« gestaltet wurde. Die Mehrheit der Gläubigen las keine doktrinellen Aussagen und Kirchendokumente. Bestenfalls wurden sie von solchen Texten indirekt durch die Predigten der Geistlichen und die Instruktionen von Lehrern in Kirchenschulen beeinflußt. Den wirklichen Test hatten die revolutionären Änderungen der Kirchendoktrin im alltäglichen Kontakt zwischen Juden und Nichtjuden zu bestehen. Insgesamt ist nicht zu leugnen, daß die neue Haltung im Laufe der Nachkriegsjahrzehnte zu den Massen durchdrang. Der Prozeß spiegelte sich in einer allmählichen Minderung der öffentlichen Feindschaft den Juden gegenüber wider, wie Meinungsumfragen zum Beispiel in Frankreich und Polen ergaben. Gleichwohl stieß der Dialog im Bereich heikler Themen – etwa des Holocaust, Israels und der Beziehung zwischen der traditionellen christlichen Lehre und dem Antisemitismus – auf Hindernisse. Diese Probleme tauchten im Alltagsleben wiederholt in neuer Form auf und erinnerten auf beunruhigende Weise daran, wie schwer die Vergangenheit zu bewältigen war.

Ein Beispiel – für sich genommen trivial, doch kennzeichnend für solche Schwierigkeiten – lieferten die mehrfachen Auseinandersetzungen der Nachkriegszeit über das Passionsspiel in dem kleinen bayerischen Dorf Oberammergau. Dieses Stück, das seit 1634 in jedem Jahrzehnt unter Mitwirkung der meisten Dorfbewohner aufgeführt wurde, zog Hunderttausende von Zuschauern an und gewann eine symbolische Bedeutung, die sich weit über Bayern oder Deutschland hinaus bemerkbar machte. Zwischen 1750 und 1850 war in dem für das Stück benutzten Text, obgleich er einige antisemitische Passagen enthielt, die Hauptverantwortung für die Kreuzigung nicht den Juden, sondern dem Teufel zugeschrieben worden. Seit 1860 – und danach in zehnjährigen Intervallen – hatte man jedoch einen anderen, von dem Ortspfarrer Pater Alois Daisenberger verfaßten Text verwendet. In dieser Version, die einen stark antijüdischen Gehalt hatte, wurden die Juden für den Gottesmord verantwortlich gemacht. Es dürfte kein Zufall gewesen sein, daß das Spiel in jener Periode, in welcher der Antisemitismus in Deutschland als politische Doktrin formuliert wurde, größere Popularität errang.

Die Aufführung eines solchen Stücks im Nachkriegsdeutschland löste natürlich Kritik sowohl bei Juden als auch bei Christen aus, besonders nach dem Zweiten Vatikanischen Konzil. In den 1960ern wurden die Dorfbewohner, die sich für die jeweils zu benutzende Version entscheiden konnten, von den Kirchenbehörden – teils infolge jüdischer Beschwerden – unter Druck gesetzt, den Text zu ändern. Deutsche Rechtsextremisten schlachteten das Thema für ihre Propaganda aus, indem sie sich über Versuche beklagten, »Judas reinzuwaschen«.[49] Innerhalb des Dorfes traten mehrere Fraktionen für unterschiedliche Textfassungen ein, die von außenstehenden Kritikern als mehr oder weniger anstößig empfunden wurden. Die meisten Dorfbewohner waren verärgert über die Einmischungen von außen: Wiederholte Abstimmungen erbrachten Mehrheiten, welche die Revision der beleidigendsten Textpassagen ablehnten. Obwohl man einige Änderungen vornahm – zum Beispiel wurde Moses in einem der Tableaus nicht mehr mit Hörnern dargestellt –, enthielt die letzte Aufführung des Stückes, im Jahre 1990, immer noch den sogenannten Blutschwur: »Sein Blut komme über uns und über unsere Kinder!« (Matthäus 27,25) Die Proteste katholischer Theologen fruchteten nichts.

Die Angelegenheit mochte nebensächlich erscheinen: Oberammergau ist ein fernes Dorf mit frommen, doch störrischen und ungebildeten Bewohnern. Beunruhigender war die Reaktion der größeren Öffentlichkeit. Die Tatsache, daß ein solches Stück in den neunziger Jahren in Deutschland als bedeutendes religiöses und touristisches Ereignis insgesamt ein Publikum von einer halben Million Menschen anzog, war ein Zeichen dafür, wie lange es dauern konnte, bis die Entscheidungen des Zweiten Vatikanischen Konzils auf der Ebene der Gläubigen wirksam wurden.[50]

An der Kirchenspitze selbst ließ das fortdauernde Widerstreben des Heiligen Stuhls, diplomatische Beziehungen zu Israel aufzunehmen, ebenfalls erkennen, wie langsam sich der Geist von *Nostra Aetate* durchsetzte. Der Vatikan, der immer noch negative Reaktionen der arabischen Länder gegenüber christlichen Minderheiten fürchtete, blieb in der Frage äußerst zurückhaltend. Im Januar 1964 stattete Papst Paul VI. dem Heiligen Land einen kurzen Besuch ab, leistete der Souveränität seiner israelischen Gastgeber jedoch nur die minimalste Anerkennung. 1973 begrüßte er die israelische Ministerpräsidentin Golda Meir als Besucherin im Vatikan, aber dies galt als eine reine Höflichkeitsfloskel, die diplomatisch nicht bedeutsamer war als eine ähnliche Audienz, die Papst Johannes Paul II. Jassir Arafat 1982 gewährt hatte. Der Münchener Kardinal Döpfner ging 1974 über die üblichen katholischen Formulierungen hinaus, als er erklärte, daß das jüdische Volk »Anspruch auf ein eigenes Land innerhalb politisch sicherer Grenzen« habe, aber er sprach für seine eigene Person, nicht im Namen des Vatikans.

Im Juni 1979 besuchte Papst Johannes Paul II. Auschwitz und hielt eine wichtige Rede an der Stätte der ehemaligen Gaskammern in Birkenau. Der erste polnische Papst erwähnte, daß dies nicht sein erster Besuch in Auschwitz sei, denn das Todeslager befinde sich in seiner früheren Diözese Krakau. Mit Bezug auf die Gedenkinschriften in vielen Sprachen sagte der Papst:

> Insbesondere verhalte ich mit euch, liebe Teilnehmer an dieser Begegnung, vor der Inschrift in hebräischer Sprache. Diese Inschrift weckt die Erinnerung an das Volk, dessen Söhne und Töchter für die totale Vernichtung vorgesehen waren. Dieses Volk leitet seine Abstammung von Abraham her, unserem Vater im Glauben (vgl. Römer 4,12), wie es Paulus von Tarsus ausdrückte. Eben das Volk, welches von Gott das Gebot »Du sollst nicht töten« empfing, erfuhr in einem besonderen Maße, was Tötung bedeutet. Niemand darf gleichgültig an dieser Inschrift vorbeigehen.

Für die Menge von etwa einer Million Anwesenden und für die vielen mehr, welche (wie der Autor) die Live-Übertragung der Rede des Papstes durch Radio Vatikan hörten, waren diese Worte von großer Überzeugungskraft.

Doch der vollständige Text der Predigt sorgte bei den Juden für ein gewisses Unbehagen. Die beiden einzigen namentlich erwähnten Opfer waren Maximilian Kolbe, ein katholischer Priester, der freiwillig anstelle eines anderen Häftlings gestorben war, und Edith Stein, eine Karmeliternonne. Kolbe hatte sich in früheren Tagen als antisemitischer Agitator betätigt, und Stein war vom Judentum konvertiert. Das Bibelzitat, von dem der Papst seine Bemerkungen ableitete, war: »Und unser Glaube ist der Sieg, der die Welt überwunden hat« (1. Johannes 4,5). Vielen Juden erschienen diese Auswahl persönlicher Vorbilder und das Zitat unangemessen, wenn nicht gar anstößig. Denn kein Jude – und vielleicht kein Mensch mit gesunder Moral – könnte Auschwitz für etwas anderes als eine völlige Niederlage halten. Die Predigt, so gut sie offenbar gemeint war, schien zumindest in diesen Passagen gleichwohl auf den »triumphalistischen« Wortschatz der Kirche gegenüber den Juden zurückzugreifen, der angeblich vom Zweiten Vatikanischen Konzil verworfen worden war.[51]

In den späten achtziger Jahren wurden die Beziehungen zwischen Katholiken und Juden sowie zwischen Polen und Juden durch einen häßlichen Streit über die Einrichtung eines Karmeliterklosters in Auschwitz getrübt. Das Kloster wurde 1984 in einem Gebäude untergebracht, das in den dreißiger Jahren als Ortstheater und während des Krieges als Giftgaslager gedient hatte. Die Episode lieferte eine Fallstudie über den Mangel an gegenseitigem Verständnis und einander widersprechende Wertvorstellungen. Die Existenz des Klosters wurde erst im Frühjahr 1985 allgemein bekannt, als der Papst Belgien besuchte und eine dortige katholische Organisation »Aide à l'Eglise en détresse« in einem Traktat um Spendenbeiträge ersuchte, mit denen das »Kloster für den Papst« unterstützt werden sollte. Seinen Befürwortern zufolge würden die Nonnen des Klosters durch Gebet und Buße befähigt werden, »mit eigenen Händen das heilige Zeichen der Liebe, des Friedens und der Versöhnung zu errichten, das Zeugnis für die siegreiche Kraft des Kreuzes Jesu ablegen wird«.[52]

Die Juden protestierten, wie nicht erstaunen wird, gegen die Einführung christlicher Symbole an einem solchen Ort; es sei unpassend, Auschwitz als Zeugnis für die »siegreiche Kraft des Kreuzes« zu benutzen. Professor Ady Steg, der Vorsitzende der Alliance Israélite Universelle, einer führenden französischjüdischen Organisation, gab der Ansicht vieler Ausdruck: »Ist es denn schicklich, den Sieg Christi genau dort ausrufen zu wollen, wo sich auf christlichem Boden, nach zweitausend Jahren christlicher Zivilisation, solche Handlungen abgespielt haben?«[53] Die Oberrabbiner von Großbritannien, Frankreich, Rumänien, Straßburg und Zürich schrieben in einem Brief an den Papst, der Gedanke, einen entweihten und verdammten Ort zu heiligen, sei unannehmbar. Viele Katholiken begegneten den jüdischen Einsprüchen anfangs mit aufrichtigem Unverständnis. Schließlich hätten die Polen in Auschwitz nicht weniger gelitten als die Juden. Sowohl der Papst als auch der polnische Primas, Kardinal Glemp, wurden heftig bedrängt, die Auflösung des Klosters einzuleiten, aber polnische Katholiken, die den Anschein einer Kapitulation vor jüdischem Druck vermeiden wollten, leisteten Widerstand.

Schließlich lieferte ein Katholik und Pole, Jerzy Turowicz, eine der scharfsichtigsten und einfühlsamsten Analysen des Problems. Turowicz war Gründer und Herausgeber der einflußreichen katholischen Wochenzeitung *Tygodnik Powszechny* sowie ein enger Freund und Berater des Papstes und des Erzbischofs von Krakau, Kardinal Macharski, in dessen Zuständigkeit Auschwitz fiel. Im Juni 1986 schrieb Turowicz in seiner Zeitung:

> Wir müssen gestehen, daß wir Katholiken die extreme Sensibilität des jüdischen Volkes, die gerechtfertigt und begreiflich ist, anscheinend nicht in vollem Umfang verstanden haben ... Auschwitz ist für die Juden das Symbol ihrer totalen Verlassenheit, das Symbol ihrer absoluten Einsamkeit angesichts des Todes, das Symbol der Passivität anderer Nationen angesichts ihrer Vernichtung.

Er machte deutlich, daß das Kloster für die Juden einen bewußten Versuch der Katholiken darstelle, sich die Symbolik von Auschwitz anzueignen. Und er warnte seine Landsleute vor dem Verdacht, daß die Kampagne gegen das Kloster auf einer anti-katholischen oder antipolnischen Verschwörung beruhe. Während er die aufrichtigen Absichten der Klostergründer verteidigte, riet er zur Aufnahme eines Dialogs, damit eine Lösung des Problems – möglicherweise mit Hilfe der Schaffung eines konfessionsungebundenen Meditationszentrums – gefunden werden könne.[54] Diese gemäßigte und überzeugende Aussage bahnte der Lösung, für die man sich schließlich entschied, den Weg.

Nach weiteren Protesten, auch von einigen Katholiken und Protestanten, trat eine christlich-jüdische Konferenz im Juli 1986 und Februar 1987 in Genf zu zwei Sitzungsperioden zusammen. Unter den Teilnehmern waren Turowicz, Macharski und Jean-Marie Lustiger, der als Jude geborene Erzbischof von Paris. Die jüdischen Vertreter waren Oberrabbiner René Sirat von Frankreich, Professor Steg, Tullia Zevi (die Vorsitzende der italienischjüdischen Gemeinde) und Gerhart Riegner vom Jüdischen Weltkongreß. Die Konferenz brachte eine gemeinsame Erklärung hervor, in der sich die Katholiken verpflichteten, kein permanentes Gotteshaus in Auschwitz-Birkenau zu unterhalten und außerhalb des Lagergebiets ein Informations-, Bildungs- und Gebetszentrum einzurichten, in dem auch die Karmeliterinnen untergebracht werden sollten. Kardinal Macharski, der die Gesamtverantwortung für das Projekt übernahm, versprach, es innerhalb von vierundzwanzig Monaten realisieren zu lassen.[55]

Mehr als zwei Jahre vergingen, und die Nonnen ließen nicht die geringsten Umzugsabsichten erkennen. Viele wurden durch das Versäumnis der Kirche, die Genfer Absprache einzuhalten, an ihr ähnliches Vorgehen im Fall Finaly von 1953 erinnert; auch der *non possumus*-Standpunkt des polnischen Primas ließ sich mit dem Kardinal Gerliers im Jahre 1953 vergleichen. Neuerlichen jüdischen Protesten begegnete man mit vagen Statements über »administrative Schwierigkeiten«, während sich die Standpunkte in Polen offenbar weiter verhärteten. Im April 1989 unterzeichneten 1375 Einwohner von Oświęcim (Polnisch für Auschwitz) eine Bittschrift, in der sie »die illegalen Forderungen der jüdischen Seite« kritisierten, »eine rücksichtslose, ungerechtfertigte Zwangsräumung des Klosters barfüßiger Karmeliternonnen vorzunehmen«.[56]

Ein häßlicher Höhepunkt wurde im Juli 1989 erreicht, als ein amerikanischer Rabbiner, Avraham Weiss, mit sieben Begleitern in den Klostergarten eindrang, wo sie von polnischen Arbeitern verprügelt wurden. Der Vorfall sorgte für erregten Lärm in Polen – und für Kummer bei den Juden. Kardinal Macharski verkündete kurz darauf, er fühle sich nach der »Aggression« von Auschwitz nicht mehr verpflichtet, die Genfer Absprache zu erfüllen. Ein paar Tage später ließ der polnische Primas, Kardinal Glemp, in einer Predigt vor 100 000 Pilgern am Schrein der Schwarzen Madonna in Czestochowa ein paar unüberlegte Bemerkungen fallen, in denen er den Juden vorwarf, »Bauern betrunken zu machen« und »Kommunismus zu züchten«. Er ermahnte die Juden, nicht aus der »Position des Volkes, das über alle anderen erhoben ist«, zu den Polen zu sprechen, und beschwerte sich über die Macht, welche die Juden auf die Massenmedien ausübten.[57] Glemps Predigt, in der die traditionelle Haltung der polnischen Kirche den Juden gegenüber ein gespenstisches Echo fand, löste einen erneuten Sturm der Entrüstung bei den Juden – und anderen – aus. Lech Wałęsa nannte die Bemerkungen »einen Jammer und eine Schande«.[58] Kurz danach gab Schwester Teresa, die Äbtissin des Auschwitzer Klosters, ein Interview, in dem sie die Juden bezichtigte, im Polen der Nachkriegszeit Atheismus eingeführt und katholische Einrichtungen geschlossen zu haben; sie behauptete, nur 30 Prozent der Opfer von Auschwitz seien Juden gewesen, und verglich das diktatorische Verhalten der Juden mit dem Hitlers. »Warum bereiten die Juden uns solche Unannehmlichkeiten?« fragte sie scheinheilig. »Sie können den Amerikanern sagen, daß wir uns keinen Zentimeter von der Stelle rühren werden.«[59] Glemp war schließlich gezwungen, eine widerwillige Entschuldigung auszusprechen, und die Kernpunkte der Genfer Absprache wurden unter dem Druck des Vatikans bekräftigt.

Aber erst im April 1993 schaltete sich der Papst selbst nach langem Zögern ein. Er erklärte in einem öffentlichen Brief an die Nonnen, es sei »der Wunsch der Kirche«, daß sie umzögen – obwohl die Formulierungen des Briefes eine gewisse Sympathie für ihre geistlichen Intentionen anzeigten.[60] Beinahe drei weitere Monate vergingen, bis die kleine Gruppe hübscher junger Nonnen ihren Umzug in ein Gebäude auf einem »ökumenischen« Gelände außerhalb von

Auschwitz begann.* In einem letzten Akt der Herausforderung hatte
der Karmeliterorden das Gebäude jedoch, ohne das Wissen der Orts-
behörden oder des Bischofs der Diözese, an eine angeblich patriotische Vereinigung von Opfern des nationalsozialistischen Regimes
untervermietet. In Wirklichkeit handelte es sich um eine Tarnorganisation unter Leitung eines Anwalts, der Kontakte zur extremen politischen Rechten in Polen unterhielt. Das große Kreuz, das man 1988
auf dem Gebäude errichtet hatte, befand sich noch 1999 an Ort und
Stelle, zog täglich Gruppen gläubiger Katholiken an und verursachte
wiederum jüdische Demonstrationen. Ende 1998 wurden über 240
neue, große und kleine Kreuze neben dem früheren Lager aufgestellt,
was weitere Äußerungen jüdischer Empörung hervorrief.

Die Angelegenheit beeinträchtigte die katholisch-jüdischen Beziehungen nicht nur in Polen, sondern auch in vielen anderen Ländern
erheblich. In Frankreich kam es zu einer erbitterten Auseinandersetzung und einigen überraschenden Reaktionen. Der progressive
katholische Intellektuelle Jean-Marie Domenach verurteilte den Versuch mancher Juden, »sich eine Art Exklusivität im Hinblick auf Völ-
kermorde anzumaßen«. Er sprach Menschen, die keinen Beweis für
ihren Kampf gegen den Rassismus erbracht hätten, das Recht ab, »die
Dividenden von Auschwitz einzustreichen«. Auf die Schicklichkeit
dieser Bemerkungen angesprochen, setzte Domenach hinzu, er
stimme mit Glemp darin überein, daß drei Viertel der westlichen
Medien von Juden kontrolliert würden. »Wir sind ständiger Ein-
schüchterung unterworfen. Wenn es um den Judaismus geht, haben
Leute wie ich kein Recht zu sprechen!«[61] Diese Worte lösten beträchtliche Besorgnis aus, da sie nicht von einem katholischen Antisemiten
alten Stils, sondern von einem Résistance-Helden stammten, der als
Verleger der progressiven katholischen Zeitschrift *Esprit* einst Sensibi-
lität für jüdische Fragen gezeigt hatte.

Vielleicht spürte Papst Johannes Paul II., welche Gefahren solchen
Disputen innewohnten, denn er ergriff in den späten achtziger und

---

* Der Autor gehörte zu den drei ersten Juden, welche die Nonnen nach ihrem
Umzug im Sommer 1993 in ihrem neuen Heim besuchten. Scheinbar blind
für den anhaltenden Schaden, den sie den christlich-jüdischen Beziehungen
zugefügt hatten, betonten sie ihren Wunsch nach Frieden, Verständnis und
Dialog mit den Juden.

frühen neunziger Jahren eine Reihe von Initiativen, um die katholisch-jüdischen Beziehungen zu verbessern. Im April 1986 besuchte er die Hauptsynagoge in Rom und bezeichnete die Juden mit herzlichen Worten als »ältere Brüder« der Christenheit.[62] Im Dezember 1990, am fünfundzwanzigsten Jahrestag von *Nostra Aetate*, unterstützte er die Vorschläge der katholisch-jüdischen Dialogteilnehmer, etliche praktische Maßnahmen zur Verwirklichung der Ideen in jenem bahnbrechenden Text einzuleiten. Zugleich prangerte er den Antisemitismus als »eine Sünde gegen Gott und die Menschheit« an und sagte, die Kirche müsse Abbitte für ihren eigenen früheren Antisemitismus des Denkens und Handelns leisten.[63]

In den neunziger Jahren hat sich das Christenproblem der Juden erheblich verringert, obwohl es nicht völlig verschwunden ist. Der 1992 herausgegebene neue Universale Katechismus der katholischen Kirche enthielt die meisten – wenn auch nicht alle – wichtigen doktrinellen Aussagen der vorhergegangenen dreißig Jahre über die Juden und das Judentum. Die Aufnahme diplomatischer Beziehungen zwischen Israel und dem Vatikan im Dezember 1993 markierte einen weiteren Fortschritt in den katholisch-jüdischen Beziehungen. Sie war in mancher Hinsicht von größerer symbolischer Bedeutung für die Diaspora als für Israel selbst. Ein offizieller Dialog zwischen den Juden und den orthodoxen Kirchen wurde 1993 durch eine Konferenz in Athen eingeleitet.

Ein solcher Wandel wäre 1945 unvorstellbar gewesen, was den langen Weg anzeigt, den die Kirche seit Kriegsende zurückgelegt hat. Die jüdisch-christliche Beziehung, die 1945 äußerst angegriffen war, hatte sich Mitte der neunziger Jahre relativ gut erholt. Gleichzeitig hatte es in den säkularen Gesellschaften Europas den Anschein, daß die alten doktrinellen Dispute nun fast belanglos und realitätsfern waren. Beide Religionen befanden sich jetzt in der Defensive gegenüber ähnlichen Kräften des sozialen Wandels. Beide schienen schlecht für die Herausforderung durch den Säkularismus gerüstet zu sein. Den christlichen Kirchen drohten Niedergang und Machtverlust. Für die europäischen Juden hatte die Bedrohung jedoch eine ganz andere Dimension: Sie mußten sich der Aussicht des Zerfalls und des letztlichen Untergangs stellen.

7. KAPITEL

Die Juden
in den deutschsprachigen Ländern

Am 6. März 1945, unmittelbar nach der Befreiung von Köln durch die amerikanischen Streitkräfte, tauchten die wenigen Juden, die irgendwie überlebt hatten, aus ihren Verstecken auf. Einer entsann sich später:

> Die meisten Überlebenden trafen sich vor der früheren Synagoge; in den Tagen nach der Befreiung war dies der allgemeine Versammlungsort für sämtliche überlebenden Juden. Sie machten den Versuch, wenigstens einen der Räume von Schutt zu säubern. Dann gingen sie zum jüdischen Wohnheim und räumten dort Geröll beiseite, setzten neue Türen und Fenster ein. Bald war es möglich, den ersten Gottesdienst abzuhalten. Kurz darauf führten die Überlebenden ihre erste Versammlung durch. Inzwischen war ihre Zahl auf fünfzig angewachsen. Ein Schild mit einer deutschen und englischen Aufschrift wurde an die Tür des Gemeindezentrums gehängt. Menschen in den dünnen, gestreiften Konzentrationslageruniformen trafen ein; erschöpft und bedürftig, kamen sie aus allen Richtungen. Manche waren von Militärfahrzeugen mitgenommen worden, andere hatten sich zu Fuß nach Köln durchgeschlagen.[1]

Ähnliche ergreifende Szenen spielten sich in den meisten Großstädten Deutschlands ab.

Am 11. Mai, neun Tage nach dem Fall von Berlin, wurden in der deutschen Hauptstadt wieder jüdische Gottesdienste – in einem Gebetssaal am Friedhof Weißensee – abgehalten. In den folgenden Wochen erschienen mehr als 1000 Juden, die den Krieg im Untergrund verborgen überlebt hatten. Ihnen schlossen sich 1628 Rückkehrer aus den Konzentrationslagern an. Hinzu kamen mehrere tausend Juden, die von den Nazis verschont worden waren, weil sie nichtjüdische Ehepartner hatten. Insgesamt wohnten im Herbst 1945 mehr als 7 000 Juden in Berlin.

Während sich die Überlebenden zu orientieren suchten, brachen wenig erbauliche Streitigkeiten um die Kontrolle der jüdischen Einrichtungen aus – sowie um den Gemeindebesitz, den die Nazis geplündert hatten. Weder die deutschen Behörden noch die Besatzungsmächte konnten solche Probleme ohne weiteres lösen. In Berlin war die Frage, wer die jüdische Gemeinde repräsentierte, besonders schwer zu beantworten. Die Russen hatten vom 2. Mai bis zum 4. Juli, als britische und amerikanische Streitkräfte die westlichen Gebiete besetzen durften, die alleinige Macht über die Stadt. Bei ihrer Ankunft fanden die Russen die nun im juristischen Zwielicht existierende Restorganisation der Reichsvereinigung der Juden in Deutschland vor; die Nazis hatten sie gegründet, um jüdische Besitztümer nach der Beschlagnahme und nach der Deportation der Berliner Juden in die Todeslager verwalten zu lassen.

Eine Gruppe überlebender Juden – mit Dr. Fritz Katten, Erich Nelhans und Erich Mendelssohn an der Spitze – bezeichnete sich als »die jüdische Gemeinde Berlin«. Am 2. Juli versicherten sie dem Polizeipräsidenten, sie seien »Repräsentanten des neu eingesetzten Vorstandes von Berlin-Mitte, das die Zentralstelle der Gesamt-Judenschaft von Berlin bis 1933 gewesen ist«. Den amtierenden Direktor der Reichsvereinigung, Dr. Lustig, prangerten sie als ›bekanntlich engsten Mitarbeiter der Gestapo zur Verschickung der Juden‹ an. Katten erklärte, daß »der Rest der dem Schwert entronnenen Juden nicht aus dem Vermögen des verarmten deutschen Volkes, sondern aus dem großen brachliegenden Vermögen der jüdischen Gemeinde zu Berlin entschädigt werden müßte.« Er verlangte von der Polizei, die Ernennung eines Nachfolgers von Lustig, den sein Vorstand »innerhalb achtundvierzig Stunden« nominieren werde, zu akzeptieren.[2] Lustig wurde später von den Russen verhaftet und erschossen.

Im rechtlichen und administrativen Chaos nach der Befreiung hatten die Berliner Militär- und Zivilbehörden Mühe, auf solche Forderungen zu reagieren. In einem Polizeibericht vom 8. Juli hieß es, »infolge des Zusammenbruchs des Hitlerregimes ist die Reichsvereinigung der Juden in Deutschland als eine Institution des Hitler-Faschismus, jedenfalls wenn auch nicht de jure, so doch de facto als aufgelöst anzusehen«. Man akzeptierte, daß »das Vermögen der Reichsvereinigung der Juden also wieder rückgeführt werden müßte in den Besitz der örtlichen Jüdischen Gemeinden Deutschlands, aus denen es geflossen ist«.[3] Damit blieb jedoch die Frage ungelöst, wer solche Gemeinden repräsentierte und wie das Eigentum in der Zwischenzeit zu verwalten war.

Der Konflikt, der sich in den folgenden Wochen aus Anlaß dieser Probleme entwickelte, erbitterte die Berliner Behörden und ließ sie fast an dem verzweifeln, was der zuständige Beamte »die fortlaufende Reihe ihrer skandalösen Affairen und Methoden« nannte. Der Vorsitzende der jüdischen Gemeinde, Erich Nelhans – ein frommer Jude, der ehemals Mitglied der religiös-zionistischen Mizrachi-Partei gewesen war –, sollte sich in Gesprächen mit Behördenvertretern »in der arrogantesten und provozierendsten Weise aufgeführt« haben. »Auf Grund aller bisher erfolgten Vorfälle« empfahl der Beamte, »die aufs schwerste kompromittierten Vorstandsmitglieder der Jüdischen Gemeinde, die Herren Nelhans, Katten und Mendelssohn, sofort durch würdigere jüdische Herren zu ersetzen«.[4] Nelhans wurde später von den Russen verhaftet und unter der Anklage, »Sowjetsoldaten bei der Desertion geholfen zu haben«, zu fünfzehn Jahren Freiheitsentzug verurteilt. Er wurde nie wiedergesehen.

Solche Streitigkeiten beschränkten sich nicht auf Berlin und zogen sich häufig über Monate oder Jahre hin. Die Besatzungsmächte, die sich ihrerseits eine günstige Ausgangsposition zu verschaffen suchten, zeigten wenig Interesse an der Frage und überließen sie den Zivilbehörden. Was internationale jüdische Organisationen wie das »Joint« betraf, so zögerten sie, sich in quasi-politische Angelegenheiten verwickeln zu lassen, und konzentrierten sich lieber auf ihre Bemühungen, dringend benötigte materielle Hilfe zu leisten.

Für den größeren Teil der jüdischen Welt war der Gedanke, die jüdischen Gemeinden in Deutschland wiederaufzubauen, ohnehin unerträglich. Die meisten europäischen Juden betrachteten Nachkriegsdeutschland als einen blutbefleckten Staat, in dem Juden, die etwas auf sich hielten, nicht leben konnten. Sogar einige der Juden in Deutschland selbst waren der Meinung, sie seien lediglich eine »Liquidierungsgemeinde«, die zwischen den Lagern und dem Grab haltmachte, wie Moritz Abusch, eines der deutschjüdischen Ober-

häupter der frühen Nachkriegszeit, es ausdrückte.[5] Manche Juden
hielten es jedoch für wichtig, bei der Wiederherstellung von Demokratie und Anstand in Deutschland mitzuwirken. Der in Amerika
geborene Violinist Yehudi Menuhin zum Beispiel trat 1947 in
Deutschland auf, aber dies führte zu heftigen Protesten. Die meisten
im Exil lebenden deutschen Juden wollten nichts mehr mit ihrer Heimat oder deren Bevölkerung zu tun haben. Robert Weltsch, ein früherer Chefredakteur der *Jüdischen Rundschau,* der 1933 die berühmte
Schlagzeile »Tragt ihn mit Stolz, den gelben Fleck!« ersonnen hatte,
schrieb 1946 nach einem Besuch in Deutschland: »Wir können nicht
annehmen, daß es Juden gibt, die sich nach Deutschland hingezogen
fühlen. Es stinkt hier nach Leichen, Gaskammern und Folterzellen.
Tatsächlich leben heute noch ein paar tausend Juden in Deutschland ... Dieser jüdische Siedlungsrest ... sollte so schnell wie möglich aufgelöst werden ... Deutschland ist kein Ort für Juden.«[6]

Offener Antisemitismus war in der unmittelbaren Nachkriegszeit
kein wesentliches Problem. In den ersten Monaten kam es nur selten
zu öffentlichen Äußerungen nationalsozialistischer Gefühle. In einer
Zusammenstellung solcher Vorfälle durch die Berliner Polizei hatte
nur ein einziger mit Juden zu tun: Am 3. Juli 1945 wurden Plakate an
der Synagoge in der Levetzow-Straße angebracht. Ihr Inhalt richtete
sich gegen die »Vorzugsbehandlung« früherer Konzentrationslager-
insassen und gegen die Freundschaft mit der Sowjetunion.[7] Die Episode war nebensächlich, aber sie ließ bereits erkennen, welche neue
Form der Antisemitismus annahm: die des Grolls über den vermeintlichen Vorzugsstatus, den die Juden in der neuen Ordnung genossen.

Juden und andere anerkannte »Opfer des Nationalsozialismus«
erhielten tatsächlich spezielle Personalausweise, aber diese brachten
den Besitzern nicht immer das Wohlwollen deutscher Bürger oder der
Besatzungsmächte ein. Die Überlebenden, die sich verlassen, ignoriert und isoliert fühlten, gaben ihrer Unzufriedenheit und Verzweiflung Ausdruck:

> Sie sind zutiefst enttäuscht, denn sie hatten erwartet, daß die Befrei-
> ung ihr Leben viel stärker verbessern würde. Am meisten verübeln sie
> die Gleichgültigkeit, welche ihnen die britischen und amerikanischen
> Behörden entgegenbringen. Die jüdischen Überlebenden meinen,
> daß sich seit der Ankunft der Russen wenig in Berlin geändert hat –

mit Ausnahme dessen, daß die Lebensmittelknappheit schlimmer geworden ist. Sie bleiben eine leidende Minderheit; es interessiert niemanden, was aus ihnen wird, und bald werden sie die Grenzen der menschlichen Leistungsfähigkeit erreicht haben ... Wenn also nicht bald Hilfe eintrifft, wird das Problem der jüdischen Überlebenden in Berlin weitgehend durch ihren Selbstmord und Tod gelöst sein.[8]

Im August drangen derartige Beschwerden über die alliierte Militärverwaltung in Berlin zum Foreign Office in London vor – ohne große Wirkung.[9]

Während relativ wenige deutsche Juden in Verstecken innerhalb des Reiches überlebt hatten, konzentrierten sich größere Mengen polnischer und anderer osteuropäischer jüdischer Flüchtlinge nach der Befreiung überwiegend in »Displaced Persons«-Lagern. Auch nach den Schrecken der Nazizeit war der alte Antagonismus zwischen deutschen Juden und »Ostjuden« nicht verschwunden. Ein »Joint«-Vertreter kommentierte Anfang 1946 in Berlin:

Spannungen und Auseinandersetzungen zwischen polnischen und deutschen Juden treten in Berlin deutlich zutage. Die polnischen Juden, die erst vor kurzem aus Polen eingereist sind, tadeln das unjüdische Gebaren der Gemeindemitglieder, während diese keine Gelegenheit auslassen, die Schwarzmarktgeschäfte der polnischen Juden anzuprangern.[10]

In München, wo nur ein paar Dutzend Mitglieder der 11 000 Menschen umfassenden jüdischen Vorkriegsgemeinde überlebt hatten, versuchten deutsche Juden zu verhindern, daß sich DPs in der Stadt niederließen oder daß sie sich, wenn es ihnen trotzdem gelang, der Gemeinde anschlossen.

Gleichwohl zogen Juden aus den DP-Lagern in nahegelegene Städte, wo sie kleine Geschäfte gründeten. Bald liefen Gerüchte um, daß die DP-Lager Schwarzmarktzentren seien, in denen mit Waren aus den amerikanischen Armeebeständen oder von Wohltätigkeitsorganisationen gehandelt werde. Die Privilegien, die man jüdischen DPs eingeräumt hatte, erhöhten nicht ihre Beliebtheit bei der deutschen Bevölkerung, bei anderen DPs oder bei den Besatzungsarmeen, und manche hielten die Juden für Schmarotzer oder Schlimmeres. Die Tatsache, daß deutsche Polizisten die Lager, von denen einige über jüdische Polizeieinheiten verfügten, nicht betreten durften, schien die DPs über das Gesetz zu stellen.

Die Vorwürfe enthielten ein Körnchen Wahrheit. Ein »Joint«-Vertreter schrieb 1949: »Die jüdischen DPs gehören zu den auffälligsten Schwarzmarkttätern ..., und ihr unverschämtes Vorgehen hat sich erheblich auf die Zunahme des Antisemitismus ausgewirkt ... Das bedeutendste Element hinter dem vor kurzem entlarvten Schmuggelring ... waren jüdische DPs.«[11] Die Möhlstraße in München wurde berüchtigt für die dortigen Schwarzmarktumtriebe. Einige der DPs, die nach 1948 aus Israel nach Deutschland zurückkehrten, wandten sich Schwarzmarktgeschäften zu, und manche eröffneten Bordelle. »Wenn es einen Gott gibt [schrieb ein jüdischer Zeuge], weshalb hat er uns dann, nachdem er uns in der Vergangenheit so schrecklich leiden ließ, mit der Möhlstraße gestraft, die für uns eine Schande vor der ganzen Welt ist und die jeden anständigen Juden vor Scham erröten lassen muß?«[12]

Das Problem nahm solche Ausmaße an, daß es zu Kontroversen in der Provinzpolitik führte. Im Juni 1947 wurde es im bayerischen Ministerrat diskutiert. Ein Teilnehmer erklärte, die Schwarzmarkttätigkeit der Juden habe »einen vorher völlig unbekannten Judenhaß verursacht«.[13] Anfang 1948 behandelte man das Thema schon nicht mehr in einem derart geschlossenen Kreis, sondern in einer öffentlichen Debatte im bayerischen Landtag, wo von einer »spontan zunehmenden Antisemitismuswelle« die Rede war.[14]

Der Schwarzhandel war nicht das einzige Problem dieser Art, und die DPs waren nicht die einzigen Schuldigen. Manche deutsche Juden hatten sich vom moralischen Klima der Nazijahre anstecken lassen. 1952 wurden Dr. Philipp Auerbach, Präsident des Bayerischen Landesentschädigungsamtes, und Rabbi Aaron Ohrenstein, der bayerische Landesrabbiner, wegen Bestechung und Erpressung vor Gericht gestellt. Man ließ einige der schwersten Anklagepunkte fallen, hielt andere jedoch aufrecht und befand Auerbach für schuldig. Drei Tage später beging er Selbstmord, nachdem er seine Unschuld beteuert und sich als einen zweiten Dreyfus bezeichnet hatte. Es gibt einige Hinweise darauf, daß die Aufnahme des Verfahrens politisch motiviert war.[15] Aber andererseits reichte das Belastungsmaterial aus, um beide Angeklagten beim »Joint« in ein schlechtes Licht zu

rücken.[16] Der Fall war leider symptomatisch für ein Führungsva-
kuum in einer Gemeinde, die von vielen Juden in anderen Ländern
abgelehnt wurde. Allein die Tatsache, daß sich ihre Mitglieder entschlossen hatten, in einem »verfluchten Land« zu leben, machte sie
moralisch suspekt.

Trotzdem existierte die jüdische Gemeinde in Deutschland weiter
und wurde allmählich durch die Rückkehr zahlreicher Emigranten
der Nazizeit gestärkt. Als erste trafen ein paar Politiker und Intellektuelle ein, die recht früh eine Rolle für den Wiederaufbau des Landes
spielten. Die Politiker waren überwiegend Sozialdemokraten wie
Herbert Weichmann (später Bürgermeister von Hamburg), Joseph
Neuberger und Rudolf Katz. Unter den zurückkehrenden Intellektuellen waren zwei führende Soziologen der »Frankfurter Schule«,
Max Horkheimer und Theodor Adorno, außerdem der Politologe
Richard Löwenthal, der einen Lehrstuhl an der Freien Universität
Berlin übernahm, der Dichter und Romanautor Alfred Döblin, der
im Exil zum Christentum konvertiert war, und der Religionsphilo-
soph und leidenschaftliche deutsche Patriot Hans Joachim Schoeps,
der einen Lehrstuhl an der Universität Erlangen erhielt.

Doch die Mehrheit der jüdischen Intellektuellen, Schriftsteller
und Künstler, die ins Exil gegangen waren, kehrte nicht zurück. Personen wie Kurt Weill, Arthur Schnabel und Richard Tauber, die Berlin und Wien zu internationalen Zentren des musikalischen Lebens
gemacht hatten, blieben in den USA oder in Großbritannien. Die
Führer der deutschjüdischen Geisteswissenschaft ließen sich in
Israel (Gershom Scholem, Martin Buber) oder in den Vereinigten
Staaten (Alexander Altmann, Nahum Glatzer) nieder. Filmregis-
seure und Drehbuchschreiber wie Fritz Lang, Ernst Lubitsch und
Billy Wilder gingen an Hollywood verloren. Die quälendsten beruf-
lichen Schwierigkeiten machten deutschjüdische Schriftsteller
durch, die vom Lebensquell ihrer Sprache abgeschnitten waren.
Einige schrieben auch im Ausland weiterhin in deutscher Sprache:
Paul Celan in Paris, Lion Feuchtwanger in den Vereinigten Staaten,
Nelly Sachs, die Nobelpreisträgerin von 1966, in Schweden. Das
Fehlen nicht nur der toten, sondern auch der emigrierten Intellektu-
ellen ließ das deutsche Kulturleben verarmen und änderte seinen
Charakter unwiderruflich.

Die einzige große organisierte Gruppe deutschjüdischer Rückkehrer traf in den späten vierziger Jahren aus Schanghai ein. Ungefähr 18 000 deutsche und österreichische Juden waren in den späten dreißiger Jahren dorthin emigriert, denn die Internationale Niederlassung von Schanghai war damals praktisch der einzige Ort der Welt, für den man kein Einreisevisum benötigte. Die Flüchtlinge schufen in dieser exotischen Umgebung eine winzige deutsche Kolonie mit deutschen Zeitungen, Cafés und einem deutschen Kulturleben. Die Japaner, welche die gesamte Stadt von Dezember 1941 bis September 1945 besetzt hielten, internierten die Deutschen in Hongkew, einem ungesunden und überfüllten Viertel, ließen sie jedoch sonst in Ruhe. Zwischen 1945 und 1946 reisten die meisten nach Israel, in die Vereinigten Staaten oder Australien aus, doch ungefähr 2500 kehrten nach Westdeutschland zurück.

Seit der Gründung der Bundesrepublik im Jahre 1949 machte sich Bundeskanzler Adenauer daran, die Judenfrage freimütig zu behandeln. In einem Gespräch mit dem britischen und dem amerikanischen Hochkommissar Ende 1949 erläuterte er seinen Eindruck, daß die nationalsozialistische Tradition in Deutschland im Hinblick auf die Judenfrage noch lebendig sei, und ließ keinen Zweifel daran, daß er Maßnahmen zur Bewältigung dieses Problems ergreifen wollte. Er plante, eine Sonderabteilung für jüdische Angelegenheiten im Innenministerium einzurichten. Sie sollte von einem deutschen Juden, den die jüdische Gemeinde nominiert hatte, geleitet werden und würde für den Schutz von Juden im ganzen Land verantwortlich sein.[17] Diese Idee scheint nicht weiterentwickelt worden zu sein, aber sie war beispielhaft für Adenauers aktives Herangehen an die Judenfrage, das im Luxemburger Wiedergutmachungsabkommen seinen Höhepunkt fand.

Andererseits waren Juden wie Nichtjuden beunruhigt darüber, daß zahlreiche Angehörige des nationalsozialistischen Bürokratie-, Militär- und Justizsystems im Amt blieben. Der berüchtigtste Fall war der von Dr. Hans Globke, der seit 1953 Adenauers Bundeskanzleramt als Staatssekretär leitete und als Ministerialrat im Innenministerium 1936 an dem maßgeblichen Kommentar zu den Nürnberger Rassengesetzen mitgewirkt hatte.* Mehr als 3 Millionen Deutsche wurden der sogenannten Entnazifizierung unterzogen, welche die Alliierten während der Besatzungszeit durchführten, doch viele Ermittlungen waren oberflächlich, und das Verfahren galt weithin als unbefriedigend.

Die Regierung des neuen Staates begriff jedoch sehr gut, daß ihr Verhalten den Juden gegenüber ein Prüfstein für ihre Rehabilitierung in der Welt sein würde. Deshalb traf sie energische Maßnahmen, um eine rechtliche und finanzielle Basis für die Wiederherstellung der jüdischen Gemeinden in ganz Deutschland zu schaffen. Obwohl die deutschjüdischen Gemeinden der Nachkriegszeit letztlich nicht als Rechtsnachfolgerinnen der von den Nazis zerstörten anerkannt wurden, erhielten sie im allgemeinen einen Anteil des Gemeindevermögens (der Großteil wurde an Israel und das Weltjudentum verteilt). Einige Wiedergutmachungszahlungen wurden durch die Memorial Foundation for Jewish Culture nach Deutschland weitergeleitet, um zum Wiederaufbau der jüdischen Bildungseinrichtungen und anderer Institutionen beizutragen, welche die Nazis vernichtet hatten. Die Bonner Regierung und die Länderregierungen ließen den jüdischen Institutionen in Deutschland ebenfalls direkte Mittel zukommen – teils aus den Kirchensteuern, die Mitglieder der jüdischen Gemeinde zahlten. Aber die Steuerbemessungsgrundlage der Gemeinde war so gering – es gab 1956 nur 16 186 registrierte Juden (davon 4 568 in Berlin) –, daß viel größere Summen aus der allgemeinen Besteuerung zugeschossen werden mußten. Der Westberliner Senat stellte 2,5 Millionen DM zur Verfügung, um den Bau eines jüdischen Kulturzentrums an der Stätte der früheren Synagoge in der Fasanenstraße zu finanzieren.

Nachdem Westdeutschland im Jahre 1955 die volle Unabhängigkeit zurückerhalten hatte, wurde ein Gesetz verabschiedet, das die Zahlung von 6 000 DM an jeden zurückkehrenden Juden vorsah, der das

---

* Der Fall Globke war kompliziert. Außer Adenauer erklärten andere Nazigegner wie Kardinal Preysing, Globke habe den Nationalsozialismus abgelehnt und den Juden geholfen. Terence Prittie, ein objektiver ausländischer Beobachter, legt in seiner Biographie *Konrad Adenauer 1876–1967* (London 1972), S. 217–19, eine ausgewogene, wenn auch nicht uneingeschränkte Verteidigung Globkes vor.

Land unter den Nazis aus Gründen der Verfolgung verlassen hatte. Daraufhin kehrten ein paar tausend weitere deutsche Juden aus Israel zurück. Die jüdische Bevölkerung Westdeutschlands nahm mithin zu: auf 21 499 im Jahre 1959. Aber sogar nach der Rückkehr dieser Exilanten blieben in Deutschland geborene Juden eine Minderheit in der Gemeinde.

Die deutschjüdische Gemeinde unterschied sich in den fünfziger und sechziger Jahren von jeder anderen jüdischen Gemeinde in Westeuropa (außer jener in Österreich) durch ihre demographische Zusammensetzung, die wenig Hoffnung für das Überleben der Gruppe zu bieten schien. Die jüdischen Rückkehrer waren überwiegend alte Menschen. Die jährliche Sterblichkeitsziffer war siebenmal so hoch wie die Geburtenziffer. Diese wenig verheißungsvolle Statistik wurde jedoch durch einen stetigen, wenn auch kleinen Zustrom jüdischer Einwanderer ausgeglichen: in den fünfziger und sechziger Jahren aus Ungarn und Polen, in den siebziger und achtziger Jahren aus der Sowjetunion, aus Israel und dem Iran (die letzteren ließen sich vornehmlich in Hamburg nieder). 1965 betrug die offizielle Mitgliedschaft der Gemeinde 25 594 und 1985 28 000 Personen. Neuntausend israelische Bürger, von denen sich die meisten nicht der jüdischen Gemeinde anschlossen, lebten Mitte der achtziger Jahre im Land – allerdings beabsichtigte wohl nur eine Minderheit, hier ihren ständigen Wohnsitz zu beziehen.

Meinungsumfragen zeigten, daß die antisemitische Haltung in der Nachkriegszeit zwar ein wenig zurückging, daß jedoch ein Rest von Vorurteilen erhalten blieb. 1952 erklärten 37 Prozent der befragten Bundesbürger, es gebe ihrer Meinung nach zu viele Juden im Land; bis 1962 war diese Zahl auf 18 Prozent gefallen. Während 70 Prozent 1949 äußerten, daß sie keinen Juden heiraten würden, lag ihr Anteil rund zwanzig Jahre später bei nur 29 Prozent. Trotzdem glaubten 1974 (ein Jahrzehnt nach dem Zweiten Vatikanischen Konzil) 28 Prozent immer noch, daß die Juden »wegen der Ermordung Jesu heute von Gott bestraft« würden, und 60 Prozent meinten, die Juden hätten »zuviel Macht im Geschäftsleben«. Im Vergleich mit ähnlichen Umfragen in Frankreich und in den USA war in Deutschland (und Österreich) 1970 noch immer eine erheblich stärkere antisemitische Haltung zu verzeichnen.[18] Die allgemeine Einstellung der nationalsozialistischen Vergangenheit gegenüber blieb defensiv und entschuldigend. 1961 ergab eine Umfrage, daß 34 Prozent der Befragten es für gut hielten, »die Welt an die Schrecken der Konzentrationslager zu erinnern«, während 45 Prozent es als schlecht bezeichneten.

Solche Standpunkte, obwohl sie von einer schwindenden Minderheit vertreten wurden, setzten sich in einige bedrückende Ereignisse um. 1958 wurde die Synagoge in Düsseldorf geschändet. Am Heiligabend des folgenden Jahres kritzelte man Hakenkreuze und antijüdische Parolen an die Wände der neuen Synagoge in Köln, was eine Welle von Hakenkreuzschmierereien an jüdischen Gebäuden und auf jüdischen Friedhöfen im ganzen Land auslöste. Adenauer forderte die Menschen im Rundfunk auf, den Übeltätern »eine Tracht Prügel« zu verabreichen, doch die Vorfälle setzten sich fort. Im Laufe des folgenden Monats kam es zu mehr als 600 derartigen Episoden. Man vermutete im allgemeinen, daß keine organisierte antisemitische Bewegung, sondern gewöhnliches Rowdytum hinter den Angriffen stecke, die allmählich seltener wurden.

Auf der politischen Bühne machten rechte und neonazistische Gruppen kaum Fortschritte. Die rechtsextreme NPD hatte in den sechziger Jahren einige geringfügige Erfolge bei Landtagswahlen zu verzeichnen, konnte jedoch keinen einzigen Sitz im Bundestag erringen. Nach 1969 erhielt sie in vier Wahlen nacheinander weniger als ein Prozent der Stimmen.

Bei der Linken und unter jüngeren Deutschen sowie in den protestantischen Kirchen herrschte eine ganz andere Atmosphäre. Seit den sechziger Jahren besuchten viele junge Deutsche Israel als Gastarbeiter in den Kibbuzim und kehrten mit einer neuen Vorstellung von Juden heim. Trotzdem war diese Atmosphäre – »eine seltsame Mischung aus schlechtem Gewissen und guten Absichten«, wie ein deutscher Jude sie nannte[19] – häufig erdrückend gerade durch ihr Wohlwollen.

Die Beziehung zwischen Deutschen und Juden blieb anormal, und die Juden konnten sich selten vollauf in die deutsche Gesellschaft integrieren. Ein oberflächliches Zeichen für die fortdauernden Belastungen der Beziehung war die Tatsache, daß jüdische Bürger in der Bundesrepublik trotz der allgemeinen Wehrpflicht nicht eingezogen wurden, wenn sie es nicht wünschten.

Eine Umfrage bei einem »Elitemuster« deutscher Juden verriet 1977 ihre Wurzellosigkeit: 60 Prozent der Befragten verspürten in Deutschland kein »Heimatgefühl«; genauso viele sagten, sie hätten keine »freundschaftliche Bindung an die nichtjüdische Welt«; und 80 Prozent erklärten, kein »Zugehörigkeitsgefühl« zu haben.[20] Sogar junge Juden in Deutschland und Österreich setzten, so der Herausgeber einer Anthologie ihrer Ansichten im Jahre 1985, im Umgang mit anderen eine Maske auf und nahmen diese nur unter ihresgleichen ab.[21] Zum Beispiel sagte ein jüdischer Polizist: »Aber die Entscheidung, ob Jude oder Deutscher, gibt es für jeden von uns, die wir heute in Deutschland leben. Ich kenne niemanden, für den es eine deutsch-jüdische Identität gibt, wo beide Begriffe ineinander fließen.«[22] Solche Aussagen standen in starkem Gegensatz sowohl zu denen der Vorkriegszeit als auch zu dem Gefühl der tiefen Verwurzelung, das die Juden in fast allen anderen westeuropäischen Gesellschaften zum Ausdruck brachten.

Das allmähliche Verschwinden der Kriegsgeneration führte in den achtziger Jahren zu einigen Änderungen. Vor allem die Einwanderer aus der UdSSR hauchten der Gemeinde neues Leben ein. Am Ende des Jahrzehnts stammte mehr als die Hälfte der Juden in Berlin aus Rußland. Durch sie normalisierte sich auch die Altersstruktur. 1986 wurde eine jüdische Schule – die erste seit dem Krieg – in Berlin eröffnet und erwies sich sofort als erfolgreich. Bis 1989 hatte sie 150 Schüler in vier Klassen – ungefähr 65 Prozent dieser Altersgruppe – angezogen.[23] Aber vor dem Hintergrund verstärkter Terrorismusängste mußte die Schule – wie jede andere jüdische Institution in Berlin und die meisten in Deutschland – rund um die Uhr deutlich sichtbare bewaffnete Wächter einsetzen. Wenn in Deutschland wieder ein jüdisches Gemeindeleben entstanden war, dann jedoch nicht in dem Maße, daß es eine normale und ungezwungene Rolle innerhalb der deutschen Gesellschaft gespielt hätte.

Zudem hatte die Führung des deutschen Judentums die Moralprobleme, von denen sie seit dem Krieg geplagt wurde, noch nicht überwunden. 1988 schlug ein Skandal neue Wogen. Kurz nach dem Tod von Werner Nachmann, der neunzehn Jahre lang Direktor des Zentralrats der Juden in Deutschland gewesen war, stellte man fest, daß er Abermillionen DM aus dem ihm unterstehenden Härtefonds für

Wiedergutmachungsansprüche unterschlagen hatte. Die Regierung wie die jüdische Gemeinde gerieten in größte Verlegenheit. Nur ein paar Wochen vor den Enthüllungen hatte Bundeskanzler Helmut Kohl auf Nachmanns Beerdigung eine Lobrede gehalten. Heinz Galinski, der neue Vorsitzende des Zentralrats, nannte die Affäre »eine der finstersten Stunden für die Gemeinde seit 1945«.[24] Die deutsche Presse behandelte die Angelegenheit mit merklicher Zurückhaltung, und sie verschwand bald aus den Schlagzeilen.[25] Aber der Skandal ließ in einem großen Teil der jüdischen Welt die halb verdrängte Meinung, daß allein die Existenz einer jüdischen Gemeinde in Deutschland irgendwie anrüchig sei, wieder in den Vordergrund treten.

Auch eine Generation nach dem Krieg wurde alles Jüdische in Westdeutschland weiterhin von den Gespenstern der Vergangenheit verfolgt. Adenauers Reise nach Israel im Jahre 1966 und die Aufnahme diplomatischer Beziehungen zwischen Bonn und Tel Aviv führten zu engen politischen Kontakten, doch zu keiner Normalisierung. Als der erste sozialdemokratische Bundeskanzler, Willy Brandt, Polen 1970 besuchte, kniete er in stiller Huldigung am Mahnmal für die Opfer des Nationalsozialismus im Warschauer Ghetto nieder, weshalb er von einigen nationalistischen Elementen in Deutschland kritisiert wurde.

Führende deutsche Persönlichkeiten – auf allen Ebenen der Regierung und der Gesellschaft – machten weiterhin Gesten der Sorge und Reue den Juden und Israel gegenüber. Aber manchmal wurde die Wirkung von Fällen grober Taktlosigkeit aufgehoben. Das erstaunlichste Beispiel ereignete sich 1985 während eines offiziellen Besuchs von Präsident Reagan in der Bundesrepublik. Auf Beharren von Bundeskanzler Kohl und den Warnungen vieler seiner Berater zum Trotz besuchte Reagan den Soldatenfriedhof von Bitburg, auf dem auch Angehörige der Waffen-SS bestattet sind. Der Vorfall löste nicht nur bei Juden Empörung aus. Die Kritiker hielten Reagan vor, er habe den Eindruck erweckt, nicht Versöhnung anzubieten, sondern Absolution für Kriegsverbrecher. Elie Wiesel nutzte die Gelegenheit auf einer Preisverleihung in Washington, Reagan würdevoll, doch pointiert zu tadeln.

Drei Jahre später kam es aus Anlaß des fünfzigsten Jahrestags der Reichskristallnacht vom November 1938 zu einem weiteren peinlichen Zwischenfall. Bundestagspräsident Philipp Jenninger, der zweithöchste Vertreter der Republik, hielt eine Gedenkrede vor dem Bundestag und geladenen Gästen, in der er die Juden für ihr eigenes Schicksal verantwortlich zu machen schien. Wahrscheinlich war nicht böser Wille, sondern mangelnde Urteilskraft die Ursache dieses verblüffenden Fauxpas – der Jenningers fast sofortigen Rücktritt nach sich zog. Mißtöne wie in Bitburg und in Jenningers Rede ließen wiederum die Frage aufkommen, wie ehrlich die Reue und wie beständig der Wandel in der deutschen Einstellung zur nationalsozialistischen Vergangenheit waren.

Im Mai 1985 wurde es Bundespräsident Richard von Weizsäcker, dem Sohn eines verurteilten Kriegsverbrechers, zuteil, diese Probleme in einer vielbewunderten Rede anzusprechen. Weizsäcker forderte seine Landsleute auf: »Schauen wir am heutigen 8. Mai, so gut wir es können, der Wahrheit ins Auge.« Er wies die häufig zu hörende Entschuldigung zurück, daß das deutsche Volk nicht gewußt habe, was den Juden angetan wurde, und betonte: »Es gab viele Formen, das Gewissen ablenken zu lassen, nicht zuständig zu sein, wegzuschauen, zu schweigen.« Und er fuhr fort: »Jeder, der die Zeit mit vollem Bewußtsein erlebt hat, frage sich heute im stillen selbst nach seiner Verstrickung ... [Wir müssen] verstehen, daß es Versöhnung ohne Erinnerung gar nicht geben kann.«

Aussagen wie diese zeigten an, daß die westdeutsche Gesellschaft in den späten achtziger Jahren die Fähigkeit zu reifer Selbstprüfung und Selbstkritik hinsichtlich der nationalsozialistischen Vergangenheit erlangt hatte, was Juden ermöglichte, sich in der Bundesrepublik relativ sicher, wenn auch nicht völlig behaglich oder zu Hause zu fühlen. Zumindest in dieser Beziehung hatte die Bundesrepublik größere Fortschritte gemacht als die beiden anderen deutschsprachigen Staaten der Nachkriegszeit.

Ostdeutschland, zwischen 1949 und 1989 von Männern regiert, die als Kommunisten unter Hitler in vielen Fällen Haftstrafen oder Verfolgung erlitten hatten, erklärte den Antisemitismus und jegliche Form faschistischer Aktivität für ungesetzlich. Doch im Unterschied zu seinem westlichen Nachbarn wurde der Staat innerhalb weniger Jahre nach seiner Gründung so gut wie »judenrein«.

Dies stand im Gegensatz zu der Tatsache, daß manche Juden Ostdeutschland in den späten vierziger Jahren für ein Gebiet gehalten hatten, in dem sie sich eine anständige Existenz aufbauen konnten. In den ersten Nachkriegsjahren kehrten etliche jüdische Kommunisten und Mitläufer aus dem Exil dorthin zurück. Unter ihnen waren der Philosoph Ernst Bloch (der später nach Westdeutschland übersiedelte), der Künstler John Heartfield und der Schriftsteller Arnold Zweig, der aus Palästina zurückkam. Ein paar deutsche Kommunisten jüdischer Herkunft stiegen im ostdeutschen Regime in hohe Positionen auf. Aber die Gesamtzahl der Juden in Ostdeutschland war schon am Anfang sehr klein. Die Intensivierung des Kalten Krieges ließ diesen winzigen Überrest bald an den Rand der Auflösung rücken.

Bis 1952 blieb die Berliner Gemeinde vereinigt unter der Führung Nathan Peter Levinsons, eines in Berlin geborenen und in Amerika ausgebildeten Rabbiners. Noch vor dem Bau der Berliner Mauer wurde eine Spaltung jedoch unvermeidlich. Anfang 1953, als Stalins antijüdische Kampagne ihren Höhepunkt erreicht hatte, wurde es vielen der noch in Ostberlin und anderen ostdeutschen Städten verbliebenen Juden unbehaglich zumute. Ungefähr 500 beschlossen, einem öffentlichen Aufruf Levinsons zu folgen und nach Westberlin zu fliehen. Unter ihnen war auch Julius Meyer, der Leiter der ostdeutschen Gemeinde.

Diese Fluchtbewegung fand vor dem Hintergrund einer Affäre statt, die – wie der Prozeß gegen Slánský in der Tschechoslowakei – erkennen ließ, daß Kommunismus und Antisemitismus in der Praxis nicht unvereinbar waren. Aber, wie Jeffrey Herf in jüngerer Zeit nachgewiesen hat, zeigt der Fall Paul Merker, zumindest in der Persönlichkeit dieses einen Kommunisten, eine hartnäckige humanistische Widerstandskraft gegen die Ausbeutung von rassistischen Gefühlen. Merker, ein Nichtjude, war in der Weimarer Zeit ein führendes Mitglied der Deutschen Kommunistischen Partei gewesen und hatte die Kriegsjahre im Exil in Frankreich und Mexiko verbracht. Als einziger Angehöriger der deutschen kommunistischen Führung schenkte er dem nationalsozialistischen Antisemitismus ernsthafte Aufmerksamkeit und versuchte, sich auf ideologischer Ebene mit ihm auseinanderzusetzen. In Büchern, die er im Ausland veröffentlichte, erklärte

Merker, daß die Ablehnung des Antisemitismus im antifaschistischen Kampf eine zentrale Rolle spielen müsse. Merker verlangte Entschädigungszahlungen an die Juden und drückte sogar Sympathie für den jüdischen Nationalismus aus. 1946 aus dem Exil zurückgekehrt, wurde er Mitglied des Zentralkomitees der SED, und während er in Berlin offizielle Positionen bekleidete, drängte er auf Wiedergutmachung für deutschjüdische Überlebende. Außerdem lobte er den zionistischen Kampf gegen den britischen Imperialismus.

Merkers offizielle Karriere endete jäh im August 1950, als er in Ungnade fiel und aus der Partei ausgeschlossen wurde. Im Dezember 1952 inhaftierte man ihn. Sein Verhör wurde nach dem üblichen grobschlächtigen, stalinistischen Modell – mit einer derben Beimischung aus unverhülltem Antisemitismus – gestaltet. Seine Verhörer verspotteten ihn als »Judenknecht« und warfen ihm vor, er beabsichtige, »die DDR an die Juden zu verkaufen«. Merker wurde zwar 1956 entlassen und teilweise rehabilitiert, aber er führte bis zu seinem Tod im Jahre 1969 nur noch eine Schattenexistenz. Bemerkenswerterweise gab er seine früheren Standpunkte zu den Juden und zum Sozialismus nie auf.

Die vom ostdeutschen Staatssicherheitsdienst nach 1989 freigegebenen Akten zeigen, daß Merkers beispielloses Engagement in der Judenfrage das Mißfallen des Regimes geweckt hatte. Seine Feinde bezichtigten ihn in geheimen Parteidokumenten, für »die Interessen zionistischer Monopolkapitalisten« gearbeitet zu haben und eine Schachfigur »der amerikanischen Finanzoligarchie« gewesen zu sein; er habe deshalb Entschädigung für den Verlust jüdischen Eigentums verlangt, »um das Vordringen amerikanischen Finanzkapitals nach Deutschland zu erleichtern«.[26] Prominente jüdische Kommunisten, die in Mexiko mit Merker umgegangen waren, wurden ebenfalls angegriffen. Einer, Alexander Abusch, geriet eine Zeitlang unter Verdacht, wurde jedoch später rehabilitiert und diente von 1958 bis 1961 als ostdeutscher Kulturminister. Ein anderer, Leo Zuckermann, flüchtete im Januar 1953 nach Westberlin.

In den fünfziger und sechziger Jahren lebten noch mehrere tausend Menschen jüdischer Abstammung in Ostdeutschland, doch die meisten ließen sich nicht als Mitglieder der jüdischen Gemeinde registrieren – entweder aus persönlicher Überzeugung oder aus Gründen der

Vorsicht. In Ostberlin fungierte Martin Riesenburger als geistliches
Oberhaupt der jüdischen Gemeinde; er hatte den Krieg in Berlin mit
Hilfe seiner nichtjüdischen Frau und als jüdischer Totengräber überlebt. Man bezeichnete ihn als den »roten Rabbiner« (allerdings war er
nie ordiniert worden, obwohl er vor dem Krieg an einem Rabbinerseminar studiert hatte). Zur Zeit des Berliner Mauerbaus im August
1961 war die offizielle Gemeindemitgliedschaft auf 1800 Menschen
gefallen. Die meisten wohnten in Berlin und waren recht alt. Das ostdeutsche Regime behandelte sie nicht schlecht, aber es weigerte sich,
ihnen Wiedergutmachung für nationalsozialistische Verbrechen zu
zahlen oder ihnen den von den Nazis beschlagnahmten jüdischen
Besitz zurückzuerstatten.

Nach 1967 kritisierten der Ostberliner Rundfunk und andere
Organe den Zionismus in Israel schärfer als in fast jedem anderen
kommunistischen Land. Sogar die folgsame offizielle jüdische Führung protestierte von Zeit zu Zeit und warnte vor »der extrem engen
Verbindung zwischen dieser antiisraelischen Haltung und dem traditionellen Antisemitismus«.[27] Die Regierung verhinderte Gottesdienste nicht, aber zwischen 1969 und 1987 gab es im ganzen Land keinen
einzigen Rabbiner, und in den achtziger Jahren waren nur 650 Menschen amtlich als Mitglieder der acht jüdischen Gemeinden des Landes eingetragen. Die Mitgliedschaft der größten – in Ostberlin – sank
von 450 im Jahre 1971 auf nur 200 im Jahre 1986; mehr als die Hälfte
war über sechzig Jahre alt.

Mitte der achtziger Jahre vollzog die ostdeutsche Regierung eine
Reihe von Versöhnungsgesten den Juden gegenüber. Man kündigte
Pläne an, die große Berliner Synagoge in der Oranienburger Straße –
sie war seit einem Anschlag von Brandstiftern in der Reichskristallnacht im November 1938 halb baufällig – zu renovieren. Der Präsident
des Jüdischen Weltkongresses, der kanadische Geschäftsmann Edgar
Bronfmann, besuchte Ostberlin und wurde von hohen Würdenträ-
gern, darunter Parteichef Erich Honecker, empfangen. Bei dieser
Gelegenheit wurde angedeutet, daß man zu Zugeständnissen im
Bereich der Wiedergutmachung und der Rückgabe beschlagnahmten
jüdischen Eigentums bereit sei. Die Motive für diese Annäherungs-
versuche waren unklar. Am plausibelsten ist die Erklärung, daß das
Regime auf jüdische Hilfe hoffte, um sich die Meistbegünstigungs-

klausel im Handel mit den Vereinigten Staaten zu verschaffen.[28] Zum Zeitpunkt des Zusammenbruchs der DDR im Jahre 1990 befand sich die jüdische Gemeinde jedoch kurz vor dem Untergang.

Während die Bundesrepublik erhebliche Bemühungen unternahm, das Vermächtnis des Nationalsozialismus anzuerkennen und zu bewältigen, während die DDR wenigstens ein entsprechendes Lippenbekenntnis ablegte, verhielt sich der dritte deutschsprachige Staat völlig anders. Der bequeme Mythos, daß Österreich Hitlers »erstes Opfer« gewesen sei, ermöglichte mehreren Regierungen nach dem Krieg, jeglicher ernsthaften Konfrontation mit der Vergangenheit auszuweichen. Auch bestand zunächst weder eine amtliche noch eine öffentliche Bereitschaft, die Rückkehr einer großen Zahl jüdischer Mitbürger zu akzeptieren.

Als das Anglo-American Committee of Inquiry Wien im Februar 1946 besuchte, erklärte der sozialistische Bundespräsident Karl Renner den Mitgliedern, es gebe im Land keinen Platz mehr für jüdische Geschäftsleute: »Und selbst wenn es Platz gäbe …, glaube ich nicht, daß Österreich in seiner gegenwärtigen Stimmung Juden gestatten würde, wieder solche Familienmonopole aufzubauen. Jedenfalls würden wir nicht zulassen, daß eine neue jüdische Gemeinde aus Osteuropa ins Land kommt und sich hier etabliert, wenn unser eigenes Volk Arbeit braucht.«[29] Man zahlte österreichischen Juden, die Opfer nationalsozialistischer Verfolgungen gewesen waren, keine Wiedergutmachung und ließ nur widerwillig zu, daß beschlagnahmte jüdische Immobilien und andere Besitztümer ihren Eigentümern wenigstens teilweise zurückgegeben wurden. Warum könnten sich die Juden »nicht selbst ihren Lebensunterhalt verdienen wie jeder andere in Österreich«? fragte Innenminister Oskar Helmer im Jahre 1948.[30]

Wie in Deutschland trugen die Existenz von DP-Lagern und die Vorzugsbehandlung der Insassen, was zum Beispiel Lebensmittelrationen anging, dazu bei, den latenten Antisemitismus der Bevölkerung zu verstärken. In Bad Ischl, in der amerikanischen Besatzungszone, mußten österreichische Polizisten einschreiten, um einen Krawall vor einem jüdischen Flüchtlingsheim niederzuschlagen. Rufe wie »Raus mit den Touristen« und »Die Juden werden fett!« waren zu hören, und man bewarf die Fenster des Gebäudes mit

Steinen. Die Drahtzieher, angeblich Kommunisten, wurden von den amerikanischen Behörden vor Gericht gestellt, doch sie erhielten umfassende Unterstützung von den meisten politischen Parteien des Landes.[31]

Trotzdem erwachte unter diesen wenig verheißungsvollen Umständen wieder eine kleine jüdische Gemeinde in Österreich zum Leben. Zuerst stand sie Anpassungsproblemen gegenüber, die jenen in Deutschland ähnelten. In Wien klagte man – genau wie in Berlin – eine Gruppe der wenigen überlebenden Juden an, mit den Nazis kollaboriert zu haben. Die Wiener Polizei ermittelte gegen Dr. Emil Tuchmann, den Chef des Jüdischen Krankenhauses, weil er Gewalttaten gegen jüdische Mitbürger begangen und Menschen zum Transport in die Konzentrationslager ausgewählt haben sollte. Manche Juden wandten zu seiner Verteidigung ein, er habe unter unmöglichen Umständen geholfen, Leben zu retten. Tuchmann behielt die Leitung des Krankenhauses in den ersten Monaten nach der Befreiung, aber im August 1945 mußte er seinen Posten aufgeben, wurde verhaftet und verschwand später.[32]

In den frühen achtziger Jahren lebten etwa 12 000 Juden in Österreich, die meisten davon in der Hauptstadt. Das war alles, was von dem großen kulturellen Treibhaus des Wiener Judentums übriggeblieben war. Die beherrschende Gestalt der österreichischen Nachkriegspolitik, Bruno Kreisky, war Jude (allerdings nicht gläubig), aber er verärgerte viele Mitjuden durch seine Versuche, den Nahostkonflikt durch eine eigenartige persönliche Diplomatie zu lösen. Während seiner langen Kanzlerschaft in den siebziger Jahren diente Kreisky gewissermaßen als Alibi Österreichs für seine Beziehung zu den Juden. Durch seine Gegenwart wurde die Kritik am eindeutigen Unvermögen der Regierung oder der Gesellschaft abgelenkt, die Rolle Österreichs – als Teil des Dritten Reiches – bei der Abschlachtung des europäischen Judentums anzuerkennen. Zu einer Wende kam es erst in den späten achtziger Jahren infolge der Waldheim-Affäre.

In seinen Jahren als UN-Generalsekretär zwischen 1972 und 1982 war Kurt Waldheim als vorbildlicher internationaler Beamter erschienen: besonnen, geduldig und unparteiisch. Waldheim hatte während des Krieges als Nachrichtendienstoffizier im deutschen Heer gedient und war von der United Nations War Crimes Commission als potentieller Kriegsverbrecher verzeichnet worden. Man warf ihm vor, im letzten Kriegsjahr während der blutigen Kämpfe zwischen dem deutschen Heer und den Partisanen auf dem Balkan an der Hinrichtung von Geiseln beteiligt gewesen zu sein. Die Ermittlung wurde ergebnislos abgebrochen. Erstaunlicherweise blieben die Anklagen in den folgenden vierzig Jahren geheim, und anscheinend erfuhr nicht einmal Waldheim selbst von ihnen. Sie tauchten erst 1986 wieder auf (niemand wußte aus welcher Quelle), als er für die österreichische Präsidentschaft kandidierte. Im Laufe der sich anschließenden Kontroverse wurde deutlich, daß Waldheim wichtige Teile seiner Kriegskarriere verborgen und im Hinblick auf andere gelogen hatte. Er schrieb die Vorwürfe einer »Diffamierungskampagne« zu.[33] Jedenfalls schien die Affäre seine Popularität in Österreich nicht zu beeinträchtigen. Damit nicht genug, die Angriffe auf Waldheim erwiesen sich als politische Fehlzündung und lösten eine wütende nationalistische Reaktion mit beunruhigenden antisemitischen Beiklängen aus. Im Juni 1986 wurde er zum österreichischen Bundespräsidenten gewählt.

Die leidenschaftliche Debatte setzte sich besonders in den Vereinigten Staaten fort, und im April 1987 unternahm das US-Justizministerium den beispiellosen Schritt, das Oberhaupt eines befreundeten Staates auf seine »Überwachungsliste« von Personen zu setzen, die nicht in die Vereinigten Staaten einreisen durften. Als Begründung wurden »glaubhafte Beweise dafür« angegeben, »daß [er] ... an der Verfolgung von Menschen wegen ihrer Rasse, Religion, nationalen Herkunft oder politischen Meinung beteiligt war«.[34]

Waldheim erhielt Beistand aus seltsam gemischten Kreisen, etwa von dem früheren Kanzler Kreisky, dem britischen Verleger Lord Weidenfeld (von österreichjüdischer Herkunft), der sowjetischen Nachrichtenagentur TASS, Churchills ehemaligem Privatsekretär Sir John Colville und dem in Wien ansässigen »Nazijäger« Simon Wiesenthal. Noch überraschender war die demonstrative Unterstützung, die ihm der Vatikan und der Papst persönlich leisteten. Im Juni 1987, als Waldheim in praktisch jedem zivilisierten Staat eine Persona non grata war, empfing der Papst ihn als Gast in Rom. Der amerikanische, niederländische, italienische und andere Botschafter boykottierten die Begrüßungszeremonie zum Zeichen ihrer Mißbilligung. Einige Linke schlossen sich italienischjüdischen Studenten zu einer Demonstration unweit der Peterskirche an. Erstaunlicherweise war der Papst fast das einzige Staatsoberhaupt, das Waldheim während dessen Amtszeit als Gast willkommen hieß. Im folgenden Jahr machte der Papst einen Gegenbesuch in Österreich. Und im Juli 1994 verlieh der Nuntius in Wien Waldheim, dessen Präsidentschaft mittlerweile abgelaufen war, im Namen des Papstes für seine Arbeit »im Dienst des Friedens« die Ritterwürde ehrenhalber (Cavaliere di Collare dell' Ordine Piano).

In dem Bemühen, die Kontroverse beizulegen, hatte sich Waldheim widerstrebend bereit erklärt, mit einer internationalen Kommission aus sechs Militärhistorikern zusammenzuarbeiten, die alle verfügbaren Unterlagen über seine Vergangenheit prüften. Die Gruppe wurde von dem Schweizer Hans Rudolf Kurz geleitet, und ihr gehörten mehrere bedeutende Experten für den Zweiten Weltkrieg an. Während die Kommission tagte, erhielt Waldheim von der österreichischen Öffentlichkeit weitaus mehr Beistand, als es seinem Stimmenanteil in der Präsidentschaftswahl entsprochen hätte. Die jüdische Gemeinde in Wien wurde von einer Lawine haßerfüllter Briefe überrollt. Einige von Waldheims Anhängern überschritten die Grenze zum unverhohlenen Antisemitismus. Der Generalsekretär der konservativen Volkspartei, Michael Graff, wurde zum Rücktritt gezwungen, nachdem er einem französischen Reporter mitgeteilt hatte, Waldheim sei unschuldig, »solange nicht bewiesen wird, daß er sechs Juden mit eigenen Händen erwürgt hat«.[35]

Die Historikerkommission legte ihren Bericht schließlich im Februar 1988 vor. Die Ergebnisse waren nicht sehr tröstlich für den österreichischen Präsidenten. Während die Historiker erklärten, daß die Unterlagen über Waldheims Kriegstätigkeit ohne Beweiskraft seien, machten sie deutlich, daß er viel mehr über die in seinem Dienstbereich begangenen Verbrechen wußte, als er bis dahin zugegeben hatte. Sie schlossen: »[Waldheims] Darstellung seiner militärischen Vergangenheit steht nicht im Einklang mit den Arbeitsergebnissen der Kommission.«[36] Sogar einige der vorher lautstärksten Fürsprecher des Präsidenten, vornehmlich Kreisky und Wiesenthal, forderten ihn nun – wie Tausende von Demonstranten im Wiener Stadtzentrum – zum Rücktritt auf. Waldheims Reaktion bestand darin, sämtliche Vorwürfe wiederum als »Manipulationen, Lügen und Fälschungen« zu bezeichnen.[37] Mittlerweile war seine Präsidentschaft zu einer schweren diplomatischen und politischen Last für Österreich geworden. Trotzdem beharrte er darauf, seine Amtszeit bis zum Ende abzuleisten.

Die Affäre kam nicht zur Ruhe und warf einen häßlichen Schatten auf die offizielle Gedenkfeier, mit der man im März 1988 des Anschlusses von 1938 gedachte. Waldheim wurde von den meisten Feierlichkeiten ausgeschlossen. Der Jahrestag bot Anlaß zu einer weiteren Demonstration vor dem Präsidialamt, über die Associated Press berichtete:

> Rosa Jochmann, eine frühere KZ-Insassin und Widerstandskämpferin, hielt eine emotionale Rede, die viele Zuhörer zu Tränen rührte. Sie erinnerte daran, daß auch Menschen, die keine Verantwortung für die nationalsozialistischen Greuel getragen hätten, an Gewalttaten »einfach vorbeigegangen sind. Es stimmt nicht, daß man nicht trauern sollte. Man muß trauern«, sagte sie. »All jene, die es durchlebt haben, müssen sprechen. Ich werde nie stumm sein.« Die Organisatoren baten nach der Ansprache um eine Schweigeminute, und die gesamte Menge auf dem Platz wurde still.[38]

Danach verschwand die Affäre langsam aus den Schlagzeilen. Waldheim brachte den Rest seiner Amtsdauer auf jämmerliche Weise hinter sich und zog sich dann unbeklagt in den Ruhestand zurück. Es blieb seinem Nachfolger – 1994 bei einem Besuch in Israel – überlassen, den Schaden in Ansätzen wiedergutzumachen, indem er im Namen des österreichischen Staates dessen Beteiligung am Holocaust vollauf anerkannte.

»Was bist du und wohin gehst du als Jude in Deutschland? Früher oder später stellt sich die Frage für jeden Juden in mehrfacher Beziehung«, schrieb ein deutschjüdischer Journalist Ende der siebziger Jahre.[39] Auch als die deutschsprachigen Länder in den neunziger Jahren vom gemeinsamen Rahmen der Europäischen Union umfaßt wurden, blieb die Frage in ihnen lebendig. Sie erwies sich sogar als noch relevanter, denn Deutschland wurde durch die fortdauernde russisch-jüdische Einwanderung zum einzigen europäischen Staat, dessen jüdische Bevölkerung zunahm. Konnte es möglich sein, daß sich am Ende von Hitlers Jahrhundert so etwas wie eine jüdische Zukunft, die im übrigen Europa so schwer zu entdecken war, in Deutschland abzeichnete?

8. KAPITEL

Die jüdische Revolte
in der Sowjetunion

An vielen Maßstäben gemessen waren die Juden die erfolgreichste Volksgruppe im Rußland nach Stalin: die am besten ausgebildete, am stärksten urbanisierte und am höchsten spezialisierte. Vielleicht gehörten sie auch infolgedessen zu den am wenigsten beliebten Gruppen. Ihrem Erfolg zum Trotz wurden sie zu einem der unzufriedensten Elemente in der Sowjetgesellschaft und bildeten in den siebziger und achtziger Jahren eine Bewegung des friedlichen Widerstands, die letztlich zu einer Art Revolte führte. Die Bewegung erreichte ihr Hauptziel, aber dadurch trug sie dazu bei, daß die Mehrheit des sowjetischen Judentums das Land verließ.

Die präzise Zahl der nach 1945 in der UdSSR verbliebenen Juden ist nicht bekannt, aber die weithin akzeptierte Zahl von 3 Millionen ist höchstwahrscheinlich eine Übertreibung. Die erste sowjetische Volkszählung der Nachkriegszeit fand erst 1959 statt, und darin war von insgesamt 2 267 000 Juden die Rede.* Die sowjetischen Grenzänderungen während des Krieges und danach sowie die Repatriierung beträchtlicher Mengen polnischer und tschechoslowakischer Juden sorgten für ein kompliziertes Bild. Spätere demographische Schätzungen erbrachten jedoch, daß die sowjetjüdische Bevölkerung

---

* Die sowjetischen Volkszählungsdaten für Juden wurden lange für wenigstens 10 Prozent zu niedrig gehalten, da man annahm, daß viele Juden ihre wahre Volkszugehörigkeit vor den Zählern verbargen. Nach Ansicht mancher Experten lebten in der UdSSR möglicherweise bis zu 1,5 Millionen heimliche Juden und Halbjuden.[1] Jüngere Forschungen haben jedoch die Richtigkeit der sowjetischen Angaben bestätigt.[2]

nach dem Krieg eine Periode des steilen und stetigen Rückgangs durchmachte.[3]

In den späten sechziger Jahren hatten die demographischen Muster des sowjetischen Judentums starke Ähnlichkeit mit jenen der Juden in Westeuropa und in den Vereinigten Staaten. Die jüdische Geburtenziffer war weit unter die bereits niedrige für die Gesamtbevölkerung gesunken. 1969 lag sie in der Russischen Föderation bei 6,7 pro 1 000; für die Gesamtbevölkerung betrug die Ziffer 14,7 pro 1 000. Ein Grund für den Geburtenrückgang war die Vernichtung eines großen Teils der potentiellen Elterngeneration während des Krieges. Zudem heirateten die Juden später und neigten, wie der jüdische Mittelstand im Westen, bereits in einem frühen Stadium dazu, ihre Kinderzahl durch Geburtenkontrolle einzuschränken. Das jüdische Altersprofil war beträchtlich höher als das der übrigen Bevölkerung: Laut der Volkszählung von 1970 waren 26,5 Prozent der sowjetischen Juden mindestens sechzig Jahre alt. Der Alternsprozeß stach besonders in den europäischen Republiken ins Auge: 43 Prozent der Juden in der Russischen Föderation waren über fünfzig Jahre alt. Infolgedessen wiesen die Juden eine ungewöhnlich hohe Sterblichkeitsziffer auf. Die Verbindung einer niedrigen Geburten- und einer hohen Sterblichkeitsziffer führte zu einem jährlichen natürlichen Rückgang der Bevölkerung, den man zwischen 1959 und 1970 für die UdSSR als Ganzes auf 0,46 Prozent veranschlagte (wahrscheinlich war er in den europäischen Republiken etwas höher). Aufgrund dieser Entwicklungen nahm die jüdische Bevölkerung der UdSSR sogar noch rascher ab als die Westeuropas: nach der Volkszählung von 1970 auf nur 2,15 Millionen.

In fast jeder Hinsicht wurden die Juden immer stärker von der Sowjetgesellschaft assimiliert und besaßen immer weniger typisch jüdische Merkmale. Jiddisch war nicht mehr ihre Lingua franca. 1959 wurde es von weniger als einem Fünftel (410 000) der sowjetischen Juden als Muttersprache bezeichnet. Nur im sowjetischen Moldawien und in Litauen erhob die Hälfte oder mehr aller Juden diesen Anspruch. 1979 gaben nur noch 14,2 Prozent der sowjetischen Juden Jiddisch als Muttersprache an. Viele für die jüdische Tradition bedeutsame Bräuche schwanden dahin, etwa Beschneidung, Bar Mitzwah und *miqwaot* (rituelle Tauchbäder). Die Juden wurden die am stärksten von Akkulturation und Assimilation betroffene Minderheit der UdSSR. Wie im Westen wuchs die Zahl der Mischehen rapide. In der Russischen Föderation schätzte man 1979, daß ein Drittel der Juden nichtjüdische Partner heiratete.

Trotz dieser Indikatoren wurden die Juden nicht zu einem unsichtbaren Element der Sowjetgesellschaft. Wie in Großbritannien zeigten Umfragen an, daß die Juden in der Sowjetunion hauptsächlich mit ihresgleichen umgingen. Nach einer Untersuchung von 1976 waren durchschnittlich mehr als 3,5 der 5 besten Freunde von jüdischen Befragten ebenfalls Juden[4] – ein besonders überraschendes Ergebnis angesichts der Tatsache, daß die Juden von allen sowjetischen Völkerschaften am weitesten verstreut waren und in keiner einzigen Region eine Bevölkerungsmehrheit bildeten. Durch mehrere andere Merkmale hoben sie sich ebenfalls von der übrigen Bevölkerung ab. Sie waren in viel höherem Maße urbanisiert: Mehr als 95 Prozent wohnten laut der Volkszählung von 1959 in Städten. Sie waren vor allem in Großstädten wie Moskau (239 000 im Jahre 1959), Leningrad (169 000) und Kiew (153 000) anzutreffen, obwohl sie auch hier nur eine kleine Bevölkerungsminderheit stellten. Die Urbanisierung setzte sich in den sechziger und siebziger Jahren fort: 1979 lebten nur 1,5 Prozent der sowjetischen Juden in Landgebieten – der niedrigste Prozentsatz für alle sowjetischen Volksgruppen. Aber auch sie waren zumeist Mittelständler, etwa Ingenieure oder Ärzte, und verkörperten damit in der ländlichen Gesellschaft ein quasi-städtisches Element.

Ungeachtet der zahlreichen Indizien für antijüdische Diskriminierung bei der Aufnahme in den Hochschulbereich waren die Juden viel besser qualifiziert als die Gesamtbevölkerung. Der Volkszählung von 1970 zufolge hatten 47 Prozent der erwachsenen Juden in der Russischen Föderation einen Hochschulabschluß. In anderen Sowjetrepubliken war der Prozentsatz weniger beeindruckend, aber immer noch viel höher als bei der übrigen Bevölkerung: 28 Prozent in der Ukraine, 25 Prozent in Belorußland, 29 Prozent in Lettland und 18 Prozent in Moldawien. Zudem konzentrierten sie sich auf die freien Berufe. Dieses Kennzeichen war in der UdSSR noch ausgeprägter als in Westeuropa oder in den USA, wo ein großer Teil der jüdischen Bevölkerung in der Geschäftswelt arbeitete. 1960 sollen mehr als ein Drittel der Ärzte und zwei Fünftel der Anwälte in Moskau

Juden gewesen sein. Die sowjetischen Juden waren besonders zahlreich im künstlerischen Bereich, vor allem in der Musik, und in der wissenschaftlichen Forschung. 1947 stellten sie 18 Prozent aller Naturwissenschaftler der UdSSR. Der Prozentsatz sank bis 1970 allmählich auf 7 Prozent. Gleichwohl blieben die Juden in manchen Sparten, welche die Sowjetregierung als vorrangig betrachtete, etwa in der Physik und Mathematik, unverhältnismäßig stark vertreten, besonders in den höheren Rängen der angesehensten Forschungseinrichtungen. Anfang der siebziger Jahre hatten sie 14 Prozent aller Doktorentitel inne (der »Doktor der Wissenschaften« bildete den höchsten akademischen Abschluß in der UdSSR). Vornehmlich in der Hauptstadt spielten sie eine prominente Rolle: 14 Prozent aller Naturwissenschaftler in Moskau waren Juden.

Mithin waren die Juden eine eigenartige und eigenartig wichtige Gruppe der Sowjetgesellschaft. Das war schon immer der Fall gewesen. Aber ihre Mitwirkung in der Politik hatte nachgelassen. In den ersten Jahren der Sowjetmacht waren Juden in der politischen Elite überrepräsentiert gewesen, doch in den fünfziger Jahren übten nur noch wenige hohe Ämter aus. Von 1443 Mitgliedern des Obersten Sowjets waren 1964 lediglich acht Juden. Lasar Kaganowitsch, der letzte Jude, der eine Spitzenposition in der Sowjethierarchie einnahm, wurde 1957 abgesetzt und der Mittäterschaft in einer »Antiparteigruppe« bezichtigt, die angeblich auf Chruschtschows Sturz hinarbeitete. Auf Republik-, Regions- und Ortsebene waren unter Abgeordneten oder Parteifunktionären selten Juden zu finden. Ihre zunehmende Ausschaltung aus solchen Ämtern war um so auffälliger, wenn man die überdurchschnittlich hohe Zahl jüdischer Mitglieder der Kommunistischen Partei berücksichtigte. Noch im Jahre 1976 war der Anteil von Parteimitgliedern in der jüdischen Bevölkerung höher als in jeder anderen Volksgruppe der Sowjetunion.[5]

Die offizielle Parteilinie in den Jahren nach Stalin lautete, daß in Rußland kein Judenproblem existiere. Die Juden seien erfolgreich von der Sowjetgesellschaft assimiliert worden, und der Antisemitismus gehöre der Vergangenheit an. Vorfälle wie die »Ärzteverschwörung« seien untypisch und zu bedauern. Die angeklagten Ärzte wurden fast sofort nach Stalins Tod im März 1953 aus der Haft entlassen. In den folgenden Jahren kehrten jüdische Schriftsteller und andere

Kulturschaffende zunehmend aus den Straflagern zurück. Seit 1956 wurden die Opfer von »Säuberungen«, die hingerichtet worden oder in der Haft gestorben waren, »rehabilitiert«. Wie die übrige Bevölkerung genossen auch die Juden Mitte der fünfziger Jahre die gelöstere politische Atmosphäre unter Malenkow und Chruschtschow. Der Terror der Periode von 1948 bis 1953 hatte nun ein Ende gefunden.

Andererseits vermied Chruschtschow in seiner berühmten »Geheimrede« auf dem 20. Parteitag von 1956, auf die antijüdischen Aspekte von Stalins Verbrechen einzugehen. Die jiddischen Schulen, Zeitungen, Theater und Verlage, die man unter Stalin geschlossen hatte, wurden von seinen Nachfolgern nicht wiedereröffnet. Trotz der offiziellen Anerkennung der Juden als einer Nation und des Jiddischen als jüdischer Nationalsprache hielt man eine spezifisch jüdische Literatur nicht mehr für notwendig, da es, wie sich der sowjetische Chefideologe Michail Suslow 1956 ausdrückte, sinnlos sei, eine »tote Kultur« wiederzubeleben.[6]

Einen enthüllenden Blick auf das Denken des inneren Zirkels der Sowjetführung zur Judenfrage bietet das Protokoll eines Gesprächs vom Mai 1956 zwischen französischen Sozialisten und den Kreml-Politikern. Chruschtschow gab zu, daß die »Ärzteverschwörung« in der Tat »absoluter Unsinn« gewesen sei. Auf eine Frage nach der kulturellen Freiheit der Juden bemerkte er jedoch: »Wenn man jüdische Schulen einrichtete, würde es nur sehr wenige geben, die zu ihrem Besuch bereit wären ... Das jiddische Theater ist aus Zuschauermangel in Verfall geraten.« Er räumte ein, daß »in unserem Land antisemitische Gefühle existieren«. Es handele sich um »Überreste aus einer reaktionären Vergangenheit«. Chruschtschow erklärte, daß zur Zeit der Revolution viele Juden, die »gebildeter und vielleicht revolutionärer als der Durchschnittsrusse« gewesen seien, hohe Posten in der Partei und im Staat bekleidet hätten. Aber:

Wenn die Juden die Spitzenpositionen in unseren Republiken übernehmen wollten, würden sie von den einheimischen Völkern zweifellos ablehnend betrachtet werden. Diese Völker würden solche Ansprüche zurückweisen ... Wenn zum Beispiel in der Ukraine ein Jude in ein wichtiges Amt berufen wird und sich mit jüdischen Kollegen umgibt, ist es verständlich, daß es zu Eifersucht und Feindschaft gegenüber den Juden kommen kann.[7]

In einem anderen Gespräch mit einem französischen Journalisten, das 1958 stattfand, drückte sich Chruschtschow schärfer aus. Er hatte Birobidschan besucht und beschrieb es geradezu als Gelobtes Land, in dem Milch und Honig flössen: »Dort gibt es Wasser und Sonne. Außerdem riesige Wälder, fruchtbare Böden und jede Menge Bodenschätze ...« Das einzige Problem sei, daß die Juden nicht dorthin umsiedeln wollten. »Wie läßt sich dieses unerfreuliche Phänomen erklären? Meiner Ansicht nach durch die historischen Umstände. Die Juden haben immer die Handwerksgewerbe bevorzugt ... Sie können kollektive Arbeit und Gruppendisziplin nicht leiden. Es ist ihnen immer lieber gewesen, über das Land verstreut zu sein. Sie sind Individualisten.«[8] Hinter dem abwehrenden Gepolter lassen sich eine gewisse Gereiztheit und Verblüffung über ein Problem ausmachen, das so hartnäckig war wie eh und je.

Nach 1957 wurden die kulturellen Einschränkungen für Juden ein wenig gelockert, anscheinend infolge von ausländischem Druck: Zum Beispiel stellten westeuropäische Kommunisten wie Louis Aragon peinliche Fragen. 1957 durfte eine Jeschiwa in Moskau eröffnet werden, doch nur wenige Studenten schrieben sich ein, und die Behörden legten dem Wirken der Institution zahlreiche Hindernisse in den Weg. Gelegentlich gestattete man wieder jiddische Theateraufführungen, und seit 1959 wurden einige jiddische Bücher veröffentlicht, doch in geringen Auflagen, von denen viele Exemplare ins Ausland gingen. Fast die einzige andere zulässige Form des jüdischen Kulturschaffens waren Konzerte jiddischer Lieder, die sehr populär waren und ein vielköpfiges Publikum anzogen. Im Mai 1963 wurde Jan Peerce, ein Tenor an der New York Metropolitan Opera, zu Gastkonzerten in die UdSSR eingeladen und erhielt stürmischen Beifall für einen Vortrag hebräischer und jiddischer Lieder.

1961 genehmigten die Behörden die Veröffentlichung einer zweimonatlich (später monatlich) erscheinenden jiddischen Literaturzeitschrift, *Sowjetisch hejmland*. Außer dem *Birobidzhaner shtern*, einer Ortszeitung in der »autonomen Region«, die Übersetzungen offizieller Nachrichten abdruckte und eine Auflage von nur 1500 Exemplaren hatte, war dies die erste jiddische Zeitschrift seit den vierziger Jahren. Der parteitreue Herausgeber Aron Vergelis – der einzige jiddische Schriftsteller, der ungehindert ins Ausland reisen konnte –

sorgte dafür, daß das Magazin das offizielle Denken genau widerspiegelte.* Die Auflage wurde auf 25 000 (später weniger) Exemplare festgelegt, von denen man einen Großteil zu Propagandazwecken ins Ausland schickte.

In den letzten Jahren von Chruschtschows Herrschaft und besonders nach seiner Absetzung im Oktober 1964 verdüsterte sich die Atmosphäre für die Juden erneut. Zum Teil hatte diese Entwicklung mit der allgemeinen kulturellen Erstarrung nach dem kurzlebigen »Tauwetter« zu tun. Juli Daniel, der in einer berühmten Verhandlung zusammen mit Andrei Sinjawski wegen Diffamierung der Sowjetunion angeklagt wurde, hatte sich, soweit wir wissen, nicht wegen seines Judentums unbeliebt gemacht. Gleichzeitig jedoch kam es zu spezifischen Schritten gegen Juden: Schriftsteller wie Wassili Grossman durften keine jüdischen Themen gewidmete Werke veröffentlichen; Moskauer Juden wurden vor Kontakten mit israelischen Diplomaten oder ausländischen Touristen gewarnt und durften solchen Besuchern nicht einmal beim Gottesdienst in der Synagoge die Hand schütteln. Am erstaunlichsten war, daß die antisemitische Blutverleumdung 1963 in einer Publikation der Ukrainischen Akademie der Wissenschaften erneuert wurde: T. K. Kytschkos primitive Arbeit *Judentum ohne Beschönigung* erschien mit offizieller Druckerlaubnis in einer Auflage von 100 000 Exemplaren.

Etliche Prozesse in den frühen sechziger Jahren, in denen man Juden »Wirtschaftsverbrechen« zur Last legte, führten zur Hinrichtung der für schuldig Befundenen. Manche Sowjetologen plädierten dafür, solche Ereignisse im Rahmen einer allgemeinen antireligiösen Kampagne zu sehen. In mehreren Fällen war die damit einhergehende Propaganda jedoch eindeutig antisemitisch inspiriert. Zum Beispiel wurden fünf Juden in Lwow angeklagt, eine »mit Gold und anderen Wertsachen handelnde Schieberbande« gebildet zu haben,

---

* Manchmal ließ jedoch sogar dieser Apparatschik eine sentimentale Achtung vor der jüdischen historischen Kontinuität erkennen. 1966 schaltete er sich (wenn auch erfolglos) ein, um die Schließung einer jiddischen Theatergesellschaft und eines Chors in Riga zu verhindern. Bei anderer Gelegenheit brach er während einer jiddischen Inszenierung in Wilna in Tränen aus und entschuldigte sich mit den Worten: »Meine kindlichen Träume … meine dummen Träume.«[9]

»die unter den Gewölben der Synagoge von Lwow einen gemütlichen Unterschlupf gefunden hatte«. Die Synagoge habe als »Fassade« für ihre Verbrechertätigkeit gedient, an der sich insbesondere religiöse Würdenträger beteiligt hätten.[10] Kurz darauf wurde die Synagoge von Lwow – wie viele andere überall im Land – im Zuge der umfassenden antireligiösen Kampagne geschlossen. 1963 war die Zahl der noch ihren ursprünglichen Zweck erfüllenden Synagogen in der UdSSR auf 92 gesunken.

Die Hinrichtungen riefen im Westen Proteste hervor. Nach einem Einspruch von Bertrand Russell, der damals den Höhepunkt seiner antinuklearen Kampagne des zivilen Ungehorsams erreicht hatte, nutzte Chruschtschow die Gelegenheit, eine ausführliche Verteidigung der sowjetischen Position vorzubringen. Sein Statement enthielt nichts Neues, doch die Länge des Textes zeigte, wie sensibel die Sowjetführung auf solche Kritik reagierte, denn ihr war klar, daß derartige Vorfälle die Unterstützung der westlichen Öffentlichkeit für die von der UdSSR angestrebte »friedliche Koexistenz« untergruben.

Das umstrittenste Thema blieb die Emigrationsfrage. Mit Ausnahme von polnischen und tschechoslowakischen Juden, die Ende der vierziger Jahre repatriiert wurden, blieb die Ausreise von Juden wie aller anderen Bürger der UdSSR bis in die siebziger Jahre hinein fast völlig verboten. Die Furcht der Sowjetregierung vor einem »Brain-Drain« hochqualifizierter Akademiker – besonders im naturwissenschaftlichen Bereich – war einer der Hauptgründe für den offiziellen Widerwillen, die jüdische Emigration zuzulassen.

Trotzdem zeichnete sich unter Chruschtschow die erste Spur eines Wandels ab, als man alljährlich eine geringe Zahl von Juden ausreisen ließ – hauptsächlich in Fällen von Familienzusammenführung. Diese Emigranten waren vorwiegend alt oder krank und wurden von den Sowjetbehörden als eine Last angesehen. Im Rückblick ist es ein interessantes Signal für die Politik der siebziger Jahre, daß die Sowjetunion 1965 begann, ein Rinnsal jüdischer Emigration nach Israel zu ermöglichen. Die Zahl der Auswanderer war gering, doch der Bruch eines Tabus, das seit den frühen zwanziger Jahren existiert hatte, stellte sich als bedeutsam heraus. 1966 durften mehr als 2 000 Personen das Land verlassen. Die neue Politik war einer von mehreren Hinweisen darauf, daß die sowjet-israelischen Beziehungen in jenem Zeitraum etwas

freundlicher wurden. Die Sowjetregierung wollte den Israelis durch
diese leichte Lockerung offenbar den Eindruck vermitteln, daß sie bei
gutem Benehmen mit weiteren, möglicherweise beträchtlicheren Ver-
günstigungen rechnen konnten.

Der arabisch-israelische Krieg von 1967 markierte hier – wie in vielen anderen Bereichen – einen historischen Wendepunkt. Auch in der
UdSSR weckte der Sieg Israels über seine mit sowjetischen Waffen
ausgerüsteten Feinde ein enormes Gefühl des Stolzes unter den Juden
und förderte ihr Identitäts- und Selbstbewußtsein. Der freundlichere
Trend, der die sowjetisch-israelischen Beziehungen in den beiden
Vorjahren gekennzeichnet hatte, brach jäh ab. Die jüdische Emigration wurde mehr als ein Jahr lang eingestellt.* Die Sowjetpropaganda
schlug mit voller Kraft auf Israel ein, indem sie den Zionismus mit
Faschismus und Rassismus gleichsetzte. Die sowjetischen Juden
mußten sich dem antiisraelischen Chor anschließen. Zum Beispiel
schrieb *Sowjetisch hejmland*, angeblich ein Literaturmagazin, in der
Ausgabe vom Juli 1967 ganz im Einklang mit der Parteilinie: »Besetzung und Annexion liegen auf dem Weg von Abenteurern, die
Schachfiguren der Imperialisten sind.«

In mehreren Städten kamen kleine Gruppen von jüdischen Aktivisten zusammen, um ihr Vorgehen abzusprechen. Das Verlangen
nach Emigration wurde offen zum Ausdruck gebracht. Damals kur-
sierte folgender Scherz: »Wie viele sowjetische Juden würden auswandern wollen?« Antwort: »Hundertzwanzig Prozent – sämtliche
Juden plus 20 Prozent, die sich als Juden ausgeben würden.« In den
späten sechziger Jahren klang dies wie eine hochgradige Übertreibung, doch aus dem Blickwinkel der neunziger Jahre scheint es nicht
allzuweit von der Realität entfernt gewesen zu sein.

Eine der ersten öffentlichen Erscheinungsformen der neuen Selbst-
sicherheit sowjetischer Juden war eine Petition im Februar 1968 von
sechsundzwanzig jüdischen Intellektuellen in Litauen, die sich über
eine »wachsende Flut des Antisemitismus« beschwerten.[11] Im

---

* Die Auswanderung von Volksdeutschen wurde zwischen 1967 und 1971
ebenfalls stark eingeschränkt, was vermuten läßt, daß es noch andere, allge-
meinere Gründe für den Rückgang der jüdischen Emigration gegeben haben
mag.

September 1968 versammelten sich mehrere tausend Menschen in Babi Jar, um des dortigen Massenmordes siebenundzwanzig Jahre zuvor an den Juden von Kiew zu gedenken. Im folgenden April versuchte ein jüdischer Student, Ilja Ripps, sich in Riga – nach Art der buddhistischen Protestierenden in Südvietnam – in Brand zu setzen. Damit wollte er auf die Weigerung der Sowjetregierung, Juden emigrieren zu lassen, aufmerksam machen. Derart spektakuläre Akte des Widerstandes wiesen, wie bald deutlich wurde, auf eine weitverbreitete zionistische Emigrationsbewegung hin, die vom sowjetischen Judentum Besitz ergriffen hatte.

Die Sowjetbehörden versuchten, diese überraschenden Akte der Opposition mit einer typischen Mischung aus Zuckerbrot und Peitsche, Propagandadonner und repressiven Polizeimaßnahmen abzuwehren. Um ein Zugeständnis zu machen, begannen sie im Oktober 1968 erneut, ein paar Ausreisevisa zu erteilen. Sobald dies bekannt wurde, bombardierte man sie jedoch mit Tausenden von Ausreiseanträgen. Um die Emigrationsbewegung zu zügeln, erweiterte die Regierung ihre antizionistische Kampagne, indem sie nicht mehr nur die Politik Israels angriff, sondern das Land selbst als häßlich und abstoßend darstellte:

> Nein, meine Herren Zionisten [hieß es in einem Artikel in der *Iswestija* im Dezember 1969], es ist nicht der Fall, daß irgend jemandem die Ausreise nach Israel verboten oder er daran gehindert würde. Das alles bilden Sie sich ein. Man möchte nicht zu Ihnen ausreisen, denn wer, in erster Linie, möchte schon einen Schritt zurückmachen: aus einem Land mit der fortgeschrittenen Gesellschaftsstruktur des Sozialismus in ein überaus bourgeoises, kapitalistisches Land mit seinen schreienden Gegensätzen und Widersprüchen, seiner wölfischen Gesetzgebung, Gesellschaftsordnung und Moral?[12]

Der Oberrabbiner von Moskau und andere prominente Juden wurden veranlaßt, sich im Rundfunk oder in der Presse ähnlich zu äußern.

Die jüdische Opposition meisterte rasch die Kunst, unter den besonderen Bedingungen von Breschnews UdSSR Konterpropaganda zu betreiben. Bald war sie viel geschickter als die offensichtlich von oben gelenkten Sprecher der Regierung. Viele Techniken der jüdischen

Aktivisten ähnelten denen, mit deren Hilfe andere sowjetische Dissidenten ihre Sache verfochten. Eine bedeutende Rolle spielte die Veröffentlichung illegaler »Samisdat«-Literatur. Häufig wurden die Texte mühsam mit mehreren Durchschlägen getippt, denn Vervielfältigungs- und Fotokopiergeräte sowie natürlich Druckerpressen befanden sich unter der strengen Kontrolle der Behörden.

Das erste derartige Dokument produzierten die sowjetischen Juden im Mai 1968 in Form eines Gesuches, das achtzehn jüdische Familien in Georgien an die Vereinten Nationen richteten. Die Familien, »unbesiegt und ewig lebend, durchdrungen von der Tradition des Kampfes und des Glaubens«, verlangten das Recht, nach Israel zu emigrieren.[13] Im Februar 1970 erschien eine zionistische Untergrundzeitschrift, *Iton*, in Riga. Im April desselben Jahres kam die erste, achtunddreißig Seiten umfassende Ausgabe von *Ischod* (Exodus) in Moskau heraus; eine zweite folgte zwei Monate später. Das Kennzeichen dieser Publikationen war der Abdruck einer Reihe kollektiver Eingaben, zweiundfünfzig allein in den beiden ersten Nummern von *Ischod*. Die meisten Antragsteller protestierten gegen die Einengung der jüdischen religiösen und kulturellen Freiheit in der UdSSR und forderten die Aufhebung sämtlicher Emigrationsschranken.

In einem Brief an UN-Generalsekretär U Thant mahnte eine Gruppe aus Vilnius (Wilna):

> Vor dem Zweiten Weltkrieg gab es in Litauen eine große jüdische Gemeinde mit herrlichen Kulturtraditionen ... Zum gegenwärtigen Zeitpunkt ist in unserer Gegend keine Spur der früheren jüdischen Kultur zu entdecken. Wir haben keine jüdischen Schulen, keine professionellen Theater, keine Verlage, nicht einmal jüdische Zeitungen, und es besteht kein Grund zu der Erwartung, daß sie alle wiedergeboren werden.
>
> Wir sind von unserer langen Geschichte, unseren Traditionen und dem geistigen Erbe unserer Vorfahren abgeschnitten. Wir haben uns die litauische und die russische Kultur angeeignet, aber wir sind keine Litauer und Russen geworden. Obwohl wir all dessen beraubt sind, was die anderen Völker der UdSSR besitzen, bleiben wir Juden.

In einem anderen Brief, den eine Gruppe von Juden aus Minsk an Präsident Schasar von Israel richtete, stand:

Unser Wunsch, in Israel zu leben, erklärt sich aus dem natürlichen menschlichen Verlangen, die eigene Sprache zu sprechen, engen Kontakt zur jüdischen Nationalkultur zu halten und die eigenen Kinder mit dieser Kultur, die man uns nun genommen hat, vertraut zu machen. Wir können uns nicht vorstellen, wie wir fern von Israel weiterleben sollen. All unsere Gedanken und Handlungen zielen auf die Erfüllung unseres wichtigsten Traumes ab: der Rückkehr nach Israel. Nichts wird uns daran hindern.[14]

Die Gesuche in den beiden Ausgaben der Zeitschrift waren von insgesamt 600 Menschen unterzeichnet worden, die mit erstaunlicher Kühnheit ihre Namen und Adressen nannten – eine direkte Herausforderung an die Sowjetbehörden. Mehrere der Unterzeichner wurden kurz darauf verhaftet. Außer solchen Gesuchen veröffentlichten die Aktivisten auch heimliche Übersetzungen der Werke von Heinrich Graetz, Simon Dubnow und Cecil Roth über die jüdische Geschichte, Romane wie *Exodus* von Leon Uris, Sartres *Betrachtungen zur Judenfrage* und Lehrbücher des Hebräischen. Auffällig war das Fehlen von Büchern oder Artikeln über religiöse Themen; mit seltenen Ausnahmen wurden die jüdischen Aktivisten weniger von religiösen als von politisch-nationalen Überzeugungen geleitet.

Wie andere Dissidenten verließen sich auch die jüdischen Aktivisten nicht allein auf den Umlauf zerknitterter Durchschläge. Sie lernten rasch, die ausländischen Medien einzusetzen und sich ein viel größeres Publikum für ihre Ideen zu verschaffen. Sie nahmen Kontakt zu Auslandskorrespondenten in der Sowjetunion auf und sorgten dafür, daß ihre Botschaften Radio Israel (das in russischer, jiddischer, georgischer und hebräischer Sprache sendete) sowie amerikanische Rundfunksender in Europa erreichten, die den Text dann für ihre Zuhörer in der Sowjetunion ausstrahlten. Zwar stehen keine Einschaltquoten zur Verfügung, aber es gibt Indizien dafür, daß Radio Israel, das besonders in den südlichen Gebieten der UdSSR deutlich zu hören war (es sei denn, der Empfang wurde gestört), ein großes und treues Publikum besaß. Viele spätere Israel-Einwanderer hatten dieser Quelle ihre Kenntnisse des Hebräischen zu verdanken. Die Sowjetbehörden versuchten, die Kontakte zwischen den Dissidenten und den ausländischen Journalisten in Moskau einzuschränken, indem sie die Bewegungen und Treffen der letzteren aufmerksam

überwachten. Aber wenn sie die Journalisten nicht ausweisen wollten, was die Atmosphäre der internationalen Détente beeinträchtigt
hätte, konnten sie solche Kontakte nicht völlig unterbinden. Außerdem dürfte das KGB die Begegnungen für sehr nützlich gehalten
haben, da sie ihm halfen, Dissidenten zu identifizieren.

Im Juni 1970 machten zehn Männer und eine Frau den Versuch,
eine kleine Passagiermaschine in Leningrad zu entführen, um über
Schweden nach Israel zu entkommen. Die drei führenden Verschwö-
rer waren die siebenundzwanzigjährige Silwa Salmanson, eine Inge-
nieurin aus Riga; ihr zwei Jahre älterer Ehemann Eduard Kusnezow,
ein ehemaliger Philosophiestudent an der Universität Moskau, der
zwischen 1961 und 1968 wegen antisowjetischer Propaganda in Haft
gewesen war; und der dreiunddreißigjährige Mark Dymschitz, ein
früherer Militär- und Zivilpilot. Sämtliche hoffnungsvollen Flüchtlinge wurden verhaftet und im Dezember 1970 in Leningrad vor Gericht gestellt. In der Stalin-Zeit hätte man eine solche Verhandlung –
wenn überhaupt – entweder hinter verschlossenen Türen oder, falls
die Behörden sicher sein konnten, den Angeklagten kriecherische
Schuldbekenntnisse abzuringen, in Form eines Schauprozesses abgehalten. Für die pseudolegalen Verfahren der Breschnew-Zeit war es
jedoch typisch, daß die Leningrader Verhandlung weder unter vollem
Ausschluß noch unter voller Einbeziehung der Öffentlichkeit stattfand. Verwandte der Angeklagten und andere Personen mit Sonder-
erlaubnis durften den Gerichtssaal betreten, was zur Folge hatte, daß
ein Verfahrensprotokoll in der Sowjetunion vom Samisdat veröffentlicht wurde und dann in den Westen gelangte.

Die meisten Angeklagten gaben zu, sie hätten beabsichtigt, das
Flugzeug zu entführen und nach Israel zu entkommen, da ihre Bemühungen, auf legalem Wege auszureisen, wiederholt durchkreuzt worden seien. Dymschitz erklärte dem Gericht, er habe emigrieren wollen, weil seine Kinder in der UdSSR keine jüdische Erziehung erhalten
könnten. Silwa Salmanson gestand, daß sie die erste Ausgabe von
Iton abgetippt hatte. Ein weiterer Angeklagter, Ara (Leiba) Chnoch,
sagte, er betrachte Israel als seine Heimat, da er in der UdSSR nur die
Rechte eines Gefangenen besitze. Der Staatsanwalt führte aus:
»Einige erklären, dieser Prozeß sei gegen die Juden gerichtet; das
stimmt aber nicht. Das ist kein Judenprozeß, sondern ein Strafpro-

zeß, bei dem die Mehrzahl der Verbrecher Juden sind. Kusnezow ist meiner Meinung nach kein Jude. Ich betrachte ihn als Russen.« Er forderte die Todesstrafe für Kusnezow und Dymschitz sowie schwere Haftstrafen für die übrigen. Wie es in der UdSSR Brauch war, hatte das KGB versucht, die Angeklagten gegeneinander auszuspielen und sie dadurch zu demoralisieren, doch der Plan blieb erfolglos. Dymschitz teilte dem Gericht mit: »Es ist erfreulich, daß wir auch hier Menschen geblieben sind und nicht begonnen haben, einander zu beißen wie Spinnen in einem Einsiedeglas.« Mehrere Angehörige der Gruppe baten in ihrem Schlußwort uneigennützig um Milde für ihre vom Tod bedrohten Mitangeklagten. Einige hielten leidenschaftlich zionistische Plädoyers. Silwa Salmanson sagte: »Israel ist ein Land, mit dem wir Juden geistig und historisch verbunden sind ... Ich zweifle auch jetzt noch keine Minute daran, daß ich dennoch irgendwann einmal in Israel werde leben dürfen. Dieser von zwei Jahrtausenden geheiligte Traum wird mich nie mehr verlassen. Nächstes Jahr in Jerusalem! Und ich wiederhole hier: ›Vergesse ich deiner, Jerusalem, so werde ich meiner Rechten vergessen.‹« Als sie das Zitat auf hebräisch wiederholte, schnitt ihr der Staatsanwalt das Wort ab.

Das Gericht sprach die Todesstrafe gegen Dymschitz und Kusnezow aus und verhängte lange Haftstrafen in »Strafarbeitslagern mit strenger Behandlung« gegen die übrigen.[15] Die Todesurteile wurden später, wahrscheinlich als Folge westlicher Proteste, in Haftstrafen umgewandelt.

Im Frühjahr 1971 vollzog die Sowjetregierung eine bemerkenswerte Kehrtwendung: Zum erstenmal gestattete sie die Emigration von Juden nach Israel in großem Maßstab. Im Laufe des nächsten Jahrzehnts verließ eine Viertelmillion Juden das Land. Die Gründe für diesen dramatischen Sinneswandel bleiben im dunkeln, aber sie waren vermutlich mit dem Wunsch der Sowjetführung verknüpft, ein harmonischeres Verhältnis zu den Vereinigten Staaten und Westeuropa herzustellen. In diesem Zusammenhang ist erwähnenswert, daß eine ähnlich großangelegte Emigration von Volksdeutschen in die Bundesrepublik kurz darauf ihren Anfang nahm. Die lange Kampagne im Westen für das Auswanderungsrecht sowjetischer Juden und ihre allseitige politische Unterstützung überzeugten das Breschnew-Regime, daß ein Zugeständnis in diesem Punkt zur Sicherung der

diplomatischen Absprachen und Wirtschaftsverträge, die es mit
NATO-Mitgliedstaaten schließen wollte, beitragen würde.

Obwohl die Tür nun halb geöffnet war, blieb das Auswanderungs-
verfahren kompliziert. Die Beantragung eines Ausreisevisums glich
einem bürokratischen Hindernisrennen. Antragsteller mußten sich
zuerst eine eidesstattliche Erklärung sowie eine »Einladung« zur Emigration von einem Familienmitglied in Israel besorgen. Der Zeitraum
zwischen der Antragstellung und der Abreise war häufig ausgedehnt
und beschwerlich, da der Betreffende gewöhnlich seinen Arbeitsplatz
oder seine Ausbildungsstätte verlassen mußte. Diejenigen, denen die
Ausreise verweigert wurde, bekamen oftmals keine neue Arbeit und
blieben damit in der Luft hängen. Das Verfahren wurde durch das
Fehlen diplomatischer Beziehungen oder direkter Reiseverbindun-
gen zwischen der UdSSR und Israel erschwert. Die finnische und die
niederländische Botschaft in Moskau, welche die Interessen Israels
dort repräsentierten, waren ermächtigt, israelische Visa auszustellen.
Wer endlich die Genehmigung zur Emigration erhielt, reiste zuerst
mit dem Zug nach Wien, wo er von Vertretern der Jewish Agency (der
halb offiziellen Organisation, die für die Einwanderung nach Israel
verantwortlich war) empfangen wurde. In Wien regelte die Agency
die Weiterreise.

Das, was man bei den Sowjetbehörden unzweifelhaft für ein
Sicherheitsventil gehalten hatte, mit dessen Hilfe man den inneren
und äußeren Druck mindern und sich zudem der lästigsten Unruhestifter unter den sowjetischen Juden entledigen konnte, erwies sich als
etwas ganz anderes: als eine glimmende Zündschnur, die eine Explosion auszulösen drohte. In gewissem Maße ergaben sich die Schwierigkeiten der Sowjets aus den inneren Widersprüchen (um eine mar-
xistische Wendung zu benutzen) ihrer eigenen Politik. Da sie beschlossen hatten, Unruhestifter auswandern zu lassen, wurden
potentielle Emigranten stillschweigend genötigt, sich wie Quälgeister
zu benehmen. Nachdem die Behörden eine umfangreiche Emigration zugelassen hatten, wollten sie trotzdem einen »Brain-Drain«
erheblicher Teile ihrer naturwissenschaftlichen und technischen Elite
vermeiden. Deshalb verfügte die Sowjetregierung im August 1972,
daß Emigranten »die Staatsausgaben für eine Ausbildung an einer
höheren Lehranstalt zurückerstatten« müßten.[16] Diese Ausreise-

steuer rief im Westen heftige Kritik hervor, so daß die Sowjetregierung die Maßnahme offiziell zurücknahm. Zugleich wurden jedoch andere bürokratische Einschränkungen verhängt, um die Auswanderung hochqualifizierter Personen nicht überhandnehmen zu lassen. Unterdessen kündigte man zionistischen Aktivisten weiterhin, schloß sie aus den Akademien aus, verhaftete und verurteilte sie unter Anklage der Spionage, des Rowdytums oder der Diffamierung des Sowjetstaates zu Gefängnis- oder Arbeitslagerstrafen.

Im Westen, besonders in Großbritannien, Frankreich und in den Vereinigten Staaten, entwickelte sich unter Beteiligung vieler Nichtjuden eine wohldurchdachte PR-Kampagne, die das Emigrationsrecht für sowjetische Juden forderte. Die Bewegung wurde von individuellen Politikern und schließlich auch von westlichen Regierungen unterstützt. Die Aktivisten deckten sowjetische Amtsträger mit Briefen und Gesuchen ein und überredeten westliche Politiker, darunter ein paar »Eurokommunisten« in Frankreich und Italien, ihr Anliegen den Sowjetbehörden nahezubringen. Die Frage blieb durch Demonstrationen, Plakate und Reklametricks ständig im Blickpunkt der Öffentlichkeit. Westliche Aktivisten unterbrachen die Auftritte gastierender sowjetischer Künstler und drohten sogar Gewalt an. In New York wurde eine Bombe im Büro eines Impresarios gezündet, und eine jüdische Sekretärin kam ums Leben. In Westeuropa verhielt sich die Bewegung jedoch überwiegend friedlich.

Die sowjetische Reaktion auf die in- und ausländischen Proteste war unbeholfen und unklug. Man machte einen halbherzigen Versuch, das Interesse an Birobidschan wiederzubeleben, wo die jiddische Regionalzeitung nun nicht nur drei-, sondern fünfmal pro Woche erscheinen durfte. Abgenutzte Propaganda wurde von neuem aufgewärmt: Zum Beispiel zeigte das Moskauer Fernsehen am 5. Mai 1973 einen Film, in dem ein bejahrter Jude erklärte, er sei in Polen geboren worden, nach Israel ausgewandert und habe nun seine wahre Heimat – Birobidschan – gefunden. Samisdat-Texte wurden beschlagnahmt und ihre Herausgeber hinter Gitter gebracht. Man hörte die Telefone von Dissidenten ab oder unterbrach die Verbindungen, damit sie keinen Kontakt untereinander oder mit dem Ausland halten konnten. Aber die Einführung des Durchwahlsystems zwischen sowjetischen Großstädten und dem Westen stellte das KGB vor technische Probleme, wenn es Telefonate mit dem Ausland blockieren wollte.

Viele Dissidenten wurden unter Druck gesetzt oder verhaftet. Die Fälle dieser »Gefangenen von Zion« lieferten Anlaß zu weiteren Protesten. Die Ballettänzer Waleri Panow und seine Frau Galina erhielten eine Vorladung zum KGB, wo man sie bezichtigte, unerlaubte Kontakte zu Ausländern angeknüpft und Informationen, die »den guten Namen der Sowjetunion beschmutzen«, verbreitet zu haben.[17] Ihr Fall war einer von den vielen, die im Westen Aufsehen erregten.

Der Moskaubesuch von Präsident Nixon im Juni/Juli 1974 veranlaßte die jüdischen Aktivisten zu besonders nachdrücklichen Bemühungen, ihre Sache publik zu machen. Sie hofften, daß diese Publizität, verstärkt durch die Arbeit westlicher Sympathisanten, den amerikanischen Präsidenten zwingen würde, seine Gastgeber im breiteren Rahmen der Entspannung zwischen Ost und West auch auf die jüdische Emigrationsfrage anzusprechen. Als Teil dieser Strategie wurde von sowjetjüdischen Wissenschaftlern ein internationales Seminar für den Zeitpunkt von Nixons Besuch anberaumt. Es sollte jedoch nicht stattfinden, da man die meisten Organisatoren verhaftete und den geladenen westlichen Gästen, darunter fünfzehn Nobelpreisträger, keine Einreisevisa für die UdSSR erteilte. Die Frauen von drei verhafteten Organisatoren suchten die KGB-Zentrale auf, um sich nach ihren Männern zu erkundigen. Dort wurde ihnen mitgeteilt, das Seminar stelle eine »heimtückische antisowjetische Aktion« dar.

Das sich anschließende Gespräch warf ein entlarvendes Licht auf die Haltung mittlerer Sowjetfunktionäre:

> *KGB-Funktionär:* Wozu brauchen Sie ein internationales Seminar? Sie hätten doch füreinander Vorlesungen halten können. Was wollen Sie mit Besuchern aus England und Amerika?
> [...]
> *Irina Brailowskaja:* Aber wir leben in derselben Welt, und Wissenschaftler aus kapitalistischen Ländern kommen häufig zu Kongressen nach Moskau. Meinen Sie etwa, daß die wissenschaftlichen Kontakte abgebrochen werden sollten?
> *KGB-Funktionär:* Nein, wir leben in verschiedenen Welten. Wir werden nicht zulassen, daß Sie sich zu dem Seminar versammeln. Wer versucht anzureisen, wird verhaftet. Niemand wird dort eintreffen.

Irina Brailowskaja: Werden Sie auch unsere ausländischen Kollegen verhaften?

KGB-Funktionär: Ihre ausländischen Kollegen kriegen einen Tritt in den Hintern. Wenn Sie denen die Tür öffnen, die zu Ihrer Wohnung kommen, um eine antisowjetische Aktion durchzuführen, dann werden Sie sich vor dem Gesetz verantworten müssen.

Nina Woronel: Welches Gesetz verbietet einem Sowjetbürger, die Tür zu öffnen, wenn jemand klingelt?

KGB-Funktionär: Öffnen Sie nur, öffnen Sie nur. Vielleicht steht draußen ein Mörder oder ein Räuber. Wir können nichts garantieren.

Nina Woronel: Heißt das, daß ich Angst vor jedem haben sollte, der in meine Wohnung kommt?

KGB-Funktionär: Wir haben Ihre Nachbarn gewarnt, daß in Ihrer Wohnung eine antisowjetische Aktion geplant wird. Die Leute werden eine Versammlung abhalten, und vielleicht gehört Ihnen die Wohnung dann nicht mehr.[18]

Die Mischung aus angeblichem Legalismus und grober Bedrohung war typisch für die KGB-Taktik.

Das kühne Vorgehen der Aktivisten ließ sich nicht nur mit persönlichem Mut erklären, sondern auch mit dem Einvernehmen von Bürokraten und Bürgern darüber, daß die Sanktionen, die das Regime gegen Abweichler ergreifen konnte, in der Nach-Stalin-Zeit begrenzt waren. Protestierende konnten schikaniert, entlassen oder, in extremen Fällen, in Arbeitslager oder psychiatrische Anstalten gesteckt werden, doch man brauchte Proteste nicht mehr mit dem Tod zu bezahlen. Die Erfahrung hatte die Dissidenten gelehrt, daß jeder offizielle Unterdrückungsakt einen Propagandasieg für ihre eigene Seite darstellte. Kurzfristige Not verwandelte sich häufig in langfristigen Erfolg, da die meisten hartnäckigen Regimegegner irgendwann ein Ausreisevisum erhielten.

Der Fall Anatoli Schtscharanski lieferte das berüchtigste Beispiel für den sowjetischen Einsatz pseudolegaler Methoden, um die jüdische Emigrationsbewegung zurechtzustutzen. Schtscharanski spielte, was ungewöhnlich war, eine bedeutende Rolle sowohl für die jüdische Emigrations- als auch für die allgemeine Menschenrechtsbewegung in der UdSSR. Vielleicht aus diesem Grund wählten die Sowjetbehörden ihn für eine besonders rachsüchtige Behandlung aus. 1978 wurde er der Spionage für die USA angeklagt, und der Staatsanwalt bescheinigte ihm »illegales Verhalten, ideologische Irrtümer und politische Gedankenlosigkeit«.[19] Man befand ihn für schuldig und verurteilte ihn zu drei Jahren Gefängnis sowie zehn Jahren Zwangsarbeitslager. Alle Proteste – darunter einer von Präsident Carter, der bestritt, daß Schtscharanski ein amerikanischer Spion sei – fruchteten nichts. Schtscharanski, ein Mann von überragender Zivilcourage, wurde ein Märtyrer für die sowjetisch-zionistische Sache. Durch das ihm zugefügte Unrecht gelangte das Problem der sowjetischen Juden auf die Tagesordnung der Ost-West-Diplomatie, und dadurch wurde das öffentliche Interesse zu einem Zeitpunkt wachgehalten, als die Kampagne an Schwung verloren hatte. Man ließ Schtscharanski erst im Februar 1986 frei, als er im Rahmen einer komplizierten Absprache auf der Glienicker Brücke an der Grenze zwischen Westberlin und der DDR ausgetauscht wurde. Danach emigrierte er nach Israel, wo er – als Nathan Schtscharanski – an die Spitze der sowjetjüdischen Einwanderer trat.

Als im Laufe der siebziger Jahre klar wurde, daß Streitbarkeit Resultate zeitigte, wurden die Aktivisten kühner. Sie hielten Picknicks ab, um den israelischen Unabhängigkeitstag zu feiern; zuweilen traten sie in den Hungerstreik; an jüdischen Festtagen versammelten sich Tausende vor der großen Moskauer Synagoge und tanzten auf der Straße zu israelischer Musik. Man begann, Hebräischunterricht anzubieten. Einige Klassen wurden polizeilich verboten, doch dann in Privatwohnungen verlagert, wo man Fotokopien von hebräischen Grundschullehrbüchern wie *Elef Milim* verwendete.

Wie ist diese erstaunliche Erweckung des jüdischen Bewußtseins zu erklären? Es scheint sich im Falle der jüdischen Mehrheit nicht um eine religiöse Erneuerung gehandelt zu haben. Halb offizielle Zahlen zeigten 1976, daß es im ganzen Land nur 60 000 ihren Glauben praktizierende Juden gab. Dies stimmte mehr oder weniger mit den Ergebnissen einer inoffiziellen Umfrage überein, die im selben Jahr unter sowjetischen Juden durchgeführt wurde. Nur 7 Prozent der Befragten erklärten, gläubig zu sein. Die größte Gruppe, 53 Prozent, billigte die Aussage: »Ich glaube nicht, aber ich habe Respekt.« Nur 3 Prozent meinten: »Ich halte es für nötig, aktiv gegen die Religion zu kämpfen.« Verblüffenderweise äußerten nicht wenige Angehörige sogar dieser letzten Gruppe ein Interesse an der jüdischen Kultur und am Besuch der Synagoge.[20] Ungefähr 85 Prozent gaben an, daß ihre

Kinder eine jüdische Sprache – im allgemeinen nicht Jiddisch, sondern Hebräisch – lernen sollten, und die meisten wünschten sich irgendeine Art jüdischer Erziehung für ihre Kinder.[21]*

Die peinliche und zunehmend unbestreitbare Tatsache war, daß ein halbes Jahrhundert der »sowjetischen Realität« nicht genügt hatte, um das Judenproblem in der UdSSR zu lösen. In mancher Hinsicht war es den Juden gelungen, sich zu assimilieren, wie die steigende Zahl von Mischehen deutlich machte. Doch in anderer Hinsicht waren sie nun lästigen neuen Beschränkungen unterworfen: einer Art Numerus clausus in vielen höheren Lehranstalten und dem weitgehenden Ausschluß aus politischen Machtpositionen – ein Sachverhalt, der sich stark von dem der ersten nachrevolutionären Jahre abhob. Eine Analyse der ethnischen Zusammensetzung von gewählten politischen Gremien ergab 1978, daß sich die Situation der sowjetischen Gründerzeit in den ersten Jahren nach 1917 völlig umgekehrt hatte: Die Juden waren inzwischen »die, relativ gesehen, am stärksten unterrepräsentierte Völkerschaft in der UdSSR«.[22]

Die jüdische Emigrationsbewegung wurde im Westen nicht nur von Juden, Zionisten und Bürgerrechtskämpfern unterstützt, sondern auch von antikommunistischen Kalten Kriegern, welche die Judenfrage für ein nützliches Mittel zur Diskreditierung des Sowjetsystems hielten. Die Ziele dieser Gruppen gingen manchmal auseinander, besonders in der Frage der Détente, die viele Antikommunisten als Spielart des Appeasement ablehnten. Manche fürchteten, daß die Entspannung die Bereitschaft der westlichen Regierungen, sich mit dem umstrittenen Thema des sowjetischen Judentums zu befassen, schwächen werde. Andere glaubten, daß verbesserte Beziehungen zwischen Ost und West den Juden höhere Erfolgschancen versprachen. Die meisten führenden Gestalten der russischjüdischen

---

* Diese Zahlen können nur als Fingerzeig dienen, da die Organisatoren der Umfrage trotz erheblicher Bemühungen keine repräsentative Stichprobenerhebung durchführen konnten. Die Umfrage wurde ganz offen abgehalten, und die Sowjetfunktionäre schalteten sich zunächst nicht ein. Später brachten sie jedoch die gesammelten Daten an sich. Heimliche Kopien wurden danach aus der Sowjetunion hinausgeschmuggelt. Die veröffentlichten Resultate beruhen auf 1 215 Befragungen, die in verschiedenen Teilen der UdSSR stattfanden.

Bewegung ließen jedoch kein derartiges Verständnis für die Bedeutung der Détente erkennen. Die immer aggressivere Taktik, die sie ihren westlichen Fürsprechern aufnötigten, erwies sich letzten Endes als kontraproduktiv.

Beispielhaft war der Versuch, die Frage der ungehinderten jüdischen Emigration mit der des amerikanisch-sowjetischen Handels zu verknüpfen. 1972 hatten die USA und die UdSSR ein Abkommen unterzeichnet, durch das die letztere den Status einer »meistbegünstigten Nation« erhielt. Zwei Jahre später – infolge lobbyistischer Tätigkeit im Namen des sowjetischen Judentums – verabschiedete der Kongreß jedoch das Jackson-Vanik-Amendment (benannt nach den Antragstellern im Senat und Repräsentantenhaus), das die Meistbegünstigung von Zugeständnissen in der Auswanderungsfrage abhängig machte. Weitere Zusätze führten dazu, daß das Handelsabkommen der UdSSR nur noch geringfügige Vorteile zu bieten hatte. Deshalb gab es für die Russen kaum einen wirtschaftlichen Anreiz, den Vertrag einzuhalten, und sie wiesen den – laut *Iswestija* – »unerträglichen Einmischungsversuch in die inneren Angelegenheiten unseres Landes« zurück.[23] Im Januar 1975 erklärte die Sowjetregierung den Handelsvertrag für nichtig.

Die Aufregung im Westen konzentrierte sich auf das Recht der sowjetischen Juden, nach Israel zu emigrieren, doch die Frage, ob sie das Recht haben sollten, auch in andere Länder auszuwandern, wurde in der Regel übergangen. In diesem Punkt entwickelte sich eine stillschweigende, unheilige Allianz zwischen Moskau und Jerusalem, die jeweils ihre eigenen Gründe für den Wunsch hatten, die Emigration in andere Länder als Israel zu verhindern. Die Israelis betrachteten das sowjetische Judentum – besonders nach dem Oktoberkrieg von 1973, der einen allgemeinen Einwanderungsrückgang bewirkte – als eine wichtige Quelle potentieller neuer Bürger. Die Sowjets ihrerseits wollten vermeiden, daß sich der Emigrationswunsch auf die Gesamtbevölkerung ausweitete. Daher faßten sie die hauptsächlich von außenpolitischen Erwägungen diktierten Ausnahmen (Juden, die nach Israel, Volksdeutsche, die in die Bundesrepublik emigrierten, sowie ein paar kleinere Gruppen) unter der Rubrik »Familienzusammenführung« oder ähnlichem zusammen.

Bei alledem blieben die wahren Wünsche der sowjetjüdischen Auswanderer unberücksichtigt. Während die Emigrationswelle ins Rol-
len geriet, wurde klar, daß die Aktivisten innerhalb wie außerhalb der
UdSSR zwar hauptsächlich zionistische Ziele verfolgten, daß sich
viele Emigranten selbst jedoch lieber in den Vereinigten Staaten, in
Kanada, Westdeutschland, Australien oder Neuseeland niederlassen
wollten als in Israel. 1971 hatten sich mehr als 99 Prozent der Auswanderer in Israel heimisch gemacht. Aber der Oktoberkrieg von 1973
und die sich anschließende Wirtschaftskrise in Israel ließen das Land
zu einem viel weniger attraktiven Ziel werden. 1975 war mithin fast
die Hälfte der Emigranten an anderen Ländern interessiert. Nur 31
Prozent der jüdischen Auswanderer zwischen 1977 und 1989 ließen
sich in Israel nieder: insgesamt 79 067 von 252 887 Personen. Die
große Mehrheit der übrigen 69 Prozent bemühte sich um die Einreise
in die Vereinigten Staaten (siehe Tabelle 3). Juden aus dem europäischen Rußland – im Unterschied zu den traditionalistischer gesonnenen Juden aus Georgien, Dagestan und anderen Gebieten – schienen
von diesem Trend besonders stark beeinflußt zu werden. Was die
Europäer betraf, so war die Neigung, sich für andere Ziele als Israel zu
entscheiden, am stärksten ausgeprägt bei Emigranten aus dem russischen Kernland, der östlichen Ukraine und Belorußland – im Gegensatz zu den Gebieten, welche die UdSSR während des Zweiten Weltkriegs und danach annektiert hatte, zum Beispiel Moldawien, die
Bukowina und die baltischen Staaten.[24] Der höhere Assimilations-
grad der Juden in den Gebieten, welche die Bolschewiken seit dem
Ende des Bürgerkriegs besetzt hatten, verringerte offenbar das
Bewußtsein ihrer jüdischen Identität und damit ihr Interesse an der
Ausreise nach Israel.

Die Emigranten aus Republiken wie Georgien und dem sowjetischen Moldawien waren häufig ärmer und im allgemeinen schlech-
ter ausgebildet als diejenigen aus dem Kernland. Wie im Fall früherer
jüdischer Wanderungen, etwa jener aus Nordafrika in den fünfziger
Jahren, stand Israel also vor der unangenehmen Tatsache, daß die am
besten qualifizierten Emigranten von anderen Ländern »abge-
schöpft« wurden, womit Israel die außerordentlich schwierige Aufgabe der gesellschaftlichen Absorption überlassen blieb. Israelische
Beamte rangen die Hände, konnten jedoch wenig tun, um diesen

Tabelle 3: Jüdische Auswanderung aus UdSSR und GUS, 1948–98

Jahr	nach Israel	in die USA	in andere Länder	GESAMT
1948–53	18			18
1954–64	1 452			1 452
1965	891	12		903
1966	2 047	36		2 083
1967	1 390	72		1 462
1968	223	92		315
1969	2 979	156		3 135
1970	1 027	135		1 162
1971	12 966	214		13 180
1972	31 432	453		31 885
1973	33 283	1 449		34 732
1974	17 065	3 490	389	20 944
1975	8 293	5 250	1 000	14 543
1976	7 258	5 512	1 491	14 261
1977	8 253	6 842	1 641	16 736
1978	11 998	12 265	4 602	28 865
1979	17 277	28 794	5 262	51 333
1980	7 393	15 461	1 000	23 854
1981	1 806	6 980	711	9 497
1982	756	1 327	594	2 677
1983	390	887	40	1 317
1984	350	489	71	910
1985	348	570	222	1 140
1986	206	641	67	914
1987	2 069	3 811	2 272	8 152
1988	2 173	10 576	9 654	22 403
1989	26 048	36 738	22 303	85 089
1990	185 230	31 283	13 000	229 513
1991	147 839	34 715	12 000	194 554
1992	65 093	45 888	5 000	115 981
1993	66 145	35 581	5 000	106 726
1994	68 079	32 622	5 000	105 701
1995	64 847	21 683	5 000	91 530
1996	58 970	19 497	5 000	83 467
1997	54 569	14 531	4 000	73 100
1998	45 400	8 000	3 000	56 400
Gesamt	955 563	386 052	108 319	1 449 934

Anm.: Die Zahlen für 1948–1964 schließen keine jüdischen Rückwanderer nach Polen und in die Tschechoslowakei ein, von denen die Mehrheit in die USA oder nach Israel weiterreiste. Ihre Zahl wird auf wenigstens 175 000 geschätzt. Die Einwanderungszahlen für Israel stammen aus offiziellen Quellen, die für die USA sind von der Hebrew Immigrant Aid Society (HIAS) berechnet worden. Die Zahlen für die Emigration sowjetischer Juden in andere Länder als Israel und die USA sind schwer zu präzisieren. Dazu sind die Daten, die Prof. Sidney Heitman von der Colorado State University gesammelt hat, sowie eine Reihe anderer Quellen herangezogen worden. Geringe Diskrepanzen der veröffentlichten Zahlen gehen auf neuerliche Auswanderungen, auf Fälle von Touristen, die später in Israel ansässig geworden sind, und auf die Einbeziehung nichtjüdischer Familienmitglieder zurück. In jüngeren Jahren machen die letzteren einen steigenden Anteil der Emigranten aus – seit 1992 vielleicht bis zu einem Viertel der Gesamtzahl. Die Zahlen in der Tabelle sind angeglichen worden, so daß sie sämtliche begleitenden Familienmitglieder erfassen.

Trend zu ändern. Ein Sprecher der Jewish Agency kommentierte lahm, die große Zahl der Emigranten, die anderen Ländern den Vorzug gaben, sei darauf zurückzuführen, daß die Sowjets ganz bewußt Personen »mit minderen jüdischen und zionistischen Überzeugungen« Visa erteilten, um die »Aussteigerquote« zu erhöhen.[25]

Die Regierung der Vereinigten Staaten erkannte sowjetischjüdische Auswanderer nur so lange als »Flüchtlinge« an, wie diese nicht von einem anderen Land akzeptiert wurden. Wer auch nur kurze Zeit in Israel wohnte, verlor diesen Status automatisch. Viele sowjetische Juden hielten deshalb eisern den Verlockungen von Mitarbeitern der Jewish Agency in Wien und Rom stand, denn sie fürchteten mit einiger Berechtigung, daß sie keine Chance hätten, von den Vereinigten Staaten aufgenommen zu werden, wenn sie auch nur einen Fuß auf israelischen Boden setzten. Manche, die sich kein US-Visum besorgen konnten, verharrten, in einer seltsamen Ungewißheit gefangen, in Europa, wo sie sich auf kleine italienische Häfen oder andere Provinzorte konzentrierten. Beunruhigt über diese Entwicklung, forderten die Israelis die amerikanischjüdischen Freiwilligenorganisationen auf, Juden, die nicht nach Israel reisen wollten, die Finanzhilfe zu streichen. Verbände wie die HIAS legten Wert darauf, eine schädliche öffentliche Auseinandersetzung über die Frage zu vermeiden, fühlten sich jedoch auch verpflichtet, das Prinzip der freien Entscheidung zu respektieren, und weigerten sich, die israelischen Wünsche zu erfüllen.

Die Emigrationswelle erreichte 1979, als 51 333 Juden die UdSSR verließen, einen Höhepunkt. Danach drehte die Sowjetregierung den Hahn allmählich zu. 1980 waren lediglich 23 854 Auswanderer (von denen die meisten die Genehmigung bereits im Jahr zuvor erhalten hatten) und 1981 sogar nur 9 497 Auswanderer zu verzeichnen. In den nächsten sechs Jahren ebbte der Exodus zu einem Rinnsal ab. Der plötzliche Stopp der umfassenden jüdischen Emigration in der zweiten Hälfte des Jahres 1979 war offensichtlich auf die Tatsache zurückzuführen, daß die Détente mit dem sowjetischen Einmarsch nach Afghanistan ein Ende gefunden hatte. Etwas später wurde die Auswanderung aus Deutschland und Amerika ebenfalls eingeschränkt. Außerdem beschwerten sich die Russen weiterhin über das Jackson-Vanik-Amendment. Daneben hatte die Sowjetregierung vielleicht auch innenpolitische Gründe für den Auswanderungsstopp.[26]

Der Kurswechsel der Regierung hatte nicht zur Folge, daß sich die jüdische Forderung nach Emigrationsfreiheit abschwächte. Im März 1983 hieß es, mehr als 382 000 Juden in der UdSSR hätten »notariell beglaubigte Einladungen von Verwandten in Israel erbeten und erhalten« (das erste Stadium des Antragsverfahrens), aber sie warteten noch auf Ausreisevisa. Nach vorsichtigen Schätzungen hatte man 2 906 Familien die Ausreise bereits offiziell verweigert; damit fielen sie in die Kategorie der sogenannten Refuseniks, welche die Sowjetunion nicht verlassen durften, dort jedoch auch nicht leben konnten. Die meisten hatten ihre Arbeits- oder Studienplätze verloren und konnten als »Schmarotzer« vor Gericht gestellt werden.[27] Ein Verzeichnis sämtlicher bekannten Refuseniks, das 1986 im Westen veröffentlicht wurde, umfaßte 3 193 Haushalte mit insgesamt mehr als 11 000 Personen. Sie waren überwiegend im erwerbsfähigen Alter und hatten durchschnittlich fast neun Jahre im Schatten des offiziellen Ausreiseverbots verbracht. Mehr als zwei Drittel der Familienoberhäupter waren als Naturwissenschaftler, Ingenieure oder Technologen tätig gewesen.[28]

Die Aktionen der Sowjetbehörden schienen zu demonstrieren, daß sie keine neue Idee zur Bewältigung des Judenproblems hatten.

Im großen und ganzen griffen sie zu den Methoden, mit denen sie bereits in der Vergangenheit gescheitert waren. Man schikanierte und verhaftete eine steigende Zahl von Dissidenten, was, wie vorherzusehen war, die Bewegung nicht einschüchterte, sondern nur eine Trotzreaktion auslöste. Die offizielle Propaganda erhielt einen gewissen Auftrieb dadurch, daß man ein »antizionistisches Komitee« aus russischen Juden gründete, die ihre Unterstützung der Parteilinie bekräftigen mußten. Wie früher ging Repression mit versöhnlichen Gesten einher. 1983 verpflichtete sich die Sowjetregierung, Anträge auf »Familienzusammenführung« – dies war die halbfiktive Grundlage, auf der man ohnehin sämtliche Ausreisegenehmigungen für Juden erteilt hatte – wohlwollend zu betrachten. Man werde Anträge fortan innerhalb von sechs Monaten beantworten, und Personen, denen die Ausreise verweigert werde, dürften »ihre Anträge nach einer zumutbar kurzen Frist erneut einreichen«.[29] Diese augenscheinlichen Zugeständnisse fanden jedoch keinen erkennbaren Niederschlag in der bürokratischen Praxis.

Die Emigrationswelle der siebziger Jahre verstärkte den sich bereits vollziehenden Verfall des sowjetischen Judentums. In den siebziger Jahren erhöhte sich die natürliche Sterbeziffer Schätzungen zufolge auf etwa 1 Prozent pro Jahr und in den achtziger Jahren vielleicht sogar auf 1,5 Prozent. Diese Spirale, besonders in Verbindung mit der Massenauswanderung der siebziger Jahre, ließ den Untergang des sowjetischen Judentums erahnen. Nach der Volkszählung von 1979 gab es nur 1,81 Millionen Juden in der UdSSR. Durch die Abreise vieler junger Menschen war eine alternde Gemeinde zurückgeblieben. Um 1986 schätzte man das Durchschnittsalter der Juden in der Russischen Föderation auf fünfzig Jahre. Zudem waren die politisch aktivsten jüdischen Dissidenten sowie etliche der auf kulturellem und religiösem Gebiet engagiertesten sowjetischen Juden ins Ausland gegangen.

Infolgedessen bot das Judentum in der UdSSR Anfang der achtziger Jahre ein klägliches Bild. In der gesamten Sowjetunion waren höchstens dreißig bis fünfunddreißig vollausgebildete Rabbiner und fünfzig funktionsfähige Synagogen zu finden. Belorußland besaß überhaupt keine Rabbiner und nur vier Synagogen. In Minsk, mit einer jüdischen Bevölkerung von 30 000 Menschen, besuchten kaum hundert regelmäßig die Gottesdienste in der Synagoge. 1978 wurde eine

Wanderbühne, das Jüdische Kammermusiktheater, gegründet, und einige Laienspielgruppen traten von Zeit zu Zeit auf. 1984 veröffentlichte man ein russisch-jiddisches Wörterbuch, doch sonst erschienen kaum jiddische Bücher. Die Versuche westlicher Touristen, verbotene hebräische und andere Werke einzuschmuggeln, wurden weiterhin durchkreuzt; man beschlagnahmte sogar hebräische Übersetzungen von *Pinocchio* und *Schneewittchen und die sieben Zwerge*.

Ein Jahrzehnt lang kam die jüdische Emigration praktisch zum Erliegen. Trotz der Perestroika unter Michail Gorbatschow zwischen 1985 und 1991 öffnete man die Tore nur langsam und zögernd. In den ersten Monaten nach Gorbatschows Machtübernahme entsprachen seine öffentlichen Reaktionen auf die Versuche westlicher Politiker und Journalisten, das Thema anzuschneiden, dem üblichen sowjetischen Vorbild. Als Gorbatschow 1985 mit dem schwarzen US-Politiker Reverend Jesse Jackson zusammentraf, protestierte er: »Die Juden sind ein Teil des Sowjetvolkes. Es sind prächtige Menschen. Sie tragen eine Menge zur Entwicklung unseres Landes bei. Es sind sehr begabte Menschen. Deshalb existiert das sogenannte Judenproblem in der Sowjetunion nicht.« Oder jedenfalls nur für »jene, welche die Beziehungen beeinträchtigen wollen«.[30] Im Frühjahr 1987 nahm der amerikanische Außenminister George Shultz in der Moskauer US-Botschaft an einer Passahfeier teil, zu der auch fünfzig Refeseniks eingeladen waren, darunter bekannte Gestalten wie Alexander Lerner, Wladimir Slepak, Ida Nudel und Jossif Begun. Gorbatschow kommentierte bissig gegenüber einem auf Besuch weilenden amerikanischen Kongreßabgeordneten: »Keine einzige normale Person war da, nur Leute, die sich beklagen.«[31]

Aber während er in der Öffentlichkeit murrte, ließ er typischerweise im privaten Kreis erkennen, daß er bereit war, dem westlichen Druck nachzugeben. Die Zahl der jüdischen Emigranten – 1986 nur 914 – verneunfachte sich im Jahre 1987. Im folgenden Jahr reisten 22 403 Personen aus – von denen sich weniger als 10 Prozent für Israel entschieden.

Durch die gelockerte soziale und kulturelle Atmosphäre unter Gorbatschow erweiterten sich die kreativen Möglichkeiten für die Juden innerhalb der Sowjetunion beträchtlich. *Ulpanim* (hebräische Sprachkurse) wurden für potentielle Auswanderer eingerichtet. Zionistische Aktivitäten, die von den Behörden nicht mehr automatisch unterdrückt wurden, entfalteten sich in aller Offenheit. Zum Beispiel bildete man in Minsk eine zionistische Gruppe mit der Bezeichnung »Ha-Tiqwah« (»die Hoffnung« – gleichzeitig der Titel der israelischen Nationalhymne). In Moskau wurde 1988 ein Verband der Hebräisch-lehrer – mit Mitgliedern aus Städten in vielen Teilen der UdSSR – gegründet. Religiöse Sonntagsschulen, die einst illegal gewesen waren, schossen wie Pilze aus dem Boden. Alte Synagogen, die man für andere Zwecke benutzt hatte, wurden der jüdischen Gemeinde zurückgegeben und wieder für den Gottesdienst geöffnet. 1989 meldeten die sowjetischen Medien offiziell die vollständige Rehabilitierung der jiddischen Schriftsteller und Intellektuellen, die Stalin 1952 hatte hinrichten lassen. Die Kontakte zu jüdischen Gemeinden im Ausland wurden wiederaufgenommen, und jüdische Organisationen in Westeuropa und Nordamerika sandten Geld, Bücher, Besucher, Lehrer und Rabbiner, um den Erneuerungsprozeß zu beschleunigen. Das Joint Distribution Committee durfte zum erstenmal seit 1938 wieder im Land aktiv werden.

Die Glasnost ermöglichte allerdings auch öffentliche Äußerungen des Antisemitismus, wie sie bis dahin ungewöhnlich gewesen waren. Pamjat, eine ultranationalistische Organisation, hielt im Mai 1987 eine öffentliche Versammlung in Moskau ab. Die Führer der Organisation wurden formell vom Moskauer Parteichef Boris Jelzin empfangen, und sie konnte ihre antisemitische Propaganda offen in Moskau und Leningrad verbreiten. In der Ukraine und in Belorußland bildeten sich nationalistische Gruppen ähnlichen Typs heraus.

Die sowjetischen Juden – wie die Gesellschaft als Ganzes – waren in den späten achtziger Jahren mithin verwirrenden und widersprüchlichen Einflüssen ausgesetzt. Während die Planwirtschaft zusammenbrach und das gesamte politische Gebäude der Sowjetunion ins Wanken geriet, breiteten sich in der Bevölkerung Desorientiertheit und Besorgnis aus. Die Juden empfanden jedoch ein besonderes Gefühl der Unsicherheit, das durch den Gedanken an die jüdische Erfahrung in früheren chaotischen Zeiten der russischen Geschichte verstärkt wurde. Dadurch kam es ab Oktober 1989 zu einer Emigration von solchen Ausmaßen, daß das weitere Überleben des russischen Judentums in Frage gestellt wurde.

9. KAPITEL

Osteuropäische Schatten, 1953–89

In Osteuropa, wie anderswo auch, unterschieden sich die Verhaltensmuster der Juden erheblich von denen der allgemeinen Bevölkerung. In noch höherem Grade als vor dem Zweiten Weltkrieg waren die Juden überwiegend verstädtert. Doch selbst wenn man sie nur mit den Stadtbewohnern verglich, hatten sie unverkennbare Züge. Das alte jüdische Proletariat von Städten wie Lodz und Warschau war vernichtet worden. Nach 1945 wandten sich die überlebenden Juden in Ost- wie in Westeuropa den akademischen Berufen zu: Sie wurden Ärzte, Wissenschaftler, Lehrer, Musiker, Journalisten und Ingenieure. 1971 zeigte eine Umfrage in Jugoslawien, daß fast die Hälfte der Juden in Belgrad und Zagreb und 56 Prozent in Sarajevo Akademiker waren.[1] Sogar in Ländern wie Rumänien, dessen jüdische Gemeinde eine der kulturell und wirtschaftlich rückständigsten in Europa war, hatten die Juden eine wesentlich bessere Ausbildung als ihre Landsleute: 1956 konnten 8,2 Prozent eine Hochschulausbildung vorweisen, verglichen mit nur 1,6 Prozent der Gesamtbevölkerung.[2]

Die demographischen Trends bei den Juden in Osteuropa ähnelten denen in der UdSSR und in Westeuropa. Die Sterbeziffer war höher als die Geburtenziffer. Die Emigration laugte die jüdischen Gemeinden stetig aus. Es kam zu immer mehr Mischehen, besonders in kleineren Zentren, wo potentielle jüdische Ehepartner rar waren. Im polnischen Wrocław (früher Breslau), wo bis in die sechziger Jahre hinein 1 200 jüdische Familien wohnten, wurden zwischen 1946 und 1965 schätzungsweise 43 Prozent der Ehen von Juden mit Nichtjuden geschlossen.[3]

Zwar brachte Stalins Tod ein Nachlassen der offiziellen antisemitischen Kampagne in der UdSSR und in Osteuropa mit sich, doch die allgemeine Situation der jüdischen Gemeinden verbesserte sich nur langsam. Die offizielle Politik war weiterhin vom Atheismus geprägt, weshalb Religionsunterricht und in manchen Fällen sogar Gottesdienste noch immer verboten waren. Kontakte zu Israel oder zu jüdischen Gemeinden im Westen wurden streng abgelehnt. Das »Joint«, das seine Hilfsaktionen nur in Jugoslawien fortsetzen konnte, reduzierte seine Ausgaben in Europa Mitte der fünfziger Jahre auf nur 8 Millionen Dollar pro Jahr, was 28 Prozent seines Budgets entsprach (1946 hatte es noch 80 Prozent für Europa aufgewendet). Der kommunistische Argwohn dem »Joint« gegenüber war immer noch akut.

Das einzige osteuropäische Land, in dem die Juden schließlich ein Mindestmaß an Sicherheit und gesellschaftlicher Integration erlangten, war Ungarn. In der ersten Periode der neuzeitlichen ungarischen Unabhängigkeit – zwischen 1867 und 1918 – war die Gesellschaft relativ offen für die Aufnahme von Juden gewesen; viele konvertierten zum Christentum, und einige wurden geadelt. Aber der zwischen 1914 und 1956 von Krieg und Revolution ausgeübte Druck hatte stark antijüdische Gefühle an die Oberfläche kommen lassen. In der ersten Ungarischen Sowjetrepublik, die 1919 133 Tage lang die Macht innehatte, waren 161 von 203 der höchsten Amtsträger Juden gewesen. Während des sich anschließenden Weißen Terrors von 1919–20 hatte man zahlreiche Juden, die häufig nicht die geringsten Kontakte zum Kommunismus unterhielten, ermordet. In der Zwischenkriegszeit und während des Zweiten Weltkriegs hatten rechtsextreme Gruppen militanten Antikommunismus und fanatischen Antisemitismus miteinander verknüpft. Zugleich taten sich etliche Juden unter den aktiven Kadern der verbotenen Kommunistischen Partei hervor. Rákosi, der stalinistische KP-Generalsekretär der Nachkriegszeit, und viele seiner wichtigsten Mitarbeiter waren Juden.

Die ungarische Revolution von 1956, geführt von dem Kommunisten Imre Nagy, brachte wiederum eine nationalistische Fremdenfeindlichkeit hervor, die sich nicht nur gegen die russischen Oberherren, sondern auch gegen die Juden richtete. Es war nicht allzu erstaunlich, daß sich der Antisemitismus 1956 wieder bemerkbar machte, doch er erwies sich, an historischen Maßstäben gemessen, als relativ unbedeutend. Die Revolutionsführer bemühten sich, den antijüdischen Ausschreitungen einen Riegel vorzuschieben. Doch obwohl nur wenige antisemitische Vorfälle verzeichnet wurden, beschlossen viele Juden, nicht auf eine Zuspitzung der Ereignisse zu warten. Unter den Zehntausenden von Ungarn, die überwiegend zu Fuß über die Grenze nach Österreich flohen, waren nicht nur anti-kommunistische Revolutionäre, die der Rache der Sowjets und ihrer Helfershelfer zu entgehen suchten, sondern auch fast 20 000 Juden, die ihr Leben bedroht sahen. Knapp 9 000 reisten weiter nach Israel. Eine ähnliche Zahl ließ sich in den Vereinigten Staaten und in Kanada nieder, während 2 000 Großbritannien den Vorzug gaben.*

Letztlich verfolgte das Regime von János Kádár, das unter sowje-tischer Vorherrschaft an die Macht kam, jedoch eine sorgsam tole-rante Politik den Juden gegenüber. Die Religionsausübung blieb unbehindert, und als sich das politisch-kulturelle Klima nach 1960 lockerte, wurden einige Formen des jüdischen Kulturschaffens zuge-lassen. In den siebziger Jahren waren in Budapest dreißig Synagogen geöffnet. Es gab zehn koschere Schlachtereien, eine jüdische Ober-schule, ein Krankenhaus, ein Waisenhaus und ein Museum. Der staat-lich kontrollierte Rundfunk sendete einmal pro Monat jüdische Got-tesdienste. Die Juden waren in der politischen Elite Ungarns – anders als in Rußland – weiterhin unverhältnismäßig stark repräsentiert: Ein Viertel der 1970 gewählten ZK-Mitglieder und zwei der dreizehn Angehörigen des Politbüros waren Juden. Die Emigration nach Israel wurde 1957 kurzfristig erlaubt und dann für viele Jahre verboten. Zio-nistische Aktivitäten blieben tabu, doch 1960 gab die Regierung ein Signal der Mäßigung, indem sie die Hundertjahrfeier der Geburt von Theodor Herzl gestattete. 1967 war Ungarn der letzte osteuropäische Satellit, der die Beziehungen zu Israel abbrach. In den folgenden Jah-ren blieb die antizionistische Propaganda recht milde im Vergleich mit den wüsten Beschimpfungen aus Moskau, Warschau und Ost-berlin. »Zum erstenmal in unserer Geschichte haben wir das Gefühl, daß dies unser Land ist«, teilte der ungarische Oberrabbiner einem

---

*Der Autor erinnert sich, daß er Anfang 1957 am Hauptbahnhof von Glasgow die Familie des Cousins seiner Mutter begrüßte. Die Familie war im Novem-ber 1956 aus Budapest geflohen, nachdem an den Wänden der Häuser wieder antisemitische Parolen erschienen waren.

Interviewer im Jahre 1977 mit. »Wir sind keine Marxisten, aber der Staat hat Respekt vor unseren religiösen Rechten bewiesen.«[4]

In den achtziger Jahren war Ungarn das einzige Land im östlichen Mitteleuropa, das noch eine vielköpfige jüdische Bevölkerung beherbergte. Nur die ungarischen Juden durften ein Rabbinerseminar betreiben, das viele Jahre lang von dem berühmten Gelehrten Alexander Scheiber geleitet wurde. Das Seminar besaß eine der besten Judaika-Bibliotheken in Osteuropa; ein ausländischer Besucher fand sie 1983 allerdings in erheblicher Unordnung und Zerrüttung vor: »Es herrschte eine allgemeine Atmosphäre der Muffigkeit, die sich verstärkte, wann immer die Sonne hereinschien, so daß sich der Staub in ihren Strahlen abzeichnete … Man spürte eine gewisse Trauer bei der Begegnung mit dem früher eindrucksvollen Monument einer großen Vergangenheit, das jedoch kein lebensfähiges Zentrum für eine aktive Zukunft sein konnte.«[5]

In Ungarn – wie überall – hatte die offizielle kommunistische Toleranz ihre Grenzen. 1985 verbot man die intellektuelle Zeitschrift *Medvetánc*, nachdem sie einer Analyse der jüdischen Identität im Ungarn der Nachkriegszeit eine Sonderausgabe gewidmet hatte. Die Auszüge aus Interviews mit Juden in Budapest ließen sogar im relativ liberalen Klima des spätkommunistischen Ungarn eine Spur von Unbehagen erkennen. Einer der Befragten, das Kind hoher Funktionäre, erinnerte sich:

> Jude zu sein – darüber sprachen wir zu Hause nie. Wir waren Kommunisten, nicht Juden … Mein Bruder kam eines Tages vom Ferienlager heim und sagte, die anderen hätten ihn einen Juden genannt. Ich sehe ihn immer noch vor mir, wie er mit seinem Gepäck mitten im vorderen Zimmer stand und rief, man habe ihn durch die Anklage, er sei Jude, beleidigt. Meine ältere Schwester sagte: Natürlich, denn du *bist* Jude. Mein Bruder stritt es ab. Doch, beteuerte sie, genau wie Mutter und Vater. Dann sagte er, alle anderen seien vielleicht Juden, er aber nicht. Also, mein Bruder wurde Antisemit. Er litt schrecklich darunter, als Jude zur Welt gekommen zu sein – die Juden widerten ihn an.

Andere Interviewpartner zeigten sich verstört über die Entdeckung, daß sie Juden waren, und neigten dazu, die Tatsache geheimzuhalten. Schon das Wort »Jude« war häufig eine Quelle der Verlegenheit, weshalb man in Todesanzeigen nicht angab, daß die Beisetzung auf einem jüdischen Friedhof stattfinden würde, sondern nur die Adresse nannte.[6]

Die Erfahrung der Juden in Rumänien war eine der widersprüchlichsten Mischungen aus Toleranz und Repression in Osteuropa. Seit der Herausbildung eines unabhängigen Staates im Laufe des neunzehnten Jahrhunderts war Rumänien eine klassische Heimstätte des Antisemitismus gewesen. Die rumänische orthodoxe Kirche war – wie die russische – zutiefst von antijüdischen Lehren durchdrungen. Hier, wie anderswo in Osteuropa, weckte die Rolle der Juden als Pioniere in der Entwicklung von Industrie und Handel, in den Geisteswissenschaften, im Journalismus und in den freien Berufen nationalistische, ländliche und antimodernistische Vorurteile. In den dreißiger Jahren verlangten die rumänischen Faschisten, darunter einige demagogische Priester, strenge Maßnahmen gegen die Juden. Während des Zweiten Weltkriegs ließ die rumänische Regierung Juden verfolgen und in großer Zahl in eine als »Transnistrien« bekannte Gegend deportieren, wo Tausende Hunger, Kälte oder Krankheit zum Opfer fielen. Die Deutschen deportierten viele weitere Juden in die Todeslager. Bei Kriegsende war die Gemeinde auf 420 000 Menschen, die Hälfte ihrer Vorkriegsgröße, geschrumpft. Die »Säuberungen« der späten vierziger Jahre schienen den Antisemitismus von neuem ehrbar werden zu lassen und erhöhten die Furcht der überlebenden Juden. Von allen Ländern in Osteuropa bot Rumänien offenbar die trübsten Aussichten für eine jüdische Erneuerung.

Aber vor diesem trostlosen historischen Hintergrund zeichnete sich Rumänien, verglichen mit den übrigen Ländern des kommunistischen Blocks in der Nach-Stalin-Zeit, dadurch aus, daß es seine Juden mit besonderer Fürsorge zu behandeln schien. Das Land brachte einen der wenigen echten jüdischen Führer hervor, die unter kommunistischer Herrschaft in den Vordergrund traten: Mosche Rosen (1912–94), der von 1948 bis zu seinem Tod als Oberrabbiner Rumäniens diente, war während des größten Teils seiner Amtszeit das unumstrittene Oberhaupt des rumänischen Judentums. Seit 1957 hatte er einen Sitz im rumänischen Parlament inne, und 1964 übernahm er die zusätzliche Funktion (fast beispiellos für einen

Rabbiner überall auf der Welt) des Vorsitzenden der jüdischen Gemeinde.

Rosen war ein schlauer und begabter Unterhändler, der ein Einvernehmen mit dem eigentümlich kommunistischen Diktator Nicolae Ceauşescu entwickelte. Er nutzte Ceauşescus Schwächen – Größenwahn und Habgier –, um den rumänischen Juden gewisse Freiheiten zu sichern. 1958, schon vor Ceauşescus Machtübernahme, gestattete man den rumänischen Juden, nach Israel zu emigrieren, und Zehntausende ergriffen die Gelegenheit beim Schopfe. Später wurde ein unerhörtes zwischenstaatliches Bestechungssystem begründet, dem zufolge Israel praktisch eine Kopfsteuer für jeden auswandernden Juden zahlte. Die Summe variierte, doch sie belief sich in der Regel auf 3 000 Dollar pro Person; allerdings war der Preis viel höher für Personen mit Hochschulausbildung oder sonstigen Qualifikationen. Die zurückbleibenden Juden teilten das Leid der übrigen Bevölkerung, vornehmlich in den bedrückenden späteren Jahren von Ceauşescus Herrschaft. Aber das religiöse Leben war relativ unbeeinträchtigt; im ganzen Land gab es funktionsfähige Synagogen, und in manchen Kleinstädten in Moldawien ließen sich noch die letzten Überreste des jiddischsprachigen *schtetl* ausmachen, das für die Zeit vor 1914 charakteristisch gewesen war.

Im März 1967 erlaubte man dem »Joint« zum erstenmal seit 1950, wieder in Rumänien tätig zu werden. Im folgenden Juli, als die Sowjetunion und ihre Satelliten die Beziehungen zu Israel abbrachen, fiel Rumänien dadurch auf, daß es seine Botschaft in Tel Aviv beibehielt und sogar engere Bande zum jüdischen Staat knüpfte. In den siebziger und achtziger Jahren war Ceauşescu wiederholt hinter den Kulissen an der Herstellung arabisch-israelischer Kontakte beteiligt; zweifellos hoffte er, in der Rolle eines »ehrlichen Maklers« seinen Status als internationaler Staatsmann zu verbessern. Rosen rechtfertigte seine Bereitschaft, sich auf Ceauşescus Spiel einzulassen, indem er auf die unleugbaren Resultate verwies, die er hinsichtlich der jüdischen Emigration und der Religionsfreiheit erzielt hatte. Einige Antikommunisten, darunter sein Vorgänger als Oberrabbiner, Alexander Safran, brandmarkten ihn als Kollaborateur. Aber im Jahre 1989, als die jüdische Bevölkerung auf 30 000 – zumeist alte – Menschen zurückgegangen war, konnte der Führer der rumänischen Juden zu

Recht für sich in Anspruch nehmen, daß er sein Hauptziel erreicht
hatte: Wie seinem Namensvetter war es ihm gelungen, seinem Volk
den Weg ins Gelobte Land zu weisen.

Die Erfahrungen der ungarischen und rumänischen Juden standen in
starkem Gegensatz zu denen der Juden im übrigen Osteuropa – und
besonders zu ihrem Schicksal in Polen. In der frühen Nach-Stalin-
Zeit wurde die Rolle der Juden in der polnischen Politik zum Gegenstand komplexer innerparteilicher Auseinandersetzungen. Obgleich
die Juden sowohl im stalinistischen als auch im reformistischen Lager
der Partei vertreten waren, versuchte eine konservative Gruppe, die
»Natolin-Fraktion«, den Antisemitismus als Waffe gegen Parteirivar-
len einzusetzen. Während dieses Kampfes, der 1956 in den sogenannten Polnischen Oktober mündete, befürworteten sowjetische Partei-
funktionäre die Entfernung der Juden aus höheren Ämtern in Partei,
Regierung und Presse. »Ihr habt schon zu viele Abramowitschs« – so
die Bemerkung, die Chruschtschow weithin (und korrekterweise,
wie man heute weiß) zugeschrieben wurde.[7]
    Unter der Herrschaft Władisław Gomułkas in den Jahren nach der
Krise von 1956 wurden die Juden stetig von den höchsten Posten,
besonders im Sicherheitsapparat, entfernt. Seit etwa 1959 widmete
die polnische Gegenspionage den Juden erhöhte Aufmerksamkeit,
da sie angeblich eine Gruppe bildeten, »aus der Zionisten hervorge-
hen können«.[8] Roman Zambrowski, der letzte Jude im Politbüro,
wurde 1963 abgesetzt. Man erfaßte die polnischen Juden in einer speziellen Kartei, und 1965 verabschiedete das Politbüro auf Empfehlung
der UdSSR einen Plan, der die Ausschaltung von Juden in sämtlichen
offiziellen Positionen vorsah. Ein Anfang wurde im Juli 1966 gemacht, als man alle in den Sicherheitsdiensten verbliebenen Juden
entließ. Anscheinend galt die Kartei jedoch nicht als hinreichend
zuverlässig, denn einem Gewährsmann zufolge »gingen Sicherheits-
beamte zu dritt in die Toilette und zeigten einander ihren Penis als
Beweis dafür, daß sie keine Juden waren (die Beschneidung aus rein
hygienischen Gründen wird in Polen nicht praktiziert)«.[9]
    Nach dem Sechstagekrieg verschlechterte sich die Situation der
Juden in Polen sichtlich. Der Sieg Israels über die von der Sowjetunion unterstützten Ägypter und Syrer wurde von vielen polnischen

Nationalisten offen begrüßt, sogar von einigen Antisemiten, welche die Gelegenheit nutzen wollten, ihren russischen Gebietern eine lange Nase zu machen. In dem offenkundigen Bemühen, die nationalistische Strömung durch Ausbeutung des Antisemitismus umzulenken, warnte Gomułka am 19. Juli 1967 vor der Gefahr einer »fünften Kolonne«, griff die »doppelte Loyalität« an und erklärte, daß »jeder polnische Bürger nur eine einzige Heimat haben darf: Volkspolen«.[10] Gomułkas Frau war Jüdin, doch diese Tatsache scheint seine antizionistischen Äußerungen nur verstärkt zu haben – vielleicht weil er fürchtete, er selbst könne sonst ketzerischer Neigungen verdächtigt werden.

Anfang 1968 – nach Studentenunruhen, die eine destabilisierende Wirkung auf das Regime hatten – klagte Gomułka, daß dabei »eine aktive Rolle von Universitätsstudenten jüdischer Herkunft oder Nationalität gespielt wurde«. Manche polnische Juden seien »im Herzen nicht mit Polen, sondern mit Israel verbunden«.[11] Diese Kommentare nahmen auf gespenstische Weise die Beschwerden vorweg, die man ein paar Wochen später in Paris vom anderen Ende des politischen Spektrums über die revolutionäre Tätigkeit des »Deutschjuden« Daniel Cohn-Bendit hören konnte. Aber während solche Wendungen im republikanischen Frankreich allgemeinen Abscheu auslösten, war die Reaktion in Polen ganz anderer Art. Dort entwickelte sich der Antisemitismus zu einer politischen Kraft, die sich vernichtend auf die kleine überlebende Gemeinde der Juden auswirkte. Der Führer der antisemitischen Bewegung war Innenminister General Mieczysław Moczar, ein Vertreter der »parteischen« Gruppe »einheimischer« Kommunisten. Seltsamerweise war Moczar kein Pole, sondern Belorusse, was seine Übertreibung des polnischen Nationalismus erklären könnte. Moczars Antisemitismus ging spätestens auf die Kriegszeit zurück, als er, wie es hieß, erbittert darüber war, daß er Befehle von jüdischen politischen Kommissaren aus der UdSSR entgegennehmen mußte. In den fünfziger Jahren hatte er die antijüdische »Natolin-Fraktion« der Partei unterstützt. In den späten sechziger Jahren bemühte er sich – vielleicht weil er Ambitionen hatte, Gomułka abzulösen –, eine breite Anhängerschaft zu gewinnen, indem er sich einer nationalistischen und antisemitischen Rhetorik bediente, wozu Gomułkas Reden ihm Carte blanche gegeben hatten.

In einer Sendung des Warschauer Rundfunks vom 7. Oktober 1967 setzte er die Einstellung der Israelis gegenüber den Arabern mit jener der Nazis gegenüber den Polen und den polnischen Juden gleich. Moczar warnte: »Nur die blinden Zionisten, unter ihnen auch unsere in Polen [*sic!*], wollen das einfach nicht begreifen.«[12] In einer anderen Rede, am 4. Mai 1968, entgegnete Moczar den Kritikern, welche die Partei des Antisemitismus bezichtigten: »Im Gegenzug für hohe Reparationen der westdeutschen Regierung versuchen gewisse Vertreter des Zionismus, die Deutschen von den an den Juden begangenen Verbrechen freizusprechen, indem sie die Polen heimtückisch als Komplizen [der Nazis] bezeichnen. Dadurch, daß diese Kräfte das Schreckgespenst des Antisemitismus bemühen, wollen sie uns zwingen, Unruhestifter und Feinde Volkspolens ungestraft davonkommen zu lassen.«[13]

In einigen Presseartikeln wurde die angebliche Parallele zwischen Nationalsozialisten und Juden damals noch stärker herausgearbeitet; man warf den Juden vor, mit den Nazis kollaboriert zu haben, indem man auf die von den Nazis ernannten »Judenräte« hinwies, die Rolle der »Judenpolizei« während des Krieges unterstrich etc. Moczars Parteigänger erhielten nachdrückliche Unterstützung von der katholischen Laien-Organisation Pax, die von der Regierung finanziert wurde und an deren Spitze der ehemalige Faschist Bolesław Piasecki stand, dem Vernehmen nach ein hochrangiger sowjetischer Geheimagent.

Obwohl die Kampagne vorgeblich »antizionistische«, nicht antijüdische Ziele hatte, wurden die Juden – darunter zahlreiche überzeugte Kommunisten, die meistens keinerlei zionistische Kontakte hatten – wahllos zu ihren Opfern gemacht. Viele erhielten Drohbriefe und einschüchternde Anrufe. Jüdischen Schülern und Studenten wurde befohlen, die Lehranstalten zu verlassen. Mädchen, die jüdische Freunde hatten, waren obszönen Beschimpfungen ausgesetzt. Außerdem hieß es, der Sicherheitsdienst erwäge radikale antijüdische Maßnahmen, zum Beispiel die Entsendung sämtlicher Juden in Lager.

Eine der vollständigsten und aufrichtigsten Darlegungen der antijüdischen Parteilinie erschien in Form eines 9 000 Wörter langen ideologischen Artikels, den Andrzej Werblan, der Chef der Ausbildungsabteilung des Zentralkomitees der Kommunistischen Partei, in der

Zeitschrift *Miesiecznik Literacki* veröffentlichte. Werblan gab sich nicht mit Euphemismen über den »Zionismus« ab, sondern schrieb unverblümt, daß »die unregelmäßige ethnische Zusammensetzung der zentralen [Partei-]Organisationen korrigiert« werden müsse. Denn »keine Gesellschaft kann die übermäßige Beteiligung einer nationalen Minderheit an den obersten Machtorganen dulden« – ein interessantes Echo des Numerus clausus, dem man die polnischen Juden in der Vorkriegszeit unterworfen hatte. Die jüdischen Parteimitglieder, so Werblan, seien keine wahren Proletarier, sondern entstammten den »wohlhabenden Milieus des Mittelstandes und der Bourgeoisie«. Sie seien der Partei nicht aus sozialer Überzeugung beigetreten, sondern aus »Protest gegen nationale Diskriminierung«. Nun sei es nötig, »eine Gruppe von Aktivisten mit sektiererischen, kosmopolitischen Neigungen« auszutreiben. Er fuhr fort: »Eine besonders schlechte Atmosphäre ist in den Einrichtungen entstanden, in denen viele Gruppen von Personen jüdischer Herkunft konzentriert waren.« Wie andere damalige Verteidiger des Regimes behauptete Werblan, daß solche Personen aufgrund ihres Judentums Immunität beanspruchten: »Aktivisten von jüdischer Abstammung verurteilten jede gegen sie selbst gerichtete Kritik häufig als Antisemitismus.«[14] Daß es sich hierbei nicht um einen extremistischen Gefühlsausbruch, sondern vielmehr um eine genaue Widerspiegelung des offiziellen Denkens handelte, wurde durch den Abdruck von Textauszügen in der Parteizeitung *Trybuna Ludu* unterstrichen.

Einige Kommunisten distanzierten sich von der Kampagne oder leisteten ihr sogar Widerstand. Die Wochenzeitung *Polityka*, herausgegeben von Mieczysław Rakowski, lehnte es ab, antisemitische Beiträge zu veröffentlichen. Ein Mitglied des Politbüros, Edward Ochab, schrieb an Gomułka: »Als Pole und Kommunist protestiere ich voll tiefster Entrüstung gegen den antisemitischen Aufruhr, der in Polen von verschiedenen üblen Kräften organisiert wird.«[15] Ochab trat von all seinen Ämtern zurück, doch sein Brief wurde erst 1981 veröffentlicht. (Weder Rakowski noch Ochab war Jude.)

Die Kampagne stieß im Ausland auf empörte Reaktionen, doch diese wurden von den polnischen Behörden zurückgewiesen. Deren Propagandisten scheuten sich nicht, den »Zionisten« vorzuwerfen, sie selbst brächten Hakenkreuze an den Wänden an, um den

Anschein des Antisemitismus in Polen zu erwecken. Ministerpräsident Jozef Cyrankiewicz (ein früherer Häftling in Auschwitz) beklagte sich über eine »Hetzjagd gegen die Polen, die wahrscheinlich seit Bismarcks Zeiten keine Parallele hat«.[16]

Die wenigen Juden, die immer noch hohe politische Posten bekleideten, wurden entlassen, darunter der Chefredakteur von *Trybuna Ludu*, Leon Kasman, und sein Stellvertreter Wiktor Borowski. Die Intellektuellen wurden vorrangig aufs Korn genommen. Zwar griff man auch einige Nichtjuden an, etwa den Philosophen Leszek Kołakowski, doch die große Mehrheit der Opfer an den Hochschulen bestand aus Juden. Zu denen, die ihren Arbeitsplatz verloren, gehörten der Soziologe Zygmunt Baumann (er ging später an die Universität Leeds), L. D. Blaszczyk, Direktor des Historischen Instituts an der Universität Lodz, Julius Katz-Suchy, Professor für Internationale Beziehungen an der Universität Warschau und ehemals polnischer Botschafter in Indien, sowie Adam Schaff, Direktor des Philosophischen Instituts der Akademie der Wissenschaften und Autor von *Marxismus und das menschliche Individuum*.

Den letzten noch bestehenden jüdischen Institutionen in Polen wurde es fast unmöglich gemacht, ihre Arbeit fortzusetzen. Man entließ Hersch Smolar, den Chefredakteur der jiddischen Zeitschrift *Folksschtime,* und zwang Ida Kaminska, die Chefin des Jiddischen Staatstheaters und die letzte Angehörige einer großen Familie jiddischer Bühnenschauspieler, ins Exil zu gehen. Später wurde das Theater wiedereröffnet, doch fortan waren die meisten Darsteller – genau wie die Zuschauer – Nichtjuden. Auch das Jüdische Historische Institut in Warschau mußte eine Zeitlang schließen. Außerdem wurde die Tätigkeit westlicher jüdischer Hilfswerke wie des »Joint« und der Organization for Rehabilitation and Training (ORT) erneut verboten.

Das alles führte zu einer weiteren – und letzten – jüdischen Emigrationswelle aus Polen. Zwischen 1968 und 1972 half die HIAS mehr als 10 000 polnischen Juden, nach Nordamerika, Australien, Westeuropa und Skandinavien auszuwandern. Weitere 4 000 gingen nach Israel. Die Gesamtzahl der Juden, die Polen in jenem Zeitraum verließen, dürfte bei etwa 20 000 gelegen haben. In den frühen siebziger Jahren war die jüdische Bevölkerung des Landes, die sogar nach dem Krieg

nie mehr als 200 000 Personen umfaßt hatte, auf höchstens 6 000 alte
Menschen, hauptsächlich in Warschau und Krakau, geschrumpft.

Die unverminderte Stärke der negativen jüdischen Stereotypen in
Polen wurde zwischen 1975 und 1982 durch eine Umfrage unter Studenten bestätigt. Während die Befragten häufig die angeblich positive
Haltung unterstrichen, die Polen den Juden traditionsgemäß entgegengebracht habe – man verwies auf die Schriften von Mieckiewicz
und die Hilfe, die Juden während des Zweiten Weltkriegs von polnischen Bürgern erfahren hätten –, so war das allgemeine Bild des Juden
gleichwohl immer noch das eines verschlagenen, unzuverlässigen,
opportunistischen, geldanbetenden Lügners. Das negative Klischee
schien in den meisten Fällen mündlich von der vorhergehenden
Generation überliefert worden zu sein. Nur 25 Prozent der Befragten
waren jemals einem Juden begegnet.[17]

Die Tatsache, daß der Antisemitismus eine tief in der politischen
Kultur Polens verwurzelte düstere Funktion erfüllte, wurde 1980–81
neuerlich während des Kampfes zwischen der kommunistischen
Regierung und der Gewerkschaft »Solidarität« demonstriert. In dieser Periode setzten die Anhänger der Regierung den »Antisemitismus
ohne Juden«, wie westliche Beobachter ihn bezeichneten, als Waffe
gegen ihre Gegner ein. Man versuchte, Mitarbeiter der »Solidarität«
in den Augen der Bevölkerung zu diskreditieren, indem man behauptete, sie seien Juden oder von Juden kontrolliert. Einige Juden, etwa
Bronisław Geremek und Adam Michnik, spielten tatsächlich eine
bedeutende Rolle in der Bewegung. Aber kaum einer von ihnen praktizierte seinen Glauben noch, und sie waren weit von den Resten des
organisierten jüdischen Lebens in Polen entfernt.

Die Drahtzieher der erneuten antisemitischen Kampagne waren
nationalistische Intellektuelle, die offenbar vom Innenminister unterstützt wurden. Die extremistische, der »Solidarität« feindliche Patriotische Union Grünwald, die 1981 gegründet wurde, propagierte das
antijüdische Thema mit größtem Eifer. Die Organisation stand, wie
behauptet wurde, unter dem Schutz von Stefan Olszowski, einem
ehrgeizigen Politbüromitglied. Im März 1981 schien sich eine Wiederholung der antisemitischen Kampagne von 1968 anzukündigen. Auf
den Warschauer Straßen erschienen Flugblätter und Plakate, auf
denen man die »jüdischen Chauvinisten« bezichtigte, sie planten,

mit Hilfe der »Solidarität« die Macht zu usurpieren.[18] Eine Demonstration wurde veranstaltet, um die Polen zu ehren, die von der »zionistischen Clique gefoltert, verurteilt und hingerichtet« worden seien – eine unverkennbare Anspielung auf die kommunistische Regierung der stalinistischen Jahre.[19]

Den Rückhalt, wenn nicht gar die Inspiration, für die Erneuerung der antizionistischen Propaganda könnte eine höhere, nichtpolnische Quelle geliefert haben. Darauf deutete ein Artikel in einer sowjetischen Zeitung hin, in dem es hieß, zionistische Organisationen hätten eine »massive Kampagne« eingeleitet, »um die sozialistischen Grundlagen Polens zu untergraben«.[20] Unter den angeblichen Tätern wurden der Jüdische Weltkongreß und die Zeitschrift *Commentary* genannt, die das American Jewish Committee herausgibt. Keine der beiden Organisationen war in Wirklichkeit »zionistisch«, aber wie 1968 diente das Wort »zionistisch« als recht durchsichtige Tarnung für den Begriff »jüdisch«.

Unterdessen versuchten reformistische Elemente in Polen, die Kampagne an den Flanken aufzurollen, indem sie die Rehabilitierung der Opfer von 1968 anstrebten und andere symbolische Gesten machten. Nur ein paar hundert Menschen nahmen an der Demonstration in Warschau teil, und die »Solidarität« äußerte sich empört über den Versuch zur Wiederbelebung antisemitischer Gefühle. Ihr schlossen sich einige ehemalige Mitglieder der in der »Volksarmee« zusammengefaßten Widerstandsgruppen sowie liberale Intellektuelle und andere an. Auch manche kommunistische Parteiführer – vielleicht weil sie merkten, daß der Antisemitismus als Rekrutierungsmittel nicht mehr ganz so wirksam war wie in der Vergangenheit – lehnten die Grünwald-Bewegung ab. Die einflußreiche Wochenzeitung *Polityka,* die mit dem liberalen Parteiflügel verbunden war, verurteilte die Bemühungen von Hardlinern, den Antisemitismus für innerparteiliche Konflikte auszunutzen. Sogar General Moczar erklärte: »Ich halte es nicht für möglich, das Volk in Polen zu einer antisemitischen Einstellung aufzuwiegeln. Wir werden es einfach nicht zulassen.«[21] Aber seine bemerkenswerte Kursänderung wurde mit Argwohn betrachtet, und im Juli 1981 scheiterte seine Wiederwahl ins Zentralkomitee.

Auch in manchen Bereichen der polnischen katholischen Kirche herrschte offenbar ein neuer Geist. Viele katholische Intellektuelle schlossen sich der Verurteilung des Antisemitismus an. Am 4. Juli 1981 wurde in Kirchen in Kielce und anderswo eine Gedenkmesse für die Opfer des Pogroms von 1946 gefeiert. Die katholische Laienorganisation Pax, die 1968 an der Spitze der antisemitischen Kampagne gestanden hatte, hielt sich diesmal zurück. Der polnische Primas, Kardinal Wyszyński, zitierte in einer Predigt am 1. März 1981 pointiert aus einem Werk von Julian Tuwin, einem der größten neuzeitlichen polnischen Dichter, der häufig im Mittelpunkt antisemitischer Angriffe gestanden hatte. Der Sekretär des polnischen PEN-Clubs, Władysław Bartoszewski – ein prominenter Katholik, der während des Krieges an illegalen Aktionen zur Rettung von Juden beteiligt gewesen war –, kritisierte die Geschichtsfälschungen der Antisemiten. Einige schreckten nicht vor der Behauptung zurück, daß Juden während des Krieges beim Massenmord an ihren Glaubensbrüdern mitgewirkt hätten. Bartoszewski gab zu bedenken: »Wenn wir solche Ideen ernst nehmen und sie nicht als Symptome einer Geisteskrankheit betrachten, dürfen wir uns nicht darüber wundern, daß in Kreisen, die Polen und dem polnischen Volk feindlich gegenüberstehen, Stimmen zu hören sind, die uns brutalen Nationalismus und eine moralische Mitverantwortung für das antijüdische Verhalten während der Besatzungszeit zum Vorwurf machen.«[22]

Trotzdem glaubten manche Angehörige des herrschenden kommunistischen Parteiapparats weiterhin, daß der Antisemitismus von politischem Nutzen sein könne. In einer Vorlesungsreihe, die der staatlich kontrollierte polnische Rundfunk vom 15. Dezember an sendete, erklärte Dr. Jozef Kossecki von der Pädagogischen Hochschule in Kielce: »Das Sowjetlager, was immer wir von seinem System halten mögen, ist eine Schranke für den jüdischen Chauvinismus und dessen Pläne, die Welt zu beherrschen.«[23] Kossecki bezichtigte Bronisław Geremek, er habe »jeden Gelehrten, der die geringste Sympathie für das Polentum zeigte, ruinieren« wollen.[24] Die Sendungen scheinen im Rahmen einer Propagandaaktion der Regierung angeordnet worden zu sein, um das Volk psychologisch auf die Verhängung des Kriegsrechts in der folgenden Woche vorzubereiten. Wie im vorhergehenden Frühjahr reagierte die Öffentlichkeit jedoch kühl, was einen Witzbold zu der Bemerkung veranlaßte: »Diese Leute werden noch den Antisemitismus in Polen kompromittieren. Wenn sie so weitermachen, werden sie dem ›internationalen Zionismus‹ Popularität verschaffen!«[25]

Mit der Einführung des Kriegsrechts und dem Verbot der »Solidarität« im Dezember 1981 schob sich die Judenfrage von neuem in den Vordergrund. Die offiziellen Medien betonten wiederum das Judentum mehrerer Gewerkschaftsführer (auch einiger, die in Wirklichkeit keine Juden waren). Antisemitische Graffiti tauchten an den Warschauer Häuserwänden auf, und antijüdische Flugblätter wurden verteilt. Jüdische Namen stachen unter denen der Intellektuellen hervor, die man wegen ihres Eintretens für die »Solidarität« verhaftete.

Anfang 1982 kam es plötzlich wieder zu einer Wende. Da das Regime sein Image im Westen verbessern (und die Kreditwürdigkeit Polens wiederherstellen) wollte, wurde die antisemitische Kampagne jäh abgebrochen – angeblich auf direkten Befehl des Militärdiktators General Jaruzelski. In den nächsten Monaten traf die Regierung etliche demonstrativ projüdische Maßnahmen. Das Joint Distribution Committee durfte zum erstenmal seit 1967 wieder in Polen aktiv werden. Die Warschauer Synagoge wurde instand gesetzt. Der Stellvertretende Ministerpräsident Mieczysław Rakowski kam mit jüdischen Gemeindeführern zusammen und versprach, daß die Regierung den Antisemitismus bekämpfen werde. Ein paar Monate darauf wurde Stefan Olszowski, der Hauptgönner der Grünwald-Union, in der Parteihierarchie herabgestuft; und im Frühjahr 1983 verlor General Moczar seinen Posten als Chef der Organisation polnischer Kriegsteilnehmer.

Die seltsam widersprüchliche Haltung der polnischen Behörden zur Judenfrage wurde auch im April 1983 aus Anlaß einer Gedenkfeier deutlich, die dem Aufstand im Warschauer Ghetto vierzig Jahre zuvor gewidmet war. Um ihr internationales Ansehen zu fördern, organisierte die Regierung achttägige wohldurchdachte Veranstaltungen und lud eine große Zahl ausländischer Gäste ein. Die Organisatoren entdeckten bald, daß sie die Büchse der Pandora geöffnet hatten. Dr. Marek Edelman, ein prominenter Fürsprecher der »Solidarität« und der einzige noch in Polen ansässige Überlebende des Ghetto-Aufstandes, rief zu einem Boykott der offiziellen Ereignisse auf und verbreitete einen Brief, in dem er verkündete:

Vor vierzig Jahren kämpften wir nicht nur für unsere Existenz, sondern für ein Leben in Würde und Freiheit. Die Feier unseres Jahrestages in diesem Land, wo die Gesellschaft völlig von Erniedrigung und Unterdrückung überschattet wird, wo Worte und Gesten jeglichen Sinn verloren haben, ist ein Verrat unseres Kampfes, ist die Teilnahme an etwas, das völlig im Gegensatz zu ihm steht. Es ist ein Akt des Zynismus und der Verachtung.[26]

Eine inoffizielle Versammlung, zu der viele Anhänger der »Solidarität« erschienen, wurde von der Polizei aufgelöst. Die Abberufung der israelischen Delegation sowie jüdischer Gruppen aus dem Westen störte die offiziellen Feierlichkeiten. Die Delegierten waren erbost über ein Programm, welches das polnische Fernsehen ein paar Tage zuvor ausgestrahlt hatte. Darin wurde das Massaker in palästinensischen Flüchtlingslagern in Beirut im September 1982 mit den nationalsozialistischen Massenmorden an den Juden verglichen. Zudem lehnten die Israelis die Teilnahme eines Vertreters der Palästinensischen Befreiungsorganisation ab, der einen Kranz am Ghetto-Mahnmal niederlegte.

Erstaunlicherweise riskierte die polnische Regierung im März 1988 eine Wiederholung dieser peinlichen Vorgänge, als sie die Feier des fünfundvierzigsten Jahrestags der Ghetto-Revolte förderte. Wieder rief Edelman zu einem Boykott auf. Wieder wurden ausländische Gäste eingeladen. Wieder wurden die offiziellen Ereignisse von einer inoffiziellen Zeremonie in den Schatten gestellt – diesmal von der Weihung eines Denkmals für Henryk Erlich und Wyktor Alter, zwei polnischjüdische Sozialisten und Führer des jüdischen autonomistischen Bundes, die während des Zweiten Weltkriegs in sowjetischen Gefängnissen gestorben waren. Ein Zeichen des Wandels war das Eingeständnis der Kommunistischen Partei im März 1988, daß die antisemitische Kampagne zwanzig Jahre zuvor »vielen Menschen Schaden zugefügt« habe. Aber man behauptete immer noch, daß »die Partei als Ganzes und ihre Führung – wenn auch nicht in allen Fällen effektiv oder rechtzeitig – trotzdem versuchten, eine Atmosphäre des Antisemitismus zu vereiteln«.[27]

Solche Episoden deuteten darauf hin, daß die Judenfrage ein zentrales und ungelöstes Problem im polnischen Nationalbewußtsein blieb. In den späten achtziger Jahren, als die geistige Freiheit

allmählich zurückkehrte, nahm das Thema einen bedeutenden Platz
in der öffentlichen Debatte ein. Unterschiedliche Diskussionen –
manche auf hohem geistigen Niveau, andere auf der Ebene von Gos-
senbeschimpfungen – fanden statt. Die Auseinandersetzung wurde
durch den Streit um das Kloster in Auschwitz sowie durch vermeint-
lich beleidigende Bemerkungen wie die des israelischen Ministerpräsidenten (polnischer Herkunft) Yitzhak Schamir angeheizt. Er hatte
erklärt, daß die Polen den Antisemitismus mit der Muttermilch ein-
sögen. Viele Polen waren zutiefst erbittert darüber, daß ihnen eine
nationale Veranlagung zum Antisemitismus unterstellt wurde, und
reagierten mit einer Heftigkeit, die manchmal einem inneren Widerspruch nahekam.

Nach 1987, mit einer Rückkehr zum politischen und intellektuellen
Pluralismus, schien ein neuer Geist der Aufrichtigkeit und Selbstkritik in das polnische Denken einzudringen. Besondere Aufmerksamkeit erregte der Artikel »Die armen Polen betrachten das Ghetto« von
Jan Błoński in *Tygodnik Powszechny*. Błoński, Professor für polnische Literatur an der Jagellonischen Universität Krakau, bemühte
sich »zu verstehen, weshalb wir immer noch unfähig sind, unsere
gesamte polnisch-jüdische Vergangenheit zu bewältigen«. Er hatte
den Titel seines Beitrags einem Gedicht (»Ein armer Christ betrachtet
das Ghetto«) des polnisch-litauischen Nobelpreisträgers Czesław
Miłosz entnommen. (Miłosz hat mit großer Einsicht und Menschlichkeit die brutalen Akte dargestellt, die sich in diesem Jahrhundert
auf seinem Heimatboden abgespielt haben.) Błoński bezog sich auf
das moralische Beispiel, welches das Zweite Vatikanische Konzil mit
den Dokumenten über die Juden gesetzt habe, und riet seinen Lands-
leuten,

> mit dem Feilschen aufzuhören, mit dem Versuch, uns zu verteidigen
> und zu rechtfertigen. Wir dürfen uns nicht mehr über die Dinge strei-
> ten, die während der Besatzung und davor unserer Macht entzogen
> waren. Und wir dürfen nicht politischen, gesellschaftlichen und wirt-
> schaftlichen Bedingungen die Schuld geben. Wir müssen als erstes
> sagen: »Ja, wir sind schuldig.« ... Die Schändung des polnischen
> Bodens hat stattgefunden, und wir haben unsere Aufgabe, Buße zu
> tun, noch nicht erfüllt. Auf diesem Friedhof sind wir dazu nur
> imstande, wenn wir uns der Pflicht stellen, unsere Vergangenheit mit
> ehrlichen Augen zu betrachten.[28]

Dieser von Zivilcourage erfüllte Artikel spiegelte das Denken einer Reihe katholischer Intellektueller in Polen, besonders der jüngeren Generation, wider. Polnische Nationalisten des alten Schlages konnten die Idee der »Schuld« jedoch nicht verwinden. Władysław Siła-Nowicki verteidigte in der zornigen Debatte, die Błońskis Artikel entfesselt hatte, den polnischen Numerus clausus der Vorkriegszeit. »Für mich ist es natürlich, daß sich die Gesellschaft vor der zahlenmäßigen Überlegenheit ihrer Intelligenzija schützt.«[29]

Der klägliche Umgang Nachkriegspolens mit der Judenfrage läßt sich vielleicht eher als Ergebnis der langen Tradition des politischen Antisemitismus denn als Folge des Kommunismus erklären. Diese Interpretation enthält zweifellos viel Wahres. Kommunistische Apologeten scheinen manchmal sogar versucht zu haben, Ausbrüche von Antisemitismus auf diese Weise zu entschuldigen. Doch die einander ablösenden Erscheinungsformen des kommunistischen Systems, das schließlich den Anspruch erhob, Beispiele eines »falschen Bewußtseins«, also auch des Antisemitismus, überwinden zu können, leisteten ihm nicht nur keinen Widerstand, sondern griffen wieder und wieder – 1945–53, 1967–68, 1981–82 – auf nackte Appelle an den Rassenhaß zurück.

*

Und das nicht nur in Polen. Auch die kommunistische Tschechoslowakei – ein Land, dessen antisemitische Traditionen relativ schwach ausgeprägt (jedenfalls in seinen dominierenden westlichen Gebieten) waren und dessen politische Kultur jener des liberalen Westeuropa ähnelte – schlug im Hinblick auf die Judenfrage einen Kurs ein, der parallel zum polnischen verlief.

Wie das polnische wurde auch das tschechoslowakische Judentum unter der Naziherrschaft fast völlig ausgelöscht. Bei Kriegsende waren von einer Vorkriegsbevölkerung von 357 000 Juden nur noch 55 000 im Land übriggeblieben. In Prag, das im achtzehnten Jahrhundert die größte jüdische Gemeinde aller europäischen Städte besessen hatte und wo die jüdische Symbiose sowohl mit der deutschen als auch mit der aufstrebenden tschechischen Kultur im neunzehnten und frühen zwanzigsten Jahrhundert geblüht hatte, gab es 1945 nur noch ein paar tausend Juden. Die Slánský-Prozesse hatten jegliche Hoffnung auf eine Erneuerung des jüdischen Lebens in der Tschechoslowakei durchkreuzt, und Mitte der fünfziger Jahre waren die meisten Juden nach Israel oder in die Vereinigten Staaten ausgewandert. Mehr noch, es hatte den Anschein, als werde der jämmerliche Rest, der 1967 auf nur 15 000 Menschen geschrumpft war, allmählich seine Existenz als organisiertes Gebilde aufgeben.

Eine häßliche Episode warf in jenem Jahr ein grelles Licht auf die Skrupellosigkeit, mit der die kommunistischen Regime ihre Feinde oder vermeintlichen Feinde noch immer behandelten. Im August 1967 wurde Charles Jordan, der für Europa zuständige Geschäftsführer des American Jewish Joint Distribution Committee, in Prag von der Geheimpolizei verhaftet. Kurz darauf fischte man seine Leiche aus dem Fluß. Jordan, ein Amerikaner, der wahrscheinlich mehr als jede andere Einzelperson zum Wiederaufbau der jüdischen Gemeinden im Nachkriegseuropa beigetragen hatte, kannte sich seit langen Jahren im Umgang mit kommunistischen Regierungen aus. Diese hatten dem »Joint« oft vorgeworfen, es unterhalte Beziehungen zur CIA und zum »internationalen Zionismus«. Es scheint kaum einem Zweifel zu unterliegen, daß Jordan in polizeilichem Gewahrsam ermordet wurde, doch die genauen Umstände seines Todes und die Motive der Behörden bleiben ungeklärt. Jedenfalls machte das Ereignis deutlich, wie schwierig es war, normale Kontakte zwischen kommunistischen Regimen und internationalen jüdischen Organisationen herzustellen.

Dann kam der Prager Frühling. Die Judenfrage spielte zu diesem kritischen Zeitpunkt in der Geschichte des Kommunismus – und des humanen Denkens in Europa – eine untergeordnete, doch gleichwohl bedeutsame Rolle. Im Mai 1968 rehabilitierte das nach Liberalität strebende Dubček-Regime Slánský und seine Leidensgenossen aus den Verhandlungen der Stalin-Zeit vollauf (sie waren bereits 1963 teilweise rehabilitiert worden). Kommunistische Reformer in der Tschechoslowakei protestierten heftig gegen die antisemitische Kampagne, die damals in Polen stattfand. Josef Smrkovský, der slowakische Parteiführer und Präsident des tschechoslowakischen Parlaments, bezeichnete die polnischen Maßnahmen als »skandalös« und erklärte, der Kampf gegen den Antisemitismus sei die heiligste Pflicht der Sozialisten. Die polnische Regierung scheint von dieser Kritik durch eine Schwesterpartei erheblich erschüttert worden zu sein. Am 6. Mai 1968 überbrachte ihr Botschafter in Prag eine Protestnote, »die offenbar so scharf war, daß man ihren Text nicht veröffentlichte«.[30]

Ungeachtet ihrer geringen Zahl waren die tschechoslowakischen Juden maßgeblich an der kommunistischen Reformbewegung beteiligt. Eduard Goldstuecker, der von 1948 bis 1950 als erster tschechoslowakischer Gesandter in Israel gedient hatte, war seit Januar 1968 Vorsitzender des Schriftstellerverbandes und einer der einflußreichsten Befürworter der Reform. Ein anderer Jude, František Kriegel, gehörte zu den leidenschaftlichsten Verfechtern der Reform in der Parteiführung und zog deshalb die wütendste sowjetische Kritik auf sich. Sowohl Goldstuecker als auch Kriegel wurden von den Gegnern der neuen Regierung zur Zielscheibe antisemitischer Angriffe gemacht. Kriegel sah sich besonders gehässigen Attacken ausgesetzt, die offenkundig nicht nur auf den Groll über seine energischen Reformbemühungen, sondern auch auf Judenhaß zurückgingen.

Dies wurde durch zwei hochdramatische Vorfälle bestätigt, in deren Verlauf seine Kollegen in der tschechoslowakischen Parteiführung ihren Anspruch rechtfertigten, eine humane Form des Sozialismus zu verkörpern. Der erste spielte sich Ende Juli während eines Treffens zwischen tschechoslowakischen und Moskauer Parteiführern in dem Ort Čierna nad Tisou unweit der sowjetischen Grenze ab. Die Begegnung fand auf dem Höhepunkt der Krise zwischen der Tschechoslowakei und der Sowjetunion statt, deren Regierung den Tschechoslowaken vorwarf, vom Pfad der sozialistischen Rechtschaffenheit abgewichen zu sein. Heftige Auseinandersetzungen brachen aus, und P. E. Schelest, der ukrainische Parteichef, beleidigte Kriegel durch kraß antisemitische Schimpfwörter. Daraufhin stand Dubček auf und verließ, begleitet von den anderen tschechoslowakischen Unterhändlern, den Raum.

Zu dem zweiten Vorfall kam es, kurz nachdem die Warschauer-Pakt-Staaten die Tschechoslowakei am 21. August besetzt hatten. Kriegel war ein Mitglied der Gruppe, die man zu Gesprächen im Kreml nach Moskau flog. Dort wurden sie von den Sowjets zur Rechenschaft gezogen und bedrängt, einen Freundschaftsvertrag zur Legitimierung des Einmarsches zu unterzeichnen. Kriegel war der einzige, der seine Unterschrift unter den Knebelvertrag verweigerte. Nach Abschluß der Gespräche im Kreml wurden die tschechoslowakischen Parteiführer zum Flughafen gebracht, wo sie Kriegels Abwesenheit bemerkten. Da sie argwöhnten, daß man Kriegel zurückgehalten hatte, um ihn möglicherweise vor Gericht zu stellen und zu bestrafen, weigerten sie sich, an Bord ihres Flugzeugs zu gehen, bevor Kriegel herbeigeholt wurde und mit ihnen zurückfliegen durfte.

Nach dem Einmarsch griffen die tschechoslowakischen Medien, nun erneut unter orthodoxer prosowjetischer Kontrolle, wieder »antizionistische« Themen auf – häufig als Vorwand, um Juden, die am Prager Frühling beteiligt gewesen waren, anzugreifen. Ein bemerkenswertes Beispiel war eine Artikelserie, die im April 1970 in der Parteizeitung *Rude Pravo* erschien. Als Autor zeichnete F. J. Kolar, ein jüdischer Journalist, der in den frühen fünfziger Jahren inhaftiert, unter Novotný rehabilitiert, während der Dubček-Zeit von seinem Posten als stellvertretender Chefredakteur der Zeitung entfernt und nach August 1968 zu ihrem Moskauer Korrespondenten berufen worden war. In den Artikeln prangerte Kolar die »zionistische und imperialistische Propaganda« an, die »entsetzliche Geschichten über Antisemitismus in den Ländern des sozialistischen Lagers verbreitet« habe. Infolge der Slánský-Prozesse hätten in den fünfziger Jahren »Intellektuelle, die sich bis dahin für Kommunisten und ihrer Nationalität nach für Tschechen oder Slowaken gehalten hatten, plötzlich ihr ›jüdisches Schicksal‹ entdeckt«:

> Damit begannen die Übertreibung und das Selbstmitleid, für welche die Juden berüchtigt sind. Zionistischer Pseudohumanismus wurde zu einem festen Bestandteil unserer Literatur ...
> Verzerrungen des Marxismus-Leninismus ermöglichten diesen Leuten, eine unverhältnismäßig hohe Zahl von Posten in unserem Kulturleben einzunehmen. (Dabei denke ich natürlich an die Verbreiter von zionistischen, dem Marxismus und der Partei wesensfremden Ideen und nicht an Kommunisten jüdischer Herkunft, deren »Judentum« in der Regel unbekannt war und niemanden in unserem Land störte.) Man veranstaltete wahrhaftige Orgien des »Kafkaismus«, den Prof. E. Goldstuecker in unser Land eingeschleppt hatte und der in Wirklichkeit eine Ideologie der Entfremdung, der Schwäche, der Feigheit und des Defätismus ist ...
> [1968] machten die Kommunikationsmedien die Haltung den Juden und Israel gegenüber zu einem seltsamen Hauptkriterium für

Fortschrittlichkeit und Aufrichtigkeit hinsichtlich der Nach-Januar-Politik [das heißt der Reformpolitik unter Dubček]. Wieder einmal blähten sie das sogenannte Judenproblem künstlich auf und nutzten es für ihre Politik, besonders im Zusammenhang mit den sogenannten antijüdischen, antisemitischen anonymen Briefen, die Goldstuecker und andere Intellektuelle sowie gewisse Redaktionsbüros erhielten oder selbst verfaßten. Den sogenannten Konservativen und Verrätern wurde die Narrenkappe primitiver Antisemiten aufgesetzt. Auf diese Weise versuchten Goldstuecker und andere jüdische Intellektuelle, sich Immunität zu verschaffen. Wer immer sie kritisierte, wurde sofort als »Antisemit« gebrandmarkt.[31]

Kolars Artikel wurde später zu einem Buch ausgeweitet und als Grundlage für eine Reihe von Vorträgen im staatlichen Rundfunk benutzt. Obwohl fast alle tschechischen Intellektuellen die »antizionistische« Kampagne mit größtem Abscheu betrachteten und obwohl sie auch bei der allgemeinen Bevölkerung keine nennenswerte positive Reaktion hervorrief, produzierten die staatlichen Medien nach 1968 noch jahrelang eine derartige Propaganda.

Die Kampagne führte – wie in Polen, wenn auch in einem geringeren Ausmaß – zu einer jüdischen Emigrationswelle. Die jüdische Gemeinde schrumpfte in den nächsten beiden Jahrzehnten um etwa 50 Prozent, so daß sie in den späten achtziger Jahren weniger als 8 000 Menschen umfaßte (allerdings ließen sich viele Juden, wie in Polen und Ostdeutschland, aus Furcht vor widrigen Konsequenzen nicht bei der Gemeinde eintragen). Das tschechoslowakische Judentum näherte sich also, wie das polnische, der völligen Auflösung. Nach dem Tod von Isidor Katz, dem Oberrabbiner der Slowakei, im Jahre 1978 hatte das Land bis 1983 keinen einzigen Rabbiner. In den achtziger Jahren besuchte nur ein knappes *minyan* (Gebetsquorum von zehn Männern) regelmäßig die Gottesdienste in den beiden letzten Prager Synagogen; der unermüdlichste Besucher (wenn auch nicht der eifrigste Beter) der Altneuschul war ein Geheimpolizist.

Die häufigsten und greifbarsten Hinweise auf das frühere jüdische Leben des Landes lieferten beklagenswerterweise, wie überall in Mittel- und Osteuropa, die Friedhöfe: ungefähr 500 in der Slowakei und weitere 345 auf tschechischem Boden, darunter die berühmte und schöne Ruhestätte bei der Altneuschul in Prag. 1977 gab ein Gemeindevertreter bekannt, man sei dabei, viele dieser Friedhöfe zu

»liquidieren«.[32] In einem Protestdokument, das die oppositionelle Gruppe Charta 77 im April 1989 herausgab, wurden allein in Prag fünf Friedhöfe genannt, die man »willkürlich zerstört« hatte.[33]

Unter so düsteren Umständen wuchsen trotzdem ein paar Schößlinge der jüdischen Tradition heran: Samisdat-Ausgaben der Romane von Isaac Bashevis Singer zirkulierten in Prag, ebenso tschechische Übersetzungen religiöser Texte wie der *Pirqe Abot* (Sprüche der Väter). Aber in den späten achtziger Jahren war die Tschechoslowakei, wie fast ganz Osteuropa, für die Juden zu kaum mehr als einem Friedhof geworden.

10. KAPITEL

Westeuropäische Komplikationen, 1973–89

Viele der Voraussetzungen, auf welche die Juden in Europa seit dem Zweiten Weltkrieg ihre kollektive Existenz gestützt haben, wurden durch den arabisch-israelischen Krieg vom Oktober 1973 zerschmettert. Israel ging ernüchtert und demoralisiert aus dem Konflikt hervor. Die sich anschließende internationale Energiekrise, welche die industrialisierte Welt in Panik versetzte und eine ausgedehnte Periode der »Stagflation« in Europa einleitete, ließ die nahöstlichen Ölförderländer plötzlich zu Schiedsrichtern der Weltereignisse werden. Als die UN-Generalversammlung 1975 eine Resolution verabschiedete, in der man den Zionismus als »eine Form des Rassismus und der Rassendiskriminierung« bezeichnete, waren die diplomatische Schwächung und die politische Isolierung Israels besiegelt. Seine Feinde hatten es geschafft, die ideologische Existenzgrundlage Israels in den Augen zahlreicher Regierungen zu entwerten. Die Generalversammlung votierte mit fünfundsiebzig zu fünfunddreißig Stimmen – bei zweiunddreißig Enthaltungen – für die Resolution.

Die Ölkrise veranlaßte die europäischen Regierungen, den nahöstlichen Ölförderländern plötzlich mit einer gewissen Demut gegenüberzutreten. Dies spiegelte sich in einer Verschiebung des politischen Standpunktes zum arabisch-israelischen Konflikt wider. In einer gemeinsamen Erklärung der EWG-Außenminister vom 6. November 1973 betonte man die »Notwendigkeit, daß Israel die Gebietsbesetzung, die es seit dem Krieg von 1967 aufrechterhalten hat, beendet«. Außerdem war in dem Papier zum erstenmal die Rede von »den legitimen Rechten der Palästinenser«.[1] Die unverkennbare Absicht der Verfasser, sich bei den Arabern einzuschmeicheln, stieß auf einige

Kritik. Ein belgisches Mitglied der Europäischen Kommission
merkte an: »Die meisten Europäer konnten ein tiefes Gefühl des
Unbehagens – weniger über den Tenor dieser Erklärung als über ihr
Timing – nicht verbergen. Dadurch entstand der Eindruck, daß die
Neun angesichts der wirtschaftlichen, gesellschaftlichen und politi-
schen Konsequenzen eines anhaltenden Ölembargos den Weg des
Appeasements um jeden Preis gewählt hatten.«[2]

Im Laufe der nächsten Jahre – besonders nachdem der Schah des
Iran (das Oberhaupt des einzigen bedeutenden nahöstlichen Ölför-
derlandes, das Israel nicht feindlich gegenüberstand) 1979 gestürzt
worden war – erniedrigten sich die europäischen Spitzenpolitiker
weiterhin vor den Mitgliedern des Ölkartells und näherten sich der
arabischen Position im Nahostkonflikt immer stärker an. Dieser
Wandel kam in einer neuen Erklärung zum Ausdruck, die 1980 auf
einem EWG-Gipfeltreffen in Venedig herausgegeben wurde.

Die Wahlniederlage der Vereinigten Arbeiterpartei – nach drei Jahrzehnten an der Macht – von 1977 und ihre Ablösung durch Menachem Begins rechtsgerichtete Regierung ließ Israel in vielen europäischen Augen weniger attraktiv werden; es galt nun nicht mehr als
Opfer, sondern als überheblicher Peiniger. Die europäische Linke,
die, abgesehen von den Kommunisten, bis dahin im allgemeinen mit
Israel sympathisiert hatte, schlug sich nun zunehmend auf die Seite
der Palästinenser. Die Kommunisten, die »neuen Linken« der 1968er
Generation sowie Teile der achtbaren sozialdemokratischen Parla-
mentsfraktionen in Großbritannien, Frankreich und anderswo hielten die Palästinenser nun für »Opfer der Opfer« (eine Wendung, die
besonders in Deutschland häufig benutzt wurde). Gruppen wie die
British Anti-Zionist Organization arbeiteten mit arabischen Propa-
ganda-Organisationen zusammen, um den Widerstand gegen »die
zionistische ›Lebensraumpolitik‹ im besetzten Palästina« zu schü-
ren.[3] Solche Gruppen wurden häufig bezichtigt, den Unterschied
zwischen Antizionismus und Antisemitismus zu verwischen. Daraufhin rekrutierten sie linksgerichtete Juden, die öffentliche Erklärungen, in denen der »rassistische Zionismus« abgelehnt wurde, unterzeichneten.[4]

Der durchgreifende Wandel, was Israels Ansehen und Image in der
Welt betraf, machte den Juden in der Diaspora schwer zu schaffen.

Die Juden Westeuropas, die seit 1967 daran gewöhnt waren, sich im Widerschein der israelischen Erfolge zu sonnen, sahen sich plötzlich einer neuen, verwirrenden Situation gegenüber, in der Israel nicht mehr ein Gegenstand des Stolzes, sondern eine beunruhigende Quelle der Unsicherheit war.

Die beängstigendste Folge war der Aufstieg des internationalen Terrorismus, der sich auf die Juden konzentrierte und ihnen unverhältnismäßig großes Leid zufügte. Palästinensische Terroristen, manchmal unterstützt von europäischen Ultralinken, entführten Flugzeuge und attackierten Flughäfen und Büros von Fluggesellschaften, besonders jene der israelischen El Al. Israelische Passagiere und in manchen Fällen Juden anderer Nationalität wurden zu speziellen Zielscheiben gemacht – wie im Falle der Entführung einer Air-France-Maschine im Sommer 1976 nach Entebbe in Uganda. Hier befahl ein deutscher Terrorist, die jüdischen von den nichtjüdischen Geiseln zu trennen. Ein israelisches Kommando stürmte den Flughafen und befreite die Passagiere, doch eine bejahrte britische Jüdin, die man in einem nahegelegenen Krankenhaus untergebracht hatte, wurde von Terroristen in ihrem Bett ermordet.

Durch die Sicherheitsmaßnahmen der Fluggesellschaften ging die Gefahr von Flugzeugentführungen schließlich zurück, aber mittlerweile hatten sich die Terroristen anderen Methoden zugewandt. Im Dezember 1973 wurde J. Edward Sieff, Chef der Warenhauskette Marks & Spencer und ein prominenter Befürworter des Zionismus in Großbritannien, von einem Maskierten angeschossen und schwer verwundet. Später übernahm der berüchtigte venezolanische Terrorist Illitch Ramirez Sanchez, weltweit als »Carlos« bekannt, die Verantwortung für den Überfall. Im August 1974 organisierte »Carlos« Angriffe auf drei französische Redaktionsbüros, von denen eines der jüdischen Monatszeitschrift *L'Arche* gehörte.

Die Bedrohung der Juden durch palästinensischen und ultralinken Terrorismus wurde durch ähnliche Gewalttaten der extremen Rechten erhöht. 1976 begann eine Serie von Bombenanschlägen, die der extremen Rechten zugeschrieben wurden, auf jüdische Institutionen in Frankreich. Synagogen, Schulen, koschere Schlachtereien, Gedenkstätten, Gemeindehäuser, Läden in jüdischem Besitz und sogar ein Kindergarten waren unter den Zielen. 1978 erklärte sich die neofaschistische »Französische Nationale Befreiungsfront« für drei Explosionen in den Pariser Büros des Club Méditerranée verantwortlich, der von einem bekannten jüdischen Geschäftsmann geleitet wurde. Im März 1979 wurden dreiunddreißig Studenten durch eine Bombe in einer koscheren Pariser Mensa (teils schwer) verletzt.

Auf dem ganzen Kontinent waren jüdische Institutionen aller Art gezwungen, komplizierte und teure Sicherheitsvorkehrungen zu treffen. In Belfast und Dublin, wo protestantische und katholische Kirchen von den kriegführenden irischen Fraktionen als unantastbare Zufluchtstätten anerkannt wurden, mußten die Besucher örtlicher Synagogen Leibesvisitationen über sich ergehen lassen, bevor sie ihre Gebete beginnen konnten.

Die Juden wurden nicht nur physisch, sondern auch geistig bedroht. In Frankreich erlangte die extreme Rechte einen Hauch intellektueller Ehrbarkeit durch die Ideen des Groupement de recherche et d'études pour la civilisation européenne (GRECE). Diese Vereinigung gewann eine stattliche Anhängerschaft unter Studenten und jungen Freiberuflern; sie verbreitete eine elitäre, rassistische Philosophie, die auf der sogenannten Soziobiologie beruhte. Ihre führenden Vertreter wiesen den Vorwurf des Antisemitismus zurück, aber ein Beobachter merkte an: »Bewußt oder unbewußt trägt GRECE eine Menge nationalsozialistischer Ideen in seinem ideologischen Gepäck herum.«[5]

Doch trotz der Wirtschaftskrise Mitte der siebziger Jahre machten rechtsextreme Parteien bei den Wahlen in Westeuropa kaum Fortschritte. In Großbritannien stellte die National Front bei der Wahl von 1979 303 Kandidaten auf, errang jedoch kein einziges Mandat. In Italien fiel die Zahl der Stimmen für den neofaschistischen Movimento Sociale Italiano von 8,6 Prozent bei der Wahl von 1972 auf 5,3 Prozent im Jahre 1979. In Deutschland ging die neonazistische Nationaldemokratische Partei praktisch unter.

Wie in früheren Zeiten waren die jüdischen Gemeinden gespalten, was den effektivsten Schutz gegen terroristische Bedrohungen betraf. In Paris bildeten streitbare rechtsgerichtete Juden – nach dem Vorbild der von dem rassistischen Fanatiker Rabbi Meir Kahane in New York gegründeten Jewish Defense League – Selbstschutzgruppen und drohten mit Gegengewalt gegen arabische Ziele. In Großbritannien wurde die ruhige, diplomatische Haltung des Board of Deputies von Aktivisten kritisiert, und einige schlossen sich 1977 mit Vertretern der Linken zur Anti-Nazi League zusammen. Zu den Unterzeichnern des Gründungsdokuments der Anti-Nazi League gehörten bekannte jüdische Showbusineß-Gestalten wie Lionel Bart, Alfie Bass, Claire Bloom, Miriam Karlin, Wolf Mankowitz, Frederic Raphael, Janet Suzman und Arnold Wesker. Vertreter des offiziellen jüdischen Establishments verweigerten die Teilnahme, da sie den Verdacht hegten, die League sei eine Tarnorganisation für Trotzkisten, die Straßenkämpfe mit den Anhängern der National Front anstrebten. Die Mitwirkung von linksextremen Antizionisten und Personen wie dem Dramatiker Jim Allen (Verfasser des Stücks *Perfidy*, in dem die Zionisten der Kollaboration mit den Nazis angeklagt wurden) ließ die Abneigung der traditionellen jüdischen Organisationen noch wachsen. Manche Juden zogen ihre Unterstützung der Anti-Nazi League zurück, doch andere, etwa Miriam Karlin, bekräftigten ihren Beistand um so energischer, was weitere Kontroversen innerhalb der jüdischen Gemeinde nach sich zog.

In Frankreich wurde die Organisation SOS Racisme 1985 von jüdischen Intellektuellen und anderen gegründet. Ihr Ziel war die Bildung einer gemeinsamen Front vor allem mit nordafrikanischen Muslimen, die ebenfalls von der extremen Rechten aufs Korn genommen wurden. Es gab Einwände aus verschiedenen Kreisen, zum Beispiel von der ehemaligen Kommunistin Annie Kriegel, die sich mittlerweile in eine militante Zionistin verwandelt hatte und den Versuch, ein muslimisch-jüdisches Bündnis zu bilden, für gefährlich hielt (sie fürchtete, die in der Organisation mitwirkenden Juden könnten verleitet werden, die arabische Position im Nahostkonflikt zu unterstützen).

Die erneute Ölkrise von 1979-80, ausgelöst durch den Sturz des Schahs, wurde von einem Wiederaufleben des antijüdischen Terrorismus in Europa begleitet. Im Januar 1980 tötete eine Bombenexplosion in einem jüdischen Restaurant in Berlin ein neunzehn Monate altes Baby und verletzte 24 weitere Personen. Im Juli wurden Handgranaten in eine Gruppe jüdischer Kinder vor dem Antwerpener Büro der Aggudas Jisrael geworfen; eines starb, und mehrere wurden verletzt. Im Oktober kam es während des Festes Simchat Torah in der liberal-jüdischen Synagoge in der Pariser rue Copernic zu einem

Bombenanschlag, der 4 Menschen das Leben kostete und fünfzehn weitere verletzte. Die Attentäter wurden nie gefaßt. Unmittelbar nach dem Anschlag sprach der französische Ministerpräsident Raymond Barre von einem »abscheulichen Verbrechen, das sich gegen Juden, welche die Synagoge aufsuchten, richtete und unschuldige Franzosen, die auf der rue Copernic dahinspazierten, zu Opfern machte«.[6] Die gedankenlose Bemerkung wurde von unnachsichtigen Kritikern als Freudsche Fehlleistung ausgelegt. Man nahm auch zur Kenntnis, daß Präsident Giscard d'Estaing keine sofortige Erklärung abgab und dem Schauplatz des Verbrechens fernblieb. Einige andere Reaktionen waren ebenfalls nicht allzu beruhigend. Die Besitzer von nahegelegenen Läden in der rue Copernic stellten sich nach dem Anschlag beim Rabbiner der Synagoge ein und verlangten einen finanziellen Ausgleich für die Beschädigung ihrer Räumlichkeiten. Der Eigentümer des Gebäudes neben der Synagoge, dessen Concierge getötet wurde, forderte ebenfalls die Vergütung der Bestattungskosten.

Im August 1981 griffen palästinensische Terroristen die Hauptsynagoge in Wien mit Handgranaten und Maschinenpistolen an; sie ermordeten 2 und verletzten 18 Menschen. Zwei Monate später explodierte eine Autobombe vor einer Synagoge neben der Diamantenbörse in Antwerpen (wo 70 Prozent der Händler Juden, überwiegend ultraorthodoxe Chassidim, waren), wodurch 3 Menschen getötet und 106 verletzt wurden. Wie in Paris ein Jahr zuvor begingen die Attentäter den Anschlag bewußt am jüdischen Festtag Simchat Torah, um soviel Schaden wie möglich anzurichten.

Der israelische Einmarsch in den Libanon im Juni 1982 und die Massaker, welche die christlich-libanesischen Verbündeten Israels kurz darauf in den palästinensischen Flüchtlingslagern Sabra und Shatila begingen, markierten den Höhepunkt der anti-israelischen Gefühle in Westeuropa. Eine neue Serie terroristischer Anschläge brach aus. Obwohl die Täter anscheinend hauptsächlich Araber waren, deren Motive mit dem Nahostkonflikt zu tun hatten, handelte es sich bei ihren Zielen häufig um jüdische – im Unterschied zu israelischen – Stätten. Am 9. August 1982 wurde Jo Goldenbergs koscheres Restaurant in der Pariser rue des Rosiers in Marais, dem Kern des alten jüdischen Viertels, mit Maschinengewehren überfallen, wobei 6 Menschen starben und zweiundzwanzig Verletzungen davontrugen. Die Verantwortung wurde zunächst von der rechtsextremen Action Directe übernommen, aber niemand erschien je vor Gericht, und die wahre Ursache des Überfalls blieb ein Geheimnis. Anders als sein Vorgänger zur Zeit des Anschlags in der rue Copernic suchte Präsident Mitterrand unverzüglich den Schauplatz auf und ließ keinen Zweifel an seinem Mitgefühl und seiner Empörung. Die Geste stieß nicht auf allseitige Anerkennung: Mitterrand wurde von nordafrikanischen Juden, die seine Nahostpolitik ablehnten, mit Buhrufen bedacht. Weitere terroristische Akte fanden in anderen europäischen Ländern statt. Im Oktober 1982 wurden bei einem Anschlag auf die Hauptsynagoge in Rom ein Kind getötet und zahlreiche Menschen verletzt. Im September 1986 starben 24 Menschen beim Gebet, als Palästinenser die Hauptsynagoge in Istanbul angriffen.

Ungeachtet der semantischen Unterschiede, die man zwischen Antizionismus und Antisemitismus machen konnte, zeigten solche Ereignisse, daß palästinensische und andere Terroristen die Juden im gesamten nichtkommunistischen Europa nun als Freiwild betrachteten. Der Terrorismus war sowohl psychologischer als auch physischer Art. In der Atmosphäre der Israel gegenüber herrschenden Feindseligkeit rollte eine Welle antisemitischer Anschläge über Europa hinweg. In der gesamten zweiten Hälfte des Jahres 1982 und Anfang 1983 wurden – von Griechenland bis hin nach Norwegen – Synagogen beschmiert, prominente Juden bedroht, antisemitische Briefe, Artikel und Karikaturen veröffentlicht und Friedhöfe geschändet.

Trotz alledem legte das liberale Europa im großen und ganzen eine beeindruckende Solidarität mit den Juden als Opfern des Terrorismus an den Tag. Nach der Explosion in der rue Copernic erschienen mehr als 100 000 Teilnehmer aus allen Bereichen des politischen Spektrums zu einer Demonstration. Lord Beloff, ein führender britischer Jude, unterstrich 1982: »Der Haupteffekt des Holocaust bestand darin, wie wir nun zunehmend erkennen, das Gefühl der jüdischen Isolation psychologisch zu vertiefen, so daß die Juden alle späteren Beziehungen zwischen der jüdischen und der nichtjüdischen Welt im Licht von Ereignissen betrachten, die zu gräßlich sind, als daß man

sich an sie erinnern oder sie anderen mitteilen möchte.«[7] Auf jenem
Hintergrund war die Solidarität, die ein großer Teil der Öffentlichkeit
nach den terroristischen Anschlägen zeigte, recht tröstlich. Wie es der
frühere deutsche Bundeskanzler Willy Brandt ausdrückte: »Terrorismus kann keinen Antisemitismus erzeugen. Gewalt wird heutzutage
keinen Erfolg haben, sondern im Gegenteil Solidarität mit den ange-
griffenen Gruppen und Institutionen hervorbringen.«[8]

Die Angriffe auf Juden in ihrer Eigenschaft als Juden nötigte sogar
einige bis dahin entfremdete, assimilierte oder antizionistische Juden,
ihr Verhältnis zum Judentum, zu Israel und zum Judaismus neu zu
prüfen. Ein Beispiel lieferte der hervorragende Orientalist Maxime
Rodinson, ein Marxist, dessen Schriften einige der wirkungsvollsten
Darlegungen der palästinensisch-nationalistischen Argumente gegen
Israel enthielten. 1975 teilte er einer Zeitung in Beirut mit, er habe in
letzter Zeit

> mehr Verständnis für den Nationalismus des jüdischen Gebildes in
> Israel [erlangt] ... Ich betrachte meinen Judaismus weiterhin als
> einen genealogischen Zufall. Gleichwohl, da meine Familie wegen
> ihrer jüdischen Herkunft ermordet wurde, obgleich sie nie religiös
> oder zionistisch war, da mich viele Menschen – ungeachtet dessen,
> was ich sage oder tue – als Juden betrachten und da der Staat Israel
> den Anspruch erhebt, mich zu repräsentieren, wozu ich ihm das
> Recht abspreche, bin ich gezwungen, ein gewisses Maß an Solidarität
> zu zeigen ... trotz der Tatsache, daß ich gegen meinen Willen Jude
> bleiben muß.[9]

Manche Juden zogen pessimistische und sogar apokalyptische
Schlüsse aus diesen Ereignissen. Shmuel Trigano, ein französischjüdischer Schriftsteller, dessen allzu modische und zuweilen nichtssagen-
de Ausdrucksweise nicht verhinderte, daß er als aufsteigender Stern
am geistigen Firmament gepriesen wurde, sah die Explosion in der
rue Copernic als letztes Glied in einer langen Kette, welche die
Dreyfus-Affaire, Vichy und de Gaulles Pressekonferenz von 1967
miteinander verband. Man habe es mit einem weiteren Zeichen dafür
zu tun, daß eine vollauf jüdische Existenz in Frankreich so gut wie
unmöglich sei. Das republikanische System mit seinem Zwang zu
Uniformität und Zentralisierung biete den Juden nicht genug Raum,
ein Leben zu schaffen, in welchem der Judaismus atmen könne. Dem-

gegenüber wies der Anwalt Daniel Amson darauf hin, daß der Terrorismus eine von vielen Gruppen benutzte Waffe sei und zum Angriff nicht nur auf die Juden, sondern auf die französische Gesellschaft als Ganzes diene. In Wirklichkeit seien die Juden besser in die französische Gesellschaft integriert als je zuvor. Im Hinblick auf das, was er und andere für den entscheidenden Schwachpunkt in Triganos Logik hielten, fragte Amson:

> Kann man ... seiner Umgebung gegenüber unaufhörlich beteuern, man sei anders, und sich dann beschweren, wenn diese Wort wiederholt werden? Sofern der jüdische Bürger jegliche Form des Partikularismus zurückweist, integriert die Republik ihn ohne Schwierigkeiten. Wenn er ihn nicht zurückweist, gibt er notwendigerweise zu, daß er nicht wie andere Menschen sein möchte, und die Republik erlaubt ihm auch das in der Schule, an der Universität oder in der Armee. Die Republik assimiliert jene, die sich mit der Mehrheit ihrer Bürger identifizieren, und sie assimiliert jene nicht, ohne ihnen jedoch ihren Schutz zu versagen, die aus Überzeugung oder Tradition anders sein möchten.[10]

Oberrabbiner Jakobovits von Großbritannien warnte davor, Antizionisten und Antisemiten allzu leichtfertig in einen Topf zu werfen:

> Wenn man [den Kritikern Israels] Antisemitismus vorwirft, hilft man, Antisemitismus zu erzeugen. Man leistet den wahren Antisemiten und ihren Bewegungen Hilfe und Beistand, und man stößt seine wahren Freunde zurück ... Es liegt auf der Hand, daß intensive Feindschaft Israel gegenüber zu Antipathie gegen die Juden ausartet. Antizionismus ist unzweifelhaft eine Ursache des Antisemitismus. Aber das Gegenteil ist viel fragwürdiger und als Tatsache oft einfach unhaltbar.[11]

Die besondere Verletzlichkeit der Juden und der jüdischen Institutionen in den westlichen Gesellschaften der siebziger und achtziger Jahre ließ erneut die Frage aufkommen, ob es ein typisch jüdisches Interesse an der Politik gebe, und wenn ja, wie es zum Ausdruck gebracht werden solle. In den meisten westeuropäischen Gesellschaften hatten die Juden der Schaffung einer ethnischen Lobby nach amerikanischem Vorbild widerstanden. Ein derartiges Vorgehen schien ihnen von den europäischen politischen Traditionen abzuweichen, obwohl es nicht an gegensätzlichen historischen Beispielen – etwa der irischen Lobby in Großbritannien – fehlte. Aber in den siebziger und achtziger Jahren änderte sich das politische Verhalten der Juden in großen Teilen Westeuropas.

1977 unternahm die Vertretung der französischen Juden, CRIF, den beispiellosen Schritt, eine »Charta« zu verabschieden. Es war das erste Mal, daß man einen unverhohlenen Versuch machte, ein umfassendes politisches Statement zu formulieren. In der Charta wurden die Grundprinzipien dargelegt, die einen gemeinsamen Nenner für die jüdische Gemeinde bilden konnten:

- volle Beteiligung der Juden an der französischen Gesellschaft;
- soziale Gerechtigkeit;
- Verurteilung sämtlicher Formen der Verfolgung;
- Kampf gegen Antisemitismus;
- bedingungslose Treue zu Israel.[12]

Dieses Verzeichnis enthielt überwiegend allgemeine Aussagen, die alle Juden unterschreiben konnten. Die letzte fiel jedoch in eine andere Kategorie, da die Treue vieler Juden zu Israel, obwohl aufrichtig und manchmal tiefverwurzelt, keineswegs als »bedingungslos« bezeichnet werden konnte – schon gar nicht nach der Wahl der Regierung Begin im selben Jahr.

Unterdessen nahm das politische Engagement der Juden in Frankreich eine andere Gestalt an. Eine Reihe junger jüdischer Intellektueller – der prominenteste war Bernard-Henri Lévy – wandte sich gegen Marxismus und Revolution; zugleich definierte sie sich selbst nachdrücklich – manchmal leidenschaftlich – als Juden. Lévys Ablehnung der *»l'idéologie française«*, die er als Vichy-artig und rassistisch definierte, löste eine stürmische Debatte aus. Der Politologe Pierre Birnbaum machte erneut auf die bedeutenden antisemitischen Elemente in der politischen Tradition sowohl der Linken als auch der Rechten in Frankreich aufmerksam. Der Historiker Henry Rousso erklärte, daß weiterhin starke Vichy-Tendenzen im französischen politischen Bewußtsein der Nachkriegszeit wirksam seien. Shmuel Trigano meinte, die zentralisierende jakobinische Überlieferung habe darauf abgezielt, sämtliche mit ihr konkurrierenden Subkulturen auszulöschen. Ein neues Merkmal all dieser Äußerungen war der Verzicht

der Autoren darauf, der französischen politischen Tradition und
ihren Werten rituell zu huldigen; im Gegenteil, ihre Arbeiten liefen
auf eine kollektive Kritik am Versäumnis jener Tradition hinaus, viele
ihrer eigenen vorgeblichen Werte zu realisieren.

Ein immer wiederkehrendes Thema der Auseinandersetzung bei
jeder Präsidentschafts- oder Parlamentswahl in Frankreich war
damals die Frage des »jüdischen Votums«. Existierte es? Sollte es existieren? Wie wichtig war es? Die traditionellen Antworten auf diese
Fragen hatten im republikanischen Frankreich gelautet: Nein, nein,
und überhaupt nicht. Solange der assimilationistische Konsens vor-
herrschte, blieben dies die Antworten, welche die meisten französischen Juden gaben. Die Stundpunkte änderten sich unter dem
Gewicht des Zustroms nordafrikanischer Juden in den frühen sechziger Jahren sowie infolge der Leidenschaften, die der Krieg von 1967
und de Gaulles notorische Pressekonferenz vom November 1967 ent-
fachten. Anfang der siebziger Jahre hatte sich in der französischen
Politik eine jüdische Dimension herausgebildet, ob es den Gemeindeführern gefiel oder nicht.

Vertretern des jüdischen Establishments wie Alain de Rothschild,
dem Vorsitzenden des Consistoire Central, gefiel es keineswegs. Er
betonte bei der Wahl von 1973, daß »keine Weisung für die Stimmabgabe erteilt worden ist«.[13] Der Verfasser eines Artikels im offiziellen
Organ des Consistoire warnte ebenfalls davor, daß ein »jüdisches
Votum« vergleichbar »mit einem Staat im Staate wäre – was unzuläs-
sig und falsch ist«.[14] Dies war die Stimme des französischjüdischen
Traditionalismus.

Die zum Kommunismus tendierende *Presse Nouvelle Hebdo*
meinte ebenfalls: »Die Geschichte der Juden in Frankreich veranlaßt
uns, ein ›jüdisches Votum‹ jeglicher Art abzulehnen.« Dies war die
Stimme des sozialistischen Internationalismus. Dann – eingedenk der
Hauptfunktion der Zeitung, bei den jüdischen »Massen« Propaganda
für die Partei zu machen – fuhr der Autor fort: »Trotzdem gibt es eine
jüdische Wählerschaft, in deren Augen gewisse Rechte und Garan-
tien legitimerweise wesentlich sind.«[15] Dies war die Stimme des Wahl-
Pragmatismus.

Weniger zweideutig betrachtete Jean Kling, Oberrabbiner von
Lyon, es als ein ermutigendes Zeichen der »moralischen Gesundheit

unserer Demokratie«, daß man beginne, den Gedanken eines jüdischen Votums als legitim zu akzeptieren.[16] Was die französischen Wähler im allgemeinen anging, so schienen die meisten unbeschwert davon zu sein, daß die französischen Juden spezifische Interessen und Sorgen haben könnten: Laut einer Umfrage von 1970 hielten es 69 Prozent der Befragten für »ganz normal«, daß jüdische Bürger ihr besonderes Augenmerk auf Israel richteten.

Was immer die Befürchtungen oder Wünsche der Juden selbst sein mochten, das Verhalten der verschiedenen politischen Parteien zeigte, daß sie an die Existenz eines solchen Wählerblocks glaubten und es der Mühe wert befanden, um seine Stimmen zu werben. Obwohl die Juden Schätzungen zufolge nicht einmal ein Prozent der Wählerschaft stellten, nahm man an, daß sie in wenigstens zwanzig stark umkämpften Wahlkreisen sieben bis zehn Prozent der Stimmberechtigten ausmachten und damit das Ergebnis beeinflussen konnten. Dazu gehörten das zweite, dritte, achte, zehnte, zwölfte und neunzehnte Arrondissement in Paris, die Pariser Vororte Créteil und Sarcelles, der Vorort Villeurbanne von Lyon, der zweite Bezirk von Toulouse und zwei Sitze in Marseille, von denen der offen proisraelische Bürgermeister Gaston Deferre einen hielt.

Die Wahl zur Nationalversammlung von 1973 war ein Wendepunkt in der Einschätzung des jüdischen Votums. Ein Beobachter schrieb: »Zum erstenmal in der französischen Wahlgeschichte werden die Juden dieses Landes für eine maßgebliche Kraft gehalten.«[17] Vertreter aller wichtigen Parteien richteten spezielle Erklärungen an die jüdischen Wähler. Zum Beispiel bekräftigte François Mitterrand, der Chef der Sozialisten, seine Unterstützung Israels und kritisierte die Beschränkungen, die der jüdischen Emigration in der UdSSR auferlegt wurden.[18] Das letztere war ein heikler Punkt angesichts des Wahlbündnisses der Sozialisten mit der Französischen Kommunistischen Partei, deren Chef Georges Marchais Israel in seiner Einführung zum »gemeinsamen Programm« der linken Parteien als »einen reaktionären Staat« bezeichnete. Als einem kommunistischen Politiker, Pierre Juquin, seine Weigerung vorgehalten wurde, sich zur sowjetischen Emigrationsfrage zu äußern, entgegnete er: »Dies ist eine *französische* Wahl.«[19] Der jüdische gaullistische Abgeordnete Claude-Gérard Marcus, ein Kunsthändler, der für seinen proisraelischen Standpunkt bekannt war, antwortete gleichermaßen, als man ihn an die seit 1967 zweideutige Haltung seiner Partei gegenüber Israel erinnerte: »Dies ist keine Abstimmung für die Knesset.«[20]

Viele jüdische Intellektuelle und Linke alten Stils stimmten weiterhin für die Kommunisten, doch einigen jüdischen Sozialisten widerstrebte es, die Kommunisten laut Absprache in der zweiten Wahlrunde zu unterstützen, wenn diese nach der ersten Runde den führenden linken Kandidaten stellten. Die Sozialistische Zionistische Bewegung Frankreichs (ein eindrucksvoller Name für eine nicht sehr einflußreiche Interessengruppe) forderte die jüdischen Wähler auf, in der zweiten Runde »für die Sozialisten und die Freunde Israels, gegen die abtretende [rechte] Mehrheit sowie gegen alle Feinde Israels und der Juden der UdSSR« zu stimmen – eine verschlüsselte, doch nicht mißzuverstehende Ablehnung der Kommunistischen Partei.[21]

In einigen Wahlkreisen war ein deutliches jüdisches Votum auszumachen: zum Beispiel in Sarcelles, wo der kommunistische Bürgermeister Henry Canacos die gaullistische Abgeordnete, Mme. Solange Troisier, herausforderte. Bei den Kommunalwahlen von 1972 hatte Canacos mit Hilfe der nordafrikanischen Juden, die nach Schätzungen mehr als ein Drittel der Stadtbevölkerung stellten, einen überraschenden Sieg errungen. Canacos hatte führende Mitglieder der jüdischen Gemeinde in seine Kandidatenliste aufgenommen, und sein Sieg bei der Bürgermeisterwahl wurde damals mit der jüdischen Ablehnung von de Gaulles Außenpolitik erklärt. Sarcelles besaß eine jüdische Gemeinde mit ausgeprägtem Zusammenhalt und Selbstbewußtsein. In einer Umfrage von 1970 hatten 77 Prozent der Juden in der Stadt angegeben, daß sie Israel und dessen Problemen *»un intérêt primordial«* zumaßen.[22] Wie Canacos bemühte sich Mme. Troisier emsig um die jüdischen Stimmen. Sie bezeichnete sich als »einen von vier oder fünf [gaullistischen] Abgeordneten, die Israel stets wohlwollend gegenübergestanden haben«.[23] Außerdem spielte sie eine prominente Rolle bei den Protesten gegen die Verfolgung von Juden im Irak und in Syrien. Gleichwohl wurde Canacos' Sieg auf seinen starken Rückhalt bei den jüdischen Wählern zurückgeführt.

In den siebziger und achtziger Jahren schienen sich die Sozialisten zu der Partei zu entwickeln, die am besten mit dem jüdischen Denken in Frankreich harmonierte. Bei der Wahl von 1973 kämpften ihre beiden jungen jüdischen Kandidaten, Maurice Benassayag und Georges Bender, energisch um die jüdischen Stimmen im zweiten und dritten Bezirk von Paris, in denen eine nachhaltige jüdisch-linke Tradition herrschte. Der einunddreißigjährige Benassayag war ein *rapatrié* aus Algerien und Universitätsdozent. Der zweiundvierzigjährige Bender hatte sich den Sozialisten zur Zeit der Unruhen von 1968 angeschlossen und unterhielt enge Beziehungen zu Israel und zu verschiedenen linken zionistischen Kreisen. Obwohl keiner der beiden gewählt wurde, scheinen sie ihren Stimmenanteil durch ihre Identifikation mit jüdischen Interessen erhöht zu haben. 1978 gründete die Sozialistische Partei die von Robert Badinter, Jacques Attali und anderen geleitete Groupe Socialisme et Judaïsme mit dem spezifischen Ziel, jüdische Wähler für sich zu gewinnen. Eine Umfrage unter 400 jüdischen Stimmberechtigten Anfang 1978, vor den Parlamentswahlen in jenem Frühjahr, erbrachte, daß 56 Prozent für die Linke und nur 33 Prozent für die Mehrheit der rechten Mitte votieren wollten. Die Sozialisten waren die Partei, die mit 49 Prozent den stärksten Zuspruch erhielt. 1981 stimmten die Juden – nach bruchstückhaften, doch im allgemeinen überzeugenden Berichten – bei der Präsidentschaftswahl in erster Linie für den erfolgreichen Kandidaten François Mitterrand; einer Schätzung zufolge wurde er von nicht weniger als 70 Prozent der jüdischen Stimmberechtigten gewählt. 1988 erhielt er in der zweiten Runde gegen Jacques Chirac wiederum zwei Drittel des jüdischen Votums.

Die Existenz eines jüdischen Votums war nicht mehr zu leugnen. In mehreren Wahlkreisen konzentrierten sich jüdische Bürger, und wenn sie einen bestimmten Kandidaten mehrheitlich unterstützten, konnten sie die Wahl entscheiden. Andererseits sollte die Bedeutung des jüdischen Votums nicht überschätzt werden. Die Zahl der Wahlkreise, in der es sich bemerkbar machte, war gering. Wie in anderen Ländern stimmten jüdische Wähler in Frankreich oft überwiegend für eine spezielle Partei, doch sie taten es selten auf der Grundlage partikularistischer jüdischer Fragen. Und selbst wenn man die hohe jüdische Wahlbeteiligung in Frankreich – wie in anderen westlichen Demokratien – berücksichtigt, war die gesamte jüdische Wählerschaft zu klein, als daß sie von erheblichem Belang hätte sein können. Zudem wurden die Juden seit den siebziger Jahren von den französischen Muslimen in den Hintergrund gedrängt; diese waren nicht nur zahlreicher, sondern stimmten auch in noch höherer Proportion für die Linke: Ungefähr 86 Prozent der Muslime entschieden sich 1988 in der ersten Runde für Mitterrand.

Jüdische Politiker konnten also, selbst wenn sie es gewollt hätten, ihre Karriere nicht auf ihrer Zugkraft für eine spezifisch jüdische Wählerschicht aufbauen. Nichtsdestoweniger setzten sich viele wie schon in früheren Zeiten durch, und einige stiegen in dieser Periode in hohe politische Ämter auf. Jacques Lang war ein aus dem Rahmen fallender sozialistischer Kulturminister. Pierre Dreyfus, der frühere Chef des staatlichen Autounternehmens Renault, diente als Industrieminister unter Mitterrand. Jacques Attali übte als Mitterrands »Sherpa« hinter den Kulissen des Elysée-Palasts Einfluß aus. Simone Veil war Gesundheitsministerin unter Präsident Giscard d'Estaing. Sie stieß auf heftigen katholischen Widerstand, der gelegentlich die Grenze zum Antisemitismus überschritt, als sie ein Abtreibungsgesetz erfolgreich durch die verschiedenen parlamentarischen Stadien steuerte. Robert Badinter, Justizminister in der sozialistischen Regierung von 1981 bis 1986, erregte nicht den Zorn der Abtreibungsgegner, sondern der »Todeslobby« (wobei beide Gruppen häufig identisch sind), als er ein Gesetz zur Abschaffung der Todesstrafe durchbrachte. Obwohl die jüdische Anhängerschaft der Kommunistischen Partei zurückgegangen war, übten einige Juden immer noch wichtige Funktionen im Parteiapparat aus. Henri Krasucki wurde Generalsekretär der CGT, des mächtigen kommunistischen Gewerkschaftsverbandes. Jean Ellenstein leitete einen erfolglosen Versuch, die kommunistische Partei zu reformieren, erklärte dann seinen Austritt und beteiligte sich 1990 an der Gründung eines Zentrums für nicht-religiöse Juden.

Wie in Frankreich bezogen die Juden auch in Großbritannien in den siebziger und achtziger Jahren einen entschiedeneren Standpunkt, um ihre politischen Interessen zu verteidigen. Zum Beispiel legten jüdische konservative Abgeordnete während der Nahostkrise von 1973 mehr Unabhängigkeit gegenüber ihrer Fraktionsführung an den Tag als ihre Glaubensbrüder von der Labour Party zum Zeitpunkt der Suezkrise. Nur zwei der neun jüdischen Konservativen unterstützten die Regierung Heath in der parlamentarischen Abstimmung über ein Waffenembargo (Gasmasken eingeschlossen) für die kriegführenden Staaten.

Anders als in Frankreich fand in Großbritannien kaum eine öffentliche Debatte über die Existenz oder die Erwünschtheit eines klaren jüdischen Votums statt. Da die Gemeinde weiterhin schrumpfte, hätte sich die mögliche Bedeutung des Votums ohnehin auf wenige Wahlkreise beschränkt. Wie in Frankreich gaben die jüdischen Wähler ihre Stimme selten auf der Grundlage spezifisch jüdischer Interessen oder Themen ab.

Trotzdem bildete sich in dieser Zeit ein deutlicher Rechtstrend im jüdischen Wahlverhalten heraus. In einigen Gegenden (zum Beispiel in Hendon und Ilford in London und in Cheadle bei Manchester) entdeckten Wahlforscher ein eindeutig jüdisches Wahlmuster. Mrs. Thatchers nachdrücklicher Einsatz für Israel half ihr unzweifelhaft in ihrem Wahlkreis Finchley, wo etwa 16 Prozent der Wähler Juden waren. Dagegen waren viele Juden erbost über die offene Feindseligkeit einiger Labour-Party-Vertreter gegenüber Israel, besonders des linksgerichteten Vorsitzenden des Greater London Council, Ken Livingstone. Es bleibt jedoch ungeklärt, ob der jüdische Rechtsruck von spezifisch jüdischen Motiven ausgelöst wurde oder ob es sich in erster Linie um einen Assimilationsprozeß handelte, in dessen Verlauf die Juden, wie die übrige Bevölkerung, hauptsächlich mit dem Portemonnaie abstimmten. In vielen Fällen waren sozialwirtschaftliche Interessen und eine sich wandelnde kulturelle Einstellung wahrscheinlich miteinander verbunden.

Der Rechtsruck der Juden kam auch in ihrem Eintritt in die neue politische Elite zum Ausdruck. Juden waren unter den führenden Ideologen des neuen Konservatismus. Sir Keith Joseph galt als Mrs. Thatchers ideologischer Guru. Sir Alfred Sherman, ein ehemaliger Kommunist, wechselte zum rechten Flügel über und wurde Leitartikler für den erzkonservativen *Daily Telegraph,* Berater von Keith Joseph und Chef einer einflußreichen konservativen »Denkfabrik«. Oberrabbiner Jakobovits, den Mrs. Thatcher in den Adelsstand erhob, schien vielen die auf Selbsthilfe ausgerichteten Ideale der Thatcherschen Konservativen Partei zu verkörpern – sogar in noch höherem Maße als manche Bischöfe der etablierten Kirche.

Die Zahl der konservativen jüdischen Abgeordneten in Großbritannien stieg von zwölf im Februar 1974 auf sechzehn im Jahre 1987; im selben Zeitraum ging die Zahl der jüdischen Labour-Abge-

ordneten von dreiunddreißig auf sieben zurück. Den Wendepunkt
bildete die Wahl von 1983, als zum erstenmal in der modernen Parla-
mentsgeschichte mehr jüdische konservative als Labour-Abgeordnete (siebzehn zu elf) im Unterhaus vertreten waren. Die Konservative Partei, die eine Generation zuvor auf manche Juden abweisend
gewirkt hatte, schloß sie nun geradezu in die Arme. Einmal saßen
nicht weniger als fünf jüdische Minister in Mrs. Thatchers Kabinett.

Diese Änderungen im politischen Verhalten des britischen und
französischen Judentums verliefen parallel zu den verstärkten Prozessen des sozialen Wandels, die sich seit dem Krieg beschleunigt hatten.
Der jüdische Bevölkerungsrückgang, der sich bereits in den fünfziger
und sechziger Jahren abzeichnete, setzte sich in den beiden folgenden
Jahrzehnten fort. In Großbritannien sank die Zahl der Juden von
410 000, ihrem Höchststand in den frühen fünfziger Jahren, auf
knapp 300 000 im Jahre 1989. Die jüdische Geburtenziffer in Großbritannien war weiterhin deutlich niedriger als die der Gesamtbevölkerung, was einen unverminderten Rückgang ankündigte. Ähnliche
Trends waren fast überall in Europa zu beobachten. In Frankreich
ließ der demographische Aufschwung, den die nordafrikanischen
Einwanderer in den sechziger Jahren verursacht hatten, allmählich
nach, als ihre Geburtenziffer mit jener der seit längerer Zeit ansässigen
jüdischen Gemeinde zusammenzufallen begann. Mitte der achtziger
Jahre hatte eine jüdische Frau in Frankreich durchschnittlich 2,4 Kinder, aber jüdische Frauen, die in Frankreich *geboren* worden waren,
brachten durchschnittlich nur 1,7 Kinder zur Welt.

Die Beschäftigungsmuster der Juden in ganz Westeuropa entwickelten sich in den siebziger und achtziger Jahren in dieselben Rich-
tungen wie in den beiden vorhergehenden Jahrzehnten – hauptsächlich hin zu den »fürsorglichen Berufsfeldern«: Medizin, Lehrtätig-
keit, Sozialarbeit sowie Rechtswissenschaft und Journalismus. Aber
die Juden blieben überproportional im Kleingewerbe vertreten. Zum
Beispiel zeigte eine Untersuchung in Sheffield Mitte der siebziger
Jahre, daß 47 Prozent der wirtschaftlich aktiven jüdischen Bevölkerung selbständig tätig waren; der Anteil für die Stadt als Ganzes lag
bei nur 5 Prozent.[24] Die alte Londoner jüdische Arbeiterklasse, die
mit Gewerben wie Schneiderei, Kürschnerei und Möbeltischlerei zu
tun hatte, starb sehr rasch aus. Ein typisch jüdischer Beruf blieb

jedoch bestehen: In den frühen achtziger Jahren stellten die Juden nach Schätzungen immer noch ein Drittel sämtlicher Londoner Taxifahrer.

In Frankreich war ein ähnliches Muster zu beobachten. 1988 schätzte man, daß nicht weniger als 42 Prozent der wirtschaftlich aktiven Juden den »oberen Kategorien« (Akademiker und leitende Angestellte) angehörten.[25] Viele der nordafrikanischen Juden, besonders die Algerier, kletterten rasch die gesellschaftliche Stufenleiter hinauf, und einige erreichten wichtige Positionen. Der aus Oran gebürtige Jean-Pierre Elkabbach wurde Chef des französischen Staatsfernsehens. Jean Daniel, ein algerischer Jude, der in den späten vierziger Jahren in Paris eingetroffen war, arbeitete als Chefkarikaturist der einflußreichen linken Wochenzeitung *Le Nouvel Observateur*. Gilbert Trigano schuf den Club Méditerranée. Der in Algerien geborene Bernard-Henry Lévy war das Enfant terrible der Intellektuellen am linken Seine-Ufer.

Die Integration der Nordafrikaner trug dazu bei, daß sich die französischjüdische Gemeinde beschleunigt demokratisierte. Die Herrschaft der Honoratioren wurde im Mai 1968 herausgefordert, als junge jüdische Radikale – eine Spiegelung der damaligen gesellschaftlichen Konflikte im Kleinformat – die Räumlichkeiten der beiden bedeutendsten französischjüdischen Organisationen, nämlich des Pariser Consistoire und des Fonds Social Juif Unifié (FSJU), besetzten. Wie im Fall einiger anderer derartiger Besetzungen waren die Ziele der Studenten keineswegs klar. Zum Beispiel forderten sie den Consistoire auf, die Benutzung einer Orgel in der Pariser Hauptsynagoge in der rue de la Victoire zuzulassen, was zwar nicht der jüdischen Tradition entsprach, doch schwerlich als Revolution bezeichnet werden konnte. Im Laufe der nächsten zwei oder drei Jahre begehrte eine Gruppe jüngerer jüdischer Mittelständler, darunter der sozialistische Politiker Jacques Attali, ein größeres Mitspracherecht an der Verwaltung des SFJU, was letztlich zur Annahme einer neuen, demokratischeren Satzung führte. Allmählich spielten die Sefardim eine größere Rolle an der Spitze dieser und anderer jüdischer Organisationen. Trotzdem zog sich das patrizische Zeitalter bis in die siebziger Jahre hinein. Noch 1979 hatten die Rothschilds die drei maßgeblichen Ämter der Gemeinde mit Beschlag belegt: Baron Guy de Rothschild, Oberhaupt des französischen Familienzweiges, diente als Vorsitzender des FSJU; seine Cousins Élie und Alain leiteten den Consistoire und den CRIF.

Inzwischen bildeten sich jedoch neue Organisationen heraus, die einen ausdrücklicher jüdischen und zionistischen Charakter hatten, vornehmlich Renouveau juif – geführt von einem jungen aschkenasischen Anwalt, Henri Hajdenberg –, das eine große, hauptsächlich sefardische Anhängerschaft gewann. Das erklärte – und für die alte Garde ketzerische – Ziel dieser Gruppe bestand darin, eine jüdische ethnische Lobby nach amerikanischem Vorbild zu gründen und die vermeintliche Macht des »jüdischen Votums« zu nutzen. Im April 1980 organisierte Hajdenberg in Paris eine pro-israelische Massendemonstration, »Zwölf Stunden für Israel«, die 150 000 Teilnehmer anzog.

Die wachsende Integration der nordafrikanischen Juden kam auch in den immer häufiger werdenden Eheschließungen zwischen Aschkenasim und Sefardim zum Ausdruck. Die Assimilation beider in die französische Gesellschaft war an der stetigen Zunahme von Mischehen zwischen Juden und Nichtjuden abzulesen – dieses in ganz Europa immer häufiger werdende Phänomen war ein weiterer Grund dafür, das Überleben einer eindeutig jüdischen Gemeinde in Frage zu stellen. Ungefähr 62 Prozent der in Frankreich geborenen Juden, die zwischen 1966 und 1975 heirateten, hatten nichtjüdische Partner. Für in Nordafrika geborene französische Juden war der Anteil viel niedriger: nur 20 Prozent. Andererseits war die Ziffer für die überwiegend säkulare Gemeinde der in anderen europäischen Ländern geborenen Juden noch höher als für die in Frankreich geborenen: 64 Prozent. Außer in Straßburg zeigten die nordafrikanischen Juden größeres Widerstreben als die einheimischen, Mischehen mit Nichtjuden einzugehen. Insgesamt wählte einer von drei Juden, die zwischen 1966 und 1975 in Frankreich heirateten, einen nichtjüdischen Partner. Mitte der achtziger Jahre war die Quote auf 55 bis 60 Prozent angewachsen.

Interessante Variationen waren nicht nur zwischen einheimischen und eingewanderten Juden, sondern auch zwischen solchen zu verzeichnen, die aus verschiedenen Gebieten des Maghreb stammten. Nur 5 Prozent der Ehen von marokkanischen oder tunesischen Juden in Paris wurden zwischen 1966 und 1975 mit Nichtjuden geschlossen, im Fall der algerischen Juden betrug der Anteil 48 Prozent. Der Unterschied mag überraschen, wenn man bedenkt, daß die algerischen Juden zumeist später als die anderen in Frankreich eingetroffen waren, aber er läßt sich durch ihre stärkere Integration in die französische Gesellschaft und Kultur erklären. Schon vor der Ausreise nach Frankreich tendierten algerische eher als marokkanische und tunesische Juden dazu, Ehepartner außerhalb des Judaismus zu suchen: Die Zahl der Mischehen für algerische Juden wurde in den späten fünfziger Jahren auf über 20 Prozent geschätzt.[26]

Der Zug zur Mischehe beunruhigte viele Juden – und nicht nur die orthodoxen. In einer Umfrage im Londoner Vorort Wembley zum Beispiel erklärten 63,9 Prozent der befragten jüdischen Eltern, daß sie besorgt wären, wenn ihre Kinder außerhalb des Glaubens heirateten. Weitere 25 Prozent sagten, es wäre »ihnen lieber, wenn [ihre Kinder] einen jüdischen Partner heirateten«. Nur 16,7 Prozent hatten nicht die geringsten Vorbehalte gegenüber Mischehen.[27] In den siebziger Jahren ergriffen kaum noch jüdische Eltern die extreme, der Tradition entsprechende Maßnahme, Kinder, die außerhalb des Glaubens heirateten, als tot zu betrachten.*

Überall in Westeuropa zogen die Juden weiterhin in die äußeren Vororte der Großstädte. In London drangen die wohlhabenderen nach Nordwesten vor – einen Korridor entlang, der sich von St. John's Wood durch Edgware bis nach Hertfordshire hinein erstreckte. Ein anderer Strom weniger vermögender Juden schob sich nach Osten in Gegenden wie Ilfort und Redbridge vor. Ein ultraorthodoxes Bollwerk blieb in Stamford Hill bestehen, doch sonst wurden die alten jüdischen Wohngebiete aufgegeben. In den einstigen jüdischen Eastend-Bezirken Whitechapel und Stepney hielten sich nur noch ein paar sehr arme und sehr alte Juden auf. 1955 hatte allein der Postzustellbezirk E1 vierundvierzig Synagogen besessen; 1982 gab es nur noch acht – und auch davon verschwanden die meisten wenig später.

Während Provinzgemeinden in Frankreich dank der Ankunft der nordafrikanischen Juden blühten, verkümmerten sie in England und starben in manchen Fällen sogar. Die Gemeinde von Leeds

---

* Einige hielten sich jedoch an die Tradition: zum Beispiel der Vater der britischen konservativen Politikerin Edwina Currie, geborene Cohen.

schrumpfte von etwa 20 000 Menschen im Jahre 1952 auf 16 500 dreißig Jahre später; in Liverpool von 7 500 auf weniger als 6 000. Unter den wichtigsten Provinzgemeinden schien sich nur Manchester, mit einer jüdischen Bevölkerung von mehr als 30 000 Menschen, behaupten zu können.

Der Verfall war besonders ausgeprägt in den keltischen Randgebieten Großbritanniens. In Cardiff, einem früher bedeutenden jüdischen Zentrum, konnten die verbliebenen Juden die Hauptsynagoge in der Cathedral Road nicht mehr unterhalten. Wie in vielen englischen Städten kam die reduzierte Gemeinde nun an einem einzigen Treffpunkt am Stadtrand zum Gebet zusammen. In etlichen Gegenden waren einst prosperierende jüdische Gemeinden völlig untergegangen: Die Kleinstädte von Südwales, etwa Tredegar, Pontypridd und Merthyr Tydfil, wo um die Jahrhundertwende jüdische Hausierer durch die Täler stapften und ihre Waren in Bergbaudörfern verkauften, hatten fast all ihre Juden verloren. Ein Historiker des walisischen Judentums schreibt: »1984 war der Schrein der Synagoge von Pontypridd gegen die Wand einer kleinen, nicht mehr benutzten Kirche bei Aberystwyith gelehnt; die Kirche, nun ein Teil des National Museum of Wales, enthält eine Sammlung von Prediger-Statuetten und andere Relikte des walisischen Nonkonformismus.«[28]

Die Juden in Schottland schienen ebenfalls den mit Versprechungen gepflasterten Weg nach London vorzuziehen. Die jüdische Bevölkerung Glasgows sank von 15 000 Menschen in den fünfziger Jahren auf die Hälfte in den Neunzigern. Die so klein gewordene Gemeinde konnte die Veröffentlichung der einzigen jüdischen Zeitung in Schottland, des *Jewish Echo,* nicht mehr finanzieren.

Wie das schottische und walisische Judentum näherte sich auch das irische dem Rand der Auflösung. Die Gemeinde konnte sich einer glorreichen Geschichte rühmen: Sie hatte einen Oberrabbiner von Israel (Herzog), einen weiteren von Großbritannien (Jakobovits), einen Präsidenten von Israel (Chaim Herzog) und einen Oberbürgermeister von Dublin (Robert Briscoe) hervorgebracht, gar nicht zu reden von Leopold Bloom, einer der bedeutendsten Gestalten der modernen europäischen Literatur. In den späten achtziger Jahren sprach man häufig davon, die fünf letzten Dubliner Synagogen »zu rationalisieren« (das heißt zusammenzulegen), aber lokale Rivalitäten und ererbte Loyalitäten verhinderten ein entschiedenes Vorgehen. Die Zahl der koscheren Schlachtereien fiel zwischen 1961 und 1981 von sieben auf zwei. Eine typische Meldung in den *Dublin Jewish News* besagte, daß die Verwalter der Synagoge Greenville, die »keinen Rabbiner, nur 59 Mitglieder, eine Besucherzahl von 12–14 am Shabbat und 35–40 am Jom Tob« habe, beschlossen hätten, nicht aufzugeben. Der Kommentar der Zeitung lautete auf beste irische Art: »Nichts ist emotionaler als Emotionen – und die alte Dame bleibt vorläufig, wo sie ist, und schaut über die Straße hinweg auf ihre neue muslimische Nachbarin.«[29] Die Gemeinde schien zunehmend von den Überresten ihres Erbes zu leben, denn die einzige neue Institution war ein 1987 eröffnetes irischjüdisches Museum, und das erfolgreichste Fest trug den Namen »Bloomsday«.

Wie in London hatte die jüdische Bevölkerung in den siebziger und achtziger Jahren auch in Paris eine deutliche Tendenz, aus den alten innerstädtischen Wohngebieten in die äußeren Vororte, besonders im Südwesten, zu ziehen. Anfang der neunziger Jahre wohnten von den 310 000 Juden im Pariser Ballungsraum nur 145 000 innerhalb der Stadtgrenzen; 113 000 waren in den inneren und 52 000 in den äußeren Vororten ansässig. In Belleville hörte man nur noch hin und wieder alte Leute, die einander jiddische Bemerkungen zumurmelten. Der Einfluß der nordafrikanischen Juden blieb sichtbar (allerdings stammten sie nun überwiegend aus Tunesien, denn die wohlhabenderen Algerier waren fortgezogen); aber die Gegend verlor infolge der umfassenden Stadtsanierung und der Ankunft neuer Einwandererwellen aus China, Vietnam, Nord- und Westafrika allmählich ihren jüdischen Charakter.

In den meisten jüdischen Gemeinden Westeuropas ließ die Befolgung der religiösen Vorschriften in dieser Periode stetig nach. Eine Umfrage bei französischen Juden in den siebziger Jahren ergab, daß sich etwa ein Drittel als »religiös«, ein weiteres Drittel als »communautaire« oder traditionell und die meisten übrigen zwar als Juden, doch als nichtreligiös charakterisierten. Allerdings erklärten nur 4 Prozent, daß ihr Judentum völlig bedeutungslos für sie sei. Die Zahlen für die Teilnahme am Gottesdienst sahen ähnlich aus. Fast ein Drittel ging nie und ein weiteres Drittel nur am Jom Kippur in die Synagoge. Die meisten übrigen erschienen »unregelmäßig« zum Gottesdienst; nur 10,5 Prozent besuchten die Synagoge regelmäßig (das heißt am Sabbat und an den Hauptfesttagen). Wie es bei den Juden üblich ist, nahmen Männer häufiger am Gottesdienst teil als Frauen. Von den in Frankreich geborenen Frauen waren nur 4,2 Prozent »regelmäßige« Synagogen-Gängerinnen. Bei der stark säkularisierten Gemeinde der in Osteuropa geborenen Juden war die Zahl noch niedriger: 2,1 Prozent der Frauen und 5 Prozent der Männer.[30] Diese Muster wiederholten sich auch in anderen Bereichen der Religiosität, etwa bei der Einhaltung der *kashrut*-Vorschriften oder des Sabbat. Weniger als 10 Prozent der in Mittel- oder Osteuropa geborenen Juden befolgten diese Bestimmungen, im Unterschied zu etwa drei Vierteln der in Marokko und Tunesien geborenen. Wie in den meisten westeuropäischen Gemeinden war der am häufigsten praktizierte jüdische Ritus – abgesehen von dem des Begräbnisses – jener der Beschneidung. Dies galt sogar in hohem Grade für Familien, in denen die Eltern keine jüdisch-religiöse Ehe geschlossen hatten oder in denen einer der Elternteile kein Jude war. Insgesamt wurden mehr als 80 Prozent der männlichen Kinder, die wenigstens einen jüdischen Elternteil hatten, beschnitten.[31]

Versuche, die religiösen Bräuche wiederzubeleben, hatten wenig Erfolg. René-Samuel Sirat, der 1980 zum ersten nichtaschkenasischen Oberrabbiner von Frankreich gewählt wurde, wollte das religiöse Establishment zu den allgemeinen orthodoxen Bräuchen zurückführen: Er lehnte die Bar Mitzwah (die weibliche Konfirmation) ab, verbot den Synagogen die Benutzung von Orgeln am Sabbat und an Festtagen und erschwerte die Bekehrung zum Judaismus. Diese Buchstabentreue hatte jedoch zur Folge, daß die Orthodoxie den meisten Juden noch weniger reizvoll erschien. Rabbi Sirat selbst gestand ein Gefühl des Scheiterns ein, als er die »langsame, doch durchgreifende Entjudaisierung« seiner Gemeinde beklagte.[32]

In Großbritannien folgte das ein Vierteljahrhundert während Oberrabbinat von Immanuel Jakobovits, das im Jahre 1967 begann, einem etwas anderen Muster. Während die Orthodoxen in den frühen sechziger Jahren wütend auf ihre religiöse Konkurrenz reagiert hatten, zeigten sie nun eine eher würdevolle Zurückhaltung. Jakobovits, obwohl der Orthodoxie nicht weniger strikt verhaftet als sein Vorgänger, war eine weltgewandtere Gestalt, und durch seine Arbeit als Rabbiner in New York City hatte er sich an die Notwendigkeit gewöhnt, die Existenz – wenn auch nicht die Ansprüche – verschiedener religiöser Strömungen innerhalb des Judaismus anzuerkennen. In den achtziger Jahren gelang es der von Louis Jacobs geleiteten traditionalistischen »Masoreten«-Bewegung endlich, über ihre Bastion in St. John's Wood hinaus eine Reihe anderer Synagogen einzurichten. Jacobs achtete jedoch darauf, die Autorität des Oberrabbiners nicht im heikelsten Bereich, dem der Eheschließung, herauszufordern: Im Gegensatz zu liberalen und Reformrabbinern nahm er keine Trauungen vor (zum Beispiel zwischen Juden und Nichtjuden), die vom jüdischen Gesetz verboten waren.

Während sich die Religionsausübung abschwächte, verblaßten auch andere Formen der jüdischen Identifikation. Die jüdischen Sprachen verschwanden fast völlig. Nur 15 Prozent der Pariser Juden – nahezu ausschließlich alte Menschen – sprachen Mitte der siebziger Jahre noch Jiddisch. Eine etwas kleinere Gruppe war des Judeo-Arabischen mächtig, aber obwohl die nordafrikanischen Einwanderer in jüngerer Vergangenheit eingetroffen waren, schien auch diese Sprache rasch auszusterben. Im Gegensatz zu den osteuropäischen unternahmen die nordafrikanischen Juden keine kollektive Anstrengung, ihre Sprache am Leben zu erhalten. Während das Jiddische das im neunzehnten Jahrhundert verbreitete Vorurteil, daß es lediglich ein »Jargon« sei, überwunden hatte, wurde der Dialekt der nordafrikanischen Juden hauptsächlich als Umgangs-, nicht als Literatursprache benutzt und von den meisten seiner Sprecher als Patois betrachtet.

Die logische Folge des Verfalls der jüdischen Sprachen war, daß die jiddische Presse fast in Vergessenheit geriet. 1993 wurde die kommunistische Zeitung *Di Naje Presse* nach beinahe sechzigjähriger Existenz geschlossen. Diese einstige Tageszeitung war in den letzten Jahren nur noch dreiwöchentlich erschienen, und ihre Auflage war auf kaum 1000 Exemplare gesunken. Das zionistische *Undzer wort*, 1946 gegründet, erhielt sich unter seinem über achtzigjährigen Herausgeber, Jacques Cypel, mühsam am Leben, aber es kam nur an vier Wochentagen heraus – und auch das unregelmäßig: Wenn Cypel erkrankte oder in Urlaub fuhr, wurde die Zeitung für eine Weile nicht gedruckt.

Die französischsprachige jüdische Presse hatte eine ganz andere Leserschaft und einen ganz anderen Stil. Die Wochenzeitung

Actualité Juive besaß eine Auflage von 16 500 Exemplaren und war nicht weit davon entfernt, der Gemeinde als überregionale Zeitung zu dienen. Ihre engste Rivalin war die *Tribune Juive*. Das Hochglanzmagazin *L'Arche*, das monatlich herauskam, zielte auf ein Publikum bürgerlicher *consommateurs* ab. *Les Nouveaux Cahiers*, 1965 gegründet, war für geistige Normalverbraucher gedacht. Keine dieser Publikationen konnte sich mit der alten jiddischen Tagespresse vergleichen, die auf ihrem Höhepunkt von fieberhafter Aktualität gewesen war. Genausowenig könnten sie sich der Qualität der ältesten und besten jüdischen Zeitung in Europa, des Londoner *Jewish Chronicle*, annähern.

Als journalistisches und gemeinschaftliches Phänomen war der *Jewish Chronicle* ein bemerkenswerter Erfolg. Nicht einmal die nordamerikanischen jüdischen Gemeinden, die zwanzigmal größer als das Anglojudentum waren, hatten in der Nachkriegszeit etwas ähnliches vorzuweisen. Die Erfolgsgeschichte der Zeitung beruhte auf einer engen Übereinstimmung mit der sich entwickelnden kollektiven Mentalität ihrer Leserschaft und auf einer langen Periode der finanziellen und editorischen Unabhängigkeit. Mit einer Auflage von ungefähr 50 000 Exemplaren erreichte sie die meisten jüdischen Familien in Großbritannien und auch viele im Ausland. Mehr noch, während andere Formen der jüdischen Identifikation dahinschwanden, schienen sich zahlreiche Leser, die im übrigen Distanz wahrten, an den *Jewish Chronicle* als ein letztes Bindeglied zur Gemeinde zu klammern.

Was seinen redaktionellen Standpunkt betraf, so legte der *Chronicle* größten Wert auf Unabhängigkeit. 1973 sprach er sich schon früh gegen die israelische Besiedlung der besetzten Territorien aus. Im folgenden Jahr veröffentlichte er ein Interview mit dem Londoner PLO-Repräsentanten Said Hamami, einem gemäßigten Palästinenser, der später von Extremisten ermordet wurde. Ebenfalls 1974 schlug der *Chronicle* (zwanzig Jahre zu früh, um allgemeine Zustimmung zu finden) Gespräche zwischen der PLO und Israel vor, die auf eine Zweistaatenlösung des arabisch-israelischen Problems abzielen sollten. 1976 erklärte er: »Heute unterliegt es keinem Zweifel mehr, daß die Palästinenser ein echtes Identitätsgefühl entwickelt haben. ... Sie können nicht ignoriert oder durch Wunschdenken zum Schweigen

gebracht werden.« 1982 löste der israelische Angriff auf Beirut bei der
Redaktion »ein schreckliches Unbehagen, eine Seelenqual« aus, und
nach den Massakern in Sabra und Shatila wurde in einem Leitartikel
der Rücktritt des israelischen Ministerpräsidenten Menachem Begin
und des Verteidigungsministers Ariel Scharon verlangt. In all diesen
Fällen setzte sich die Redaktion in Widerspruch zur Meinung ihrer
Lesermehrheit. Ein Strom von Protestbriefen ging ein, aber die Kritiker hörten nicht auf, die Zeitung zu lesen.

Kein anderes jüdisches Blatt in der Diaspora verfügte über einen
vergleichbaren Einfluß. Keines in Europa erzielte eine auch nur annähernd so hohe Auflage. Nirgendwo sonst auf dem Kontinent konnte
die jüdische Presse wieder ihre Auflage oder Bedeutung der Vorkriegszeit erreichen, obwohl in den Niederlanden, in Belgien,
Deutschland, der Schweiz und Ungarn erneut gutgemachte Gemein-
dezeitungen erschienen.

In Istanbul war das flotte Blatt *Schalom* die letzte Zeitung der Diaspora, die auch auf ladino publizierte, aber nur zwei oder vier Seiten
der Ausgabe waren dieser Sprache gewidmet. Und nicht einmal diese
Seiten wurden mit hebräischen Schriftzeichen gedruckt. Infolge der
Romanisierung des türkischen Alphabets unter Atatürk wurde es
überall im Land nahezu unmöglich, hebräische Buchstaben zu verwenden. Deshalb druckte man Ladino fortan mit Hilfe des lateinischen Alphabets.*

Aber während die spanische Sprache bei den Juden an einem Ende
des Mittelmeers langsam abstarb, erlebte sie am anderen Ende eine
Wiedergeburt. Obwohl Juden nach den Bedingungen des Vertreibungs-
bungsedikts von 1492 nicht offiziell in Spanien ansässig werden durf-

---

* Aber nicht im Einklang mit der historischen spanischen Orthographie: Zum
Beispiel wurde der Buchstabe »q« im modernen Türkisch nicht mehr benutzt
(angeblich mißfiel Atatürk, während er über die Details des neuen Alphabets
nachsann, das Aussehen seines eigenen Namens mit einen »q«, weshalb er
beschloß, den Buchstaben zu verbieten). Deshalb wurde er auch im romani-
sierten Ladino nicht verwendet. Die Folge war, daß die Ladino-Seiten von
Schalom und die wenigen Bücher, die in den letzten Jahren in der Türkei auf
ladino erschienen sind, zwar keine Schwierigkeiten für einen spanischspra-
chigen Leser enthalten, doch wenig attraktiv wirken – ein paradoxes Ergebnis,
wenn man die unverfälschte Beibehaltung der klassischen kastilischen
Sprachgrundlage bedenkt.

ten, waren einige Flüchtlinge vor dem Nationalsozialismus während des Krieges ins Land gekommen und hatten eine Aufenthaltserlaubnis erhalten. Die allmähliche Liberalisierung der Franko-Diktatur führte 1965 dazu, daß die jüdische Gemeinde in Madrid juristisch anerkannt wurde. Drei Jahre später eröffnete man in der spanischen Hauptstadt die seit fast fünf Jahrhunderten erste Synagoge des Landes. In den folgenden Jahren, besonders nach dem Übergang zur Demokratie in den späten Siebzigern, wuchs die jüdische Bevölkerung langsam, hauptsächlich durch den Zustrom von Einwanderern aus Nordafrika. Im Jahre 1990 unterzeichnete der Justizminister ein Konkordat, das den Juden des Landes – inzwischen mehr als 10 000 Menschen – den Status einer Religionsgemeinschaft verlieh, welche die gleichen Rechte wie die katholische besaß. 1992 wurde des fünfhundertsten Jahrestags der Judenvertreibung durch Ferdinand und Isabella sowohl in Spanien als auch in der Türkei gedacht. In der Türkei entsann man aus diesem Anlaß der Politik der offenen Tür, welche die osmanische Regierung fünf Jahrhunderte zuvor gegenüber jüdischen Flüchtlingen aus Spanien eingeleitet hatte.

In allen wohlhabenden jüdischen Bevölkerungen Westeuropas war damals die Sammlung von Geldern, besonders für israelische Anliegen, ein wichtiges (vielleicht das *wichtigste*) Merkmal des Gemeindelebens. Die zentrale Rolle solcher Aktionen gründete sich auf den wachsenden Wohlstand der jüdischen Bürger. 1953 verteilte der Jewish National Fund (eine zionistische Beschaffungsorganisation) 28 340 blaue Sammelbüchsen an die rund 82 000 jüdischen Haushalte in London. Die »Blue Box« wurde weithin als einfachste Beitragsmöglichkeit zur Finanzierung zionistischer Projekte anerkannt; trotzdem schienen in jenem Zeitraum höchstens 30 Prozent der Londoner Juden Spenden zu leisten. Die Krise von 1967 führte zu einem erheblichen Anstieg nicht nur der Gesamtbeträge, sondern auch der Zahl von Spendern. Die größte proisraelische Sammelorganisation in Großbritannien, der Joint Palestine (später Joint Israel) Appeal, galt als wirksamstes Instrument zur Mobilisierung der Gemeinde. Mitte der achtziger Jahre wurden nach Schätzungen in Großbritannien alljährlich 48 Millionen Pfund für jüdische Projekte gesammelt. Etwa die Hälfte davon ging an Israel und der Rest an inländische wohltätige Stiftungen. Die Beiträge zu jüdischen Wohltätigkeitsvereinen beliefen sich auf 3,5 Prozent sämtlicher im Land geleisteten Spenden – durchschnittlich 144 Pfund pro Kopf, verglichen mit 28 Pfund für die Gesamtbevölkerung. Zudem ließ sich nachweisen, daß die Juden nicht nur großzügige Spenden für spezifisch jüdische, sondern auch für andere Stiftungen aufbrachten. Man schätzte, daß 15 Prozent der 200 größten Wohltätigkeitsorganisationen Großbritanniens von Juden gegründet und betrieben wurden. Selbst wenn man den allgemeinen Wohlstand der jüdischen Gemeinde in den achtziger Jahren berücksichtigt, handelte es sich um eindrucksvolle Zahlen.[33]

Auch in Frankreich gewannen Sammelaktionen zunehmende Bedeutung für das Gemeindeleben. Mit dem Wiederansteigen der Konjunktur erhöhte sich auch die Zahl der Personen, die dem FSJU Spenden leisteten: von 8 000 im Jahre 1956 auf 38 702 im Jahre 1977. In den frühen neunziger Jahren nahm der Appel Juif Unifié ungefähr 120 Millionen Francs pro Jahr ein, von denen rund 40 Prozent in Frankreich ausgegeben und 60 Prozent nach Israel überwiesen wurden.

Mittlerweile hatte jedoch eine Reaktion gegen die Abzweigung so erheblicher Gemeindemittel nach Israel eingesetzt. Dies hatte teils mit einem Wandel der Einstellung in manchen israelischen Kreisen zu tun, welche die Abhängigkeit von der Diaspora für zunehmend ungesund hielten. Außerdem hatte die Reaktion mit der Schrumpfung der meisten Gemeinden und den wachsenden Sozialausgaben im Inland zu tun, besonders für die steigende Zahl alter, häufig armer Menschen.

Die Reaktion war nicht in erster Linie politischer Art. Auch in den achtziger Jahren floß weiterhin jüdisches Geld nach Israel – trotz der sich verstärkenden Neigung, die israelische Politik zu beanstanden. Während sich die Kritik in den siebziger Jahren auf eine kleine Randgruppe beschränkte, griff sie 1982 nach dem israelischen Abenteuer im Libanon und in noch höherem Maße nach dem Beginn der palästinensischen Intifada im Dezember 1987 um sich. Die Schwäche und Isolation Israels Mitte der siebziger Jahre hatten die meisten Kritiker daran gehindert, öffentlich das Wort zu ergreifen. Doch in den achtziger Jahren verurteilten einflußreiche Persönlichkeiten wie Nahum Goldmann und Pierre Mendès France die Politik der Regierungen Begin und Schamir und verlangten eine versöhnlichere Haltung den Arabern gegenüber. Es kam zu bitteren Auseinandersetzungen über das Recht der Diaspora-Juden, ihre Meinung zur israelischen Politik auszudrücken. Die Anhänger der israelischen Regierung wiesen solche Kritik als unwillkommene Einmischung zurück. Die Gegner verteidigten die Proteste als notwendige Bekräftigung der für sie geltenden jüdischen Werte. Auch religiöse Vertreter schlossen sich der Diskussion an. Oberrabbiner Jakobovits von Großbritannien war einer der wenigen Orthodoxen, welche die israelische Besetzung der West Bank verurteilten. In Frankreich ging Oberrabbiner Sirat noch weiter, indem er die Anbetung des Landes Israel als Götzendienst geißelte. Im Gegensatz dazu unterstützte Sirats Nachfolger Joseph Sitruk die Regierung Schamir uneingeschränkt und nahm den extremistischen Führer der Siedler in Hebron, Rabbi Mosche Levinger, in Schutz.

Die jüdische Kritik an der israelischen Regierung wurde von manchen als Zeichen der sogenannten »Diaspora-Mentalität« angesehen – einer Einstellung, die angeblich in erster Linie von den Werten der nichtjüdischen Gesamtgesellschaft geformt wurde. Insofern als sich die Kritiker auf liberale Grundprinzipien beriefen, war dieses Urteil nicht völlig von der Hand zu weisen. Aber die Bereitschaft zur Kritik – genau wie das zunehmende Widerstreben, weiterhin gewaltige Geldsummen auf Kosten der Gemeindebedürfnisse im Inland nach Israel zu lenken – deutete auch darauf hin, daß sich die »Diaspora-Mentalität« unter den völlig neuen europäischen Verhältnissen nach 1989 gewandelt hatte. In den neunziger Jahren wurde die Sorge um das Überleben Israels, die kurz zuvor noch die Leitidee der jüdischen Gemeinden gewesen war, von der Sorge um das Überleben der Diaspora selbst abgelöst.

11. KAPITEL

Die Juden
in der neuen europäischen Unordnung

Der erneute osteuropäische »Frühling der Nationen« von 1989 hatte für die Juden etwas Herbstliches an sich. Außer in der UdSSR und in Ungarn waren nur noch wenige übriggeblieben, die an der Wiedergeburt der bürgerlichen Gesellschaft teilnehmen konnten. Die wirtschaftliche und politische Unsicherheit der folgenden Jahre führte zu der größten jüdischen Auswanderungswelle aus der Region seit der Epoche vor dem Ersten Weltkrieg. Dadurch sank die jüdische Bevölkerung des Kontinents zum erstenmal seit dem achtzehnten Jahrhundert auf unter 2 Millionen. Bei den Zurückbleibenden kam es zu einer starken geographischen Verschiebung: In den frühen 1990ern lebten zum erstenmal seit dem Spätmittelalter mehr Juden in West- als in Osteuropa.

Innerhalb der jüdischen Gemeinden spiegelten sich die umfassenden politischen Revolutionen im Kleinformat wider. Die meisten der alten Gemeindeführer, die als Einpeitscher der Parteilinie und manchmal auch als Spitzel der Geheimpolizei gedient hatten, wurden abgesetzt. Im November 1988 gründete man den Ungarischen Jüdischen Kulturverband, der von den kommunistisch kontrollierten Gemeindegremien unabhängig war; er hatte 600 Mitglieder, überwiegend junge Intellektuelle mit einem weltlichen, keinem religiösen Interesse an jüdischen Fragen. Nach der »Samtenen Revolution« vom November 1989 in Prag wurde František Kraus, der Polizeimaßnahmen gegen studentische Dissidenten offen unterstützt und den zionistischen »Imperialismus« angegriffen hatte, der Gemeindevorsitz entzogen, und er kehrte an seine alte Arbeit als Koch in der Gemeindeküche zurück.

In der UdSSR wurde eine Dachorganisation für sämtliche jüdische Körperschaften gegründet: das Wa'ad (hebr. Komitee), die erste weltliche jüdische Vertretung seit dem Ende des Jüdischen Antifaschisten Komitees im Jahre 1948 und die erste wirklich unabhängige und legale jüdische Organisation seit den zwanziger Jahren. Im Verlauf des kommunistischen Staatsstreichversuches vom August 1991 unternahm das Wa'ad den mutigen Schritt, sich für die Kräfte der Demokratie auszusprechen.

Mit dem Ende der Zensur erwachten jüdische Zeitungen und Zeitschriften zu neuem Leben. 1991 erschienen mindestens fünfundfünfzig jüdische Publikationen – die meisten auf russisch – in der UdSSR. Ein paar tapfere Versuche, jiddische Zeitungen herauszubringen, etwa *Jeruscholajim d'Lite* in Wilna, hatten wenig Erfolg, da die meisten Juden die Sprache nicht mehr lesen konnten. In Minsk sendete die örtliche Jüdische Kulturgesellschaft regelmäßig ein Rundfunkprogramm für die Gemeinde. Diese unabhängigen jüdischen Medien waren von einem radikal anderen Geist geprägt als die kommunistische Presse der vorangegangenen fünfundvierzig Jahre. Aber im Unterschied zu *Sowjetisch hejmland,* dessen Erscheinen 1992 eingestellt wurde, konnten die neuen Publikationen, zum Beispiel *Di jidische gas,* nicht mehr auf staatliche Zuschüsse zurückgreifen und hingen von ihren Abonnementeinnahmen ab. In Anbetracht ihrer recht kleinen potentiellen Leserschaft hatten sie keine Aussicht, die politisch und intellektuell einflußreiche Position der einstigen jiddischen und hebräischen Presse zu übernehmen. Viele der neuen Zeitungen gingen nach ein paar Ausgaben ein.

Die Befreiung vom Kommunismus sorgte auch dafür, daß religiöse und kulturelle Aktivitäten zu neuem Leben erwachten. Einige jüdische Männer, deren Eltern nicht gewagt hatten, sie bei der Geburt beschneiden zu lassen, unterzogen sich nun der Operation, um ihr jüdisches Engagement zu bekräftigen. Hebräische Sprachkurse wurden eingerichtet, und man organisierte hebräische Sommerlager für Kinder. Mitte 1994 gab es vier Jeschiwas, vier jüdische Lehrerseminare und vier religiöse Tagesschulen in Moskau. Auch St. Petersburg verfügte über vier jüdische Tagesschulen. Das »Joint«, das nun endlich in der UdSSR tätig werden konnte, machte es zu einer seiner Prioritäten, eine Viertelmillion Bücher zu liefern, so daß achtzig jüdische

Bibliotheken eröffnet werden konnten. 1993 gab das »Joint« bereits
6 Millionen Dollar auf direktem Wege in der ehemaligen Sowjetunion
aus; dazu kamen 4 Millionen Dollar, die anderen Organisationen
zugeleitet wurden.

Weitere westliche und israelische Gruppen wurden aktiv und halfen, den Aufschwung des jüdischen Lebens zu fördern. 1993 wandte
die Jewish Agency 10 Millionen Dollar in der Gemeinschaft Unabhän-
giger Staaten (GUS) auf. Rabbiner aus den Vereinigten Staaten, aus
Israel und sogar Australien wurden in die GUS und ins östliche Mitteleuropa geholt, um das religiöse Vakuum zu füllen. Die chassidische
Lubawitsch-Bewegung, deren Zentrale in New York liegt, entsandte
Mitglieder, die unter den Juden Bekehrungsarbeit leisten sollten. In
Moskau übernahmen sie eine Synagoge und gründeten eine ultraorthodoxe Schule. Außerdem begannen sie eine erbitterte Auseinandersetzung mit der Lenin-Bibliothek, denn sie verlangten die Rückgabe von Büchern, die einst dem Lubawitscher Rebbe gehört hatten
und von den Sowjetbehörden »verstaatlicht« worden waren. Die
Bibliotheksleitung behauptete, die betreffenden Bücher nicht identifizieren zu können, und weigerte sich, irgend etwas aus ihren Bestän-
den auszuhändigen, da sie fürchtete, sonst von einer Lawine ähnli-
cher Forderungen überrollt zu werden. Auch Vertreter des American
Reform Judaism versuchten, unter den russischen Juden Anhänger
zu finden; sie erzielten begrenzte Erfolge in einem Land, in dem die
Bewegung fast keine heimischen Wurzeln hatte.

Die neuen Freiheiten führten jedoch nicht zu einer religiösen
Erneuerung. Fünf Jahre nach dem Sturz des Kommunismus gab es in
Moskau nur fünf funktionsfähige Synagogen. Höchstens 1 500 von
den 250 000 Juden in der russischen Hauptstadt hielten sich Schätzungen zufolge an die jüdischen Glaubensregeln. Am Sabbat war die
Hauptsynagoge fast immer so gut wie leer. Es herrschte kaum Nachfrage nach koscherem Fleisch. Ungeachtet der intensiven erziehe-
rischen Bemühungen blieben die meisten jüdischen Kinder den neu-
eröffneten Tages- und Sonntagsschulen fern. Ein Vater erklärte: »Ich
würde nie daran denken, meinen Sohn in einer hebräischen Tages-
schule anzumelden. Warum denn? Dadurch wäre mein Sohn sein
ganzes Leben lang gebrandmarkt und würde noch leichter zum Ziel
von Verfolgungen werden.«[1] Gleichzeitig verlor die Gemeinde durch

die Auswanderung vieler bis dahin im Land gebliebener orthodoxer Juden und Zionisten einen großen Teil ihrer Substanz.

Der Übergang zur uneingeschränkten Emigrationsfreiheit war die folgenreichste Änderung für die Situation der Juden in Rußland und in den früher von ihm abhängigen Gebieten. 1989 durften 85 089 sowjetische Juden auswandern, verglichen mit nur 22 403 im Vorjahr. 1990 erreichte die Zahl der Emigranten eine beispiellose Höhe: 229 510, von denen 185 227 nach Israel gingen. Es handelte sich um den panischen Exodus einer großen Menschenmenge, die fürchtete, daß sich die Aussichten, besonders für Juden, unter den ungewissen Bedingungen des zusammenbrechenden Sowjetreichs verfinsterten. Anders als die Mehrheit der Juden, die seit 1977 ausgewandert waren, zog es die meisten jetzigen Emigranten in das einzige Land, das ihnen gegenüber eine uneingeschränkte Politik der offenen Tür betrieb: Israel. Die Wahl des Ziellandes war jedoch nicht ganz und gar freiwillig. Seit Mitte 1988 mußten jüdische Emigranten mit israelischen Einreisevisa unmittelbar nach Israel fliegen; sie machten nur kurz in Bukarest halt, so daß die Möglichkeit des »Aussteigens« praktisch beseitigt war. Seit Oktober 1991 gestattete die Sowjetunion zum erstenmal regelmäßige Direktflüge für Auswanderer nach Israel. Solche Flüge wurden schließlich aus vielen Provinzstädten und Republik-Hauptstädten ermöglicht – sogar aus Birobidschan, womit die überzogenen Ansprüche der Region, als jüdische Heimat mit Israel konkurrieren zu können, endgültig zunichte gemacht wurden.

Während die Emigration der siebziger Jahre überwiegend aus jungen Leuten bestanden hatte, reisten in den frühen neunziger Jahren auch zahlreiche alte und gebrechliche Menschen nach Israel aus, was das dortige Sozialsystem schwer belastete. Bald hatte es den Anschein, als könnte die gesamte jüdische Bevölkerung die ehemalige UdSSR innerhalb von ein paar Jahren verlassen. Allein im Dezember 1990 trafen 34 000 Einwanderer in Israel ein – die höchste Zahl für einen einzigen Monat in der Geschichte des Staates. 1991 sank die Zahl der jüdischen Emigranten aus der UdSSR/GUS ein wenig: auf 194 715, von denen sich 148 000 für Israel entschieden. Zwischen 1989 und 1994 nahm Israel eine halbe Million sowjetischer Juden auf; inzwischen hatte sich der Strom auf etwa 100 000 pro Jahr verringert, von denen sich ungefähr 60 000 in Israel niederließen (siehe Tabelle 3).

Von denen, die anderswo eine neue Heimat suchten, zogen die meisten – mehr als 200 000 zwischen 1989 und 1994 – in die USA. Wahrscheinlich wäre die Zahl noch höher gewesen, wenn die Vereinigten Staaten nicht 1989 die automatische Anerkennung sowjetischer Emigranten als »Flüchtlinge« abgeschafft hätten. Durch inoffizielle Absprachen zwischen der israelischen und der amerikanischen Regierung und jüdischen Wohlfahrtsorganisationen wurde die Zahl der sowjetischjüdischen Neuankömmlinge in den USA auf 40 000 bis 50 000 pro Jahr beschränkt.

Nach Israel und den USA nahm Deutschland am meisten sowjetische Juden auf. Im Anschluß an die deutsche Wiedervereinigung von 1990 emigrierten ungefähr 20 000 Juden aus der UdSSR in die Bundesrepublik. Der jüdische Bevölkerungsanteil von Berlin wuchs auf fast 10 000 Menschen an – den höchsten Stand seit dem Krieg. Bei den Kommunalwahlen vom März 1993 veröffentlichten die Kandidaten Flugblätter sowohl in deutscher als auch in russischer Sprache. Weitere 25 000 sowjetische Juden sollten unterdessen ein deutsches Visum beantragt haben. Die Bereitschaft der deutschen Regierung, so große Mengen russischjüdischer Flüchtlinge aufzunehmen, löste in Israel wütende Reaktionen aus. Mitte 1993 forderten Angehörige des Einwanderungsausschusses der Knesset die deutsche Regierung auf, Juden aus der GUS die Emigration nach Deutschland »zu erschweren«. Die Tatsache, daß Repräsentanten des jüdischen Staates ausgerechnet Deutschland bedrängten, jüdische Flüchtlinge zurückzuweisen, wirkt absurd. Der deutsche Botschafter teilte dem Ausschuß in aller Offenheit mit, daß das jüdische Volk eine deutsche Weigerung, Juden aus der ehemaligen Sowjetunion einreisen zu lassen, nicht hinnehmen werde.[2] Der Emigrantenstrom setzte sich fort; im Juni 1994 ließ sich das Laienoberhaupt der Moskauer Hauptsynagoge in Deutschland nieder.

Die Schätzungen des Ausmaßes der potentiellen jüdischen Emigration aus der früheren UdSSR gingen stark auseinander. In einer Studie über mögliche Emigranten, die Anfang 1993 veröffentlicht wurde, gelangte man zu dem Schluß, daß mehr als die Hälfte der verbliebenen jüdischen Bevölkerung vielleicht ausreisen werde. 59 Prozent der Befragten gaben wirtschaftliche Gründe an, während nur 33 Prozent »ethnisch-politische« Motive erwähnten. Lediglich

16 Prozent äußerten den eindeutigen Wunsch, nach Israel auszuwandern, während 23 Prozent ein anderes Ziel – hauptsächlich die Vereinigten Staaten – ins Auge faßten.[3] Die instabile und unsichere Situation in Rußland verängstigte jedoch auch viele Juden, die nicht ausreisen wollten. Zum Beispiel erklärte eine Übersetzerin, die 1992 gefragt wurde, ob sie sich als Jüdin in Gefahr fühle: »In erster Linie fühle ich mich als eine demokratisch denkende Angehörige der Intelligenzija bedroht, aber ich weiß ganz genau, daß man, wenn wirklich etwas geschieht, die Juden als erste Gruppe bedrohen wird.«[4]

Der plötzliche, gewaltige Zustrom sowjetischer Juden führte unweigerlich zu Absorptionsproblemen in Israel, wo viele Einwanderer untergeordnete Tätigkeiten ausüben mußten: Ehemalige Konzertviolinisten wurden Straßenmusiker, und Lehrer arbeiteten als Hausangestellte. Die öffentliche Reaktion schlug bald von ekstatischer Freude in Groll um, und man stellte sogar die israelische Politik der ungehinderten jüdischen Einwanderung – die lange geradezu als Raison d'être des Staates betrachtet worden war – in Frage. Der Wohnungsmangel veranlaßte alteingesessene Israelis zu der Klage, daß die Neuankömmlinge ungerechterweise bevorzugt würden. Das Regierungsmitglied Ora Namir von der Arbeiterpartei, die ihre Rückkehr an die Macht 1992 vor allem der starken Unterstützung durch sowjetjüdische Einwanderer zu verdanken hatte, beschwerte sich 1994 darüber, daß Israel fragwürdige Gestalten, Familien mit nur einem Elternteil, alte und versehrte Personen aufgehalst würden. Die statistische Grundlage für diesen Vorwurf wurde zwar bestritten, aber er spiegelte eine gewisse öffentliche Stimmung wider.

Die Absorptionsprobleme in Israel und die zunehmende Stabilisierung in Rußland setzten der panischen Flucht 1991 ein Ende. Danach kam es zu einer planmäßigeren Emigration von historisch hohen Ausmaßen. Die Zahl derjenigen, die in andere Länder als Israel auswandern wollten, stieg von neuem. 1992 trafen nur 64 441 Personen aus der ehemaligen UdSSR in Israel ein, während ungefähr 50 000 andere Länder vorzogen. Mehrere tausend empfanden das Leben in Israel als so schwierig, daß sie in die UdSSR/GUS zurückkehrten. Vor dem amerikanischen Konsulat in Tel Aviv bildeten sich

Schlangen von russischen Juden, die ein Einreisevisum in die USA beantragen wollten. Einige versuchten, in anderen Ländern als Flüchtlinge anerkannt zu werden, was gelegentlich häßliche Vorfälle auslöste. Im Dezember 1991 führte die niederländische Polizei in Eindhoven am frühen Morgen eine Razzia in einem Einwanderer-Wohnheim durch; sie verhaftete 43 ehemals sowjetische Juden, die alle kurz zuvor aus Israel eingetroffen waren. Manche leisteten Widerstand und lehnten es ab, sich anzuziehen. Sie wurden barfuß und im Schlafanzug zurück nach Israel gebracht. Die niederländische Regierung verteidigte ihre Aktion damit, daß »diese Leute den Bedingungen, die aus humanitären Gründen für die Gewährung des Flüchtlingsstatus erforderlich sind, nicht gerecht wurden«.[5]

Wie im Laufe der früheren jüdischen Emigrationswelle in den siebziger Jahren schien der Druck, die UdSSR zu verlassen, in vielen Fällen stärker zu sein als die Anziehungskraft Israels. Das Hauptmotiv für den Exodus war allem Anschein nach weniger politischer als vielmehr wirtschaftlicher Art. Eine andere Ursache bestand in dem Widerwillen vieler junger Männer, sich zur Armee einziehen zu lassen. Gewiß, etliche Emigranten klagten bitter über Antisemitismus, und es gab häufig Gerüchte, daß Pogrome bevorstünden. Die Aktionen von Pamjat und anderen nationalistischen Vereinigungen erschreckten viele Juden, aber über geringfügige Vorfälle hinaus – zum Beispiel wurden die Fenster der Moskauer Zentralsynagoge eingeschlagen – gab es in den ersten nachkommunistischen Jahren in Rußland kaum ernste antisemitische Ausschreitungen. Umfragen in Rußland von 1990 und 1992 ließen vermuten, daß nur eine Minderheit von weniger als 10 Prozent der Bevölkerung einen stark antisemitischen Standpunkt vertrat.

Doch 1993, während sich die russische Wirtschaftskrise vertiefte, zeichnete sich ein negativer Trend ab. Brandstifter beschädigten eine Synagoge in Moskau. Die antijüdische Blutsverleumdung wurde, gebilligt von einigen Kreisen der russisch-orthodoxen Kirche, wieder hochgespielt. Am beunruhigendsten war der Erfolg der von Wladimir Schirinowski geführten rechtsradikalen Liberal-Demokratischen Partei, die bei der Wahl zur Staatsduma im Dezember 1993 24 Prozent der Stimmen erhielt. Das Phänomen war um so verblüffender, als

Schirinowski selbst jüdischer Herkunft sein sollte.* Trotz dieser Entwicklung verspürten viele assimilierte Juden, zumal mit Nichtjuden
verheiratete, keinen besonderen Wunsch, das Land zu verlassen. Eine
neunundsechzigjährige Kunstmalerin aus einer jüdischen Intellektu-
ellenfamilie erklärte einem westlichen Reporter, sie habe nach Jahren
teils kleinlicher, teils brutaler Verfolgung über eine Auswanderung
nachgedacht, ohne sich ernsthaft dafür entscheiden zu können:

> In meinem tiefsten Innern habe ich das Gefühl, keine Russin zu sein,
> obwohl wir mit der russischen Kultur aufgewachsen sind. Unser
> Judentum war eine Tatsache, über die nicht viel geredet wurde ... Für
> mich ist Moskau die Hauptstadt, das Zentrum, und es ist mir wichtig,
> hier zu wohnen. Wenn ich auswanderte, wäre ich nicht fähig, in einer
> zweitrangigen amerikanischen Stadt mit einstöckigen Häusern oder
> in einer grasbedeckten englischen Provinz zu leben. Hier bin ich
> jemand, dort bin ich niemand.[6]

Die Ereignisse in der Ukraine, in Belarus und anderen früheren
Sowjetrepubliken ähnelten denen in Rußland. In der Republik Mol-
dau, dem ehemaligen sowjetischen Moldawien, wurde der Großteil
der jüdischen Bevölkerung nach Israel evakuiert, als ein Bürgerkrieg
zwischen russischen und rumänischen Volksgruppen ausbrach. In
der Ukraine hielten militante Nationalisten, die auf den historischen
Bestand antisemitischer Lehren zurückgriffen, öffentliche Versamm-
lungen in Städten wie Kiew und Lwow ab, die immer noch einen
hohen Anteil jüdischer Einwohner hatten. Auf diesen Versammlun-
gen beschimpfte man die »jüdische Mafia«, die das Land in den Ruin
stürze. Aber im Frühjahr 1994 wurden nur drei Mitglieder des rechtsextremen Ukrainischen Nationalen Kongresses in die Rada (Parlament) gewählt, und andere rechte Gruppen erzielten ebenfalls

---

* Während eines USA-Besuchs im November 1994 dementierte Schirinowski
ausdrücklich, daß sein Vater Jude gewesen sei. Allerdings unterliegt es keinem
Zweifel, daß Schirinowski in den achtziger Jahren aktiv in der jüdischen
Gemeindeorganisation Moskaus mitarbeitete. Vielleicht betrachtete er diese
Tätigkeit als eine Art Unterwanderung des feindlichen Lagers. Wahrschein-
licher ist, daß er sich selbst für einen Juden hielt, sich jedoch später von diesem
Teil seiner Identität abwandte, da er als russischer Nationalist größeren
Zuspruch zu finden hoffte.

kümmerliche Ergebnisse. Dahingegen wurden 4 Juden gewählt.
Nach 1991 arbeiteten die unabhängigen ukrainischen Regierungen
demonstrativ darauf hin, die Sorgen der Juden abzubauen: Zum Beispiel stellte man freundschaftliche diplomatische Beziehungen zu
Israel her.

In Polen tauchte eine winzige Gemeinde traditionalistischer Juden
aus dem Schatten auf und stellte wieder einen Abglanz des jüdischen
religiösen Lebens in Warschau her. An der Spitze der Gemeinde standen Mitte der achtziger Jahre zwei junge Männer: Staszek Krajewski
und Konstanty Gebert (ein Journalist, der unter dem Pseudonym
David Warschawski für die Zeitung der »Solidarität«, *Gazeta
Wyborcza*, arbeitete). Eine kleine unabhängige Zeitung, *Dos jidische
wort*, kam mit jiddischen und polnischen Seiten heraus. Nach einem
Vertrag, der 1993 mit der polnischen Regierung abgeschlossen wurde,
verpflichtete sich das »Joint«, im Land fast 1 Million Dollar pro Jahr
für soziale und erzieherische Zwecke auszugeben, wofür ihm Steuer-
freiheit eingeräumt wurde.

Während der ersten Runde des polnischen Präsidentschafts-Wahl-
kampfes von 1990 bezichtigte Lech Wałęsa einige Berater seines Kon-
kurrenten, Ministerpräsident Tadeusz Mazowiecki, »ihre jüdische
Herkunft zu verbergen«. Für seine eigene Person erklärte Wałęsa:
»Ich bin ein reinblütiger Pole mit Beweisunterlagen, die bis zu meinen
Vorfahren zurückgehen.« Die Bemerkung löste weithin Kritik aus. In
der zweiten Runde des Wahlkampfes entschuldigte sich Wałęsa: »Ich
habe mich vertan. Ich bin in den Antisemitismus hineingestolpert.«[7]
Nach seinem Wahlerfolg bekundete er Reue, indem er einen Rat für
polnisch-jüdische Beziehungen gründete, Israel besuchte und eine
Reihe versöhnlicher Statements abgab. Aber 1994 schob sich die
Judenfrage wieder in den Vordergrund, diesmal im Zusammenhang
mit der Gedenkfeier für den Warschauer Aufstand gegen die Deutschen fünfzig Jahre zuvor. Ein Artikel von Michal Cichy in der
Gazeta Wyborcza – darin hieß es, daß Juden im Laufe des Aufstandes
von polnischen Nationalisten ermordet worden seien – zog einen
Strom von Protesten gegen die vermeintliche Diffamierung polnischer Patrioten nach sich.

Die Judenfrage nahm also weiterhin einen bedeutenden Platz in
der öffentlichen Diskussion Polens ein, obwohl die jüdische Gemein-

de auf winzige Dimensionen geschrumpft war. Konstanty Gebert
kommentierte 1991 trocken: »Wenn wir nur die Zahlen betrachten,
sollte die Buddhistenfrage in Polen eine größere Rolle spielen als die
Judenfrage, da es im Land mehr Buddhisten als Juden gibt.«[8]

Im Jahre 1991, als die Auschwitzer »Klosteraffäre« noch nicht beigelegt war, veröffentlichte die katholische Hierarchie Polens einen
beispiellosen Hirtenbrief zur Verurteilung des Antisemitismus. Er
wurde in jeder katholischen Gemeinde von der Kanzel verlesen. Das
Dokument, obwohl bis dahin das fortschrittlichste seiner Art, war
gleichwohl abwehrend formuliert, als müsse man sich bei denen entschuldigen, die immer noch die »Żydo-Kommuna« angriffen:

> Mit der jüdischen Nation sind wir Polen durch spezielle Bande ver-
> knüpft ... Wir wissen sehr wohl, daß viele unserer Landsleute in ihrer
> Erinnerung immer noch auf den Schaden und die Ungerechtigkeit
> zurückblicken, welche die kommunistische Nachkriegsherrschaft, an
> der auch Menschen jüdischer Herkunft beteiligt waren, verursacht
> hat. Aber wir müssen zugeben, daß die Inspiration für ihre Handlun-
> gen nicht in ihrer jüdischen Herkunft oder in ihrer Religion gesehen
> werden kann, sondern von der kommunistischen Ideologie, unter der
> auch die Juden viel Ungerechtigkeit erlitten, ausgegangen ist. Wir
> möchten unser aufrichtiges Bedauern über alle Fälle von Antisemitis-
> mus aussprechen, die sich auf polnischem Boden ereignet haben.

Wie tief ging der von solchen Erklärungen signalisierte Wandel? Während 1975 – so eine Meinungsumfrage – 41 Prozent der Polen eine
negative Einstellung den Juden gegenüber gehabt hatten, war dies
1990 nur noch bei 20 Prozent der Fall. Daß der polnische Katholizismus eine Bewußtseinsänderung durchmachte, ließ sich nicht leugnen; genausowenig wie die Existenz bedeutender Überreste des alten
katholischen Antisemitismus, dessen wichtigster Vertreter der polnische Primas, Kardinal Glemp, war.

Die wenigen im Land gebliebenen Juden hatten immer noch ihre
Zweifel daran, daß der Antisemitismus der Vergangenheit angehörte.
Szymon Rudnicki, Professor für polnische Geschichte an der Univer-
sität Warschau, schrieb 1990:

> Der Antisemitismus ist augenfällig auf den Straßen polnischer Städte.
> Die Wände sind von Sätzen wie »Jude raus« bedeckt. Das Wort

»Jude« oder der Davidstern werden auf Wahlplakate geschmiert
... Auch zu gewalttätigeren Handlungen ist es gekommen. Während
des Auftritts eines jüdischen Ensembles aus der Sowjetunion explodierte eine Gasbombe im Theatersaal, und der Bus der Schauspieler
wurde angezündet. Das geschah in Kielce, der Stätte des Pogroms
von 1946. Ähnliches hätte in jedem anderen Land geschehen können,
aber in diesem Fall war es besonders beklemmend, daß der größte Teil
der Presse schwieg und jegliche Mißbilligung ausblieb.[9]

Wie läßt sich die Fortdauer des Antisemitismus in einem Land erklären, das praktisch keine Juden mehr hatte? Eine Ursache war in
Resten der christlichen antijüdischen Lehre zu finden. Eine andere
war schlichtes Unwissen: 1992 erbrachte eine Umfrage, daß 10 Prozent der Polen glaubten, es gebe zwischen 4 und 7 Millionen Juden im
Land; weitere 25 Prozent sprachen von 750 000 bis 3,5 Millionen
Menschen (in Wirklichkeit waren es ungefähr 6 000).[10] Adam Michnik, der jüdische Chefredakteur der *Gazeta Wyborcza*, gab zu bedenken: »Wenn in Polen antisemitische Ansichten ausgedrückt werden,
geht es nicht um Juden, was immer die Vertreter solcher Standpunkte
persönlich glauben mögen. Die Frage ist, ob es eine polnische Demokratie geben wird oder nicht.«[11]
  In anderen osteuropäischen Ländern gehörten antisemitische Themen weiterhin zum Rüstzeug des extremen Nationalismus – besonders in Rumänien, wo die rechtsradikale Presse erhebliche Auflagen
erzielte. Die rumänischen Juden zeigten sich alarmiert, denn sie waren
sich des starken offiziellen und gesellschaftlichen Antisemitismus
bewußt, der die gesamte unabhängige, nichtkommunistische Historie
des Landes geprägt hatte. Oberrabbiner Rosen verkündete im Februar
1990: »Unsere Mörder kehren zurück.«[12] Im April 1991 erhob sich das
Parlament zu einer Schweigeminute für Marschall Ion Antonescu, den
pronazistischen Diktator der Kriegszeit. Man sprach häufig von einer
»rot-braunen« Koalition zwischen früheren Kommunisten und Ultra-
nationalisten; als Leim für ein solches Bündnis solle der Antisemitismus dienen. Bei der Wahl von 1992 blieb dann allerdings die Demokratische Front zur Nationalen Rettung an der Macht, aber sie war im
Parlament auf die Unterstützung ultranationaler Fraktionen wie der
antisemitischen Groß-Rumänien-Partei angewiesen. Die Tatsache,
daß die rumänischen Nationalisten immer noch Ungarn und Zigeuner

zu ihren Hauptopfern machten, war für die Juden kaum ein Trost. Durch eine neue Emigrationswelle verringerte sich die jüdische Bevölkerung des Landes bis 1994 auf 10 000 Menschen.

Bei den ersten freien Wahlen im nachkommunistischen Ungarn stimmten die Juden 1990 in erster Linie für den Bund Freier Demokraten, eine liberale, zentristische Partei mit einer vorwiegend städtischen, intellektuellen Anhängerschaft. Mehrere Kandidaten des Bundes waren Juden, darunter der Rabbiner Tamás Raj. Antisemitische Parolen und Symbole wurden auf die Wahlplakate der Freien Demokraten gekritzelt. Den Sieg trug das konservative Demokratische Forum davon. Die neue Regierung schlug einen behutsamen Kurs ein und vermied jede Form des Antisemitismus. Doch eine ihrer Gruppierungen, geführt von dem Dramatiker und Romanautor István Csurka, ließ sich auf offene antijüdische Agitation ein. Csurka forderte die Ungarn im Rundfunk auf, die Bedrohung durch eine »zwergenhafte Minderheit« – womit er offenbar die Juden meinte – »zur Kenntnis zu nehmen«.[13] Aber die traditionelle bäuerliche Basis des Antisemitismus in Ungarn war geschwächt. Laut einer Umfrage vom Mai 1991 waren 67 Prozent der Bevölkerung den Juden wohlgesonnen, und nur 12 Prozent vertraten eine negative Haltung.[14]

Trotzdem rumorte die Judenfrage weiterhin bedrohlich im Hintergrund der ungarischen Politik. Eine Kontroverse wurde durch ein Interview des Oberrabbiners von Budapest, György Landeszmann, angefacht. Er bemerkte indiskreterweise, daß die Ungarn ohne den Beitrag der Juden zur ungarischen Kultur »nichts als ihre weiten Bauernhosen besitzen« würden.[15] 1993 gründete Csurka eine als »Ungarischer Weg« bekannte Bewegung, die behauptete, Staatspräsident Arpád Göncz sei ein »Agent von Tel Aviv«.[16] Bei der Wahl von 1994 tauchte die Judenfrage jedoch nicht wieder auf. Die extreme Rechte, repräsentiert von Csurka und Isabella Király (bekannt als »Mutter der Skinheads«), erlitt ein Fiasko. Die meisten Juden stimmten wieder für die Freien Demokraten, aber sie waren unbesorgt über den Wahlsieg der einst kommunistischen Sozialistischen Partei, die nun eine freie Marktwirtschaft befürwortete und einen einvernehmlichen Regierungsstil pflegte.

In der Slowakei deutete sich ein Aufschwung des ultrarechten Nationalismus an, denn im Juli 1990 enthüllte man eine Gedenktafel für Pater Josef Tiso, den faschistischen Regierungschef der Kriegszeit, in dem Städtchen Banovce nad Bebravou, wo er als Gemeindepfarrer gearbeitet hatte. Zu denen, die der Zeremonie beiwohnten, gehörte auch Kardinal Korec. Nachdem sich Proteste erhoben hatten, wurde die Tafel ein paar Tage später entfernt. Aber im Oktober 1991 wurde eine weitere in Tisos Geburtsort Velka Bytca errichtet. Die Teilung der Tschechischen und Slowakischen Föderativen Republik im Januar 1993 verstärkte die Befürchtungen der slowakischen Juden. Fedor Gal, der jüdische Chef von » Öffentlichkeit gegen Gewalt«, der demokratischen, antikommunistischen Bewegung in der Slowakei, sah sich gezwungen, aus Bratislava nach Prag überzusiedeln, da eine antisemitische Hetze gegen ihn und seine Familie betrieben werde.

In den tschechischen Gebieten entwickelte sich nach dem Niedergang des Kommunismus ein modisches Interesse für alles Jüdische. Die Erscheinungsformen dieses Trends reichten von einer Popgruppe namens »Schalom« bis hin zu den erhabeneren kulturellen Ambitionen der Prager Franz-Kafka-Gesellschaft. In der tschechischen politischen Kultur gab es keinen Platz für Antisemitismus; latente Fremdenfeindlichkeit fand ein Ventil im Angriff auf die Zigeuner. Antijüdische Ideen erhielten jedoch ein Forum in der im Januar 1991 gegründeten Zeitung *Politika*; sie beschuldigte Präsident Václav Havel, ein Agent der »internationalen zionistischen Verschwörung« zu sein, und veröffentlichte eine Liste von hundert prominenten Tschechen, die ausnahmslos Juden sein sollten und angeblich das Land kontrollierten. Die Zeitung wurde schließlich von der Staatsanwaltschaft verboten.[17]

Von größerer Bedeutung war ein unerfreulicher Disput über die Wiederherstellung jüdischer Eigentumsrechte im Land. Die Gegner des Planes fürchteten, die Rückerstattung jüdischen Eigentums könne einen Präzedenzfall für die Ansprüche der einstigen deutschen Einwohner der Tschechoslowakei bilden. Anfang 1994 stimmte eine Parlamentsmehrheit gegen einen Gesetzesantrag, Synagogen, Gemeindegebäude, Friedhöfe und andere Besitztümer, darunter die Schätze des Prager Jüdischen Museums, jenen Gemeinden zurückzugeben, bei denen zuerst die Nazis und dann die Kommunisten Beschlagnahmungen vorgenommen hatten. Präsident Havel verurteilte die Entscheidung als »unwürdig« und »beleidigend«.[18] Nach weiteren Streitigkeiten wurde im April 1994 ein Gesetz verabschiedet, das die Rückerstattung des von den Nazis beschlagnahmten jüdischen Eigentums erleichterte. Das Gesetz bezog sich jedoch nicht auf Kollektiveigentum wie Gemeindeeinrichtungen oder Synagogen. Der Grund bestand offenbar darin, daß man einen weiteren Präzedenzfall vermeiden wollte, der zur Rückgabe der ausgedehnten Ländereien, die einst der katholischen Kirche gehört hatten, führen konnte. Nach erbitterten jüdischen Protesten und weiteren Verhandlungen erklärte sich die Regierung im Mai 1994 schließlich einverstanden, den größten Teil des Eigentums zurückzugeben. Aber bis Februar 1995 war erst ein Drittel der 202 in der Absprache enthaltenen Immobilien zurückerstattet worden, darunter nur eines (das Jüdische Museum) der achtzehn aufgeführten Prager Gebäude.

Die Revolution von 1989–91 warf Licht auf einige bis dahin verborgene Winkel des jüdischen Lebens in Osteuropa: zum Beispiel auf die winzige jüdische Gemeinde Albaniens. In dem »ersten atheistischen Staat der Welt«, den der kommunistische Diktator Enver Hoxha 1967 proklamierte, war jeglicher Gottesdienst – und damit auch der jüdische – verboten. Nach dem Zweiten Weltkrieg gab es im Land keine Rabbiner mehr, und in den achtziger Jahren waren von den jüdischen Bräuchen nur folgende übriggeblieben: die männliche Beschneidung (nicht bei einer religiösen Zeremonie, sondern im Krankenhaus), die Einhaltung des Jom-Kippur-Fasttages sowie heimliche Feiern, bei denen die Teilnehmer traditionelle Süßigkeiten aßen.[19] Nach dem Sturz des Kommunismus hatten die Juden plötzlich die Freiheit, das Land zu verlassen. Angesichts der verzweifelten Wirtschaftslage dieses ärmsten europäischen Staates nutzten die meisten die Gelegenheit, nach Israel oder in die Vereinigten Staaten auszuwandern.

Im benachbarten Bulgarien hatten die 5 000 Juden, die nach dem großen Exodus im Anschluß an die Gründung Israels zurückgeblieben waren, einige ihrer Synagogen und Gemeindeeinrichtungen in Betrieb halten können, aber da es keine kosheren Schlachtereien gab, waren die wenigen orthodoxen Familien viele Jahre lang gezwungen, außer Huhn kein anderes Fleisch zu essen. Nach 1989 reisten etwa 3 000 Juden – zumeist nach Israel – aus. Trotz der Winzigkeit der verbliebenen Gemeinde spielten die Juden eine Rolle in der politischen Entwicklung des Landes: 6 Juden wurden 1990 ins

Parlament gewählt – 3 für die ehemals kommunistische Sozialistische Partei und 3 für die Opposition.

Der Ausbruch des jugoslawischen Bürgerkriegs im Jahre 1991 hatte zur Folge, daß sich die bis dahin relativ zufriedenstellenden Bedingungen für die Juden des Landes verschlechterten. Unter Tito hatte die jüdische Gemeinde von 12 000 Menschen (mehr waren von den 71 000 Juden der Vorkriegszeit nicht übriggeblieben) Religionsfreiheit genossen und nie unter antisemitischen Kampagnen gelitten, wie sie im übrigen Osteuropa unter kommunistischer Herrschaft dann und wann vorkamen. Tito war mit dem Präsidenten des Jüdischen Weltkongresses, Nahun Goldmann, befreundet und schien eine Zeitlang geneigt zu sein, recht wohlwollende Beziehungen zu Israel zu pflegen. Aber nach dem Krieg von 1967 folgte er dem Beispiel der Sowjetunion und ihrer Verbündeten und brach die diplomatischen Kontakte zum jüdischen Staat ebenfalls ab.

Das Zerbröckeln der Bundesrepublik Jugoslawien und die Rückkehr der Bevölkerungsmehrheit zu kollektiven Bindungen, die sich auf ethnische Zugehörigkeit und Religion gründeten, ließen die Judenfrage auf vielerlei schmerzliche Art wiedererstehen. Serbien und Kroatien versuchten, einander anzuschwärzen, indem sie die Aufmerksamkeit auf kollaborationistische und antisemitische Episoden des Zweiten Weltkriegs lenkten. Im Fall der Kroaten blieb einiges von den Vorwürfen hängen. Präsident Franjo Tudjman wurde weithin wegen seines seltsam ambivalenten Buches kritisiert, in dem er ein paar Jahre zuvor den Eindruck erweckt hatte, daß er die Wahrhaftigkeit des Massenmordes an den europäischen Juden in Frage stellte. Führende Mitglieder der jüdischen Gemeinden von Zagreb und Belgrad wurden in wenig erbauliche Dispute darüber hineingezogen, in welchem Maße Serben und Kroaten am nationalsozialistischen Genozid beteiligt gewesen waren. Die zornigen Diskussionen gewannen eine besondere zeitgenössische Bedeutung, weil die westlichen Medien häufig Vergleiche zwischen den nationalsozialistischen Greueltaten und den »ethnischen Säuberungen« anstellten, die sich alle Seiten im Bürgerkrieg zuschulden kommen ließen. In Bosnien befanden sich die 1 300 Juden von Sarajevo – einer kleinen, doch altetablierten Gemeinde, die nach den Vertreibungen von der Iberischen Halbinsel am Ende des fünfzehnten Jahrhunderts gegründet worden war – plötzlich nicht mehr in einer multi-ethnischen Gesellschaft, sondern in einem überwiegend muslimischen Staat, der Beistand und Inspiration von Ländern wie Pakistan und Saudi-Arabien erwartete. Die Juden von Sarajevo fühlten sich, obwohl sie keiner Diskriminierung ausgesetzt waren, unsicher und eingeschüchtert. Die meisten wurden in einer Sonderaktion von jüdischen Hilfsorganisationen evakuiert. Einige ließen sich in England, andere in Israel nieder. 1994 war nur noch eine kleine Gruppe von Juden in der Stadt vorhanden.

Insgesamt erwiesen sich die Befürchtungen, daß der Antisemitismus im nachkommunistischen Europa einen starken Aufschwung erleben werde, als übertrieben. Trotz der schweren Probleme beim Übergang zur Marktwirtschaft und ungeachtet der Versuche von Populisten, die antijüdischen Gefühle wiederaufleben zu lassen, blieb die öffentliche Meinung mehr oder weniger ungerührt. Laut einer 1991 in Polen, der Tschechoslowakei und Ungarn durchgeführten Umfrage waren die Polen am ehesten geneigt, Juden feindselig zu behandeln: 40 Prozent erklärten, in ihrer Nachbarschaft keine Juden sehen zu wollen, verglichen mit 23 Prozent Tschechoslowaken (mehr Slowaken als Tschechen) und 17 Prozent der Ungarn. Doch in allen drei Fällen war die Feindseligkeit anderen Gruppen – etwa Zigeunern, Arabern und Schwarzen – gegenüber viel ausgeprägter.[20] Zwar brachten die neuen Freiheiten nach 1989 einige beunruhigende öffentliche Ausschreitungen hervor, doch der Antisemitismus war offenbar in einem langen säkularen Niedergang begriffen. Die traditionelle Rolle des Juden als Haßfigur schien in Osteuropa endlich zu verblassen – zu spät für die meisten Juden, die entweder ermordet worden oder in freundlichere Gegenden geflohen waren.

Der Sturz der kommunistischen Regime hatte zur Folge, daß die Vergangenheit mit ganz anderen Augen gesehen wurde. Plötzlich war man in der Lage, die Geschichte des früheren Sowjetreichs neu zu schreiben und die Rolle, welche die Regierung und das Volk der einzelnen Länder während der nationalsozialistischen Okkupation gespielt hatten, zu überdenken. In Ungarn hatte der liberale, christliche Politologe István Bibó 1948 einen Artikel veröffentlicht, in dem er den moralischen Bankrott seiner Gesellschaft beklagte und seine Landsleute aufforderte, einen Teil der Verantwortung für das Schicksal der ungarischen Juden zu übernehmen. Damals war er ein Rufer in der Wüste. In den kommunistischen Jahren hatte man das Problem mehr oder weniger unter den Teppich gekehrt. Aber im April 1994 machte der ungarische Präsident Arpád Göncz den Umschwung der nationalen Stimmung deutlich. Bei einer Gedenkfeier für die ungarischen Juden, die fünfzig Jahre zuvor in die Todeslager deportiert worden waren, sagte er die bewegenden Worte: »Auf dieser Seite Europas warten wir noch immer auf eine ehrliche Abrechnung. Und bevor wir uns selbst in die Augen sehen, werden wir vergeblich auf inneren Frieden und die unentbehrliche Läuterung warten.«[21]

Die Juden Westeuropas setzten auch in der Ära nach dem Kalten Krieg ihren Weg des langsamen demographischen Verfalls und der Assimilierung fort. Nicht ethnische oder religiöse Feindseligkeit, sondern die Toleranz der offenen Gesellschaft schien die Hauptgefahr für das kollektive jüdische Überleben darzustellen. Andererseits wurden die Juden durch die Erneuerung der extremen Rechten und die damit einhergehenden Erscheinungsformen des Antisemitismus auf direktere Art bedroht. Die rechtsradikale Erweckung nahm unterschiedliche Gestalt an: vom Aufstieg neuer politischer Parteien bis hin zu jugendlichem Rowdytum und dem Gesang – besonders in Italien, England und den Niederlanden – antisemitischer Parolen bei Fußballspielen.

Der Neonazismus in Deutschland, bis dahin ein nebensächliches und politisch unbedeutendes Phänomen, nahm nach der Wiedervereinigung des Landes im Oktober 1990 gewichtigere Formen an. Banden arbeitsloser Rüpel im Teenageralter streiften in Ost- und Westdeutschland durch die Städte, griffen Ausländer an, brannten Asylantenwohnheime nieder und bedienten sich nationalsozialistischer Parolen und Symbole. Die Gewalttaten richteten sich hauptsächlich gegen Ausländer, besonders Türken und Kurden, doch auch Juden wurden bedroht: 1993 kam es zu 656 antijüdischen Vorfällen in Deutschland, bei denen in erster Linie Friedhöfe und Gedenkstätten geschändet wurden.

Öffentliche Meinungsumfragen in Deutschland wiesen in den achtziger und frühen neunziger Jahren auf einen weiteren Rückgang des Antisemitismus hin, wiewohl sich noch Reste erhalten hatten. Eine Umfrage von 1992 zeigte, daß nur 4 Prozent der Deutschen »die

Juden im allgemeinen« für den Tod Jesu verantwortlich machten. Andererseits gaben 15 Prozent (26 Prozent der Katholiken) »den Juden der damaligen Zeit« die Schuld. Mehr als ein Drittel der Befragten erklärte, daß die Juden »auf der Welt zuviel Einfluß haben«. Insgesamt ließen 13 Prozent der Deutschen starke antisemitische Tendenzen erkennen. Dieser Hang war ausgeprägter im Westen (16 Prozent) als im Osten (4 Prozent) sowie bei CDU- und CSU-Anhängern (17 Prozent) als bei Sozialdemokraten (11 Prozent) oder Grünen (5 Prozent).

62 Prozent forderten nun, daß ein Schlußstrich unter die nationalsozialistische Vergangenheit zu ziehen sei. Auch hier war eine Aufschlüsselung äußerst instruktiv: Zwei Drittel der Westdeutschen beantworteten die Frage mit »ja«, hingegen weniger als die Hälfte der Ostdeutschen. Mehr als zwei Drittel der über Siebzigjährigen sagten »ja«, doch nur etwas über 50 Prozent der Erwachsenen unter Dreißig. Je niedriger der Bildungsgrad, desto wahrscheinlicher war eine positive Antwort.[22] Als sich der Politiker Steffen Heitmann 1993 ebenfalls dafür aussprach, einen Schlußstrich zu ziehen, kostete ihn dies die Nominierung der Christdemokraten für die deutsche Präsidentschaft.[23] In diesem Bereich wurde also eine gefährliche Kluft zwischen den Höflichkeitsformeln des politischen Diskurses in Deutschland und dem wahren Zustand der öffentlichen Meinung enthüllt.

Trotz der Gewalt auf den Straßen ließ die überwältigende Mehrheit der Deutschen an den Wahlurnen keinen Zweifel an ihrer Unterstützung der demokratischen Parteien. Bei den allgemeinen Wahlen von 1994 scheiterte die neonazistische, von einem ehemaligen SS-Offizier geführte Partei der Republikaner, die in Landtagswahlen begrenzten Zuspruch erhalten hatte, an der Fünfprozenthürde. Antijüdische Themen spielten im Wahlkampf keine Rolle, obwohl die beiden prominentesten Kandidaten jüdischer Herkunft, Gregor Gysi und der Schriftsteller Stefan Heym, auf der Liste der PDS, der Nachfolgerin der SED, standen. Beide wurden gewählt.

Im Gegensatz zum Scheitern der deutschen Neonazis bei den Wahlen erwies sich Jörg Haiders Freiheitliche Partei Österreichs (FPÖ) als ernstzunehmende Bewerberin um die Macht: 1990 gewann sie 16,6 Prozent der Stimmen und dreiunddreißig Parlamentssitze, und bei der folgenden allgemeinen Wahl im Jahre 1994 erhöhte sie ihren Stimmenanteil sogar auf 22 Prozent. Diese Ergebnisse waren besorgniserregend, wenngleich manche Beobachter meinten, daß der rechtsradikale Erfolg in erster Linie auf einen Protest gegen die Große Koalition aus SPÖ und ÖVP zurückzuführen sei. Aber da Österreich zu jenem Zeitpunkt sein nach der Waldheim-Affäre angekratztes demokratisches Image aufbessern wollte, war das Wahlergebnis von Haiders Partei ein enttäuschender Rückschlag.

Italien war das einzige westeuropäische Land, in dem die extreme Rechte in jenen Jahren an die Regierung gelangte. Der Zusammenbruch der Zentrumsparteien infolge des *tangentopoli*-Korruptionsskandals führte im Mai 1994 zur Bildung einer Koalitionsregierung, der zum erstenmal seit dem Krieg auch Neofaschisten angehörten. Ihre Beteiligung an Berlusconis Rechtsbündnis beunruhigte viele Juden und Nichtjuden. Der Präsident der EU-Kommission, Jacques Delors, sprach von dem »Zorn in seinem Herzen« über Kommentare des neofaschistischen Parteiführers Gianfranco Fini.[24] Arrigo Levi, der frühere Herausgeber von *La Stampa* und einer der angesehensten Journalisten Italiens, nahm besonderen Anstoß daran, daß Fini die von Mussolini verabschiedeten Antijudengesetze einen »Irrtum, der zum Horror führte«, nannte. Levi hielt Finis Partei vor: »[Sie] hat sich unentwegt geweigert, die tragischen Auswüchse ihrer anerkannt faschistischen ideologischen Wurzeln zu untersuchen.«[25]

Andere Elemente in der neuen politischen Konstellation Italiens ließen ebenfalls Besorgnis aufkommen. Die Präsidentin des Abgeordnetenhauses, Irene Pivetti, ein prominentes Mitglied der ebenfalls an der Regierungskoalition beteiligten Nördlichen Liga, zog Kritik wegen ihrer Kommentare zu einem antisemitischen Vorfall in Mailand auf sich. Sie erklärte, es handele sich um die Folge einer »Hexenjagd-Hysterie«; das Ereignis diene »als Vorwand, um alberne Klagen über den wiedererwachenden Antisemitismus loszuwerden und um die beleidigten Reaktionen von Banden junger Juden mit juckenden Fäusten zu rechtfertigen«.[26] Einige ihrer Politikerkollegen lieferten ebenfalls »Vorwände«, zum Beispiel der Arbeitsminister, ein Mitglied des kleinen Christlich-Demokratischen Zentrums. Er beschwerte sich darüber, daß die »jüdische Hochfinanz« in New York für die Abwertung der Lira verantwortlich sei – eine Bemerkung, die eine Entschuldigung beim italienischen Oberrabbiner notwendig machte.[27]

Außer solchen Fehltritten deutete wenig darauf hin, daß der Antisemitismus in der italienischen Gesellschaft großen Widerhall fand. Die jüdische Gemeinde von 31 000 Menschen fühlte sich sicher, und ihre Hauptsorgen galten nicht äußeren Feinden, sondern dem inneren Verfall und den sich verringernden Chancen eines kollektiven Überlebens.

In Frankreich machte die extreme Rechte in den späten achtziger und frühen neunziger Jahren ebenfalls bedeutende Fortschritte. Eine Zeitlang überschritt Jean-Marie Le Pens Front National seinen traditionellen Wähleranteil von 10 Prozent und erhielt mehr Stimmen als die Kommunistische Partei. Le Pen versuchte, wie alle Rechtsextremisten in Europa, den Ausländerhaß für sich zu nutzen. Seine Haltung den Juden gegenüber ließ sich als verdeckte Feindschaft bezeichnen. Zwar bestritt er, Antisemit zu sein, doch er nannte die Gaskammern von Auschwitz lediglich »ein Detail« des Zweiten Weltkriegs.

Der antijüdische Terrorismus hatte sich in Frankreich Anfang der neunziger Jahre gelegt, doch geringfügigere Fälle von Gewalt und Mißbrauch setzten sich fort. Nach Angaben des französischen Innenministeriums wurden 1990 nicht weniger als 372 antijüdische Ausschreitungen unterschiedlicher Art gemeldet. Eine entsetzte das Land aufs äußerste: die Schändung des alten jüdischen Friedhofs in Carpentras, bei Avignon, im Mai 1990. Dieses Verbrechen, bei dem eine kurz zuvor beigesetzte Leiche aus ihrem Grab entfernt und geschändet wurde, löste eine Demonstration von 200 000 Menschen aus – mit Präsident Mitterrand an der Spitze und unter Teilnahme von Vertretern aller politischen Parteien außer dem Front National.

Nicht weniger bedenklich als das Verbrechen selbst war die Bereitschaft einiger Intellektueller, es rational zu erklären und zu entschuldigen. In den siebziger und achtziger Jahren hatte die Sache der Palästinenser manche Linken bewogen, den Einsatz von Terror zu rechtfertigen oder zu beschönigen; nun fand auch die Gewalt der Neonazis einsichtige Interpreten. Zum Beispiel klagte der französische Soziologe Paul Yonnet nach der Grabschändung in Carpentras, daß dem Antisemitismus übertriebene Aufmerksamkeit zuteil werde: »Die Juden ghettoisieren sich selbst auf eine Weise, die

Nichtjuden gegenüber rassistisch ist; sie akzeptieren keine exogamen Ehen; sie behalten ihre Schulen ihren eigenen Kindern vor.«[28]

Ungeachtet solcher Episoden hatte sich der Status der Juden in der französischen Gesellschaft seit Kriegsende merklich verbessert. 1947 hatte das führende französische Meinungsumfrageinstitut IFOP von einer repräsentativen Gruppe wissen wollen: »*Les juifs sont-ils des Français comme les autres?*«37 Prozent sagten ja. Die Frage wurde im Laufe der Jahre wiederholt, und jedesmal stieg der Anteil der mit Ja Antwortenden; 1977 erreichte er 65 und 1987 94 Prozent.[29] Laut einer Meinungsumfrage von Anfang 1994 hatten 81 Prozent nichts dagegen, bei der Präsidentschaftswahl für einen jüdischen Kandidaten zu stimmen (40 Prozent von Front-National-Anhängern lehnten allerdings jeden jüdischen Kandidaten ab).

Im Vereinigten Königreich, wie in Frankreich und Italien, schien die gesellschaftliche Stellung der Juden gefestigter zu sein als je zuvor. Eine Umfrage von 1993 ergab, daß die Juden die am wenigsten unbeliebte ethnische Minderheit Großbritanniens waren. Nur 8 Prozent der Befragten meinten, daß die Juden »zuviel Einfluß« hätten, und eine gleiche Anzahl von Befragten sagte, daß sie ein nicht tragbares Verhalten an den Tag legten. 12 Prozent wollten keinen Juden zum Nachbarn haben, während 65 Prozent nicht neben Zigeunern wohnen wollten.[30]

Die britischen Juden waren – wie die westeuropäischen überhaupt – stärker von inneren Zeichen der Schwäche als von äußeren Gefahren in Anspruch genommen. Dazu gab es gute Gründe, da die Bande, welche die Juden mit dem Judaismus und den jüdischen Gemeinden verknüpften, offenbar immer brüchiger wurden. Statistiken, die in eine andere Richtung zu weisen schienen, waren tröstlich, aber irreführend. Im Falle des Anglojudentums zum Beispiel wurde manchmal erklärt, daß eine hohe Zahl von Synagogen-Mitgliedern ein weiterhin starkes Engagement für den Judaismus anzeige. 88 Prozent der Juden des Landes sollten tatsächlich einer Synagoge angehören. Aber dabei handelte es sich wahrscheinlich um eine zu hohe Schätzung, da dem Netz der Statistiker einige randständige Juden entgingen, die überhaupt keine Verbindung zu einer Synagoge hatten und deshalb gar nicht erst mitgezählt wurden. Viele britische Juden hätten sich den Worten des französischjüdischen

Journalisten Jean Daniel anschließen können: »Im Moment gibt es keine jüdische Einrichtung, mit der ich mich identifizieren kann.«[31] Außerdem war die Synagogen-Mitgliedschaft für viele Juden kaum mehr als eine Formalität, eine Versicherungspolice für ein jüdisches Begräbnis. Auch verbargen sich hinter der Gesamtzahl der Mitglieder wichtige Verschiebungen des Gleichgewichts innerhalb der Gemeinde. Insbesondere wurde die »zentral-orthodoxe« Hauptströmung immer schwächer (in London zum Beispiel fiel der Prozentsatz der Synagogen-Mitglieder von 72 im Jahre 1970 auf 58 im Jahre 1990), denn die Bindungen polarisierten sich zugunsten der streng Orthodoxen auf der Rechten und zugunsten der liberalen und Reformgemeinden auf der Linken.

Die Mitgliedschaft war ein weniger aufschlußreicher Maßstab für das religiöse Engagement als etwa die Häufigkeit der Gottesdienstbesuche. Einige Synagogen in Großbritannien waren nicht in der Lage, ein *minjan* für wochentägliche Gottesdienste aufzubringen – es sei denn, sie ließen in der Nähe Altersheime bauen. Immer mehr Personen, welche die orthodoxen Synagogen am Sabbat besuchten, brachen das Religionsgesetz, indem sie mit dem Auto zur Synagoge fuhren. Jüdische Schlachterläden wurden immer seltener, während die Befolgung der *kashrut*-Bestimmungen stetig nachließ.

1992 steckte die größte Gruppe jüdischer Gemeinden des Landes, die United Synagogue, in erheblichen finanziellen Schwierigkeiten. In einem Bericht, den der vermögende Industrielle Stanley Kalms vorlegte, wurde der Schluß gezogen, daß die Organisation 9 Millionen Pfund Schulden habe und dem Bankrott entgegensehe. Seine Warnung lautete, daß der »Marktanteil« der United Synagogue an den Gemeinden schrumpfe. In seinem Bericht wurden verschiedene Reformen und Sparmaßnahmen vorgeschlagen, darunter eine Verringerung der Ruhestandspensionen, die man Geistlichen versprochen hatte. Kalms begab sich auf trügerischen Boden und machte ein paar vorsichtige Empfehlungen, die an eine Reform der Lehre denken ließen – insbesondere im Hinblick auf die Rolle der Frauen in der Gemeinde. Der kurz zuvor zum Oberrabbiner ernannte Jonathan Sacks begrüßte den Bericht, nannte ihn jedoch »ein Laiendokument, das mit den Begriffen von Finanzwesen, Management und Marketing formuliert ist« und »eine geistige Dimension« entbehre.[32]

Der schwierigste Aspekt war die Beteiligung der Frauen – eine Frage, die bald an Dynamik gewann. Einerseits hatten die Hauptkonkurrenten der United Synagogue um »Marktanteile«, nämlich die reformistischen und liberalen Bewegungen, wie die entsprechenden Organisationen in den Vereinigten Staaten bereits begonnen, weibliche Rabbiner zu ordinieren. (Eine von ihnen, Julia Neuberger, war in Großbritannien zu einer bekannten Medienpersönlichkeit geworden.) Andererseits war Sacks wie sein Vorgänger entschlossen, das Anglojudentum nicht aus der Orthodoxie, wie sie im größeren Teil der jüdischen Welt verstanden wurde, ausbrechen zu lassen. Damit kam für Frauen eine gleichberechtigte Rolle beim Gemeindegebet nicht in Frage. Doch weibliche Mitglieder der United Synagogue verlangten nun mehr Mitsprache im religiösen Leben und vor allem eine zunehmende Beteiligung am Gottesdienst in der Synagoge. Sacks gab eine Untersuchung des Problems in Auftrag, die zwei Jahre in Anspruch nahm. Als das Ergebnis schließlich 1994 veröffentlicht wurde, zeigte die Studie eine weitverbreitete Unzufriedenheit bei den Frauen, enthielt jedoch nur bescheidene Änderungsvorschläge. Zum Beispiel sprachen sich vier Fünftel der befragten Frauen gegen die *mehitzah* (Trennwand zwischen Männern und Frauen in der Synagoge) aus, die von der Orthodoxie für unverzichtbar gehalten wird. Sacks befand sich in einem Dilemma, da er nicht wagte, die ultraorthodoxe Rechte zu verärgern. Letzten Endes bekräftigte er den traditionellen orthodoxen Standpunkt, der den Frauen keine nennenswerte Mitwirkung im öffentlichen Gebet einräumt. Daraufhin begannen einige Feministinnen, in der Synagoge eines verständnisvollen, gemäßigt-orthodoxen Rabbiners in Nord-London Gottesdienste nur für Frauen abzuhalten.

Die wichtigste Laienvertretung des Anglojudentums, das Board of Deputies of British Jews, machte ebenfalls schwere interne Kämpfe durch; es litt offenbar, wie die United Synagogue, an institutioneller Altersschwäche und der Unfähigkeit, sich den gewandelten Gesellschaftsverhältnissen anzupassen. Unter einer glanzlosen Führung verlor das Board während der achtziger Jahre stetig an Einfluß. Seine demokratische Basis, die von Politikern häufig manipuliert wurde, bot der neuen Plutokratie, die nun eine dominierende Rolle in der Gemeinde spielte, immer weniger Anreiz. Versuche, das Board zu

»reformieren« (das heißt seinen demokratischen Charakter und seine parlamentarischen Formen einzuschränken), scheiterten im Jahre 1994. Während es sich anschickte, seine Räumlichkeiten in Woburn House im Londoner Zentrum zu räumen, hatte das Prestige des Board den Tiefpunkt seit seiner Gründung im achtzehnten Jahrhundert erreicht. Ein Beobachter bemerkte, daß das Board of Deputies nun ohnehin von den Geldgebern übergangen werde, da die »Aufsplitterung des Anglojudentums in unabhängige Verwaltungseinheiten« zügige Fortschritte mache.[33]

Die neue Gemeinde-Elite verdankte ihre Position weder Familienbeziehungen noch Wahlen, sondern – nach amerikanischem Vorbild – finanziellem Einfluß. Vermögende Geschäftsleute wie Lord (David) Young, Stanley Kalms und der millionenschwere Buchmacher Cyril Stein waren die neuen Drahtzieher der Gemeinde geworden. Von den etwa 50 Juden, deren Namen 1994 auf einer Liste der »reichsten 500« Personen Großbritanniens erschienen, gehörten nur wenige dem alten Patriziat an. Außer den Rothschilds waren die meisten Nachfahren jüdischer Einwanderer, die nach 1881 aus Rußland gekommen waren. Mehrere erwiesen sich sogar als Einwanderer der ersten Generation, etwa der in Ungarn geborene Finanzier George Soros, der aus dem Sudan stammende Industrielle Leon Tamman sowie die Brüder Sami und David Shamoon aus dem Irak.[34]

Auch in Frankreich hatte die alte Elite dem Druck des sozialen Wandels nachgeben müssen, doch dort trugen die Mitwirkung und das Engagement der nordafrikanischen Juden dazu bei, daß eine stärkere demokratische Kontrolle über die Angelegenheiten der Gemeinde ausgeübt wurde. Der interne religiöse Streit zwischen den Befürwortern der überkommenen Laxheit und denen einer erwachenden Neo-Orthodoxie setzte sich fort. Die letzteren wurden von dem in Tunesien geborenen, 1987 gewählten Oberrabbiner Joseph Sitruk repräsentiert; an seiner Seite stand Benny Cohen, Vorsitzender des Pariser Consistoire seit 1990. Ihre Bemühungen stießen auf den Widerstand gemäßigterer Elemente. Derartige Dispute nahmen auch sozial-ethnische Züge an: Die militanten Orthodoxen stammten hauptsächlich aus Nordafrika, während die gemäßigteren Gemeindemitglieder in erster Linie Aschkenasim waren. Die Sefardim verfügten über das Gewicht der Mehrheit: Obwohl nur etwa die Hälfte der gesamten Gemeinde aus Sefardim bestand, schätzte man, daß sie in den neunziger Jahren bis zu 80 Prozent der sich zu ihrer Religion bekennenden Juden ausmachten.

In den neunziger Jahren hatte sich Frankreich von der zentralisierenden Überlieferung jakobinischer Uniformität entfernt und sich einer neuen, multikulturellen Lehre zugewandt. Die Ursprünge dieses Wandels lassen sich bis Anfang 1977 zurückverfolgen. Damals bekräftigte Präsident Giscard d'Estaing in einer Rede in der Bretagne, »daß es keinen Widerspruch zwischen dem Wunsch, ein französischer Bürger mit allen Rechten zu sein, und dem Ehrgeiz gibt, Traditionen, Bräuche und sogar eine spezielle Orts- oder Regionalkultur fortleben zu lassen. Die französische Einheit braucht den von Natur aus mannigfaltigen Charakter unserer Nation nicht unbedingt zu ersticken und auszulöschen.«[35]

In manchen Bereichen stellten die Juden fest, daß die neue Haltung auch neue kollektive Ausdrucksmöglichkeiten bot. Ein Beispiel lieferten die nun entstehenden jüdischen Rundfunkprogramme oder sogar -sender. 1993 waren drei derartige Sender in Paris tätig, und es gab weitere in Marseille, Lyon, Straßburg und anderen französischen Städten. In Großbritannien schien, vielleicht wegen der fortdauernden Bedeutung des *Jewish Chronicle,* weniger Nachfrage nach jüdischen Rundfunkprogrammen zu bestehen, mit Ausnahme der seit langen Jahren laufenden Serie »You Don't Have to Be Jewish ...«, die zweimal wöchentlich in London ausgestrahlt wurde.

Wichtiger war die Ausweitung des jüdischen Erziehungswesens. Hier war es in großen Teilen Westeuropas seit dem Krieg zu einem beispiellosen, meßbaren Wachstum der jüdischen Identifikation gekommen.

Bis in die sechziger Jahre hinein besuchten fast alle jüdischen Kinder in Westeuropa säkulare, staatliche Schulen. Es gab nur zwei nennenswerte Ausnahmen. Die erste war Antwerpen mit seiner großen chassidischen Gemeinde, deren Kinder zu etwa 80 Prozent staatlich subventionierte jüdische Schulen besuchten. Die zweite Ausnahme war Straßburg. Im Gegensatz zum übrigen Frankreich wurden Konfessionsschulen in Elsaß-Lothringen immer noch finanziell vom Staat unterstützt. Infolgedessen konnten mehr als 80 Prozent der jüdischen Kinder in Straßburg auf jüdische Schulen geschickt werden. In

Großbritannien wurde die modern-orthodoxe jüdische Public School (das heißt Privatschule) Carmel College 1948 von Rabbi Kopul Rosen gegründet. Ein paar Public Schools, etwa Clifton, besaßen separate jüdische Häuser, doch davon hatte sich in den neunziger Jahren nur noch ein winziger Rest erhalten. Im übrigen wurden die wenigen jüdischen Schulen, die in der frühen Nachkriegszeit in Großbritannien existierten, hauptsächlich von streng orthodoxen Kreisen der Gemeinde und von der Zionist Federation finanziert. Sie zogen jedoch nur einen kleinen Teil der jüdischen Schülerschaft an. 1954 wurden die jüdischen Tagesschulen in Großbritannien von insgesamt 4400 Kindern besucht.

Bis 1991 war die Zahl auf 16 000 gestiegen, was etwa einem Drittel der jüdischen Kinder im Schulalter entsprach. Auch in Frankreich weitete sich das jüdische Schulsystem erheblich aus. In den frühen fünfziger Jahren hatten dort weniger als 500 Kinder jüdische Tagesschulen besucht. 1993 waren es hingegen 21 000 – etwa ein Viertel der Altersgruppe. In Großbritannien waren etwa zwei Drittel der Tagesschüler in der Unterstufe zu finden, in Frankreich hingegen fast die Hälfte in der Sekundarstufe.

Trotz dieser Expansion besuchte auch in den neunziger Jahren nur eine Minderheit jüdischer Kinder ausschließlich ihrer Religion vorbehaltene Schulen. Für die Mehrheit beschränkte sich die jüdische Erziehung im allgemeinen auf ein paar Wochenstunden an der Sonntagsschule, und sie endete mit dem Bar oder Bat Mitzwah. Zahlreiche Schüler erhielten überhaupt keinen Religionsunterricht. Orthodoxe Gemeindeführer legten großen Wert auf den Ausbau der jüdischen Erziehung, da sie hofften, dem Glaubensverfall so Einhalt gebieten zu können. Es dürfte eine verfehlte Hoffnung gewesen sein: Ein hoher Prozentsatz katholischer Kinder in Großbritannien ging in Kirchenschulen, aber es schien kaum eine Verbindung zwischen dem Besuch solcher Schulen und dem späteren Grad der Religionsausübung zu geben. Die letztere ging, wie auch im Fall aller anderen Glaubensbekenntnisse in Großbritannien, zwischen den sechziger und neunziger Jahren drastisch zurück.

Außerdem hatte die größere Offenheit für kulturelle Unterschiede sowohl in Frankreich als auch in Großbritannien immer noch ihre Grenzen. Jüdische Beamte in Frankreich mußten samstags und sogar am Jom Kippur arbeiten; Weihnachten, Ostern und Christi Himmelfahrt dagegen waren in dieser weltlichen Republik Feiertage. Ein weiteres Beispiel für seine Unnachgiebigkeit gegenüber den Minderheitsinteressen lieferte der französische Staat im März 1994, als Kommunalwahlen für ein Datum angesetzt wurden, das mit dem ersten Tag des Passahfestes zusammenfiel. Oberrabbiner Sitruk forderte die Juden auf, »an diesem besonders wichtigen Tag des jüdischen Kalenders nicht zu wählen«, denn orthodoxen Juden ist das Schreiben am Sabbat und an Festtagen verboten. Bei den italienischen allgemeinen Wahlen, die am selben Tag stattfanden, verlängerte man den Zeitraum der Stimmabgabe speziell für gläubige Juden. Aber der französische Innenminister ließ sich auf ein solches Zugeständnis nicht ein, da »es in Frankreich keine Staatsreligion gibt; die Freiheit der Religion ist absolut«. Es war eine logische Erklärung – doch in Großbritannien, das eine Staatskirche besitzt, werden die Wahlen stets so festgesetzt, daß gläubige Juden an ihnen teilnehmen können.

Das Problem führte zu einer Spaltung bei den Juden selbst. Jean Kahn, der Vorsitzende des CRIF, widersprach dem Oberrabbiner: »Juden haben Rechte, Juden haben Pflichten. Die vorrangige Pflicht der Juden ist es zu wählen.« Aber damit ignorierte er die Not der orthodoxen Gläubigen, deren Gewissen ihnen nicht gestattete, einen Festtag zu entweihen. Guy Konopnicki, ein jüdischer Kommunist, nutzte die Gelegenheit, dem Oberrabbiner Vorhaltungen zu machen: »In einem Land, in dem sich Katholiken und Protestanten bereit erklärt haben, ihre Stimme am Tag des Herrn abzugeben, ist diese Zurschaustellung des religiösen Partikularismus äußerst bedauerlich ... Es mag einem gläubigen Juden schwerfallen, seinen Namen am Passahfest zu schreiben, aber was bedeuten diese kleinen Zugeständnisse, verglichen mit der Freiheit der Juden in der französischen Republik?«[36] Die Angelegenheit löste solche Erbitterung in der jüdischen Gemeinde aus, daß Sitruks Wiederwahl als Oberrabbiner bedroht war. (Im Juni 1994 wurde er dann allerdings mit einer großen Mehrheit für weitere sieben Jahre in seinem Amt bestätigt.) Kahn konsolidierte seine Stellung als Laienführer der Gemeinde im Jahre 1995, als er in den Vorstand des Consistoire Central gewählt wurde.

Wie der Politologe Pierre Birnbaum betonte, wurden durch diesen an sich trivialen Vorfall gewichtigere Fragen in den Vordergrund gerückt. Die Episode warf ein Schlaglicht auf die Unempfänglichkeit des säkularen französischen Staates für religiöse Minderheitsinteressen. Ein anderes Beispiel – so vertraut, daß es kaum jüdischen Protest erregte – war das Beharren der französischen Schulbehörde darauf, daß jüdische Schüler wie alle anderen samstags zum Unterricht zu erscheinen hatten. Damit wurden jüdische Kinder gezwungen, entweder die strikten Sabbat-Vorschriften zu brechen oder jüdische Privatschulen zu besuchen.[37]

Eine weitere unbedeutende, jedoch kennzeichnende Verdeutlichung der mangelnden Flexibilität des Staates war der Fall des jüdischen Verlegers Olivier Raimbaud, dessen Eltern ihren Namen Rubinstein während seiner Kindheit kurz nach dem Krieg abgelegt hatten. Da er seine jüdische Identität nicht hinter einem französisch klingenden Namen verstecken wollte, stellte er 1991 den Antrag, seinen Familiennamen wieder in Rubinstein umzuwandeln. Der Justizminister wies den Antrag ab, weil die französische Gesetzgebung Namensänderungen nur in außergewöhnlichen Fällen vorsehe, in denen der »ausländische Charakter« des ursprünglichen Namens »solcher Art ist, daß er Schwierigkeiten bei der Integration in die französische Gemeinschaft verursachen könnte«. Als sich Raimbaud/Rubinstein an den Conseil d'Etat wandte, wurde er wiederum abgewiesen, weil die »Stabilität« von Namen erforderlich sei.[38]

Auch in Großbritannien ereigneten sich zuweilen Zusammenstöße zwischen unterschiedlichen Interpretationen von individuellen Rechten, Minderheitsinteressen und der Rolle des Staates. Beispielsweise brach 1992 eine seltsame Kontroverse wegen des Vorschlags aus, in Nordwest-London ein *eruv* einzurichten. Ein *eruv* ist eine Einfriedung, in der orthodoxe Juden Dinge tun dürfen, die ihnen sonst am Sabbat verboten sind – etwa das Schieben von Rollstühlen oder Kinderwagen, das Tragen von Büchern oder Regenschirmen und so weiter. Die Einfriedung kann vielerlei Gestalt annehmen: die von Stadtmauern (solange sie die Stadt völlig umschließen), die eines Zaunes oder sogar eines Drahtes. In mehreren Städten Israels und Nordamerikas hatten orthodoxe Juden ein halb symbolisches *eruv* eingerichtet – gewöhnlich eine von einem durchgehenden Draht umschlossene Fläche –, um Invaliden, Kindern, Frauen und alten Menschen das Leben zu erleichtern. Die für die Einfriedung

vorgeschlagene Londoner Gegend umfaßte siebzehn Quadratkilo-
meter überwiegend von Juden bewohnter Vororte: Golders Green,
Hendon sowie Teile von Hampstead Garden Suburb und Crickle-
wood. Die Idee stieß jedoch auf ein Sperrfeuer der Opposition aus
verschiedenen Kreisen. Einige ultraorthodoxe Gruppen fürchteten, dies könne den Weg für Verstöße gegen den Sabbat eröffnen.
Nichtorthodoxe jüdische Flüchtlinge, die in der Gegend wohnten,
beklagten sich darüber, daß ihnen ein solcher Draht, selbst wenn er
unsichtbar wäre, den Eindruck vermitteln würde, wieder in einem
Konzentrationslager zu sein. Andere Gegner führten ästhetische
Gründe an – obwohl der *eruv* fast unsichtbar sein und wie ein Telegra-
fendraht hoch über dem Boden, also außer Reichweite, gezogen werden würde. Zu diesen Stimmen gesellten sich andere von der extremen Linken und Rechten der Gesamtbevölkerung; die Einwände
reichten von Vorwürfen des Antisemitismus bis hin zu den Notwen-
digkeiten des Umweltschutzes. Zufällig war der zuständige Minister,
Michael Howard, persönlich Jude, weshalb er in eine besonders peinliche Position geriet. Aber erst 1994 fiel seinem Nachfolger als
Umweltminister, John Gummer, einem tiefgläubigen Christen, die
Aufgabe zu, die Einrichtung des *eruv* zu genehmigen.

Diese etwas absurde Auseinandersetzung scheint in symbolischer
Form das Grunddilemma des jüdischen Lebens in den liberalen
Gesellschaften des späten zwanzigsten Jahrhunderts zu repräsentieren. Konnten und sollten Juden irgendeine Form der Trennung, sogar
eine unsichtbare, zwischen sich selbst und der gesellschaftlichen
Umgebung – in religiöser, kultureller oder sozialer Hinsicht – aufrechterhalten? Wenn ja, wo würden oder sollten die Grenzen gezogen werden – und von wem? Wenn eine solche Trennung unter
modernen Bedingungen jedoch weder machbar noch wünschens-
wert war, konnten die Juden dann außerhalb Israels überleben? Oder
würde ihr Verschwinden aus Osteuropa durch Mord und Emigration
im Westen durch Auflösung in einer Gesellschaft, die durch Güte
tötete, nachvollzogen werden?

Nachträgliche Überlegungen

Die vielleicht wichtigste Folge des nationalsozialistischen Völker-
mords für das jüdische Leben nach dem Krieg ist die Besessenheit
(dieser Begriff ist nicht überzogen) vom Überleben, die er bei jüdischen – religiösen wie weltlichen – Gemeindeführern und Denkern
hervorgebracht hat. Was immer die Unterschiede zwischen religiösen
und weltlichen, orthodoxen und reformistischen, zionistischen und
nichtzionistischen, linken und rechten Vertretern sein mögen, fast
alle stimmen darin überein, daß das kollektive Überleben das Hauptziel der jüdischen Gemeinden zu sein habe.*

Dieses entscheidende Anliegen hat seit 1945 fast sämtliche organisierten jüdischen Aktivitäten – sei es in Israel oder in der Diaspora –
bestimmt und ihnen Sinn und Zweck verliehen. Israel hat den
erkennbarsten und festesten Rahmen für solche Aktivitäten geliefert:
eine Gesellschaft, die einzigartig ist, da sie über eine jüdische Mehrheit verfügt und zu dem spezifischen Zweck, das jüdische Überleben
und die jüdische Kreativität zu sichern, geschaffen wurde und nun
aufrechterhalten wird. Falls es nicht zu einer Katastrophe kommt,
steht das Überleben Israels nicht mehr in Zweifel.

Die Juden in der Diaspora sehen als Gruppe einer viel bewölkteren
Zukunft entgegen. Für die große Mehrheit der europäischen Juden –
besonders in den offenen Gesellschaften des Westens, wo liberale

---

*Einige der wenigen abweichenden Stimmen ist die des ehemaligen britischen
Oberrabbiners, Lord Jakobovits, der vor dem »Überlebenskomplex« warnt,
»welcher heute die jüdischen Anliegen zum erstenmal in unserer Geschichte
beherrscht«. Aber seine Kritik hält sich in Grenzen: Er stellt nicht das Überleben an sich in Frage, sondern den Wert eines inhaltslosen, spirituell leeren
Überlebens um seiner selbst willen.[1]

Werte unvermeidlich den Drang zur Assimilation verstärken – sind
die Chancen eines kollektiven Überlebens düster.

Je günstiger das gesellschaftliche Umfeld, desto eher lockert sich
die Bindung der Juden an ihre Bräuche, Sprachen, Traditionen und
Werte – außer vielleicht an Werte, die in so verfälschter Form neu
interpretiert werden, daß sie nur noch die schwächsten Spuren eines
spezifisch jüdischen Charakters aufweisen. In den neunziger Jahren
ist es für einen Juden, anders als in den vierziger Jahren, höchst ungewöhnlich, aus Gründen, die nichts mit aufrichtiger religiöser Überzeugung zu tun haben, zum Christentum zu konvertieren. Auch die
Änderung des Namens zu dem Zweck, für einen Nichtjuden gehalten zu werden – vor ein oder zwei Generationen recht häufig –, ist nun
selten geworden. Dies sind zwei kleine Zeichen für den Wandel zum
Besseren in der Beziehung des Juden in Europa zu seiner gesellschaftlichen Umgebung. 1946 konnte Sartre immer noch mit einiger
Berechtigung schreiben: »Auch der liberalste Demokrat ist nicht frei
von Antisemitismus. Er ist dem Juden insoweit feindlich gesinnt, als
dieser es wagt, sich als Jude zu fühlen ... Der Antisemit wirft dem
Juden vor, Jude zu sein; der Demokrat wirft ihm mit Vorliebe vor,
sich als Jude ›zu betrachten‹.«[2] Dieses Statement trifft heutzutage
kaum noch zu. Im multikulturellen, pluralistischen Westeuropa ist
der Jude nicht länger gezwungen, sein Judentum zu verheimlichen.
Aber gerade diese Tatsache hat eine *desintegrierende* Wirkung auf
Juden, die nicht mehr durch religiöse, kulturelle oder politische
Bande mit ihrem Judentum verknüpft sind.

In einem provozierenden Buch, *Das Ende des jüdischen Volkes?*,
das der französischjüdische Soziologe George Friedmann 1964 her-
ausbrachte, entwickelte er die These, daß die Solidarität, welche die
Juden in früheren Generationen vereint und die zur Gründung des
Staates Israel beigetragen habe, einen Auflösungsprozeß durchma-
che. Der Prozeß werde durch den Antisemitismus verzögert, doch
dieser scheine in Westeuropa an Bedeutung abzunehmen. Die Juden
in der Diaspora integrierten sich rasch in die nichtjüdische Gesellschaft, und die Bürger Israels würden zu »Hebräisch sprechenden
Nichtjuden«. Kurz nach der Veröffentlichung des Buches schienen
Teile der Analyse von den Ereignissen widerlegt zu werden. Die Reaktion der Diaspora-Juden auf die Nahostkrise von 1967 deutete nicht

auf eine Lockerung der jüdischen Solidarität hin – ganz im Gegenteil. Und der Antisemitismus lebte teilweise in Gestalt des Terrorismus und der extremistischen politischen Bewegungen wieder auf.

Doch aus der längeren Perspektive der neunziger Jahre ist die Fundiertheit von Friedmanns Analyse kaum zu leugnen. Demographische, gesellschaftliche, religiöse und kulturelle Trends weisen im letzten halben Jahrhundert unerbittlich auf die Auflösung der Diaspora hin, jedenfalls in Europa.

Die demographischen Aussichten sind in allen Diaspora-Zentren trostlos. Die jüdische Familie, dem Klischee nach die Stütze der jüdischen Kontinuität, geht allmählich unter. In Frankreich zum Beispiel gehört nur eine Minderheit der Juden zwischen zwanzig und fünfundvierzig Jahren einer herkömmlichen jüdischen Familie an. Jüdische Heiraten werden seltener, und das Alter der Eheschließenden steigt. Im größten Teil Europas haben ein Drittel bis die Hälfte der verheirateten Juden nichtjüdische Partner. Die meisten aus solchen Ehen hervorgehenden Kinder werden sich wahrscheinlich nicht als Juden betrachten. Außerdem liegt die Geburtenziffer auch in beiderseitig jüdischen Ehen fast überall deutlich unter dem Regenerationsniveau.

Die Gründe für die außergewöhnlich niedrige jüdische Geburtenziffer sind unklar. Vor nur einem Jahrhundert gehörten die Juden zu den fruchtbarsten Völkern der Erde, und in jüdischen Konzentrationsgebieten wie in der russischen »Besiedlungszone« und im österreichischen Galizien hatten Familien häufig acht oder mehr Kinder. Auch in Palästina war die jüdische Geburtenziffer in der Zwischenkriegszeit sehr hoch, was allerdings zum Teil mit dem niedrigen Durchschnittsalter der Bevölkerung zusammenhing. Aber seit dem Krieg ist die jüdische Fruchtbarkeitsrate überall, auch in Israel, zurückgegangen. Eine mögliche Erklärung könnte der allgemeine Wohlstand der Juden in der Nachkriegszeit liefern. Wie die Deutschen, deren Zuwachsrate auf ähnliche Weise geschrumpft ist, halten die Juden vielleicht mehr vom Konsum als von der Kindererziehung – was mit dem sich ändernden »Lebensstil« zu tun haben könnte. Ein anderer Grund mag die Emanzipation der Frauen sein, in der die jüdischen Frauen eine besonders herausragende Rolle spielten. Der mittlerweile verstorbene Maurice Freedman sprach vorsichtig von einer

weiteren Erklärung, »ohne behaupten zu wollen, daß ich Beweise
dafür hätte«: für »die Möglichkeit, daß die niedrige Regenerationsrate
mit ... einem Zustand der Ungewißheit und Unsicherheit zusam-
menhängt«.[3] Freedman bezog sich auf Großbritannien, doch seine
Hypothese mag einen allgemeineren Geltungsbereich haben. Exi-
stenzangst, feministische Ideologie oder selbstsüchtiger Materialismus? Was immer die Ursache ist, die Tatsache bleibt bestehen, daß
die höheren Berufsstände, denen die europäischen Juden zunehmend
angehören, eine zu geringe Nachkommenschaft erzeugen.

Die Juden können, im Gegensatz zu diesen Gesellschaftsgruppen
im allgemeinen, ihre zahlenmäßige Stärke nicht durch Rekrutierung
aus anderen Schichten vergrößern oder auch nur aufrechterhalten.
Durch den Erfolg der jüdischen sozialen Mobilität sowohl in Ost- als
auch in Westeuropa im Laufe der letzten drei Generationen ist die
jüdische Arbeiterklasse auf dem Kontinent praktisch verschwunden.
Auch können sich die Juden nicht, anders als die europäischen Gesellschaften im allgemeinen, auf die Einwanderung verlassen, um den
demographischen Mangel auszugleichen. Jüdische Gastarbeiter stehen nicht zur Verfügung.

Das einzige noch vorhandene, größere Reservoir potentieller jüdischer Emigration liegt in den Ländern der früheren UdSSR. Die
große Mehrheit der ehemals sowjetischen Juden begibt sich entweder
nach Israel oder in die Vereinigten Staaten. Die kleineren Gruppen,
die in Westeuropa – hauptsächlich in Deutschland – eintreffen, nehmen ohnehin kaum Anteil am jüdischen Leben.

Eine wirklichkeitsnahe demographische Hochrechnung für das
europäische Judentum im Laufe der nächsten Jahrzehnte muß also
von einem fortgesetzten starken Niedergang ausgehen.

Die Auflösung des europäischen Judentums wird sich nicht zu
irgendeinem Zeitpunkt in einer hypothetischen Zukunft vollziehen.
Der Prozeß spielt sich vor unseren Augen ab und ist in wenigstens
drei Bereichen schon weit fortgeschritten.

1. Wir haben nun die letzte Szene des letzten Aktes des mehr als ein
Jahrtausend währenden jüdischen Lebens in Osteuropa vor uns.

Seit Menschengedenken war das osteuropäische Herzland das
Zentrum der jüdischen Welt. Heute ist es zu einer rückständigen Provinz geworden. Der Nationalsozialismus war die wichtigste Ursache,

aber nicht die einzige. Der Verfall hatte bereits in den achtziger Jahren des neunzehnten Jahrhunderts mit dem Beginn der Massenemigration in die Vereinigten Staaten und, in geringerem Maße, nach Mittel- und Westeuropa eingesetzt. Die Russische Revolution von 1917 hatte zwar zur Folge, daß die Juden die offizielle Emanzipation erlangten, doch gleichzeitig wurden ihre Kontakte zum Weltjudentum abgeschnitten und ihre Möglichkeiten zum Ausdruck einer kollektiven religiösen, kulturellen oder ethnischen Identität zunehmend eingeschränkt. Dann kam Hitler. Nach 1945 emigrierten die meisten Überlebenden der zerschmetterten jüdischen Gemeinden Ost- und Mitteleuropas nach Israel. 1971 begann die Ausreise sowjetischer Juden im großen Stil; sie wurde in den frühen achtziger Jahren zu einem Rinnsal, erhielt jedoch nach 1988 die Dimensionen eines regelrechten Exodus. Wenn sich die Auswanderung aus der früheren Sowjetunion auch nur annähernd im heutigen Maßstab fortsetzt, wird zur Jahrhundertwende nur noch ein winziger jüdischer Überrest in Osteuropa vorhanden sein. Die Zahl der Juden in Europa dürfte dann im Jahre 2000 kaum mehr als 1 Million betragen – die niedrigste Ziffer seit dem Spätmittelalter.

2. Wir erleben nun das Verdorren des Judaismus als einer religiösen Kraft im täglichen Leben der meisten Juden Europas.

Überall auf dem Kontinent rücken die Juden stetig von den meisten Elementen der religiösen Praxis ab – mit Ausnahme des Eingangsrituals der männlichen Beschneidung und des Ausgangsrituals der jüdischen Beerdigung. Die Besucherzahl der Synagogen und die Einhaltung der *kashrut*-Vorschriften, des Sabbat und von Riten wie des Bar Mitzwah sind im Niedergang. Diese Entwicklung sollte im Zusammenhang mit dem allgemeinen Säkularisierungstrend auf dem Kontinent betrachtet werden. Sie ist am fortgeschrittensten in Nordwesteuropa – also genau dort, wo die Mehrheit der Juden des Kontinents nun zu Hause ist. In Frankreich zum Beispiel ist der Prozentsatz der katholischen Bevölkerung, die ihre Kinder taufen läßt, christliche Hochzeiten feiert oder regelmäßig zur Messe geht, seit den fünfziger Jahren erheblich gesunken. In Großbritannien ist die Zahl der praktizierenden Christen sogar noch drastischer gefallen.

3. Wir erleben nun das Ende der authentischen jüdischen Kultur in Europa.

Die jüdischen Sprachen – die lebendige Wurzel, ohne die keine derartige Kultur bestehen kann – sind in Europa praktisch bereits ausgestorben. Die fließende Beherrschung des Hebräischen ist auf wenige frühere Israelis und die kleine Gruppe von Menschen beschränkt, die einige Zeit in Israel verbracht haben. Die meisten europäischen Juden beten immer noch (*falls* sie beten) auf hebräisch; aber sie rezitieren die Gebete mehr oder minder mechanisch, ohne ihre Bedeutung zu verstehen. In dieser Hinsicht kann man die Juden mit mittelalterlichen Bauern vergleichen, die von der Heiligkeit der lateinischen Messe überwältigt wurden. Jiddisch, in den späten dreißiger Jahren die Lingua franca von schätzungsweise 10 Millionen Menschen, wird nun im Alltag nur noch von wenigen alten Menschen und von isolierten Gruppen ultraorthodoxer Juden in Städten wie Antwerpen gesprochen. Ladino, die judeo-spanische Sprache, welche vor dem Krieg von den meisten Juden in der Türkei und von vielen auf dem Balkan benutzt wurde, ist ebenfalls so gut wie ausgestorben. Im Unterschied zum Jiddischen besitzt das Ladino kein letztes Bollwerk orthodoxer Sprecher; es wird im Laufe der jetzigen Generation völlig untergehen.

Die jüdische Kultur im Sinne traditioneller religiöser Gelehrsamkeit ist in Europa schon heute kaum noch anzutreffen. Geblieben sind nur noch ein paar Fragmente, etwa die Jeschiwa in der Stadt Gateshead im Nordosten Englands. Aber die Hauptzentren dieser Gelehrsamkeit befinden sich nun in den Vereinigten Staaten und in Israel.

Die jüdische Kultur im Sinne moderner kritischer Forschung ist ebenfalls nahezu aus Europa verschwunden. Vor dem Krieg hatte Deutschland ihr eine Heimat geboten, doch Hitler setzte dieser Funktion ein Ende. Einige europäische Universitäten haben seit dem Krieg jüdische Institute eingerichtet (in erster Linie Straßburg, Paris, Oxford, London und die Freie Universität Berlin), aber auch sie orientieren sich an Israel und den Vereinigten Staaten als ihren wissenschaftlichen Zentren.

Die jüdische weltliche Kultur in Form von bildenden Künsten, Literatur und Musik gedeiht in Teilen Europas unzweifelhaft auf einem gewissen Niveau. Die Juden haben in der Nachkriegszeit eine wahrscheinlich unverhältnismäßig große Rolle in der Kultur europäischer Gesellschaften gespielt. Aber dadurch schufen sie keine eigene jüdische Kultur. Dramatiker wie Harold Pinter, Arnold Wesker und Peter Shaffer, Romanciers wie Elias Canetti oder Stefan Heym schrieben für eine allgemeine, nicht für eine jüdische Leserschaft. In einigen ihrer Werke spiegelten sich jüdische Themen und Anliegen wider, aber diese waren für sie zweitrangig. Selbst jene, die sich, wie die französischen Schriftsteller Albert Cohen und Marek Halter, auf jüdische Themen konzentrierten, mußten diese für nichtjüdische Leser umwandeln, wenn sie ein breites Publikum erreichen wollten. Das alles ist nicht zu vergleichen mit der in sich geschlossenen Kultur, die bis ins frühe zwanzigste Jahrhundert in Osteuropa existierte. Im besten Fall handelt es sich um einen jüdischen Bestandteil der gesamteuropäischen Kultur. Häufig kann jedoch nur von einem Aromazusatz gesprochen werden.

Was bleibt, ist eine Tünche der kommerzialisierten Populärkultur: *Anatevka, lokshen*-Suppe, jüdische Witze. Und genau das meinen viele europäische Juden heute, wenn sie behaupten, immer noch mit jüdischen Dingen verbunden zu sein. Die Bindung hat wenig zeitgenössische Vitalität; dies ist die Nostalgie über eine trübe wahrgenommene, tote Vergangenheit, nicht die Grundlage für eine lebendige kollektive Identität.

Wir erleben mithin das Verschwinden der europäischen Diaspora als einer Bevölkerungsgruppe, eines kulturellen Gebildes und einer bedeutsamen Kraft in der europäischen Gesellschaft und der jüdischen Welt.

Historisch gesehen sind Bevölkerungsängste, die auf Hochrechnungen gegenwärtiger Trends beruhen – seien es gewaltige Zunahmen oder jähe Rückgänge –, häufig übertrieben und werden manchmal durch die Ereignisse widerlegt. Gibt es gegenteilige Indizien, die ein solches Ergebnis im Fall der europäischen Juden vermuten lassen?

Ein Teil der jüdischen Gesellschaft scheint, demographisch betrachtet, tatsächlich gesund und fähig zu sein, sich eine klare Identität zu bewahren: die Gruppe der Ultraorthodoxen. Sie heiraten in jungem Alter, verzichten offenbar auf Geburtenkontrolle und haben häufig acht oder zehn Kinder. Als Minderheiten in nichtjüdischen Gesellschaften lebend, spinnen sie sich in einer Art Kokon aus Institutionen, Sozialverhalten und Ideologie ein und sichern dadurch ihr Weiterleben als Gruppe. Aber sie machen einen nur sehr kleinen

Prozentsatz des jüdischen Volkes aus und sind hauptsächlich auf
Israel und die Vereinigten Staaten konzentriert. Ihre Familiengestal-
tung hat wenig Einfluß auf die jüdische Zukunft in Europa.

Kann man sozusagen vom anderen Ende des religiösen Spektrums
an die Frage herangehen und argumentieren, daß die hohe Rate der
Mischehen zwischen Juden und Nichtjuden, die für die Orthodoxen
beklagenswert ist, eher eine Gelegenheit zu jüdischem Bevölkerungs-
wachstum als eine Schrumpfungsgefahr darstelle? Eine positive Haltung zur Mischehe legt der französischjüdische Schriftsteller Alain
Finkielkraut an den Tag: »Einen Nichtjuden zu heiraten heißt nicht,
seine Tradition aufzugeben. Im Gegenteil, es zeigt den Wunsch, die
Botschaft überall auf der Welt zu verbreiten. Wer in einer Welt, die er
ablehnt, Jude bleiben möchte, reduziert den Judaismus auf das
Niveau einer Lobby.«[4] Aber eine derartig bejahende Einstellung ist
selten. Sogar liberale und Reformjuden betrachten Mischehen bestenfalls mit widerwilliger Duldung und nicht mit großer Freude. Gesellschaftliche Realität ist, daß Mischehen im allgemeinen ein schwaches
Interesse an einer fortdauernden jüdischen Identität widerspiegeln.
Während die Bekehrung des nichtjüdischen Ehepartners (die ohnehin von den Orthodoxen getadelt wird) individuelle Probleme lösen
mag, dürfte sie höchstwahrscheinlich so selten bleiben, daß sie keine
erheblichen demographischen Auswirkungen haben wird.

Kann die Erziehung an rein jüdischen Schulen, das Allheilmittel
für viele Gemeindeführer in Westeuropa, dafür sorgen, daß die näch-
ste Generation zu ihren Wurzeln zurückkehrt? Die katholischen
Schulen in Großbritannien und in den Vereinigten Staaten sollten als
warnendes Beispiel für die Grenzen einer solchen Methode dienen.
Andere in der Diaspora lebende Gruppen haben den gleichen Weg
beschritten: zum Beispiel die russischen Emigranten nach der bolschewistischen Revolution. Mit Hilfe ihrer Kirche, ihrer Schulen und
ihrer Sprachen gelang es den »weißen« Russen, sich im Exil ihre charakteristische Kultur zu bewahren – zwei Generationen lang. Danach
blieb die Kultur nur dank eines neuen Emigrantenstroms mühsam
am Leben. Der jüdischen Diaspora in Europa steht eine solche Blut-
transfusion nicht bevor.

Und Israel? Kann diese neu ins Leben gerufene jüdische Welt die
Mängel der alten ausgleichen? Der israelische Demograph Sergio

DellaPergola meint: »Genau wie die Juden der Diaspora im Moment ihre Glaubensbrüder in Israel unterstützen, so können wir einen Zeitpunkt voraussehen, an dem die Israelis ihren Glaubensbrüdern [in der Diaspora] zu Hilfe kommen werden, um deren kulturellen Untergang zu verhindern.«[5] Der komplizierte Mechanismus, mit dem das erwünschte Gleichgewicht möglicherweise hergestellt werden kann, harrt jedoch noch der Entwicklung.

Einige Vertreter Israels und der Diaspora begannen in den frühen neunziger Jahren, ketzerische Gedanken zu dieser Frage zu äußern. Der israelische stellvertretende Außenminister, Jossi Beilin, schockierte jüdische Zuhörer auf Wohltätigkeitsveranstaltungen in Großbritannien und Frankreich, als er darauf hinwies, daß Israel – ein Land, das nun den achtzehnten Platz auf der internationalen Tabelle der Pro-Kopf-Einkommen erreicht habe – mittlerweile auf Spenden verzichten könne. Die empörten Reaktionen seiner Zuhörer bekräftigten seine Worte: Das Sammeln von Geldern für Israel hatte sich zu einer Aktivität entwickelt, die weniger wichtig für Israel als für das Selbstbewußtsein (unfreundliche Kritiker könnten sagen, für die Selbstgefälligkeit) der Spender war. Seine Rede berührte zwar einen wunden Punkt, doch sie stand im Einklang mit einer überall in der Diaspora stärker werdenden Geisteshaltung. Der britische Oberrabbiner Jonathan Sacks erklärte 1994, die Entsendung des Großteils jüdischer Spenden nach Israel bedeute auf seltsame Weise, daß die Diaspora die klassische zionistische Lehre des *shelilat ha-golah* (Negation der Diaspora) verinnerlicht habe. Er empfahl eine Umlenkung der Mittel, damit sich die Beziehung zwischen Israel und der Diaspora »von Abhängigkeit auf Gegenseitigkeit« verlagere.[6]

Hierbei geht es um mehr als finanzielle Mittel. Es ist eine Existenzfrage danach, was für Menschen – als Individuen und als Kollektiv – die Juden sein wollen.

Für manche Israelis mag sich mit der Auflösung der Diaspora der zionistische Traum von der »Einsammlung der im Exil Lebenden« erfüllen – zumal die Emigration nach Israel einen Teil des Prozesses ausmacht. Dem gegenüber steht die Anschauung von Simon Rawidowicz, einem der weitsichtigsten jüdischen Denker der Nachkriegszeit. Er meinte, es sei ein vulgärer Irrtum, sich die Beseitigung des *galut* (Exil) als ein zionistisches Ziel vorzustellen. Ein Israel ohne sein jüdisches Hinterland in der Diaspora wäre ein kläglich verkümmertes Gebilde.

Oberflächlich gesehen, ist die Koexistenz zwischen Israel und der Diaspora heutzutage harmonischer als je zuvor. 1945 hätten sich die meisten Juden in Europa nicht als Zionisten bezeichnet. Viele lehnten den Zionismus ab, entweder von einem liberal-assimilationistischen oder von einem kommunistischen Standpunkt aus – oder vielleicht einfach deshalb, weil sie seiner Behauptung, das jüdische Problem lösen zu können, keinen Glauben schenkten. Im Laufe der letzten beiden Generationen ist die unverhohlene Feindschaft dem Zionismus gegenüber bei den Juden in Europa fast völlig verschwunden. Das bedeutet nicht, daß jeder Jude unweigerlich die israelische Politik unterstützt. Die Diaspora hat heftige Proteste sowohl gegen die israelische Besiedlungspolitik nach 1967 als auch, in jüngerer Zeit, gegen den israelischen Rückzug aus einigen besetzten Gebieten vorgebracht. Aber seit 1967 sind kaum noch Juden zu finden, welche die Legitimität der Existenz Israels in Frage stellen.

Die meisten Juden sind heutzutage bereit, irgendeine persönliche Beziehung zum jüdischen Staat einzuräumen. Viele fallen in die Kategorie der Salon-Zionisten. Manche haben Israel zu einem weltlichen Gott gemacht. Ein Einschreiten dieses Deus ex machina dürfte jedoch schwerlich Wunder wirken. Israel kann natürlich weiterhin »Emissäre« ins Ausland schicken, den Hebräischunterricht fördern, jüdische Jugendliche in Kibbutzim und an israelischen Universitäten willkommen heißen und eine aktive Kulturdiplomatie betreiben. Aber das alles führt letztlich zu einem Dilemma: Je erfolgreicher Israel mit solchen Bemühungen ist, desto eher zieht es genau die Elemente, die es kräftigen möchte, ins eigene Land – und fort von der Diaspora.

Kann die Diaspora aus ihrem eigenen Innern die Kraft zur Erneuerung heraufbeschwören?

Einer der besonnensten jüdischen Intellektuellen Frankreichs, Richard Marienstras, erläutert in seinem Buch *Etre un peuple en diaspora*, daß die Diaspora einen Zweck, einen Sinn und eine Zukunft haben kann und sollte. Obwohl Marienstras manchmal als »Neobundist«* bezeichnet wird, beabsichtigt er nicht, die autonomistische

---

* Siehe S. 134

Ideologie des Bundes wiederzuerwecken, denn diese hat außerhalb des traditionellen osteuropäischen Rahmens keinen praktischen Wert und keine Bedeutung. Er erklärt: »Es ist Zeit, die irrtümliche Idee zu überwinden, daß man außer durch die Religion oder den zionistischen Nationalismus kein ›Jude sein‹ könne.«[7] Was bleibt also? Marienstras' Antwort lautet, daß die verweltlichten Juden ein neues Interesse an der hebräischen und jiddischen Kultur, an der jüdischen Geschichte und an »einer Kulturpolitik der Diaspora« entwickeln müßten.

Das Projekt mag weniger widersinnig sein, als es sich anhört. Eine solche Betonung der Tugenden des kulturellen Pluralismus entspricht dem allgemeinen kulturellen Wandel, der insbesondere durch Millionen nicht-europäischer und oft nicht-christlicher Einwanderer ausgelöst wurde, in den westeuropäischen Gesellschaften seit den siebziger Jahren. Vorher einheitliche, zentralistische Gesellschaften wie in Frankreich und England zeigen nun größere Offenheit für kulturelle Vielfalt. Allerdings gibt es kaum Indizien dafür, daß die Juden unter den Bedingungen der zeitgenössischen europäischen Diaspora weiterhin die minimalen Mittel besitzen, um effektiv auf die Herausforderung und die Möglichkeiten eines echten Kulturpluralismus reagieren zu können. Tatsache ist, daß Marienstras' Anregungen (und ähnliche Vorschläge von anderer Seite), so bewundernswert sie sein mögen, außerhalb eines kleinen Kreises von Intellektuellen nicht haben Wurzel fassen können.

Letzten Endes entscheiden Völker ihr eigenes Schicksal. Wie Nahum Goldmann schrieb: »Völker gehen in der Geschichte durch Selbstmord, nicht durch Mord unter.« Wenn die Juden Europas schließlich untergehen sollten, dann deshalb, weil sie in ihrer Gesamtheit den Lebenswillen verloren haben.

Hierfür gibt es einen Präzedenzfall. Einige Zeit vor 1127 traf eine kleine Gruppe von Juden, die auf der Seidenstraße angereist waren, in China ein. Sie ließen sich in Kai-feng nieder, wo sie einen Tempel bauten und ihre separate Identität mehrere Jahrhunderte lang bewahrten. Der Jesuitenmissionar Matteo Ricci befragte einen von ihnen im Jahre 1605 und verzeichnete ihre Bräuche. Sie scheinen bei ihren chinesischen Nachbarn auf keine oder fast keine Feindschaft gestoßen zu sein. Allmählich machten sie sich die Werte und Sitten der konfuzianistischen Zivilisation zu eigen und verloren den Kontakt zu ihrer eigenen Kultur. Im neunzehnten Jahrhundert verkauften sie ihre verbliebenen heiligen Schriftrollen, die sie ohnehin nicht mehr lesen konnten. Anfang des zwanzigsten Jahrhunderts nahmen einige von ihnen Verbindung mit jüdischen Kaufleuten aus Bagdad und Europa auf, die sich in Shanghai etabliert hatten, und baten um Hilfe bei der Erhaltung ihrer Gemeinde-Identität. Aber sie hatten zu lange gezögert. Nachdem sie erstaunliche acht Jahrhunderte lang als separate Gruppe überlebt hatten, verschmolzen sie nun mit der sie umgebenden Gesellschaft.

In den neunziger Jahren gibt es in Kai-feng immer noch ein paar Familien, die sich ihrer jüdischen Abstammung vage bewußt sind. Manche behaupten sogar (wenn sie ausländischen jüdischen Touristen begegnen), sich daran zu erinnern, daß ihre Großeltern kein Schweinefleisch aßen oder freitags Kerzen anzündeten. Die Nachfahren der Juden von Kai-feng haben die chinesische Regierung gebeten, sie als nationale Minderheit anzuerkennen. Aber die Behörden von Beijing haben alle Gesuche dieser Art abgelehnt – und das zu Recht. Denn die Antragsteller sind in jedem wesentlichen Sinne Chinesen.

Die Juden Europas stehen nun vor einem ähnlichen Schicksal. Langsam, aber sicher schwinden sie dahin. Bald wird nur noch eine körperlose Erinnerung zurückbleiben.

Anmerkungen

VORWORT

1. Jean-Paul Sartre, *Beobachtungen zur Judenfrage. Psychoanalyse des Antisemitismus* (Zürich 1948), S. 10.
2. »Dutch Jewry: A Demographic Analysis, Part Two«, JJS IV, 1 (June 1962), S. 47–71.
3. Sergio DellaPergola, »Jews in the European Community: Socio-demographic Trends and Challenges«, *AJYB*, Bd. 93 (New York 1993), S. 29.
4. W. Rabinowitch, »État du Judaïsme français«, *Esprit*, 114 (September 1945), S. 481.
5. M. Freedman (Hrsg.), *A Minority in Britain, Social Studies of the Anglo-Jewish Community* (London 1955), S. 228.

1. KAPITEL: DISPLACED PERSONS

1. Martin Gilbert, *Auschwitz and the Allies* (London 1981), S. 338.
2. Zitiert in Abram L. Sachar, *The Redemption of the Unwanted. From the Liberation of the Death Camps to the Founding of Israel* (New York 1983), S. 12.
3. »Buchenwald: A Preliminary Report«, von Egon Fleck und Leutnant Edward A. Tenenbaum, Hauptquartier, 12. Armeegruppe, Publicity and Psychological Warfare, 24. April 1945, PRO FO 371/46796/C1922/63/18.
4. R. H. S. Crossman, *Palestine Mission* (London 1946), S. 21.

5. PRO FO 371/46796/C2391/63/18, Auszug aus SHAEF G Division Displaced Persons Branch, 30. April 1945.

6. Ronald W. Zweig, »Feeding the Camps: Allied Blockade Policy and the Relief of Concentration Camps in Germany, 1944–1945, *Historical Journal*, 41, 3 (1998), S. 825–851.

7. Zitiert in Dina Porat, »Attitudes of the Young State of Israel towards the Holocaust and Its Survivors: A Debate over Identity and Values«, in Laurence J. Silberstein (Hrsg.), *New Perspectives on Israeli History, The Early Years of the State* (New York 1991), S. 162.

8. Cmd 6626, London; April 1945.

9. *Daily Express*, 10. April 1945.

10. Maurice Szafran, *Les Juifs dans la politique française. De 1945 à nos jours* (Paris 1990), S. 35.

11. *Ibid.*

12. Dienke Hondius, »A Cold Reception: Holocaust Survivors in the Netherlands and Their Return«, *Patterns of Prejudice*, 28, 1 (1994), S. 6.

13. Ausgabe vom 2. Juli 1945, zitiert in *ibid.*, S. 59.

14. Siehe Lucjan Dobroszycki, »Restoring Jewish Life in Post-war Poland«, *SJA* III, 2 (1973), S. 66 f.

15. Zitiert in Roger Daniels, »American Refugee Policy in Historical Perspective«, in Jarrell C. Jackman and Carla M. Borden (Hrsg.): *The Muses Flee Hitler. Cultural Transfer and Adaptation 1930–1945* (Washington, DC 1983), S. 71.

16. L. N. Collins für Ministry of Economic Warfare and Displaced Persons Division, SHAEF, [Anfang Mai] 1945, PRO FO 371/51117/WR1300/4/48.

17. Protokoll von Vyvyan, 2. Juli 1945, PRO FO 371/51119/WR1951/4/48.

18. Siehe Dobroszycki, »Post-war Poland«, S. 64.

19. *The Times*, 21. Juli 1945.

20. Protokoll von Paul Mason, 25. Juli 1945, PRO FO 371/51120/WR2226/4/48.

21. Attlee an Truman, 16. September 1945, zitiert in Amikam Nachmani, *Great Power Discord in Palestine. The Anglo-American Committee of Inquiry into the Problems of European Jewry and Palestine. 1945–1946* (London 1987), S. 12.

22. House of Commons Hansard, 15. Mai 1945.

23. Text von Harrisons Bericht in Anhang B zu Leonard Dinnerstein, *America and the Survivors of the Holocaust* (New York 1982), S. 291–305.

24. Malcolm J. Proudfoot, *European Refugees. 1939–1952* (London 1957), S. 325.

25. Zitiert in Constantin Goschler, »The Attitude towards Jews in Bavaria after the Second World War«, *Leo Baeck Institute Year Book*, XXXVI (London 1991), S. 447.

26. Reproduktion der Broschüre in Dinnerstein, *America and the Survivors*, Anhang C, S. 307–13.

27. Peter Meyer et al., *The Jews in the Soviet Satellites* (Syracuse, NY 1953), S. 256.

28. Depesche aus Warschau nach London, datiert 20. Februar 1946, zitiert in Nachmani, *Great Power Discord*, S. 11.

29. Siehe z. B. *Bamidbar. Wochncajtung fun di bafrajte Jidn* (Föhrenwald 1946); *Jidisze Cajtung. Allgmejn-Nacjonaler Organ* (Landsberg, 1946–1947); und *Cum Ojfboj* (Deggendorf, 1946–1947).

30. Zitiert in Porat, »Attitudes«, S. 164.

31. Yehuda Bauer, *Out of the Ashes. The Impact of American Jews on Post-Holocaust European Jewry* (Oxford 1989), S. 200.

32. *Ibid*, S. 84.

33. Sachar, *Redemption*, S. 202.

34. Abschrift von UNRRA-Bericht in Yuri Boshyk (Hrsg.), *Ukraine during World War II. History and Its Aftermath. A Symposium* (Edmonton, Alberta 1986), S. 209–222.

35. Crossman, *Palestine Mission*.

36. Nachmani, *Great Power Discord*, S. 145.

37. Crossman, *Palestine Mission*, S. 100.

38. John Stetsinger, *Truman, the Jewish Vote, and the Creation of Israel* (Stanford, CA 1974), S. 29.

39. Zitiert in Michael Chechinski, »The Kielce Pogrom: Some Unanswered Questions«, *SJA*, V, 1 (1975), S. 65.

40. Abschrift von Kardinal Hlonds Bemerkungen gegenüber amerikanischen Journalisten, Warschau, 11. Juli 1946, USNA State Department decimal file 840.48 Refugees/7-1146.

41. Memorandum des Gesprächs zwischen Górka und Gerald Keith, Warschau, 9. Juli 1946, USNA State Department decimal file 840.48 Refugees/7–1146.

42. Zitiert in Checinski, »Kielce Pogrom«, S. 61.

43. US-Botschaft, Warschau, an Außenministerium [Fotoluftpost-brief], 25. Juli 1946, USNA State Department decimal file 840.48 Refugees/7–2546.

44. Steinhardt an Außenministerium, 7. Oktober 1946, USNA State Department decimal file 840.48 Refugees S/10–746.

45. Abschrift von »Report of the Executive Staff of the UNRRA, US Zone HQ, to the Director-General of UNRRA«, September 1946, in Boshyk (Hrsg.), *Ukraine during World War II*, S. 225–232.

46. Proudfoot, *European Refugees*, S. 344.

47. Foreign-Office Memorandum, 2. September 1946, zitiert in Nachmani, *Great Power Discord*, S. 13.

48. Israel Cohen, »Jewish Interests in the Peace Treaties«, *Jewish Social Studies*, XI, 2 (April 1949), S. 99–118.

49. Protokolle datiert 8. (Unterschrift unleserlich) und 11. (von A. W. H. Wilkinson) Februar 1947, PRO FO 371/64060 C2896/2722/3.

50. Bauer, *Out of the Ashes*, S. 130.

51. Zitiert in David Cesarani, *Justice Delayed* (London 1992), S. 79.

52. Roland Webster, »American Relief and Jews in Germany 1945–60; Diverging Perspectives«, *Leo Baeck Institute Year Book*, XXXVIII (London 1993), S. 307.

53. *Ibid.*, S. 314.

54. *Ibid.*, S. 299.

55. *Ibid.*, S. 300.

56. »Joint«-Bericht von 1954, zitiert in *ibid.*, S. 320.

57. Bericht über Deutschland von AJDC Country Director Theodor Feder, AJDC 11th Country Directors Conference, Paris, 15.–17. Oktober 1956 (durch Zyklostil vervielfältigt).

2. KAPITEL: STALINS LETZTE OPFER, 1945–53

1. Bernard Weinryb, »Poland«, in Meyer et al., *Jews in Soviet Satellites*, S. 244.

2. Memorandum von R. B. B. Tollinton, Sofia, 16. Mai 1945, PRO FO 371/51117/WR 11683/4/48.

3. Protokoll von B. Horsfield, 28. Mai 1945, PRO FO 371/51117/WR 1437/4/48.

4. Lambert (Sofia) an Foreign Office, 10. Mai 1945, in *ibid.*

5. Paul Mason an H. A. Goodman, 10. August 1945, PRO FO 371/51120/WR2156/4/48.

6. Peter Meyer, »Czechoslovakia«, in Meyer et al., *Jews in Soviet Satellites*, S. 81 f.

7. Kurt Wehle, »The Jews in Bohemia und Moravia, 1945–1948«, in Avigdor Dagan (Hrsg.), *The Jews of Czechoslovakia. Historical Studies and Surveys*, Bd. III (Philadelphia 1984), S. 511 f.

8. Eugene Duschinsky, »Hungary«, in Meyer et al., *Jews in Soviet Satellites*, S. 392.

9. Irena Hurwic-Nowakowska, *A Social Analysis of Post-war Polish Jewry* (Jerusalem 1986), S. 54, 57.

10. *Ibid.*, S. 101.

11. Sartre, *Betrachtungen zur Judenfrage*, S. 25.

12. Weinryb, »Poland«, in Meyer et al., *Jews in Soviet Satellites*, S. 244.

13. Duschinsky, »Hungary«, in *ibid.*, S. 404.

14. Meyer, »Czechoslovakia«, in *ibid.*, S. 85.

15. Duschinsky, »Hungary«, in *ibid.*, S. 469.

16. *JC*, 14. Januar 1955.

17. Duschinsky, »Hungary«, in Meyer et al., *Jews in Soviet Satellites*, S. 479.

18. Nicolas Sylvain, »Rumania«, in *ibid.*, S. 534.

19. Baruch Hazzan, »The Jewish Community of Bulgaria«, in Daniel J. Elazar et al., *The Balkan Jewish Communities. Yugoslavia, Bulgaria, Greece and Turkey* (Lanham, MD 1984), S. 77.

20. Siehe Yosef Goldkorn, *The Rise and Fall of a Jewish Newspaper. Dos Nyeh Lebn, Poland 1945–50* (Tel Aviv 1993).

21. Übersetzung in Benjamin Pinkus, *The Soviet Government and the Jews 1948–67. A Documented Study* (Cambridge 1984), S. 34.

22. Sylvain, »Rumania«, in Meyer et al., *Jews in Soviet Satellites*, S. 534.

23. *Folksschtime*, 12. November 1948; die Übersetzung dieser Passage in Weinryb, »Poland«, in Meyer et al., *Jews in Soviet Satellites*, S. 295, vermittelt einen etwas irreführenden Eindruck.
24. Ausgabe vom 23. Januar 1953, zitiert in Meyer, »Czechoslovakia«, in *ibid.*, S. 162.
25. *ibid.*, S. 183.
26. Tschechischer Zeitungsartikel zitiert in Patrick Brogan, *The Captive Nations, Eastern Europe 1945–1990* (New York 1990), S. 90.
27. Pinkus, *Soviet Government*, S. 196 f.
28. Nicht vierundzwanzig, wie man früher annahm: Siehe Zev Ben-Shlomo, »Darkness at the Heart of a Legend«, *JC*, 7. August 1992; sowie Avraham Greenbaum, »A Note on the Tradition of the Twenty-four Soviet Martyrs«, *SJA*, XVII, 1 (1987), S. 49–52.
29. Elie Wiesel, *Gezeiten des Schweigens* (Freiburg i. B. 1987).
30. Text des Kommuniqués in Pinkus, *Soviet Government*, S. 219 f.
31. *ibid.*, S. 222.
32. Chimen Abramsky, »Soviet Jewry: A Bird's-eye View of their Problems, Past and Present«, Vorlesung im Sitzungssaal der Westminster Cathedral, 27. April 1977.

3. KAPITEL: ERNEUERUNG IN WESTEUROPA, 1945–73

1. Zitiert in Joel Fishman, »The Jewish Community in Post-War Netherlands, 1944–1975«, *Midstream* (Januar 1976), S. 42–54.
2. Bericht von Country Director for Greece, AJDC 11th Country Directors Conference, Paris, 15.–17. Oktober 1956 (Zyklostil).
3. Chaim an Vera Weizmann, 6. Januar 1921, in Bernard Wasserstein (Hrsg.), *The Letters and Papers of Chaim Weizmann*, Bd. X (New Brunswick, NJ 1977), S. 124.
4. *JC*, 15. Oktober 1976.
5. Leni Yahil, *The Rescue of Danish Jewry. Test of a Democracy* (Philadelphia 1969), S. 378.
6. Zitiert in Maxime Rodinson, *Peuple juif ou problème juif?* (Paris 1981), S. 47.

7. Siehe *ibid.*, S. 46.

8. Pierre Birnbaum, *Anti-Semitism in France. A Political History from Léon Blum to the Present* (Oxford 1992), S. 143.

9. *Ibid.*, S. 77, 211 f.

10. *Ibid.*, S. 43.

11. Zum Beispiel Szafran in seinem Buch *Les Juifs dans la politique*.

12. *Sondages*, XX, 2 (1967), S. 69 ff.

13. Doris Bensimon, »Sondage Socio-Démographique auprès des Juifs en France: Résultats Préliminaires (Région Parisienne)«, in *Papers in Jewish Demography 1977*, hrsg. von U. O. Schmelz, P. Glikson und S. DellaPergola (Jerusalem 1980), S. 179–190.

14. Georges Benguigui, »First-year Jewish Students at the University of Paris«, in Benguigui et al., *Aspects of French Jewry* (London 1969), S. 24–96.

15. Norman Bentwich, »The Social Transformation of Anglo-Jewry, 1883–1960«, *JJS*, II, 1 (Juni 1960), S. 16–24.

16. Siehe Chaim Bermant, *The Cousinhood. The Anglo-Jewish Gentry* (London 1971).

17. Ernest Krausz, »The Economic and Social Structure of Anglo-Jewry«, in Julius Gould und Shaul Esh (Hrsg.), *Jewish Life in Modern Britain* (London 1964), S. 32 f.

18. S. J. Prais and Marlena Schmool, »The Social-Class Structure of Anglo-Jewry, 1961«, *JJS*, XVII, 1 (Juni 1975), S. 5–15.

19. Zitiert in Howard Brotz, »The Outlines of Jewish Society in London«, in Freedman (Hrsg.), *Minority in Britain*, S. 185.

20. Freedman, *Minority in Britain*, S. 112, 230.

21. Gerald Cromer, »The Transmission of Religious Observance in the Contemporary Jewish Family: The Methodology and Findings of a Survey of a London Suburb«, in Schmelz et al., *Papers in Jewish Demography 1977*, S. 225–233.

22. Die Ergebnisse der Edgware-Untersuchung wurden von Ernest Krausz in drei Artikeln in *JJS* veröffentlicht: »The Edgware Survey: Demographic Results«, *JJS*, X, 1 (Juni 1968), S. 83–100; »The Edgware Survey: Occupation and Social Class«, *JJS*, XI, 1 (Juni 1969), S. 75–95; und »The Edgware Survey: Factors in Jewish Identification«, *JJS*, XI, 2 (Dezember 1969), S. 151–163.

23. Norman Cohen, »Trends in Anglo-Jewish Religious Life«, in Gould and Esh (Hrsg.), *Jewish Life in Modern Britain*, S. 49.

24. Ursula R. Q. Henriques (Hrsg.), *The Jews of South Wales. Historical Studies* (Cardiff 1993), S. 212–13.

25. Maurice Freedman, »The Jewish Population of Great Britain«, *JJS*, IV, 1 (Juni 1962), S. 92–106.

26. Kurt B. Mayer, »The Evolution of the Jewish Population of Switzerland in the Light of the 1970 Census«, in Schmelz et al., *Papers in Jewish Demography 1973*, S. 309–322.

27. *Ibid.*

28. Sergio DellaPergola, »A Note on Marriage Trends among Jews in Italy«, *JJS*, XIV, 2 (Dezember 1972), S. 199 f.

29. Ph. van Praag, *Demography of the Jews in the Netherlands* (Jerusalem 1976), S. 47.

30. Siehe Jacques Gutwirths Rezension von S. Wijnberg, *De Joden in Amsterdam* (Assen 1967), *JJS*, X, 1 (Juni 1968), S. 160–162.

31. Georges Levitte, »A Changing Community«, in Benguigui et al., *Aspects of French Jewry*, S. 20.

32. *Sondages*, XX, 2 (1967), S. 69 ff.

33. Edgar Morin, *La Rumeur d'Orléans* (Paris 1968).

34. Benguigui, »First-Year Jewish Students«; Bernard Wasserstein, »Jewish Identification among Students at Oxford«, *JJS*, 2 (Dezember 1971), S. 135–151.

4. KAPITEL: DER EINFLUSS ISRAELS

1. Ben Zion Dinur, *Israel and the Diaspora* (Philadelphia 1969), S. 100.

2. Annie Besse im Jahre 1953, zitiert in Rodinson, *Peuple juif*, S. 47.

3. Die Wendung wird von dem früheren britischen Oberrabbiner Lord Jakobovits benutzt, um die Haltung der chassidischen Sekte Satmar zu beschreiben: Immanuel Jakobovits, »Religious Responses to Jewish Statehood«, *Tradition*, 20, 3 (Herbst 1982), S. 192.

4. *Ibid.*, S. 200.

5. Siehe zum Beispiel die für die Stern-Gruppe eintretende Zeitung *Eretz Israel*, Paris, 1948–49.

6. Gideon Shimoni, »Non-Zionists in Anglo-Jewry, 1937–48«, *JJS*, XXVIII, 2 (Dezember 1986), S. 104.
7. Szafran, *Les Juifs dans la politique*, S. 85.
8. *Ibid.*
9. *Ibid.*, S. 91.
10. Zitiert in Marion Berghahn, *German-Jewish Refugees in England. The Ambiguities of Assimilation* (London 1984), S. 141.
11. Georges Friedman, *Fin du peuple juif?* (Paris 1965), S. 13.
12. Yehoshua A. Gilboa, »The 1948 Zionist Wave in Moscow«, *SJA*, I, 2 (November 1971), S. 36.
13. *Ibid.*, S. 37.
14. Weinryb, »Poland«, in Meyer at al., *Jews in Soviet Satellites*, S. 312 f.
15. Pinkus, *Soviet Government*, S. 239.
16. Geoffrey Aldermann, *The Jewish Community in British Politics* (Oxford 1983), S. 131 f.
17. *Ibid.*, S. 133.
18. Siehe Alistair Hetherington, *Guardian Years* (London 1981), S. 21.
19. Doris Bensimon-Donath, *L'intégration des Juifs nordafricains en France* (Paris 1971), S. 216.
20. Symposium zu »Juifs, en France, aujourd'hui«, *Esprit*, Nr. 370 (April 1968), S. 581 f.
21. *Ibid.*
22. Maxime Rodinson, »Israel, fait colonial?«, *Les Temps Modernes*, 253 *bis* (1967), nachgedruckt in Rodinson, *Peuple juif*, S. 153–239.
23. Raymond Aron, *Zeit des Argwohns. De Gaulle, Israel und die Juden* (Paris 1967), S. 37.
24. Rodinson, *Peuple juif*, S. 9.
25. S. E. Finer, »Looking Forward in Perplexity«, *JJS*, X, 1 (Juni 1968), S. 139–144.
26. Offizieller Text der Pressekonferenz vom 27. November 1967, herausgegeben von der Französischen Botschaft, London.
27. Aron, *Zeit des Argwohns*, S. 49.
28. Richard Marienstras, *Etre un peuple en diaspora* (Paris 1975), S. 54.

5. KAPITEL:
KONFRONTATION MIT DER VERGANGENHEIT

1. Telford Taylor, *The Anatomy of the Nuremberg Trials. A Personal Memoir* (London 1993), S. 26 (Fußnote).
2. Porat, »Attitudes«, S. 168.
3. Ronald W. Zweig, »Politics of Commemoration«, *Jewish Social Studies*, XLIX, 2 (Frühjahr 1987), S. 158.
4. Siehe David Barnouw und Gerrold van der Stroom (Hrsg.), *The Diary of Anne Frank. The Critical Edition* (New York 1989).
5. Benjamin Netanjahu an UN-Generalsekretär, 12. Mai 1989, UN General Assembly Economic and Social Council Document A/41/337 E/1986/87.
6. J. L. Brierly, »War Crimes: What the Law Can Do«, *Observer*, 8. April 1945.
7. Cesarani, *Justice Delayed*, S. 169.
8. All-Party Parliamentary War Crimes Group, *Report on the Entry of Nazi War Criminals and Collaborators into the* UK, 1945–1950 (London 1988), 13:1.
9. Zitiert in Sachar, *Redemption*, S. 127.
10. *The Times*, 9. Juli 1981.
11. *Sunday Times*, 19. Juli 1981.
12. *The Economist*, 12. Februar 1983.
13. Siehe im Einklang mit dem Freedom of Information Act freigegebene CIA-Dokumente (Kopien im Besitz des Autors) und *Time*, 29. August 1983.
14. *NYT*, 13. Februar 1983.
15. *Le Monde*, 14. September 1994.
16. *Ibid.*, 26. September 1990.
17. *JC*, 29. April 1994.
18. *Le Monde*, 21.–22. Oktober 1990.
19. *NYT*, 13. Juni 1993.
20. *Ibid.*, 10. Mai 1992.
21. *Le Monde*, 7. Januar 1992.
22. Pierre Péan, *Une jeunesse française. François Mitterrand, 1934–1947* (Paris 1994).
23. *Le Monde*, 14. September 1994.

24. Cesarani, *Justice Delayed*, S. 218, 223.
25. *Ibid.*, S. 221.
26. *JC*, 8. Dezember 1989.
27. Cesarani, *Justice Delayed*, S. 238; *JC*, 29. Juni 1990.
28. *JC*, 1. Juli 1994.
29. *NYT*, 26. Januar und 23. Februar 1984.
30. Tom Bower, »Conspiracy in Whitehall«, *The Times*, 21. August 1987. Siehe auch Tom Bower, *Blind Eye to Murder. Britain, America and the Purging of Nazi Germany* (London 1981).
31. Hannah Arendt, *Eichmann in Jerusalem. Ein Bericht von der Banalität des Bösen* (München 1964).
32. Jacob Robinson, *And the Crooked Shall be Made Straight. The Eichmann Trial, the Jewish Catastrophe and Hannah Arendt's Narrative* (New York 1965).
33. S. J. Roth, »The History of the Luxemburg Agreement«, IJARR (September 1977), S. 12.
34. *Ibid.*
35. Jacques Fredj, »La Création du CRIF: 1943 à 1966«, Magisterarbeit, Université de Paris IV, 1988, S. 87 f.
36. Nahum Goldmann, *Staatsmann ohne Staat, Autobiographie* (Köln, Berlin 1970), S. 317–320.
37. Text in Konrad Adenauer, *Erinnerungen 1953–1955* (Stuttgart 1966), S. 138 f.
38. Siehe Kai Bird, »The Secret Policemen's Historian«, *New Statesman*, 3. April 1981, S. 16–19.
39. »German Supreme Court's Landmark Decision«, IJARR, 797/7 (November 1979).
40. Ansprache vor Memorial Foundation for Jewish Culture, Genf, 3. Juli 1979.
41. Immanuel Jakobovits, »The Holocaust: Remembering the Future«, in William Frankel (Hrsg.), *Survey of Jewish Affairs 1983* (Cranbury, NJ 1985), S. 234.

6. KAPITEL:
DIE JUDEN UND DAS CHRISTENPROBLEM

1. Zitate und Analyse des Inhalts der Zeitschrift in Sister Charlotte Klein, »In the Mirror of *Civiltà Cattolica:* Vatican View of Jewry, 1939–1962«, *Christian Attitudes on Jews and Judaism*, 43 (August 1975), S. 12–16.

2. Crossman, *Palestine Mission*, S. 101.

3. Weinryb, »Poland«, in Meyer et al., *Jews in Soviet Satellites*, S. 249.

4. Zitiert in Michal Borwicz, »Polish-Jewish Relations, 1944–1947«, in Chimen Abramsky, Maciej Jachimczyk und Antony Polonsky (Hrsg.), *The Jews in Poland* (Oxford 1986), S. 195.

5. Saul Friedländer, *Wenn die Erinnerung kommt ...* (Stuttgart 1979).

6. Siehe Maurice Rajsfus, *N'oublie pas le petit Jésus! L'Eglise catholique et les enfants juifs* (Levallois-Perret 1994). Zum Fall Finaly siehe auch »Rabi«, *L'Affaire Finaly. Des faits, des textes, des dates* (Marseille 1953); Jules Isaac, *L'Affaire Finaly. Significations, enseignements* (Marseille 1953); Moise Keller, *L'Affaire Finaly telle que je l'ai vécue* (Paris 1960); Roger Berg, »›Mon‹ affaire Finaly«, *Tribune Juive*, 18. März 1993; und Szafran, *Les Juifs dans la politique*, S. 65–71.

7. Joel S. Fishman, »Jewish War Orphans in the Netherlands – the Guardianship Issue 1945–1950«, *Wiener Library Bulletin*, XXVII, neue Reihe, 30/31 (1973–74), S. 31–36.

8. *Ibid.*

9. Joel S. Fishman, »The Anneke Beekman Affair and the Dutch News Media«, *Jewish Social Studies*, XL, 1 (Winter 1978), S. 3–24.

10. Siehe Memorandum von Lola Hahn-Warburg, 19. April 1950, CBF 169/47.

11. Siehe »John Presland« (= Gladys Bendit), *The Great Adventure* (London 1944), S. 5.

12. Oberrabbiner Hertz an Lord Gorell, 16. November 1943, CBF 166/359.

13. *The Child-Estranging Movement* (London Januar 1944).

14. Siehe zum Beispiel Memorandum von Rev. R. Smith vom Scottish Christian Council, September 1941, CBF 166/126.

15. Nicht unterzeichnetes Memorandum, 12. Dezember 1949, CBF 169/8.

16. Memorandum von Carlebach, 16. September 1941, CBF 169/92.

17. *Ibid.*

18. Geoffrey Wigoder, *Jewish-Christian Relations since the Second World War* (Manchester 1988), S. 37.

19. Duschinsky, »Hungary«, in Meyer et al., *Jews in Soviet Satellites*, S. 414.

20. Wigoder, *Jewish-Christian Relations*, S. 165.

21. Siehe Aufzeichnung des Gesprächs zwischen Erzbischof Heenan und A. L. Easterman, September 1963, Institute of Jewish Affairs: World Jewish Congress »Old Archives 1958-66: Box 34: Vatican II«.

22. Kardinal John Willebrands, »Champion of Christian Unity and of a New Relationship of the Jews«, *Christian-Jewish Relations*, 14, 4 (Dezember 1981), S. 13.

23. Kardinal John Willebrands, »Christians and Jews: A New Vision«, in Alberic Stacpoole (Hrsg.), *Vatican II by Those Who Were There* (London 1986), S. 220.

24. *Relatio* zum Schema, November 1963, englische Übersetzung in *Christian-Jewish Relations*, 14, 4 (Dezember 1981).

25. Gespräch zwischen Heenan und Easterman, September 1963, Institute of Jewish Affairs: World Jewish Congress »Old Archives 1958-66: Box 34: Vatican II«.

26. Siehe Aufzeichnung des Gesprächs zwischen Kardinal Bea und Gerhart M. Riegner vom Jüdischen Weltkongreß, 16. Mai 1966, Institute of Jewish Affairs: World Jewish Congress »Old Achives 1958-66: Box 34: Vatican II«.

27. Christopher Hollis, »The Vatican Council and the Jews«, 11th Noah Barou Memorial Lecture, London, 29. November 1966 (Vervielfältigung).

28. *Observer*, 24. Oktober 1965.

29. George Bull, *Vatican Politics at the Second Vatican Council 1962-65* (London 1966), S. 66.

30. *Relatio* zum Schema, englische Übersetzung in *Christian-Jewish Relations*, 14, 4 (Dezember 1981).

31. Bull, *Vatican Politics*, S. 86 (Anm.).

32. Saul Friedländer, *Pius XII and the Third Reich. A Documenta-tion* (London 1966).

33. *Actes et Documents du Saint Siège Relatifs à la Seconde Guerre Mondiale* (Vatikanstadt 1965–).

34. John F. Morley, *Vatican Diplomacy and the Jews During the Holocaust 1939–1943* (New York 1980).

35. Zweites Vatikanisches Konzil, *Erklärung über das Verhältnis der Kirche zu den nichtchristlichen Religionen*, hrsg. vom Erzbi-schöflichen Ordinariat Bamberg (Bamberg o. J.), S. 7.

36. Bull, *Vatican Politics*, S. 149.

37. Wigoder, *Jewish-Christian Relations*, S. 78.

38. Entstehungsgeschichte der Erklärung, 20. November 1964, eng-lische Übersetzung in *Christian-Jewish Relations*, 14, 4 (Dezem-ber 1981), S. 51–53.

39. JTADNB, 22. April 1966.

40. Hans Küng, *Die Kirche* (Freiburg, Basel, Wien 1967), S. 167.

41. Wigoder, *Jewish-Christian Relations*, S. 94.

42. *Richtlinien und Hinweise für die Konzilserklärung »Nostra Aetate«, Art. 4* (Trier 1976), S. 38.

43. *Ibid.*, S. 36–38.

44. Schwester Charlotte Klein, »Catholics and Jews – Ten Years after Va-tican II«, *Journal of Ecumenical Studies*, 12, 4 (Herbst 1975), S. 475.

45. Wigoder, *Jewish-Christian Relations*, S. 91 f.

46. Siehe Analyse von Wigoder, *ibid.*, S. 91–98.

47. Krister Stendahl, »Judaism and Christianity II – After a Collo-quium and a War«, *Harvard Divinity Bulletin*, neue Reihe, I, 1 (Herbst 1967), S. 2–8.

48. Text in Wigoder, *Jewish-Christian Relations*, S. 159–167.

49. »Change at Oberammergau«, *Christian Attitudes on Jews and Judaism* 44 (Oktober 1975), S. 16.

50. Siehe John J. Kelly, SM, »The Dilemma of Oberammergau«, *Chri-stian-Jewish Relations*, 23, 1 (1990), S. 28–32.

51. Text der Ansprache des Papstes, 7. Juni 1979, in *Christian Attitu-des to Jews and Judaism*, 67 (August 1979), S. 1 f.

52. »Une forteresse de la prière«, Traktat von Aide à l'Eglise en détresse, Frühjahr 1985, nachgedruckt in Beilage »Carmel

d'Auschwitz« zu *La Documentation Catholique*, Nr. 1991, Paris, 1. Oktober 1989.

53. Rede am Mémorial du Martyr Juif Inconnu in Paris, 17. April 1986, Text in *ibid.*

54. Text (in französischer Übersetzung) in *ibid.* Der Artikel erschien ursprünglich in *Tygodnik Powszechny*, 22. Juni 1986.

55. Text der beiden Genfer Absprachen in *ibid.*

56. Kommuniqué der Polnischen Presseagentur, 12. April 1989, Text in *Christian-Jewish Relations*, 22, 1 (Frühjahr 1989), S. 49.

57. Deborah Lipstadt, »Anti-Semitism in Eastern Europe: Old Wine in New Bottles«, Bericht für Anti-Defamation League of B'nai B'rith, New York, Dezember 1991, S. 6.

58. Geoffrey Wigoder, »The Affair of the Carmelite Convent at Auschwitz«, in William Frankel (Hrsg.), *Survey of Jewish Affairs 1990* (Oxford 1990), S. 199.

59. *Ibid.*, S. 202.

60. *Le Monde*, 16. April 1993.

61. Szafran, *Les Juifs dans la politique*, S. 21 f.

62. *JC*, 31. Dezember 1993; vollständiger Text der päpstlichen Ansprache in International Catholic-Jewish Liaison Committee, *Fifteen Years of Catholic-Jewish Dialogue 1970–1985. Selected Papers* (Vatikanstadt 1988), S. 321–325.

63. *NYT*, 7. Dezember 1990.

7. KAPITEL: DIE DREI DEUTSCHSPRACHIGEN LÄNDER UND DIE JUDEN

1. Karen Gershon, *Postscript. A Collective Account of the Lives of Jews in West Germany since the Second World War* (London 1969), S. 24.

2. L. F. Katten an Berliner Polizeipräsidenten, 2. Juli 1945, mit Anlage, Landesarchiv Berlin (Ost), STA Rep. 9/0060/20–21.

3. *Ibid.*, Bericht vom 8. Juli, Rep. 9/0060/23.

4. *Ibid.*, Dörfel an Pastor Buchholz, Beirat für kirchliche Angelegenheiten des Magistrats der Stadt Berlin, 25. September 1945, Rep. 9/0060/26.

5. Josef Joffe, »Fifty Years after the Third Reich: The Jewish Community in Post-war Germany«, in Frankel (Hrsg.), *Survey of Jewish Affairs 1983*, S. 227.

6. Monika Richarz, »Jews in Today's Germanies«, *Leo Baeck Institute Year Book*, XXX (London 1985), S. 265.

7. Landesarchiv Berlin (Ost), STA Rep 9/0060/137.

8. Gershon, *Postscript*, S. 29.

9. Bericht des Jewish Central Information Office, London, über die Juden in Berlin, 25. August 1945, PRO FO 371/46959C5258/4162/18.

10. Robin Ostow, *Jüdisches Leben in der DDR* (Frankfurt a. M. 1988), S. 13.

11. Bauer, *Out of the Ashes*, S. 268.

12. Gershon, *Postscript*, S. 76.

13. Goschler, »Jews in Bavaria«, S. 448 f.

14. *Ibid.*, S. 450.

15. *Ibid.*, S. 454–458.

16. Webster, »American Relief«, S. 312–314.

17. Adenauer, *Erinnerungen*, S. 279.

18. Frederick Weil, »The Extent and Structure of Anti-Semitism in Western Populations since the Holocaust«, in Helen Fein (Hrsg.), *The Persisting Question. Sociological Perspectives and Social Contexts of Modern Antisemitism* (Berlin 1987), S. 164–189.

19. Gershon, *Postscript*, S. 61.

20. Joffe, »Fifty Years«, S. 230.

21. Peter Sichrovsky, *Wir wissen nicht, was morgen wird, wir wissen wohl, was gestern war. Junge Juden in Deutschland und Österreich* (Köln 1985).

22. *Ibid.*, S. 61.

23. Siehe Micha Barkol, »The Social Aspect of the Process of Establishing a Jewish Day School in West Berlin (1985–1987) in Light of the Crisis of Contemporary Jewish Life in the Diaspora«, Doktorarbeit, Freie Universität Berlin, 1989, S. 204.

24. *International Herald Tribune*, 27. Mai 1988.

25. Siehe zum Beispiel *Frankfurter Allgemeine Zeitung* und *Die Welt*, 20. Mai 1988; *Süddeutsche Zeitung*, 9. Juli 1988; *Der Spiegel*, 31. Oktober 1988.

26. Jeffrey Herf, »East German Communists and the Jewish Question: The Case of Paul Merker«, *Journal of Contemporary
History*, XXIX (1994), S. 627–61. Siehe auch Herf, »Dokumentation. Antisemitismus in der SED: Geheime Dokumente zum Fall
Paul Merker aus SED- und MfS-Archiven«, *Vierteljahrshefte für
Zeitgeschichte*, 4 (1994), S. 635–67, und *Die Zeit*, 14. Oktober
1994.

27. Zitiert in Lukasz Hirszowicz (Hrsg.), »Documents: Jewish Communal Life in the German Democratic Republic«, *SJA*, XVII,
1 (1987), S. 62.

28. Paul O'Doherty, »The GDR, Its Jews and the USA«, *Politics and
Society in Germany, Austria and Switzerland*, 4.2 (Frühjahr
1992), S. 25–33.

29. Crossman, *Palestine Mission*, S. 103; siehe auch Robert Knight,
»Restitution and Legitimacy in Post-war Austria 1945–1953«, *Leo
Baeck Institute Year Book*, XXXVI (London 1991), S. 420. Die
Genauigkeit der Wiedergabe von Renners Bemerkungen durch
Crossman wurde später in Frage gestellt. Knight weist jedoch
anhand damaliger österreichischer Staatspapiere nach, daß diese
Worte Renners allgemeiner Einstellung zu dem Thema entspra-
chen.

30. *Ibid.*, S. 437.

31. Aviel Roshwald, »The Politics of Statelessness: Jewish Refugees in
Austria after Second World War«, *JJS*, XXXI, 1 (Juni 1989), S. 51.

32. Bauer, *Out of the Ashes*, S. 64.

33. *NYT*, 5. April 1986.

34. *Ibid.*, 28. April 1987.

35. *Ibid.*, 9. Dezember 1987.

36. *Ibid.*, 10. Februar 1988.

37. *Ibid.*, 17. Februar 1988.

38. *Ibid.*, 13. März 1988.

39. Leon Brandt, »Ein anormales Miteinander, ein Zustand ohne
Zukunft«, in Henryk M. Broder und Michel R. Lang (Hrsg.),
Fremd im eigenen Land. Juden in der Bundesrepublik (Frank-
furt am Main 1979), S. 70.

8. KAPITEL: DIE JÜDISCHE REVOLTE IN DER SOWJETUNION

1. Siehe zum Beispiel *Encyclopaedia Judaica Year Book 1986–1987,* S. 363.
2. Siehe Mordechai Altshuler, *Soviet Jerry since the Second World War. Population and Social Structure* (Westport, Conn. 1987), besonders Kapitel 1 und 2.
3. U. O. Schmelz, »New Evidence on Basic Issues in the Demography of Soviet Jews«, *JJS,* XVI, 2 (Dezember 1974), S. 209–223.
4. Benjamin Fain und Mervin F. Verbit, *Jewishness in the Soviet Union: Report of an Empirical Survey* (Jerusalem 1984), S. 88 f.
5. Theodore H. Friedgut, »Soviet Jewry: The Silent Majority«, *SJA,* X, 2 (1980), S. 16.
6. Abraham Brumberg, »*Sovyetish Heymland* and the Dilemmas of Jewish Life in the USSR«, *SJA,* 3 (Mai 1972), S. 28.
7. Pinkus, *Soviet Government,* S. 58.
8. *Ibid.,* S. 62.
9. Brumberg, »*Sovyetish Heymland*«, S. 32.
10. Pinkus, *Soviet Government,* S. 224 f.
11. »Protest and Militancy – A New Trend in Soviet Jewry?«, IJARR USSR/6 (Juni 1966).
12. »Soviet Press Campaign on the Demand for Emigration to Israel«, IJARR USSR/10 (Dezember 1969).
13. Vladimir Lazaris, »The Saga of Jewish Samizdat«, *SJA,* IX, 1 (1979), S. 5.
14. »EXODUS: A Jewish Underground Publication in the USSR«, IJARR USSR/20 (November 1970).
15. Prozeßbeschreibung nach Eduard Kusnezow, *Lagertagebuch. Aufzeichnungen aus dem Archipel des Grauens* (München 1974).
16. Erlaß vom 3. August 1972, *International Legal Materials,* 12 (1973), S. 427.
17. *Jews in the USSR,* II, 20 (18. Mai 1973).
18. *Ibid.,* III, 27 (5. Juli 1974).
19. Martin Gilbert, *Shcharnasky. Hero of Our Time* (London 1986), S. 255.
20. Fain und Verbit, *Jewishness in the Soviet Union,* S. 66 ff.

21. *Ibid.*, S. 119.
22. »Twenty-five Years of Destalinization and Soviet Jewry«, IJARR USSR/78/2 (März 1978).
23. Siehe IJARR USSR/46a (Januar 1974), S. 4.
24. Siehe Zvi Gitelman, »Soviet Jewish Emigrants: Why are They Choosing America?«, *SJA*, VII, 1 (1977), S. 33 f.
25. »Chronicle«, *JJS*, XVII, 2 (Dezember 1976), S. 183.
26. Siehe Theodore H. Friedgut, »Passing Eclipse: The Exodus Movement in the 1980s«, in Robert O. Freedman (Hrsg.), *Soviet Jewry in the 1980s* (Durham, NC 1989), S. 3–25.
27. »Soviet Jewry«, Memorandum an Regionalbüros der Anti-Defamation League of B'nai B'rith, New York, 4. Mai 1983.
28. Siehe Mordechai Altshuler, »Who are the ›Refuseniks‹? A Statistical and Demographic Analysis«, *SJA*, XVIII, 1 (1988), S. 3–15.
29. William Korey, »Soviet Jews' Anxiety«, *NYT*, 14. Januar 1984.
30. *Ibid.*, 20. November 1985.
31. *AJYB*, S. 358.

9. KAPITEL:
OSTEUROPÄISCHE SCHATTEN, 1953–89

1. Harriet Pass Friedenreich, »The Jewish Community of Yugoslavia«, in Elazar et al., *Balkan Jewish Communities*, S. 18 f.
2. Ivor Millman, »The Jewish Population of Romania: Continuity and Decline«, in *Papers in Jewish Demography 1981*, hrsg. von U. O. Schmelz, P. Glikson und S. DellaPergola (Jerusalem 1983), S. 163–72.
3. Szyja Bronsztejn, »A Questionnaire Inquiry into the Jewish Population of Wrocław«, *JJS*, 2, VII (Dezember 1965), S. 255.
4. *Guardian*, 28. Oktober 1977.
5. Maschinengeschriebenes Memorandum von David J. Wasserstein, Budapest, Juni 1983.
6. George Schöpflin (Hrsg.), »Documents: Jews and Hungarians«, *SJA*, XVII, 3 (1987), S. 55–66; siehe auch *JC*, 8. März 1990.
7. Siehe Jaff Shatz, *The Generation. The Rise and Fall of the Jewish Communists of Poland* (Berkeley 1991), S. 272, 379.

8. Siehe Anon [= Michael Checinski], »USSR and the Politics of Polish Antisemitism 1956–68«, *SJA*, I, 1 (Juni 1971), S. 22. Dieser Artikel, für den Geheimquellen herangezogen worden sein sollen, ist die Grundlage für viele Informationen in diesem und den folgenden Absätzen.

9. *Ibid.*, S. 27.

10. Cynthia Stopnicka Heller, »›Anti-Zionism‹ and the Political Struggle within the Elite of Poland«, *JJS*, XI, 2 (Dezember 1969), S. 133–150; siehe auch Shatz, *Generation*, S. 304.

11. Heller, »Anti-Zionism«.

12. »The Student Unrest in Poland and the Anti-Jewish and Anti-Zionist Campaign«, Institute of Jewish Affairs Background Paper, 9 (April 1968).

13. »The Anti-Jewish and Anti-Zionist Campaign in Poland II«, Institute of Jewish Affairs Background Paper, 12 (1. Juli 1968).

14. Übersetzte Auszüge in *ibid.*

15. Lukasz Hirszowicz, »Jewish Themes in the Polish Crisis«, IJARR 10/11 (August 1981), S. 15.

16. »The Anti-Jewish and Anti-Zionist Campaign in Poland II«.

17. Die Umfrageergebnisse, ursprünglich veröffentlicht in *Znak*, Februar–März 1983, S. 339 f., erschienen in französischer Übersetzung im Anhang »Carmel d'Auschwitz«, zu *La Documentation Catholique*, Nr. 1991, 1. Oktober 1989.

18. »Polish Anti-Semitism – 1981«, Memorandum der Anti-Defamation League of B'nai B'rith, 13. März 1981.

19. *NYT*, 15. März 1981.

20. *Ibid.*, 22. April 1981.

21. Hirszowicz, »Jewish Themes in the Polish Crisis«, S. 7.

22. *Ibid.*, S. 14.

23. *SJA*, XII, 1 (1982), S. 59–65; siehe auch *JC*, 23. Juli 1982.

24. *Ibid.*; siehe auch Abraham Brumberg, »The Ghost in Poland«, *New York Review of Books*, 2. Juni 1983, S. 41.

25. *NYT*, 15. Januar 1982.

26. *Ibid.*, 17. April 1983.

27. *Ibid.*, 3. März 1988.

28. Der Artikel erschien ursprünglich in *Tygodnik Powszechny*, 11. Januar 1987. Eine englische Übersetzung ist zu finden in *Chri-*

stian-Jewish Relations, 22, 3/4 (1989), S. 5–17. Der gesamte Artikel sowie mehrere andere Beiträge zu der sich anschließenden Debatte sind günstigerweise in englischer Übersetzung zusammengefaßt in Antony Polosky (Hrsg.), *My Brother's Keeper? Recent Polish Debates on the Holocaust* (London 1990).

29. *Ibid.*
30. *NYT*, 10. Mai 1968.
31. »Anti-Zionist and Anti-Israel Comment in Czechoslovak Press«, IJARR Czechoslovakia/9 (Mai 1970).
32. A. Zwergbaum, »Czechoslovak Jewry in 1979«, *SJA*, X, 3 (1980), S. 43.
33. Peter Brod (Hrsg.), »Documents. Czechoslovakia: Jewish Legacy and Jewish Present«, *SJA*, XX, 1 (Frühjahr 1990), S. 63.

10. KAPITEL:
WESTEUROPÄISCHE KOMPLIKATIONEN, 1973–89

1. Text in John Norton Moore, *The Arab-Israeli Conflict* (Princeton 1974), Bd. III: Documents, S. 1146–48.
2. Henri Simonet, »Energy and the Future of Europe«, *Foreign Affair*, (April 1975).
3. »Israeli Expansion«, von der British Anti-Zionist Organization veröffentlichtes Flugblatt, ca. 1978.
4. »People of a Jewish Background Oppose Racist Zionism«, BAZO-Flugblatt, ca. 1978.
5. S. J. Roth, »Antisemitism in the Western World Today«, IJARR, 7 (Juni 1981), S. 9.
6. Richard Eder, »The Jewish Question in France«, *NYT* (Magazinteil), 3. November 1980.
7. »Antisemitism Today: A Symposium«, *Patterns of Prejudice*, 16, 4 (Oktober 1962), S. 9.
8. *Ibid.*, S. 13.
9. Michel Abitbol, *Bituyei Hizdahut Leumit Be-Tsarfat* (Jerusalem 1982), S. 25.
10. *Le Monde*, 29. Juni 1982.
11. Zitiert in Helen Fein, »Contemporary Conflicts: How Do Jewish

Claims and Jewish Nationhood Affect Antisemitism?«, in Fein (Hrsg.), *Persisting Question*, S. 368.

12. »French Jewry and the General Elections«, IJARR, 78/3 (März 1978), S. 2.

13. *Consistoire Central Israélite de France et d'Algérie. Bulletin Intérieur*, 19. Februar 1973.

14. Kolumne von Serge Weill Goudchoux, *Journal des Communautés*, 12. Januar 1973.

15. *Presse Nouvelle Hebdo*, 23. Februar 1973.

16. *JTA Bulletin Quotidien d'Informations*, 1. Februar 1973.

17. *Ibid.*, 12. Februar 1973.

18. *La Terre Retrouvée*, 15. Februar 1973.

19. *Ibid.*

20. *Ibid.*

21. *Ibid.*, 1. März 1973.

22. *L'Arche*, 192, 26. Februar 1973.

23. *Ibid.*

24. Barry Kosmin et al., *Steel City Jews* (London 1976).

25. DellaPergola, »Jews in the European Community«, S. 74.

26. Zu einer ausführlichen Analyse siehe Doris Bensimon und Sergio DellaPergola, *La Population Juive de la France. Socio-Démographie et Identité* (Jerusalem 1984).

27. Gerald Cromer, »Intermarriage and Communal Survival in a London Suburb«, *JJS*, XVI, 2 (Dezember 1974), S. 155–169.

28. Henriques, *Jews of South Wales*, S. 214.

29. *Dublin Jewish News* (neue Reihe), I, 1 (März 1984).

30. Bensimon und DellaPergola, *Population Juive de la France* S. 246 f.

31. *Ibid.*, S. 342 f.

32. *Jerusalem Post*, 1. März 1988.

33. Siehe Avraham A. Kessler, »Fund-raising and Finance in the British Jewish Community, 1983«, in *Papers in Jewish Demography 1985*, hrsg. von U. O. Schmelz und S. DellaPergola (Jerusalem 1989), S. 395–404.

11. KAPITEL: DIE JUDEN
IN DER NEUEN EUROPÄISCHEN UNORDNUNG

1. *JC*, 25. März 1994.
2. *Jerusalem Post*, 3. Juni 1993.
3. Robert J. Brym, »The Emigration Potential of Jews in the Former Soviet Union«, *East European Jewish Affairs*, 23, 2 (Winter 1993), S. 9–24.
4. »Peter Brodsky« [Pseud], »Are Russian Jews in Danger?«, *Commentary*, 95, 5 (Mai 1993), S. 40.
5. *JTADNB*, 18. und 19. Dezember 1991.
6. *NYT*, 19. September 1993.
7. Lipstadt, »Anti-Semitism in Eastern Europe«, S. 5 f.
8. »Being a Jew in Poland« (Interview mit Gebert und anderen), *East European Reporter*, 4, 4 (Sommer 1991), S. 106 f.
9. Zitiert in Abraham Brumberg, »Poland, the Polish Intelligentsia and Antisemitism«, *SJA*, XX (1990), S. 2 f., 6.
10. *JJS* (Dezember 1993), S. 159.
11. Adam Michnik, »Poland and the Jews«, *New York Review of Books*, 30. Mai 1991, S. 11.
12. »Antisemitism in Central and Eastern Europe: A Current Survey«, IJARR (November 1991), S. 4–6.
13. *NYT*, 20. Februar 1990.
14. Lipstadt, »Anti-Semitism in Eastern Europe«, S. 10.
15. »Antisemitism in Europe in the first Quarter of 1993«, Wiener Library, Tel Aviv, 1993, S. 26.
16. *Ibid.*
17. *Ibid.*
18. Krystyna Sieradzka, »Restitution of Jewish Property in the Czech Republic: New Developments«, IJARR (August 1994), S. 7.
19. NYT, 30. August 1986 und 11. April 1991; *JC*, 4. Januar, 12. und 19. April 1991.
20. »Antisemitism in Central and Eastern Europe: A Current Survey«. Institute of Jewish Affairs (November 1991).
21. AJR Information, 49, 9 (September 1994), S. 14.
22. *Spiegel* Spezial, »Juden und Deutsche«, August 1992, S. 61–73.
23. *JC*, 11. März 1994.

24. *Independent* (London), 7. Juni 1994.

25. Zitiert von Lisa Palmieri-Billig in einer Analyse der italienischen Wahlen in »West European Elections«, Memorandum der Anti-Defamation League of B'nai B'rith, New York, 27. April 1994.

26. *Ibid.*

27. *Le Monde*, 14.–15. August 1994.

28. Nelly Hanson, »France: The Carpentras Syndrome and Beyond«, *Patterns of Prejudice*, 25, 1 (Sommer 1991), S. 32–45.

29. Szafran, *Les Juifs dans la politique*, S. 16 f.

30. *JJS* (Dezember 1993), S. 159 f.

31. *Tribune Juive*, 14. Juli 1994.

32. *AJYB 1994*, S. 257 f.

33. Matthew Kalman in BBC Radio 4, 12. Juni 1994.

34. *JC*, 15. April 1994.

35. Abitbol, *Bituyei Hizdahut*, S. 14 f.

36. *JC*, 18. März 1994.

37. Siehe Pierre Birnbaum, »Le député et le grand rabbin«, *L'Arche*, Mai 1994.

38. *Le Monde*, 2.–3. Januar 1994.

NACHTRÄGLICHE ÜBERLEGUNGEN

1. Jakobovits, »Holocaust«, S. 235.

2. Sartre, *Betrachtungen zur Judenfrage*, S. 50 f.

3. Friedmann, »Jewish Population«, S. 96.

4. *Le Monde*, 23. Februar 1990.

5. *Tribune Juive*, 10. Februar 1994.

6. *JC*, 20. Mai 1994.

7. Marienstras, *Être un peuple en diaspora*, S. 188.

Auswahlbibliographie

Eine vollständige Bibliographie zu diesem Thema würde viele tausend Titel umfassen. Das folgende Verzeichnis besteht hauptsächlich aus Veröffentlichungen, die besonders hilfreich für den Autor gewesen sind und zur weiteren Lektüre empfohlen werden. Die beiden maßgeblichen Zeitschriften, die sich mit dem europäischen Judentum der Nachkriegszeit befassen, sind das *Jewish Journal of Sociology (JJS)* und *Soviet Jewish Affairs (SJA)*, die nach dem Auseinanderbrechen der UdSSR in *East European Affairs* umbenannt wurde. Was die christlich-jüdischen Beziehungen angeht, so wurde ein großer Teil der zeitgenössischen Quellen in der (nun leider eingestellten) Zeitschrift *Christian Attitudes on Jews and Judaism* geprüft. Die im Laufe der Jahre vom Institute of Jewish Affairs in London und von der Anti-Defamation League of the B'nai B'rith in New York vorgelegten Forschungsberichte enthalten ebenfalls eine Fülle verläßlicher Informationen. Die beste Quelle für neuere demographische Angaben ist die jährliche Übersicht über die jüdische Weltbevölkerung von U. O. Schmelz und Sergio DellaPergola, die im *American Jewish Year Book* erscheint.

Abitbol, Michel, *Bituyei Hizdahut Leumit Be-Tsarfat* (Jerusalem 1982).

Abramsky, Chimen; Jachimczyk, Maciej; Polonsky, Antony (Hrsg.), *The Jews in Poland* (Oxford 1986).

Adenauer, Konrad, *Erinnerungen 1953–1955* (Stuttgart 1966).

Alderman, Geoffrey, *The Jewish Community in British Politics* (Oxford 1983).

– *London Jewry and London Politics 1889–1986* (London 1989).

- *Modern British Jewry* (Oxford 1992).
Altshuler, Mordechai, *Soviet Jewry since the Second World War. Population and Social Structure* (Westport, Conn. 1987).
- »Who are the ›Refuseniks‹? A Statistical and Demographic Analysis«, *SJA*, XVIII, 1 (1988), S. 3–15.
- »Synagogues and Rabbis in the Soviet Union in the Light of Statistics, 1953–1964«, Jews in Eastern Europe 1 (35) (Spring 1998), S. 39–46.
American Jewish Joint Distribution Committee, *Statistical Abstract 1953* (New York 1954).
Anglo-American Committee of Inquiry into the Problems of European Jewry and Palestine. Report, Cmd 6806 (London 1946).
Arendt, Hannah, *Eichmann in Jerusalem. Ein Bericht von der Banalität des Bösen* (München 1964).
Aron, Raymond, *Zeit des Argwohns. De Gaulle, Israel und die Juden* (Frankfurt a. M. 1968).
Ascherson, Neal, »The *Soah* Controversy«, *SJA*, XVI, 1 (1986), S. 53–61.
- »The Prosecution of Nazi War Criminals: Vengeance or Justice?« – in William Frankel (Hrsg.), *Survey of Jewish Affairs 1988* (Cranbury, NJ 1989), S. 191–199.
Azeroual, Yves, und Derai, Yves, *Mitterrand, Israël et les Juifs* (Paris 1990).

Balinska, Maria, »A Year of Truth in Eastern Europe: Liberalization and the Jewish Communities«, in William Frankel (Hrsg.), *Survey of Jewish Affairs 1990* (Oxford 1990), S. 167–86.
Barkol, Micha, »The Social Aspect of the Process of Establishing a Jewish Day School in West Berlin (1985–1987) in Light of the Crisis on Contemporary Jewish Life in the Diaspora« (Doktorarbeit, Freie Universität Berlin, 1989).
Bauer, Yehuda, *Bricha. Flight and Rescue* (New York 1970).
- *Out of the Ashes. The Impact of American Jews on Post-Holocaust European Jewry* (Oxford 1989).
Benguinui, Georges, et al., *Aspects of French Jewry* (London 1969).
Bensimon, Doris, »Sondage Socio-Démographique auprès des Juifs en France: Résultats Préliminaires (Région Parisienne)«, in *Papers*

in Jewish Demography 1977, hrsg. von U. O. Schmelz, P. Glikson und S. DellaPergola (Jerusalem 1980), S. 179–190.

– »Ecologie urbaine des Juifs de la région parisienne vers 1975«, *Papers in Jewish Demography, 1981* (Jerusalem 1983), S. 363–79.

– »French Jewry Today«, *Encyclopaedia Judaica Year Book 1986–1987*, S. 146–153.

Bensimon-Donath, Doris, *L'Intégration des Juifs nord-africains en France* (Paris 1971).

Bensimon, Doris, und DellaPergola, Sergio, *La Population Juive de la France. Socio-Démographie et Identité* (Jerusalem 1984).

Bentwich, Norman, *The Jews in Our Time* (Harmondsworth 1960).

– »The Social Transformation of Anglo-Jewry, 1883–1960«, *JJS*, II, 1 (Juni 1960), S. 16–24.

– »Nazi Spoliation and German Restitution: The Work of the United Restitution Office«, *Leo Baeck Institute Year Book*, X (London 1965), S. 204–224.

Berghahn, Marion, *German-Jewish Refugees in England. The Ambiguities of Assimilation* (London 1984).

Bermant, Chaim, *Troubled Eden. An Anatomy of British Jewry* (London 1969).

– *The Cousinhood. The Anglo-Jewish Gentry* (London 1971).

Birnbaum, Pierre, *Anti-Semitism in France. A Political History from Léon Blum to the Present* (Oxford 1992).

Brenner, Michael, *Nach dem Holocaust: Juden in Deutschland 1945–1950* (München 1995).

British Parliamentary Delegation to Buchenwald Camp, Cmd 6626 (London 1945).

Broder, Henryk M., und Lang, Michel R. (Hrsg.), *Fremd im eigenen Land. Juden in der Bundesrepublik* (Frankfurt a.M. 1979).

Brodetsky, Selig, *Memoirs. From Ghetto to Israel* (London 1960).

Brodsky, Peter [Pseud.], »Are Russian Jews in Danger?«, *Commentary*, 95, 5 (Mai 1993), S. 37–40.

Bronsztejn, Szyja, »A Questionnaire Inquiry into the Jewish Population of Wrocław«, *JJS*, VII, 2 (Dezember 1965), S. 246–275.

Brumberg, Abraham, »*Sovyetish Heymland* and the Dilemma of Jewish Life in the USSR«, *SJA*, 3 (Mai 1972), S. 27–41.

- P»oland, the Polish Intelligentsia and Antisemitism«, *SJA*, XX (1990), S. 2 f., 5–25.
Brym, Robert, »The Emigration Potential of Jews in the Former Soviet Union«, *East European Jewish Affairs*, 23, 2 (Winter 1993), S. 9–24.
- *The Jews of Moscow, Kiev and Minsk. Identity, Antisemitism, Emigration* (London 1994).
Bull, George, *Vatican Politics at the Second Vatican Council 1962–1965* (London 1966).

Cesarani, David (Hrsg.), *The Making of Modern Anglo-Jewry* (Oxford 1990).
- *Justice Delayed* (London 1992).
- *The Jewish Chronicle and Anglo-Jewry 1841–1991* (Cambridge 1994).
Checinski, Michael, »The Kielce Pogrom: Some Unanswered Questions«, *SJA*, V, 1 (1975), S. 57–72.
Anon. [= M. Checinski], »USSR and the Politics of Polish Antisemitism 1956–68«, *SJA*, I, 1 (Juni 1971), S. 19–39.
Christian-Jewish Relations, 14, 4 (Dezember 1981): dem Wirken von Kardinal Augustin Bea, SJ, gewidmete Sonderausgabe.
Cohen, Israel, »Jewish Interests in the Peace Treaties«, *Jewish Social Studies*, XI, 2 (April 1949), S. 99–118.
Cromer, Gerald, »Intermarriage and Communal Survival in a London Suburb«, *JJS*, XVI, 2 (Dezember 1974), S. 155–169.
- »The Transmission of Religious Observance in the Contemporary Jewish Family«, in Schmelz et al., *Papers in Jewish Demography 1972* (Jerusalem 1980), S. 225–233.
Crossman, R. H. S., *Palestine Mission. A Personal Record* (London 1946).

Dagan, Avigdor (Hrsg.), *The Jews of Czechoslovakia. Historical Studies and Surveys*, Bd. III (Philadelphia 1984).
Daniels, Roger, »American Refugee Policy in Historical Perspective«, in Jarrell C. Jackman und Carla M. Borden (Hrsg.), *The Muses Flee Hitler. Cultural Transfer and Adaptation 1930–1945* (Washington, DC 1983), S. 61–77.

DellaPergola, Sergio, »A Note on Marriage Trends among Jews in Italy«, *JJS*, XIV, 2 (Dezember 1972), S. 197–205.

– »Jews in the European Community: Sociodemographic Trends and Challenges«, *AJYB*, Bd. 93 (New York 1993), S. 25–82.

DellaPergola, Sergio, und Cohen, Leah (Hrsg.), *World Jewish Population. Trends and Policies* (Jerusalem 1992).

Deutscher, Isaak, *Der nichtjüdische Jude* (Berlin 1988).

Dijour, Ilja M., »Jewish Migration in the Post-war Period«, *JJS*, IV, 1 (Juni 1962), S. 72–81.

Dinnerstein, Leonard, *America and the Survivors of the Holocaust* (New York 1982).

Dinur, Ben Zion, *Israel and the Diaspora* (Philadelphia 1969).

Dobroszycki, Lucjan, »Restoring Jewish Life in Post-war Poland«, *SJA*, III, 2 (1973), S. 58–72.

Documentation Catholique, Beilage »Carmel d'Auschwitz«, Nr. 1991, Paris, 1. Oktober 1989.

Dressen, Willi, »The Investigation of Nazi Criminals in Western Germany«, *Encyclopaedia Judaica Yearbook 1986–87*, S. 132–138.

Dunn, Stephen P., »The Roman Jewish Community. A Study in Historical Causation«, *JJS*, II, 2 (November 1960), S. 185–201.

Eatwell, Roger, »Why are Fascism and Racism Reviving in Western Europe?«, *Political Quarterly*, 65, 3 (Juli-September 1994), S. 313–25.

Elazar, Daniel, et al., *The Balkan Jewish Communities. Yugoslavia, Bulgaria, Greece and Turkey* (Lanham, MD 1984).

Epstein, Leon D., *British Politics in the Suez Crisis* (London 1964).

Esprit, 114 (September 1945), Sonderausgabe, »Les Juifs parlent aux nations«.

– 370 (April 1968), Sonderausgabe, »Juifs, en France, aujourd'hui«.

Fain, Benjamin, und Verbit, Mervin F., *Jewishness in the Soviet Union. Report of an Empirical Survey* (Jerusalem 1984).

Fein, Helen (Hrsg.), *The Persisting Question. Sociological Perspectives and Social Contexts of Modern Antisemitism* (Berlin 1987).

Ferencz, Benjamin, *Lohn des Grauens. Die Entschädigung jüdischer Zwangsarbeiter – Ein offenes Kapitel deutscher Nachkriegsgeschichte* (Frankfurt a. M. 1968).

Finer, S. E., »Look Forward in Perplexity«, *JJS*, X, 1 (Juni 1968), S. 139–144.

Fishman, Joel, »Jewish War Orphans in the Netherlands – the Guardianship Issue 1945–1950«, *Wiener Library Bulletin*, XXVII, neue Reihe 30/31 (1973 f.), S. 31–36.

– »The Jewish Community in Post-war Netherlands, 1944–1975«, *Midstream* (Januar 1976), S. 42–54.

– »The Anneke Beckman Affair and the Dutch News Media«, *Jewish Social Studies*, XL, 1 (Winter 1978), S. 3–24.

Florsheim, Yoel, »Soviet Jewish Immigration to Israel in 1990 – A Demographic Profile«, *SJA*, XXI, 2 (1991), S. 3–10.

Fredj, Jacques, »La Création du CRIF: 1943 à 1946« (Magisterarbeit, Université de Paris, IV 1988).

Freedman, Maurice (Hrsg.), *A Minority in Britain. Social Studies of the Anglo-Jewish Community* (London 1955).

– »The Jewish Population of Great Britain«, *JJS*, IV, 1 (Juni 1962), S. 92–106.

Freedman, Robert O. (Hrsg.), *Soviet Jewry in the 1980s. The Politics of Anti-Semitism and Emigration and the Dynamics of Resettlement* (Durham, NC 1989).

Friedenreich, Harriet, *The Jews of Yugoslavia* (Philadelphia 1979).

Friedgut, Theodore H., »Soviet Jerry. The Silent Majority«, *SJA*, X, 2 (1980), S. 3–19.

Friedländer, Saul, *Wenn die Erinnerung kommt . . .* (Stuttgart 1979).

Friedmann, Georges, *Das Ende des jüdischen Volkes?* (Reinbek b. Hamburg 1968).

Friedmann, Joan, »The Last Jews of Czechoslovakia?«, *SJA*, XIX, 1 (1989), S. 49–68.

Garai, George, »Hungary's Liberal Policy and the Jewish Question«, *SJA*, I, 1 (Juni 1971), S. 101–107.

Gebert, Konstanty et al., »Being a Jew in Poland«, [Symposium], *East European Reporter*, 4, 4 (Sommer 1991), S. 106 f.

Gershon, Karen, *Postscript. A Collective Account of the Lives of Jews in West Germany since the Second World War* (London 1969).

Gilbert, Martin, *Shcharansky, Hero of Our Time* (London 1986).

Gilboa, Yehoshua A., »The 1948 Zionist Wave in Moscow«, *SJA*, I, 2 (November 1971), S. 35–39.

Gilman, Sander L., und Remmler, Karen (Hrsg.), *Reemerging Jewish Culture in Germany: Life and Literature since 1989* (New York 1994).

Gitelman, Zvi, »Soviet Jewish Emigrants: Why are They Choosing America?«, *SJA*, VII, 1 (1977), S. 31–46.

– »The Decline of the Diaspora Jewish Nation: Boundaries, Content, and Jewish Identity«, *Jewish Social Studies*, new series 4, 2 (1998), S. 112–132.

Glikson, Paul, »Jewish Population in the Polish People's Republic, 1944–1972«, *Papers in Jewish Demography 1973* (Jerusalem 1977), S. 235–253.

Goldkorn, Yosef, *The Rise and Fall of a Jewish Newspaper. Dos Nyeh Leben, Poland, 1945–50* (Tel Aviv 1993).

Goldmann, Nahum, *Staatsmann ohne Staat. Autobiographie* (Köln, Berlin 1970).

Goschler, Constantion, »The Attitude towards Jews in Bavaria after the Second World War«, *Leo Baeck Institute Year Book*, XXXVI (London 1991), S. 443–458.

Gould, Julius, und Esh, Shaul (Hrsg.), *Jewish Life in Modern Britain* (London 1964).

Greenbaum, Avraham, »A Note on the Tradition of the Twenty-Four Soviet Martyrs«, *SJA*, XVII, 1 (1987), S. 49–52.

Greilshammer, Ilan, »The Democratization of a Community: French Jewry and the Fonds Social Juif Unifié«, *JJS*, XXI, 2 (Dezember 1979), S. 109–124.

Grizzard, Nigel, und Raisman, Paula, »Inner-city Jews in Leeds«, *JJS*, XXII, 1 (Juni 1980), S. 21–33.

Gutwirth, Jacques, »Antwerp Jewry Today«, *JJS*, X, 1 (Juni 1968), S. 121–137.

– *Vie juive traditionelle Ethnologie d'une communauté hassidique* (Paris 1970).

Hanson, Nelly, »France: The Carpentras Syndrome and Beyond«, *Patterns of Prejudice*, 25, 1 (Sommer 1991), S. 32–45.

Harris, David, »A Note on the Problem of the Noshrim«, *SJA*, VI, 2 (1976), S. 104–113.

Heitman, Sidney, »The Third Soviet Emigrations«, *SJA*, XVIII, 2 (1988), S. 17–42.

– »Soviet Emigrations in 1990: A New ›Fourth Wave?‹«, *SJA*, XXI, 2 (1991), S. 11–21.

Heller, Celia Stopnicka, »Anti-Zionism« and the Political Struggle within the Elite of Poland«, *JJS*, XI, 2 (Dezember 1969), S. 133–150.

Henriques, Ursula R. Q., *The Jews of South Wales, Historical Studies* (Cardiff 1993).

Herf, Jeffrey, »East German Communists and the Jewish Question: The Case of Paul Merker«, *Journal of Contemporary History*, XXIX (1994), S. 627–661.

– »Dokumentation. Antisemitismus in der SED: Geheime Dokumente zum Fall Paul Merker aus SED- und MfS-Archiven«, Vierteljahreshefte für Zeitgeschichte, 4 (1994), S. 635–667.

Hondius, Dienke, »A Cold Reception: Holocaust Survivors in the Netherlands and Their Return«, *Patterns of Prejudice*, 28, 1 (1994) S. 47–65.

Hurwic-Nowakowska, Irena, *A Social Analysis of Post-war Polish Jewry* (Jerusalem 1986).

Institute of Jewish Affairs, *Antisemitism in Central and Eastern Europe. A Current Survey* (London 1991).

International Catholic-Jewish Liaison Committee, *Fifteen Years of Catholic-Jewish Dialogue 1970–1985. Selected Papers* (Vatikanstadt 1988).

Isaac, Jules, *L'Affaire Finaly. Significations, enseignements* (Marseille 1953).

Jacobs, Louis, *We Have Reason to Believe* (London 1962).

Jakobovits, Immanuel, »Religious Responses to Jewish Statehood«, *Tradition*, 20, 3 (Herbst 1982), S. 188–204.

– The Holocaust: Remembering the Future«, in William Frankel (Hrsg.), *Survey of Jewish Affairs 1983* (Cranbury, NY 1985), S. 233–237.

Jelinek, Yeshayahu, »The Jews in Slovakia, 1945–1949«, *SJA*, 8, 2 (1978), S. 45–56.

– »Slovaks and the Holocaust: An End to Reconciliation«, *Eastern European Jewish Affairs*, 22, 1 (Sommer 1992), S. 5–22.

Joffe, Josef, »Fifty Years after the Third Reich: The Jewish Community in Post-war Germany«, in William Frankel (Hrsg.), *Survey of Jewish Affairs 1983* (Cranbury, NY 1985), S. 225–232.

Kaplan, Jacob, *Judaïsme français et sionisme* (Paris 1976).

Keller, Moise, *L'Affaire Finaly telle que je l'ai vécue* (Paris 1960).

Kelner, Viktor, »The Jewish Press in the USSR Today«, *SJA*, XXI, 2 (1991), S. 23–29.

Kessler, Avraham A., »Fund-raising and Finance in the British Jewish Community, 1983«, in *Papers in Jewish Demography 1985*, hrsg. von U. O. Schmelz and S. DellaPergola (Jerusalem 1989), S. 395–404.

Klein, Charlotte, »In the Mirror of Civiltà Cattolica: Vatican View of Jewry, 1939–1962«, *Christian Attitudes on Jews and Judaism*, 43 (August 1975), S. 12–16.

– »Catholics and Jews – Ten Years after Vatican II«, *Journal of Ecumenical Studies*, 12, 4 (Herbst 1975), S. 171–182.

Knight, Robert, »Restitution and Legitimacy in Post-war Austria 1945–1953«, *Leo Baeck Institute Year Book*, XXXVI (London 1991), S. 413–441.

Kochan, Lionel (Hrsg.), *The Jews in the Soviet Union since 1917* (London 1970).

Kochavi, Arieh J., *Akurim u-Politikah Beinleumit. Britanyah veha-Akurim ha-Yehudim le-Ahar Milhemet ha-Olam ha-Shniyah* (Tel Aviv 1992).

Koestler, Arthur, *Promise and Fulfilment. Palestine 1917–1949* (London 1949).

Kosmin, Barry, and Levy, Caren, »Jewish Circumsisions and the Demography of British Jewry, 1965–82«, *JJS*, XXVII, 1 (Juni 1985), S. 5–11.

Kosmin, Barry, und Waterman, Stanley, »Recent Trends in Anglo-Jewish Marriages«, *JJS*, XXVIII, 1 (Juni 1986), S. 49–57.

Kosmin, Barry, Levy, C., und Wigodsky, P., *Steel City Jews* (London 1976).

Krausz, Ernest, »Occupation and Social Advancement in Anglo-Jewry«, *JJS*, IV, 1 (Juni 1962), S. 82–90.

– *Leeds Jewry. Its History and Social Structure* (Cambridge 1964).

– »The Edgware Survey: Demographic Results«, *JJS*, X, 1 (Juni 1968), S. 83–100.
– »The Edgware Survey: Occupation and Social Class«, *JJS*, XI, 1 (Juni 1969), S. 75–95.
– »The Edgware Survey: Factors in Jewish Identification«, *JJS*, XI, 2 (Dezember 1969), S. 151–163.
Kushner, Tony, *The Persistence of Prejudice* (Manchester 1989).

Laub, Morris, *Last Barrier to Freedom. Internment of Jewish Holocaust Survivors on Cyprus, 1946–1949* (Berkeley, CA 1985).
Lazar, David, *L'Opinion Française et la naissance de l'Etat d'Israel 1945–1949* (Paris 1972).
Lazaris, Vladimir, »The Saga of Jewish Samizdat«, *SJA*, IX, 1 (1979), S. 4–19.
Levinson, Nathan Peter, *Ein Rabbiner in Deutschland. Aufzeichnungen zu Religion und Politik* (Gerlingen 1987).
Levitte, Georges, »French Jewry Today«, *JJS*, II, 2 (November 1960), S. 172–184.
Lipman, Sonia L., und Lipman, V. D., *Jewish Life in Britain 1962–1977* (New York 1981).
Lipman, V. D., *Social History of the Jews in England 1850–1950* (London 1954).
– »Trends in Anglo-Jewish Occupations«, *JJS*, II, s (November 1960), S. 202–218.
– *A History of the Jews in Britain since 1858* (Leicester 1990).
Litvinoff, Barnett, *A Peculiar People. Inside the Jewish World Today* (London 1969).
Lowenthal, Richard, »East-West Détente and the Future of Soviet Jewry«, *SJA*, III, 1 (1973), S. 20–25.

Malino, Frances, und Wasserstein, Bernard (Hrsg.), *The Jews in Modern France* (Hannover, NH 1985).
Marienstras, Richard, *Etre un peuple en diaspora* (Paris 1975).
Mattenklott, Gert, *Über Juden in Deutschland* (Frankfurt 1992).
Mayer, Kurt B., »The Evolution of the Jewish Population of Switzerland in the Light of the 1970 Census«, in Schmeltz et al., *Papers in Jewish Demography 1973* (Jerusalem 1977), S. 309–22.

Memmi, Albert, *Portrait d'un Juif* (Paris 1962).

Memmi, Albert, Ackermann, W., Zobermann, N., und Zobermann, S., »Differences and Perception of Differences among Jews in France«, *JJS*, XII, 1 (Juni 1970), S. 7–19.

Meyer, Peter, Weinryb, Bernhard D., Duschinsky, Eugene, und Sylvain, Nicolas, *The Jews in the Soviet Satellites* (Syracuse, NY 1953).

Millman, Ivor I., »The Jewish Population of Romania: Continuity and Decline«, in *Papers in Jewish Demography 1981*, hrsg. von U. O. Schmelz, P. Glikson und S. DellaPergola (Jerusalem 1983), S. 163–172.

Morin, Edgar, *La Rumeur d'Orléans* (Paris 1968).

Mosse, Werner (Hrsg.), *Second Chance. Two Centuries of German-speaking Jews in the United Kingdom* (Tübingen 1991).

Nachmani, Amikam, *Great Power Discord in Palestine. The Anglo-American Committee of Inquiry into the Problems of European Jewry and Palestine, 1945–1946* (London 1987).

Nathan, Naphtali, »Notes on the Jews of Turkey«, *JJS*, VI, 2 (Dezember 1964), S. 172–189.

New German Critique, 19 (Winter 1980), Sonderausgabe: »Germans and Jews«.

Nezer, Zvi (Z. Alexander), »Jewish Emigration from the USSR in 1981–82«, *SJA*, XII, 3 (1982), S. 3–17.

O'Doherty, Paul, »The GDR, Its Jews and the USA«, *Politics and Society in Germany, Austria and Switzerland*, 4, 2 (Frühjahr 1992), S. 25–33.

Oschlies, Wolf, »The Jews in Bulgaria since 1944«, *SJA*, XIV, 2 (Mai 1984), S. 41–54.

Ostow, Robin, *Jüdisches Leben in der DDR* (Frankfurt a. M. 1988).

Pinkus, Benjamin, *The Soviet Government and the Jews 1948–1967. A Documented Study* (Cambridge 1984).

– »National Identity and Emigration Patterns Among Soviet Jewry«, *SJA*, XV, 3 (November 1985), S. 3–28.

– *The Jews in the Soviet Union. The History of a National Minority* (Cambridge 1988).

Pollins, Harold, »Sociological Aspects of Anglo-Jewish Literature«, *JJS*, II, 1 (Juni 1960), S. 25–41.

– *Economic History of the Jews in England* (East Brunswick, NJ 1982).

Polonsky, Antony, »Loving and Hating the Dead«: Present-day Polish Attitudes to the Jews«, *Religion, State and Society*, 20, 1 (1992), S. 69–79.

Polonsky, Antony (Hrsg.), *My Brother's Keeper? Recent Polish Debates on the Holocaust* (London 1990).

Porat, Dina, »Attitudes of the Young State of Israel towards the Holocaust and Its Survivors: A Debate over Identity and Values«, in Laurence J. Silberstein (Hrsg.), *New Perspectives on Israeli History. The Early Years of the State* (New York 1991), S. 157–174.

Praag, Ph. van, *Demography of the Jews in the Netherlands* (Jerusalem 1976).

Prais, S. J., und Schmool, Marlena, »The Size and Structure of the Anglo-Jewish Population 1960–1965«, *JJS*, X, 1 (Juni 1968), S. 5–27.

– »The Fertility of Jewish Families in Britain 1971«, *JJS*, XV, 2 (Dezember 1973), S. 189–203.

– »The Social-class Structure of Anglo-Jewry, 1961«, *JJS*, XVII, 1 (Juni 1975), S. 5–15.

Proudfoot, Malcolm, *European Refugees. 1939–1952* (London 1957).

»Rabi« [Wladimir Rabinovitch], *L'Affaire Finaly. Des faits, des textes, des dates* (Marseille 1953).

Rajsfus, Maurice, *N'oublie pas le petit Jésus! L'Eglise catholique et les enfants juifs* (Levallois-Perret 1994).

Rapaport, Lynn, »The Cultural and Material Reconstruction of the Jewish Communities in the Federal Republic of Germany«, *Jewish Social Studies*, XLIX, 2 (1987), S. 137–154.

Rémond, René, *Forces religieuses et attitudes politiques dans la France contemporaine* (Paris 1965).

Richarz, Monika, »Jews in Today's Germanies«, *Leo Baeck Institute Year Book*, XXX (London 1985), S. 265–274.

Robinson, Jacob, *And the Crooked Shall be Made Straight. The Eichmann Trial, the Jewish Catastrophe and Hannah Arendt's Narrative* (New York 1965).

Rodinson, Maxime, *Peuple juif ou problème juif?* (Paris 1981).

Roland, Charlotte, *Du Ghetto à l'Occident. Deux générations yiddiches en France* (Paris 1962).

Rose, Anni (Hrsg.), *Judaism Crisis Survival* (Paris 1966).

Roth, Stephen, »Jewish Renewal in Europe: Hungary«, in William Frankel (Hrsg.), *Survey of Jewish Affairs 1990* (Oxford 1990), S. 205–223.

Rousso, Henry, *Le syndrome de Vichy de 1944 à nos jours* (Paris 1987).

Rubinstein, W. D., *The Left, the Right and the Jews* (London 1982).

Sachar, Abram L., *The Redemption of the Unwanted. From the Liberation of the Death Camps to the Founding of Israel* (New York 1983).

Sartre, Jean-Paul, *Betrachtungen zur Judenfrage. Psychoanalyse des Antisemitismus* (Zürich 1948).

Schapiro, Leonard B., »Antisemitism in the Communist World«, *SJA*, IX, 1 (1975), S. 42–52.

Schatz, Jaff, *The Generation. The Rise and Fall of the Jewish Communists of Poland* (Berkeley 1991).

Schmelz, U.O., »New Evidence on Basic Issues in the Demography of Soviet Jews«, *JJS*, XVI, 2 (Dezember 1974), S. 209–223.

Seliktar, Ofira, »The Political Attitudes and Behaviour of British Jews«, University of Strathclyde Survey Research Centre Occasional Paper, Nr. 1 (Glasgow 1974).

Shafir, Michael, »Marshall Ion Antonescu: Politik der Rehabilitierung«, *Europäische Rundschau*, 22, 2 (Frühjahr 1994), S. 55–70.

Shimoni, Gideon, »The Non-Zionists in Anglo-Jewry, 1937–1948«, *JJS*, XXVIII, 2 (Dezember 1986), S. 89–115.

Sichrovsky, Peter, *Wir wissen nicht, was morgen wird, wir wissen wohl, was gestern war. Juden in Deutschland und Österreich* (Köln 1985).

Der Spiegel, Spiegel Spezial (August 1992), »Juden und Deutsche«.

Steinberg, Bernard, »Jewish Schooling in Britain«, *JJS*, VI, 1 (Juli 1964), S. 52–68.

Stendahl, Krister, »Judaism and Christianity II – After a Colloquium and a War«, *Harvard Divinity Bulletin*, neue Reihe, I, 1 (Herbst 1967), S. 2–8.

Szafran, Maurice, *Les Juifs dans la politique française. De 1945 à nos jours* (Paris 1990).
Szaynok, Bozena, »The Pogrom of Jews in Kielce, July 4, 1946«, *Yad Vashem Studies*, XXII (1992), S. 199–235.

Tapia, Claude, »North African Jews in Belleville«, *JJS*, XVI, 1 (Juni 1974), S. 5–23.
Taylor, Telford, *The Anatomy of the Nuremberg Trials. A Personal Memoir* (London 1993).
Tress, Madeleine, »Soviet Jews in the Federal Republic of Germany: The Rebuilding of a Community«, *JJS*, XXXVII, 1 (Juni 1995), S. 39–54.
Trigano, Shumel, *La République et les juifs* (Paris 1982).

Vidal-Naquet, Pierre, *Les Juifs, la mémoire et le présent* (Paris 1981).
– *Assassins of Memory. Essays of the Denial of the Holocaust* (New York 1992).
La Vie Juive dans l'Europe Contemporaine, Colloque de l'Institut de Sociologie, Université de Bruxelles, September 1962 (Brüssel 1962).
Vinen, Richard C., »The End of an Ideology? Right-wing anti-semitism in France 1944–1970«, *Historical Journal*, 31, 2 (Juni 1994), S. 365–388.

Waterman, Stanley, »A Note on the Migration of Jews from Dublin«, *JJS*, XXVII, 1 (Juni 1985), S. 23–27.
Webster, Ronald, »American Relief and Jews in Germany 1945–1960: Diverging Perspectives«, *Leo Baeck Institute Year Book*, XXXVIII (London 1993), S. 293–321.
Wiesel, Elie, *Gezeiten des Schweigens* (Freiburg i. Br. 1987).
Wigoder, Geoffrey, *Jewish-Christian Relations since the Second World War* (Manchester 1988).
– »The Affair of the Carmelite Convent at Auschwitz«, in William Franken (Hrsg.), *Survey of Jewish Affairs 1990* (Oxford 1990), S. 187–204.
– The Vatican – Israel Agreement. A Watershed in Christian-Jewish Relations (Institute of the World Jewish Congress Policy Forum 2, Jerusalem, November 1994).

Willebrands, Kardinal Johannes, »Christians and Jews: A New Vision«, in Alberic Stacpoole (Hrsg.), *Vatican II by Those Who Were There* (London 1986), S. 220–236.

Wistrich, Robert S., »Once Again, Anti-Semitism Without Jews«, *Commentary*, 94, 2 (August 1992), S. 45–49.

– »Do the Jews Have a Future?«, *Commentary*, 98, 1 (Juli 1994), S. 23–26.

Zajka, Vital, »Jewish Life in Belarus during the Past Decade«, *East European Jewish Affairs*, 23, 1 (1993), S. 21–31.

Zipes, Jack, »Jewish Consciousness in Germany Today«, *Telos*, 93 (Herbst 1992), S. 159–172.

Zitomirsky, Joseph, »A Brief Survey of Research and Publications on the Jews of Sweden«, *JJS*, XXXII (Juni 1990), S. 31–40.

Zweig, Ronald W., »Politics of Commemoration«, *Jewish Social Studies*, XLIX, 2 (Frühjahr 1987), S. 155–166.

– »Feeding The Camps: Allied Blockade Policy and the Relief of Concentration Camps in Germany, 1944–1945«, *Historical Journal*, 41, 3 (1998), S. 825–851.

Zwergbaum, Aaron, »Czechoslovak Jewry in 1979«, *SJA*, X, 3 (1980), S. 29–46.

Namenregister

209!

313 Haßfurt